BLUE BOOK

智 库 成 果 出 版 与 传 播 平 台

汽车蓝皮书

BLUE BOOK OF AUTOMOTIVE INDUSTRY

中国电动汽车充换电发展报告

（2024）

ANNUAL REPORT ON THE DEVELOPMENT OF ELECTRIC VEHICLE
CHARGING AND BATTERY-SWAPPING INDUSTRY IN CHINA
(2024)

组织编写 / 中汽数据有限公司
浙江安吉智电控股有限公司

社会科学文献出版社
SOCIAL SCIENCES ACADEMIC PRESS（CHINA）

图书在版编目（CIP）数据

中国电动汽车充换电发展报告. 2024 ／ 中汽数据有
限公司，浙江安吉智电控股有限公司组织编写 . -- 北京：
社会科学文献出版社，2025. 2. --（汽车蓝皮书）.
ISBN 978-7-5228-4357-5

Ⅰ. F426. 471

中国国家版本馆 CIP 数据核字第 2024Y32M16 号

汽车蓝皮书
中国电动汽车充换电发展报告（2024）

组织编写 ／ 中汽数据有限公司
　　　　　　浙江安吉智电控股有限公司

出 版 人 ／ 冀祥德
组稿编辑 ／ 曹义恒
责任编辑 ／ 吕霞云
责任印制 ／ 王京美

出　　　版 ／ 社会科学文献出版社 · 马克思主义分社（010）59367126
　　　　　　　地址：北京市北三环中路甲 29 号院华龙大厦　邮编：100029
　　　　　　　网址：www. ssap. com. cn
发　　　行 ／ 社会科学文献出版社（010）59367028
印　　　装 ／ 天津千鹤文化传播有限公司

规　　　格 ／ 开　本：787mm×1092mm　1/16
　　　　　　　印　张：27. 25　字　数：409 千字
版　　　次 ／ 2025 年 2 月第 1 版　2025 年 2 月第 1 次印刷
书　　　号 ／ ISBN 978-7-5228-4357-5
定　　　价 ／ 168. 00 元

读者服务电话：4008918866

中国电动汽车充换电发展报告（2024）
编　委　会

---

① 张珺，中汽数据有限公司。

② 张珺，上海捷能智电新能源科技有限公司。

摘　要

在"双碳"目标的引领下,新能源汽车已成为引领绿色、低碳、可持续发展的重要引擎,更是推动传统汽车产业转型升级的核心力量。而充换电基础设施作为新能源汽车产业链中的关键一环,其建设与发展不仅关乎新能源汽车行业的健康、快速发展,更是连接全球能源变革、实现绿色转型的重要纽带,承载着推动能源结构转型、促进低碳交通发展的重大使命,对于推动全球能源与交通体系向更加清洁、高效、智能的方向发展具有重大意义。

《中国电动汽车充换电发展报告(2024)》包括总报告、政策标准篇、产业篇、商业模式篇、市场需求篇、技术与应用篇、专题篇、车网互动篇、借鉴篇九个部分,涵盖了充换电基础设施产业发展环境、产业链上下游各环节及行业关注的热点话题等内容。研究发现,在双碳"1+N"顶层政策体系设计下,我国制定了一系列支持充换电基础设施发展的政策。国内外已建立了多项电动汽车充换电基础设施标准体系。我国新能源汽车保有量实现快速攀升,补能网络持续完善,商业模式日趋多元,大功率充电、自动充电、无线充电、高效换电等前沿技术不断取得突破,光储充换检一体化、车电分离等创新模式为行业发展注入新动力,国内众多城市积极设立车网互动示范工程,助力新能源汽车与电网的深度融合与协同发展。同时,我国充换电行业面临着诸多挑战,充换电产业发展面临的安全性、经济性、运营效率、技术路线选择、消费者充电满意度等问题尚待考量。建议采取多元化政策措施促进新能源汽车充换电基础设施的规划建设、技术和商业模式创新探索,将兼容性、互换性分别作为充电和换电标准体系建设的核心和重点,促进充换电

产业上下游联动整合，降低投建和运维成本，解决用户充电痛点问题，行业各方协同共建，共同推进行业高质量发展。

　　本书立足我国充换电基础设施发展实际，对行业进行了全面系统的介绍和分析，兼具实用性和专业性，不仅让广大读者充分了解充换电行业的发展现状、运行趋势，使得充换电行业更为大众所熟知，而且专业且客观地评价了充换电行业政策、产业链、商业模式及技术所面临的挑战并提出发展建议。本书将为相关政府部门制定针对性的充换电行业政策提供参考依据，也为设备制造商、主机厂、运营商等全产业链的参与者制定发展战略、优化资源配置提供明确的发展指引和战略支持。

　　关键词： 充换电基础设施　充换电政策　充换电技术　充换电标准　消费者充电特征

目 录 ⤵

I 总报告

II 政策标准篇

III 产业篇

Ⅶ 专题篇

Ⅷ 车网互动篇

Ⅸ 借鉴篇

皮书数据库阅读**使用指南**

总 报 告

B.1

2023年中国电动汽车充换电
发展报告

王莹 吕旺 冯屹 王学平 李冰阳*

摘 要： "双碳"目标下，新能源汽车发展迅速，构建高质量充换电基础设施体系至关重要。2023年，我国相继出台多项充换电政策，积极构建标准体系，产业发展环境持续向好；我国新能源汽车保有量实现快速攀升，补能网络持续完善，商业模式逐渐多元，超充、自动充电、无线充电、高效换电等技术创新步伐加快，光储充换检一体化、车电分离等创新模式为行业发展注入新动力。此外，国内众多城市设立车网互动示范工程，助力电网提升电力电量调节能力。本篇作为全书总报告，系统研究和总结了中国电动汽车充换电行业发展现状、趋势以及面临的挑战，并提出"强化宏观政策框架

* 王莹，中汽数据有限公司补能战略室研究员，主要研究方向为电动汽车充换电产业市场分析与经济性；吕旺，中汽数据有限公司补能战略室室主任，工程师，主要研究方向为新能源汽车；冯屹，中汽数据有限公司总经理，教授级高级工程师，主要研究方向为智能网联、汽车产业碳排放、汽车大数据分析等；王学平，中汽数据有限公司副总经理，正高级工程师，主要研究方向为新能源汽车清洁能源；李冰阳，中汽数据有限公司清洁能源研究部部长，工程师，主要研究方向为新能源汽车清洁能源。

的构建，加强充电标准兼容性、换电互换性，建立全国统一的充换电行业监管平台"等建议，以期为行业企业、消费者及有关部门全面洞察充换电行业现状及发展方向，推动充换电基础设施高质量建设提供参考依据和战略支持，助力新能源汽车产业健康可持续发展。

关键词： 充换电基础设施 新能源汽车保有量 充换电技术 充换电标准 车网互动

一 中国新能源汽车充换电发展现状

我国新能源汽车保有量实现快速攀升。截至 2023 年底，全国新能源汽车保有量达到 2009 万辆，占国内汽车总保有量的 6.4%，同比增长 57.4%，2013~2023 年年均复合增幅达 89.3%。我国新能源乘用车和商用车销量分别为 732 万辆和 31 万辆，同比增长 38.9% 和 29.2%；2013 年我国新能源汽车渗透率仅为 0.1%，2023 年底已提升至 30.9%，新能源汽车市场渗透率实现飞跃式增长。[①]

我国补能网络持续完善，换电分布集中度高。截至 2023 年底，我国充电桩（包括公共桩和随车配建私人桩）保有量为 859.6 万台，公共充电桩保有量达 272.6 万台，私人充电桩保有量达 587 万台，车桩比由 2018 年的 3.3 降至 2023 年的 2.4。2023 年新增换电站（不含重卡换电站）1594 座，全国换电站保有量达 3567 座，地理分布集中度高，浙江、广东等换电站数量前十的省份总和占总量的 69.2%。[②]

在双碳"1+N"顶层政策体系设计下，我国制定了一系列支持充换电基础设施发展的政策。国务院、国家发展改革委、工业和信息化部、国家能源

---

① 资料来源：中汽数据有限公司终端零售数据。
② 资料来源：中国电动汽车充电基础设施促进联盟（后文简称"中国充电联盟"）。

局等多部门发布多项文件，明确新能源汽车和充换电基础设施的发展目标，对充换电基础设施的建设和服务提出高质量要求。各地政府围绕充换电产业建设发展目标规划，给予建设与运营两端补贴等政策，根据中汽数据有限公司（以下简称"中汽数据"）不完全统计，2023年，多个省（区市）出台了数百项充换电基础设施相关政策，为充换电基础设施发展提供了有力支持。

国内外已建立了多项电动汽车充换电基础设施标准体系。充电方面，国际充电标准"ISO/SAE DIS 12906"等对整车充电性能提出要求，国内发布"GB/T 20234-2023"等标准规范充电系统技术方案、互联互通测试方案；换电领域的国际标准"IEC TS 62840"等提出了对换电系统的通用要求和安全要求，国内发布了"GB/T 40032-2021"等标准来规范换电安全性等方面。

中国电动汽车充换电产业已取得显著进步，基本形成了上游为原材料和零部件制造，中游为设备制造，下游为充换电服务和后市场服务的产业布局，充换电基础设施规模快速增长，充电技术逐渐多元化。充电桩按照单枪固定功率、智能功率调度、大功率柔性充电等路径不断发展。底部换电式、侧向换电式和顶部吊装式等多种换电技术路线并存。充换电运营商逐步探索换电、充电、储能"三站合一"的综合能源服务站，积极推动土地集约化利用。

城市充电场景持续优化，农村市场潜力显现，多元商业模式与换电运营共绘充换电产业新生态。高速服务区充电设施覆盖率已超90%，"公路线状"布局加速形成，但城市充电场景中拥有私家车位、满足安装私桩条件困难凸显。农村地区纯电动车型市场渗透率仅为17%，发展潜力巨大。根据充电运营商对产业链主要环节的覆盖程度，可将行业内的商业模式分为综合型、平台型、国家队、车企主导型四种模式。而换电运营商可分为车企主导型、电池企业主导型、资产主导型以及平台推广型运营商四类。乘用车换电C端以车企主导型运营商为主，B端以资产主导型及电池企业主导型为主。商用车换电主要受"双碳"目标影响，在矿区、港口、高能耗企业（钢铁、水泥等）短倒等场景得到迅猛地发展。

电动汽车用户在公共充电设施使用过程中，充电时间、充电量、充电费用以及对充电满意度等方面存在特定的偏好和行为模式。在充电特征与消费者满意度方面，电动汽车用户单日充电高峰为5：00~7：00、12：00~16：00、23：00~1：00三个时段，用户平均单次充电量25.2度，平均单次充电时长47.1分钟，平均单次充电金额24.7元，大部分用户对充电时间较为敏感，大功率充电设施仍是用户的主流选择。约61%用户选择前往公共停车场或大型建筑配建停车场充电场站进行充电，超90%用户具有跨运营商充电行为。根据消费者调研结果，用户对充电平台/APP使用满意度最高，对充电费用合理性最为不满，低线级城市用户对公共充电设施使用及管理方面更为不满，年长者以及低价位购车人群对于"充电消耗时长"满意度低。

经过众多充换电技术领域参与者的多年深耕，充换电技术创新不断取得新突破。目前，大功率充电技术已达到1000V高电压快速充电水平，自动充电技术在停车场、港口等封闭场景中得到实际应用，无线充电技术也逐步在部分高端车型中得到应用。即插即充技术使得车主仅需在车辆应用程序上进行简单设置即可实现VIN码充电。同时，换电锁止技术、存储及转运技术的进步显著提升了换电速度。这一系列技术的进步为新能源汽车用户带来了更加便捷、高效的充电体验，并有力地推动了新能源汽车行业的整体发展。

车网互动在国家和地方政府的政策支持下取得了长足的进展。电动汽车市场的迅速扩张对电网的承载能力提出挑战，车网互动能够促进电网运营的稳定性与安全性，同时提高分布式参与主体的收益。目前，车网互动标准体系初步建立，技术方面以分布式能量聚合与优化调度技术为主。国内众多城市已成功打造了一批车网互动示范工程，充换电服务运营商、整车企业、电网企业等多类主体积极探索车网互动商业模式。

通过中国、欧洲和美国公用充电基础设施建设现状的量化分析可以看出，中国已经建立了全球最大的公用充电基础设施服务网络。① 截至2022年

---

① 国外只统计了公用充电基础设施情况，不含换电。

底，中国公用充电桩的总装机功率已经达到 5.6 万兆瓦，是欧洲的三倍。中国、欧洲与美国的直流充电桩的占比分别为47%、13%和21%，中国的公用直流桩最大输出功率以 120kW、60kW、150kW 为主，欧洲公用直流桩最大输出功率以 50kW、150kW 和 300kW 为主。AFIR（欧盟替代燃料基础设施法规）为欧盟各成员国在新能源汽车、船只和飞机领域的清洁燃料基础设施建设制定了强制性目标，主要涵盖基础设施总功率和数量目标，同时对替代燃料基础设施的用户信息、数据提供和支付要求提出了通用技术规范和要求。

二　中国新能源汽车充换电发展的挑战

充换电产业发展面临运营效率、经济性、技术路线选择等诸多挑战。公共充电桩的利用率潜力巨大，日均充电量仅为 33 度电；充电设备存在质量参差不齐、使用过程中坏桩率高、产品不能扩展、更新换代成本高、充电站投资回报周期长、充电运营平台杂乱等问题；换电技术路径呈现多样化，部分技术尚处于发展与市场验证阶段，而大功率充电、电池价格波动及地区峰谷电调整对换电商用车投资与运力产生显著影响，中重型商用车清洁能源替代方案多样，导致市场份额分散，同时，换电设备制造商水平不一，标准化与规模化难度较大。

充电模式中，高速充电设施的数量有待提高，充电服务的满意度普遍偏低，并呈现明显的"潮汐特征"，即在节假日充电需求激增，但随机性极强，给充电设施的规划和管理带来了极大的困难。随着未来充电负荷的规模化接入，农村地区局部电网线路和配电变压器的承载能力将面临严峻挑战，充电运营管理的复杂性和难度较高。换电模式面临建站成本高，投资周期较长，电池标准不统一导致不同品牌车型间互换仍难以实现，电池集中充电、集中管理存在安全隐患，运维管理安全性需进一步完善等多重挑战。

电动汽车用户在公共充电设施使用过程中存在诸多问题。调研结果显示用户首先对充电费用合理性满意度最低，仅有 36% 用户对其满意，当下充电收费贵、价格不统一、多地充电价格上涨等问题不断引发热议，加深用户

困惑与不满。其次，用户对公共充电设施使用及管理方面满意度也较低，仅36.3%用户对其满意，与充电费用合理性方面满意度相当；公共充电设施存在诸多乱象，充电桩故障多、充电枪被乱丢、充电车位被占、充电桩线路老化漏电等是很多车主都曾遭遇的经历。此外，用户对充电消耗时长方面也较为不满，满意用户不足四成，充电时间长，充电排队时间更长等正逐步加深用户补能焦虑，也成为用户购买新能源车的一大隐忧。

无线充电与移动充电机器人作为新能源汽车充电技术的创新方向，在现阶段均面临多方面的挑战。无线充电技术虽具有便捷性优势，但系统成本高昂，且当前市场上的解决方案对于用户痛点的缓解并不显著，这在一定程度上限制了其市场推广与应用。而移动充电机器人技术则涉及智能驾驶、电池移动及储能、移动通信、定位、智能化、无人值守等多个技术领域的深度融合，其技术难度与复杂性更为突出。每个技术领域的发展均需要独立突破，同时还需要实现技术间的无缝对接与协同工作，增加了研发与应用的难度。

相较于欧美，中国存在补能设施城乡分布不均、公共充电桩城市集中度高等问题。中国公用充电桩保有量排名前15位城市的公用充电桩保有量之和占到了全国总量的57%，欧洲和美国排名前15位城市的公用充电桩保有量占比分别为23%和47%。高速公路是当前中国公用充电基础设施服务网络的薄弱环节。高速公路沿途的充电便利性一直是中国车主驾驶电动汽车进行长途旅行时的最大担忧。截至2022年底，中国平均每万公里高速公路沿途的公用充电桩数量为1050根，而挪威是6540根。中国领先城市市中心的公用充电桩已经实现了较高的利用率，但从全市整体水平来看，中国城市公用充电桩的利用率仍然较低。中国32座主要城市的公用充电桩平均时间利用率在4.1%~17.4%，而欧洲公用充电桩平均时间利用率较高的城市阿姆斯特丹为34%。

三　中国新能源汽车充换电发展趋势分析

新能源汽车销量持续较快增长。基于我国新能源汽车市场发展规模和渗透率走势，并综合考虑行业发展规划目标以及政策、环境、需求和供给等因素，2026年、2030年我国新能源汽车销量将会达到1395万辆、2005万辆，渗透率达到50.6%、65.4%；预计2026年、2030年新能源乘用车市场销量将分别达到1336万辆和1899万辆，新能源商用车将达到59万辆、106万辆。

预计未来国内充电设施市场将持续呈现扩张趋势。根据中汽数据预测结果，预计2025年充电基础设施总保有量约1600万台，2030年充电基础设施总保有量约4600万台，2035年充电基础设施总保有量约9200万台。[①] 车均充电功率持续提高，预计2025年可达13kW/车左右，2030年达16kW/车左右，2035年达18kW/车左右。

充换电基础设施政策将统筹发力。在国家层面，纲领性指导文件的落地实施将成为近期工作重点，预期未来省、市一级的地方政府将继续保持我国在充电基础设施领域"一城一策"的工作格局，将尽快出台符合地方实际情况的发展规划、实施细则、指导意见以及财政补贴的相关政策。[②] 在地方层面，规划政策将更加注重潜力场景的挖掘，如农村地区和商用车充电等，通过系统分析和规划布局，解决"充电难"问题。补贴政策则将更加注重运营管理和分级分类管理，通过出台不同应用场景的场站评判标准，满足多方需求，并精准施策，解决特定场景的"补能焦虑"问题。价格政策将更加开放和市场化，确定合理的充电服务费区间，削弱恶性竞争，促进产业健康发展。

未来充换电标准将持续致力于推动新能源汽车产业的高质量发展，为基础设施建设和技术进步提供有力支撑。在充电标准方面，未来将仍以推动充电基础设施建设与优化、促进新能源汽车大规模应用为目标，在充电兼容性、充电安全性和充电便捷性等领域开展标准研究与制定。在换电标准方面，汽车和电力基础设施标准化组织将进一步开展合作交流，后续双方将重

---

① 预测中不含换电设施。
② 相关部门只提到充电基础设施领域。

点围绕换电站和换电电动汽车安全性要求、商用车底盘换电技术发展、换电电池系统、车辆与换电电池系统兼容性测试方法、换电服务信息交换等方面开展标准研究，进一步规范和引导换电产业发展，提升换电安全性、互换性和产品使用便利性。

新能源汽车的智能化和联网化进程加速。未来，充电设施将向高压大功率直流快充和充电模块标准化智能化方向发展；站端将呈现充换储一体的多功能综合体发展趋势，以期通过构建微电网实现削峰填谷，缓解新能源发电间歇性和不稳定等问题。换电市场规模将逐渐扩大，预计更多企业参与换电模式，换电电池、换电设备和场所的标准化与共享化将成为趋势，充分利用传统加油站存量集约化用地建设换电站，换电分布式储能将积极参与电力市场交易；电池资产管理公司促进金融跨界融合推动换电产业发展，催生大数据资产管理和碳交易等新商业业态。

随着能源技术与商业模式的不断革新，充换电站展现出多元化、智能化与绿色化的发展趋势。充电应用场景将更加丰富，农村发展潜力巨大。乘用车换电站正逐步迈向超充与换电协同发展的统一路径，同时向着无人值守、换电共享化及产品安全化等多元化方向演进。通过车电分离的创新模式实现绿色金融发展目标。商用车换电站在产品技术与商业模式上展现出丰富的组合创新，逐步探索新能源电力的"前站后厂"新范式。

充换电技术发展正朝着高效、安全、便捷的方向迈进。液冷模块将成为改善大功率充电可靠性的有效措施，车端逐步应用 800V 高压平台，无线充电将按照高端车型的私人场景、中高端车型的特定公共场景、满足大部分车型场景的应用路径发展，即插即充技术将会使用更多的信息加密算法来保证充电安全，停车后无人化充电场景自动充电技术将应用固定式和移动式两种形式。换电技术未来将在确保设备运行安全性和可靠性的前提下进一步降低设备的成本，提高换电投资收益。

车网互动依托有序充电稳步发展。到 2025 年，将完善智能有序充电标准及配套政策，做好重点区域应用和参与电力交易的试点工作；2026～2030 年，管控式有序充电成为主流建设运营模式，实现园区至聚合商层级的响应，V2G电网基础设施升级改造范围和比例快速提升；2031~2035年，虚拟电厂聚合模式和站网互动模式实现对大功率公共快充场站、自建专用场站以及社区和单位充电桩的全面覆盖，实现高比例错峰充电与消纳绿电；2036~2040年，智能有序充放电和智能站网互动得到全面发展，争取实现整体"净负碳排放"，成为"碳中和"重要支撑。

四 促进未来中国新能源汽车充换电发展的对策建议

将兼容性作为充换电标准体系建设的核心和重点。在大功率充电、小功率直流充电、中重型商用电动汽车兆瓦级充电等方向上，应将充电兼容性作为重要目标；在换电标准方案方面，顾及存量并面向增量，既满足当前一个企业内开展换电应用，又满足未来多个企业采用同一换电方案的需求，通过标准化工作，促进换电产业规模化发展，发挥换电优势。

充电方面，需进一步厘清充电标准与互通性，建立开放的、统一的充电网络，通过提升大功率充电技术、实施有序充电策略、推广光储充放一体化系统以及应用充电设备快速安装与智能运维技术，充电设备产业上下游联动整合，降低投建和运维成本，推动充电设备地完善与发展。在换电方面，建议持续推进换电标准化，增强互换性，完善产业管理协同机制，实现真正车电分离，协调联动产业链上下游，共赢共担，对于商用车非高频次运力区域，可通过建立光储充换一体化等差异化供电和售电的方式提高换电站的综合收益，降低充电与换电之间的使用价差，建议建立小型化、分布式、便捷式的换电装置，提高运输线路上换电补能设施密度，同时将换电电池包容量设定在较为合适的范围内，推进铝合金轻量化挂车的应用以降低车身及电池重量对运输效率的影响。

在高速场景下，需统筹规划充电车位，推进单枪充电功率增容，配备超级充电桩和换电站，储备可移动充电设备，适应潮汐充电需求。农村场景下，应结合农村新能源汽车发展规律，有序推动农网改造升级，做好市场化供电服务，依托乡村电网资源保障城乡基本充电需求，健全农村电网源网荷

储互动技术管理标准体系，探索乡村光储充一体化模式，推广有载调容/调压变压器、社区储能，应对源荷随机性。

针对充电行业发展过程中用户充电痛点，需要各方协同共建，共同推进行业高质发展。首先，需加强行业监管及完善管理指导措施来维稳市场秩序，打造市场良性竞争环境，推动充电网点有序建设。其次，需深化充电运营商与汽车厂商在充电服务领域的协同合作，提升充电服务品质的精细化管理，实现平台收费的公开透明，携手探寻契合长远发展的共赢模式。再次，应不断探寻更为高效的能源补给技术路径，加大对电池技术的研发力度。同时，应借助智能基础设施建设，精准优化充电服务中用户反馈的核心痛点。最后，务必高度重视设备使用安全与网络安全防护，确保充电服务的稳定可靠。

建立全国统一的充换电行业监测、管控和调配平台，提升监管效率与精准度，推动充电设施行业规范化发展，确保充电安全。国家平台需要与各省市平台和大型运营商连接，指导各省市平台按照全国统一标准规范建设和互联互通，以支持国家层面的行业统计分析、规划和监管工作，同时协助国家补贴的核算和发放，提供全国性的数据和信息公共服务。省市级平台需重点进行本地公共充电设施的行业统计分析，支持地方政府的充电设施规划、备案管理和年度考核评级，并与同级其他平台实现互联互通，为地方层面的充电设施监管提供数据支持。

结合中国公用充换电基础设施实际需求和基础，参考欧洲与美国相关信息，建议在省市层面运用数据驱动的需求预测法，紧密结合地方实际，对充换电基础设施需求进行科学量化评估。依据量化评估结果，精心制定近中长期充换电基础设施规划；构建多维度综合指标体系，全面精准评估充换电基础设施服务网络建设水平。通过定向政策推动后发城市、郊区、农村及高速公路充换电基础设施网络建设。同时，建立官方充换电基础设施国家数据库，深化量化分析，为政策制定提供坚实技术支撑，引领充换电基础设施行业迈向更高水平。

政策标准篇

B.2
中国新能源汽车充换电中央及地方
政策动态与建议

孟子厚*

摘 要： 近年来，我国政府高度重视并采取了一系列有力措施，大力支持充换电基础设施的建设与完善，以积极响应和匹配新能源汽车产业的迅猛发展趋势。这一系列政策涵盖了从中央到地方各级政府的规划指导，以及金融、税收、用地、审批等多个方面的优惠政策，旨在引导和激励充换电基础设施建设，同时构建起覆盖广泛、布局科学、使用便捷、智能高效的充换电服务体系。中国新能源汽车充换电政策呈现积极引导的特点，本文深度探究现有的政策体系，分析各项政策措施如何相互配合以促进充换电基础设施的建设和应用。在此基础上，本文还前瞻性地探讨了未来政策可能的发展趋势及走向，旨在为新能源汽车充换电行业的长远健康发展提供政策预见和战略指引，进一步推动产业技术创新与商业运营模式的不断革新，以满足日益增

---

* 孟子厚，中汽数据有限公司补能战略室，研究员，工程师，主要研究方向为新能源汽车政策研究。

长的市场需求，助力国家低碳环保战略目标的实现。

关键词： 新能源汽车　充换电基础设施　充换电政策

发展新能源汽车是推进我国交通领域碳减排的关键举措，实现新能源汽车市场的健康可持续增长，需协同推进电动汽车充换电基础设施的建设。2023年4月28日，中央政治局会议提出"要巩固和扩大新能源汽车发展优势，加快推进充电桩、储能等设施建设和配套电网改造"[①]。5月5日，国务院常务会议强调"部署加快建设充电基础设施，更好支持新能源汽车下乡和乡村振兴"[②]。6月2日，国务院常务会议再次强调要"构建'车能路云'融合发展的产业生态，提升全产业链自主可控能力和绿色发展水平"，同时提出要"延续和优化新能源汽车车辆购置税减免政策，构建高质量充电基础设施体系，进一步稳定市场预期、优化消费环境，更大释放新能源汽车消费潜力"[③]。在政策层面，国家与地方同频共振、与时俱进，积极连续推出适应我国新能源汽车充换电基础设施发展的政策，引领行业高质量发展。

一　国家政策

宏观层面，为了推动"双碳"目标的有效落地，我国双碳"1+N"政策体系开始推进。随着我国"双碳"发展目标逐步细化落地，车辆电动化将在全国范围进一步提速，充换电基础设施的建设得到更多政策支持。

2020年10月，国务院发布《新能源汽车产业发展规划（2021—2035）》，明确了"十四五"与中长期我国新能源汽车产业发展愿景，提出到2025年实现新能源汽车新车销售量达到汽车新车销售总量的20%左右，

① 中国政府网，https://www.gov.cn/xinwen/2023zccfh/9/wzsl/。
② 中国政府网，https://www.gov.cn/yaowen/2023-05/05/content_5754266.htm。
③ 中国政府网，https://www.gov.cn/yaowen/liebiao/202306/content_6884318.htm。

到 2035 年实现纯电动汽车成为新销售车辆的主流，公共领域用车全面电动化的目标。为有效保障国家新能源汽车产业规划目标落地，须突破当前充换电基础设施制约因素，积极推动关键技术与模式创新，在"十四五"期间实现充换电基础设施的突破升级，为中长期车辆全面电动化和低碳化转型打下坚实基础。

基础设施发展层面，2022 年 1 月，国家发展改革委、国家能源局等十部门联合发布《关于进一步提升电动汽车充电基础设施服务保障能力的实施意见》，提出形成适度超前、布局均衡、智能高效的充电基础设施体系，能够满足超过 2000 万辆电动汽车充电需求。2022 年 8 月，交通运输部、国家能源局发布《加快推进公路沿线充电基础设施建设行动方案》，提出到 2025 年底前，基本形成"固定设施为主体，移动设施为补充，重要节点全覆盖，运行维护服务好，群众出行有保障"的公路沿线充电基础设施网络。2023 年 2 月 3 日，工业和信息化部、交通运输部等八部门发布《关于组织开展公共领域车辆全面电动化先行区试点工作的通知》，提出充分考虑公交、出租、物流、邮政快递等充电需求，加强停车场站等专用充换电站建设，加快快速换电等新型充换电技术应用。2023 年 3 月 16 日，国家发展改革委发布《绿色产业指导目录（2023 年版）（征求意见稿）》，其中新能源汽车关键零部件制造，充电、换电和加气设施建设和运营等被列为重点产业领域。2023 年 3 月 23 日，国家能源局、生态环境部等四部门发布《关于组织开展农村能源革命试点县建设的通知》，提出建设具备电动汽车充换电服务能力的乡村能源站；加快推进公共交通工具电气化，推广家用新能源电动汽车，保障电动汽车充换电基础设施建设。2023 年 5 月 17 日，国家发展改革委、国家能源局发布《关于加快推进充电基础设施建设 更好支持新能源汽车下乡和乡村振兴的实施意见》，提出支持高速公路及普通国省干线公路服务区（站）、公共汽电车场站和汽车客运站等充换电基础设施建设；创新农村地区充电基础设施建设运营维护模式，适度超前建设充电基础设施，优化新能源汽车购买使用环境。2023 年 6 月 19 日，国务院办公厅发布《关于进一步构建高质量充电基础设施体系的指导意见》，提出到 2030 年，基

本建成覆盖广泛、规模适度、结构合理、功能完善的高质量充电基础设施体系。2023年7月21日，国家发展改革委印发《关于促进汽车消费的若干措施》，提出推动换电基础设施相关标准制定，加快换电模式推广应用，积极开展公共领域车辆换电模式试点，鼓励充换电设施运营商阶段性降低充电服务费。2023年8月25日，工业和信息化部等七部门发布《汽车行业稳增长工作方案（2023—2024年）》，提出鼓励预测新能源汽车充电需求、做好城市及周边县乡村公共充电网络布局规划，鼓励大功率充电、智能有序充电、"光储充放"，高速公路、乡镇等保障型充电基础设施的补贴支持。引导地方对高速公路、乡镇等保障型充电基础设施的补贴支持，加大行业扶持力度。

我国已出台一系列充电基础设施相关政策措施，形成比较完整的政策框架体系。国家纲领性的指导政策将在各省市更快落地，预期未来省、市地方政府将尽快出台符合地方实际情况的发展规划、实施细则、指导意见以及相关财政补贴的政策（见表1~表3）。

二　地方政策

在"双碳"目标和国家顶层充换电基础设施政策的引导下，各地围绕充换电产业发布目标规划、建设与运营两端补贴、"电价与充电服务费"价格管控等政策。根据中汽数据不完全统计，2023年，多个省（区市）出台了数百余项充电基础设施相关政策，还有各地"双碳"政策、能源发展"十四五"规划、制造业高质量发展规划、新能源汽车产业发展、绿色低碳发展、科技创新和交通运输等领域政策中都提到了充换电基础设施相关内容。

（一）规划性政策

地方规划性政策多为充换电基础设施建设的数量目标，部分地区对场景进行了区分，多数政策不区分乘用车与商用车。3月8日，山东省能源局发布

表 1　国家新能源汽车充换电相关政策（2023 年）

发布部门	成文时间	政策名称	新能源汽车充换电相关政策要点	文号
工业和信息化部等七部门	2023 年 8 月	《汽车行业稳增长工作方案（2023—2024 年）》	完善基础设施建设与运营。落实《关于进一步构建高质量充电基础设施体系的指导意见》，优化配套环境。鼓励各地科学预测新能源汽车充电需求，做好城市及周边及县乡充电网络布局规划，推动充电有序开展，配套电网扩容改造有序开展。鼓励大功率充电、智能有序充电，"光储充放"一体站布局。提升充电服务保障能力。引导地方对高速公路、乡镇等保障型充电基础设施的补贴支持，加大行业扶持力度。鼓励地方加快氢能基础设施建设，推动中远途、中重型燃料电池商用车示范应用	工信部联通装〔2023〕145 号
工业和信息化部	2023 年 8 月	《制造业技术创新体系建设和应用实施意见》	到 2025 年，形成一套科学适用、标准规范的制造业技术创新体系构建方法，基本建立涵盖制造业各门类重点产业典型产品的技术创新库，分类分级建立短板技术攻关专家库，长板技术储备及先进适用技术推广库	工信部科〔2023〕122 号
国家发展改革委等十部门	2023 年 8 月	《绿色低碳先进技术示范工程实施方案》	交通领域示范项目：高速公路服务区超快充充电基础设施建设示范、智能交通系统建设、高性能电动运装备应用推广示范	发改环资〔2023〕1093 号
工业和信息化部等四部门	2023 年 8 月	《新产业标准化领航工程实施方案（2023—2035 年）》	面向新能源汽车传导充电、无线充电、加氢、车网互动等需求，制修订电动汽车传导充电连接装置、互操作性，无线充电性能、传导充电通信一致性要求、燃料电池电动汽车加氢需求，加强双向互动标准。面向新能源汽车换电需求，制定纯电动汽车载电动商用车载换电系统互换性、换电通用平台、纯电动汽车车载换电安全等标准	工信部联科〔2023〕118 号

续表

发布部门	成文时间	政策名称	新能源汽车充换电相关政策要点	文号
交通运输部	2023 年 8 月	《关于加快推进汽车客运站转型发展的通知》	各地交通运输部门要会同发展改革、能源部门支持客运站建设充电基础设施,服务新能源车辆进城下乡,优先保障城市公共交通车辆、出租汽车、道路客运车辆等充电需要,鼓励提供充电夜间时段充电托管服务	——
国务院办公厅、国家发展改革委	2023 年 7 月	《关于恢复和扩大消费的措施》	落实构建高质量充电基础设施体系,支持新能源汽车下乡,延续和优化新能源汽车购置税减免等政策。基础设施建设,加快换电模式推广应用,有效满足居民出行充换电需求。推动居民区内公共充电基础设施优化布局并执行居民电价,研究对充电基础设施用电执行峰谷分时电价政策,推动降低新能源汽车用电成本	国办函〔2023〕70 号
国家发展改革委	2023 年 7 月	《关于促进汽车消费的若干措施》	加强新能源汽车配套基础设施建设,落实构建高质量充电基础设施体系,支持新能源汽车下乡等政策措施。加快乡县、高速公路和居住区等场景充电基础设施建设,推动换电模式推广应用,积极开展公共领域车辆换电模式试点	发改就业〔2023〕1017 号
国家发展改革委、国家能源局	2023 年 7 月	《关于实施农村电网巩固提升工程的指导意见》	统筹考虑乡村级充电网络建设和输配电网发展,做好农村电网规划与充电基础设施规划的衔接,加强充电基础设施配套电网建设改造和运营维护,因地制宜、适度超前,科学合理规划县域高压输电网支撑保障能力。在东部地区提高中压配电网供电裕度,增强电网支撑能力,构建高质量充电基础设施体系,服务新能源汽车下乡。地区配合开展充电基础设施示范县和示范乡镇创建	发改能源〔2023〕920 号

续表

发布部门	成文时间	政策名称	新能源车充换电相关政策要点	文号
工业和信息化部等五部门	2023年6月	《制造业可靠性提升实施意见》	提出将实施基础可靠性"筑基"工程和整机装备与系统可靠性"倍增"工程。到2025年，力争形成100个以上可靠性提升典型示范，推动1000家以上企业实施可靠性提升；到2030年，推动10类关键核心产品可靠性达到国际先进水平	工信部联科[2023]77号
国务院办公厅	2023年6月	《关于进一步构建高质量充电基础设施体系的指导意见》	到2030年，基本建成覆盖广泛、规模适度、结构合理、功能完善的高质量充电基础设施体系，建设形成城市面状、公路线状、乡村点状布局的充电网络	国办发[2023]19号
国家发展改革委等五部门	2023年6月	《关于开展2023年新能源汽车下乡活动的通知》	各充电设施建设运营企业配合完善充电设施布局，推出充电优惠政策	工信厅联通装函[2023]149号
工业和信息化部等五部门	2023年6月	《关于组织开展新能源汽车促消费活动的通知》	推动完善农村充电基础设施。积极协调推动完善农村地区充电基础设施体系，依托县乡商业网点、企事业单位等场所，合理推进农村集中式公共充电桩站的建设	
国家发展改革委、国家能源局	2023年5月	《关于加快推进充电基础设施建设更好支持新能源汽车下乡和乡村振兴的实施意见》	鼓励有条件地方出台农村地区公共充电基础设施专项支持政策。支持高速公路及普通国省干线公路服务区（站）、公共汽车客运站和汽车客运站等充换电基础设施建设；创新农村地区充电基础设施建设运营维护模式，适度超前建设充电基础设施，优化新能源汽车购买使用环境	发改综合[2023]545号
财政部	2023年4月	《关于修改〈节能减排补助资金管理暂行办法〉的通知》	将第三条第一款"节能减排补助资金重点支持范围"修改为"（一）新能源汽车推广应用补贴清算；（二）充电基础设施奖补清算；（三）燃料电池汽车示范应用"等六方面	财建[2023]58号

续表

发布部门	成文时间	政策名称	新能源汽车充换电相关政策要点	文号
交通运输部、国家能源局	2023年4月	《关于切实做好节假日期间新能源汽车充电服务保障有关工作的通知》	加大公共充电设施建设力度，加快补齐县城、乡镇建设短板，推动旅游景区及周边停车场充电设施建设。加快推进公路沿线充电基础设施建设完善，在城市周边及充电需求较大的高速公路服务区科学设置大功率充电设施，提升充电效率。加大配套电网建设投入，做好充电设施接入电网工作，加强运维管理，确保供电可靠	国能综通电力[2023]45号
国家能源局	2023年4月	《2023年能源工作指导意见》	推动充电基础设施建设，上线运行国家充电基础设施监测服务平台，提高充电设施服务保障能力	国能发规划[2023]30号
国家发展改革委	2023年3月	《绿色产业指导目录（2023年版）（征求意见稿）》	新能源汽车关键零部件制造、充电、换电和加气设施建设和运营等被列为重点产业领域。其中，分布式交流充电桩、集中式快速充电站、非车载充电机、换电设施、汽车和船舶天然气加注站、城市公共充电设施、城际快速充电网络等基础设施建设和运营符合国家、地方、行业相关标准规范要求	—
国家能源局等四部门	2023年3月	《关于组织开展农村能源革命试点县建设的通知》	建设具备分布式可再生能源诊断检修、电动汽车充换电服务、农村能源约与技术推广服务能力的乡村能源站，培养专业化服务队伍。推动与可再生能源集约开发和高效运营管理。加快推进公共交通工具电气化，推广新能源家用汽车，保障电动汽车充换电基础设施建设	国能发新能[2023]23号
国务院	2023年2月	《质量强国建设纲要》	实施质量可靠性提升计划，提高机械、电子、汽车等产品及其基础零部件元器件可靠性水平，促进品质升级。提升新能源汽车与智能网联汽车等新型消费产品用户体验和质量安全水平	—

续表

发布部门	成文时间	政策名称	新能源汽车充换电相关政策要点	文号
工业和信息化部等八部门	2023 年 2 月	《关于组织开展公共领域车辆全面电动化先行区试点工作的通知》	充换电服务体系保障有力,新增公共充电桩(标准桩)与公共领域新能源汽车推广数量(标准车)比例力争达到 1∶1,高速公路服务区充电设施车位占比预期不低于小型微型客车停车位的 10%,形成一批典型的综合能源服务示范站。完善充换电基础设施,充分考虑公交、出租、物流、邮政服务等充电需求,加强停车场站专用充换电站建设	工信部联通装函〔2023〕23 号
工业和信息化部	2023 年 1 月	《关于印发助力中小微企业稳增长调结构强能力若干措施的通知》	落实扩大汽车、绿色智能家电消费以及绿色建材、新能源汽车下乡等促消费政策措施	工信部企业函〔2023〕4 号

资料来源:根据政府网站公开资料整理、中汽数据汽车产业政策信息库。

《山东省能源绿色低碳高质量发展三年行动计划（2023—2025年）》与《山东省能源绿色低碳高质量发展2023年重点工作任务》，提出到2025年，建成公共领域充换电站保有量8000座、各类充电桩保有量40万个、加氢站40座以上。在中心城区、高速公路沿线等领域加快公共充电桩建设，在居民区探索充电桩"统建统营"模式，在港口、城市转运等场景探索车电分离运行模式。完善充电基础设施信息公共服务平台，推动新能源汽车与智能电网间能量流、信息流和业务流双向联通。坚持车站联动、适度超前，围绕氢燃料电池汽车推广应用，持续优化加氢站规划布局，着力推动油气电氢综合能源站建设。5月24日，广东省能源局发布《广东省推进能源高质量发展实施方案（2023—2025年）》，指出加快新能源汽车推广应用，大力推进电动汽车充电基础设施建设，加快建设适度超前、科学布局、安全高效的充电网络体系。到2025年，广东全省规划累计建成集中式充电站4500座以上、公共充电桩25万个以上。7月24日，浙江省人民政府办公厅发布《浙江省完善高质量充电基础设施网络体系促进新能源汽车下乡行动方案（2023—2025年）》，提出到2025年，按照"有人建、有人管、能持续"要求，构建布局科学、智能开放、快慢互补、经济便捷的充电基础设施网络体系，全省累计建成充电桩230万个以上、乡村不少于90万个，其中建成公共充电桩12万个、乡村不少于2万个，满足400万辆以上新能源汽车充电需求。8月11日，重庆市经信局发布《重庆市中心城区充换电基础设施专项规划（2023—2025）》，预测到2025年，重庆市中心城区新能源汽车保有量将达到63万辆，充电桩需求预计达到41.3万个，为满足新能源汽车消费者使用需求，规划在2025年前新增自用桩29.8万个，公共快充站1340座，各类专用快充站285座。

规划性政策将更注重潜力场景，如农村地区、商用车充电等。北京、上海等电动汽车发展较为领先的城市核心区已基本实现公共充电服务半径3公里全覆盖，但是，农村地区"充电难"问题涉及地方政府及车端、设施端、网端等多位一体的综合难题，解决好农村地区"充电难"问题需要系统分析城乡差异进行规划布局，统筹多方利益加以协调解决。

表 2　地方省级新能源汽车充换电相关规划性政策（2023 年）

省/区/直辖市	发布单位	发布日期	政策名称
安徽省	安徽省发展改革委	5月28日	《新能源汽车和智能网联汽车产业生态建设方案》
安徽省	安徽省发展改革委	7月11日	《安徽省"十四五"扩大内需战略实施方案（主要内容）》
北京市	北京市城管委	6月2日	《北京市居住区新能源汽车充电"统建统服"试点工作方案》
北京市	北京市高级别自动驾驶示范区工作办公室	6月30日	《北京市智能网联汽车政策先行区数据分类分级管理细则（试行）》
北京市	北京市交通委	7月3日	《2023年度包车客运运力投放计划》
北京市	北京市人民政府	8月25日	《关于进一步推动首都高质量发展取得新突破的行动方案（2023—2025年）》
北京市	北京市人民政府办公室	9月8日	《北京市促进未来产业创新发展实施方案》
重庆市	重庆市经信委、重庆市市财政局	7月12日	《关于印发重庆市2023年度充换电基础设施财政补贴政策的通知》
重庆市	重庆市人民政府	7月20日	《重庆市先进制造业发展"渝西南跨越计划"（2023—2027年）》
重庆市	重庆市经信局	8月11日	《重庆市中心城区充换电基础设施专项规划（2023—2025）》
重庆市	重庆市生态环境局	9月6日	《重庆市碳污降碳协同增效实施方案》
重庆市	重庆市人民政府	9月28日	《深入推进新时代新征程新重庆制造业高质量发展行动方案（2023—2027年）》
福建省	福建省工业和信息化厅、发展改革委等七部门	3月17日	《福建省"光储充检"充电基础设施建设管理指南（试行）》
福建省	福建省工业和信息化厅等十部门	6月7日	《全面推进"电动福建"建设的实施意见》
福建省	福建省工业和信息化厅、福建省发展改革委、福建省生态环境厅	7月25日	《福建省工业领域碳达峰实施方案》
福建省	福建省商务厅	8月15日	《进一步促消费扩内需若干措施》

续表

省/区/直辖市	发布单位	发布日期	政策名称
甘肃省	甘肃省发展改革委	8月16日	《加快推进充电基础设施建设更好支持新能源汽车下乡和乡村振兴的若干措施》
甘肃省	甘肃省人民政府办公厅	8月25日	《关于深入实施"入改"工程的指导意见》
广东省	广东省人民政府	2月7日	《广东省碳达峰实施方案》
广东省	广东省能源局	5月24日	《广东省推进能源高质量发展实施方案（2023—2025年）》
广东省	中共广东省委、广东省人民政府	5月29日	《关于新时代广东高质量发展的若干意见》
广东省	广东省发展改革委、广东省能源局	6月5日	《关于印发广东省促进新型储能电站发展若干措施的通知》
广东省	广东省人民政府办公厅	9月8日	《广东省扩大内需战略实施方案》
广西壮族自治区	广西壮族自治区发展改革委	4月3日	《广西能源基础设施建设2023年工作推进方案》
广西壮族自治区	广西壮族自治区人民政府办公厅	8月7日	《关于印发广西加快县城城镇设施建设推进以县城为重要载体的城镇化建设实施方案（2023—2025年）的通知》
贵州省	贵州省商务厅	2月3日	《贵州省搞活汽车流通扩大汽车消费的若干措施》
贵州省	贵州省能源局	6月21日	《关于印发贵州省推进居住社区充电基础设施建设实施方案的通知》
贵州省	贵州省发展改革委	7月24日	《贵州省新型城镇化实施方案（2023—2025年）》
贵州省	贵州省工业和信息化厅	9月28日	《关于加快推进"电动贵州"建设的指导意见（征求意见稿）》
海南省	海南省人民政府	1月20日	《海南省"十四五"节能减排综合工作方案》
海南省	海南省工业和信息化厅	7月12日	《海南省车联网产业发展规划》
海南省	海南省新能源汽车推广应用工作联席会议办公室	8月8日	《海南省新能源汽车推广中长期行动方案（2023—2030年）》
河北省	河北省发展改革委	6月2日	《加快推动农村地区充电基础设施建设 促进新能源汽车下乡和乡村振兴实施意见》
河南省	河南省人民政府	1月3日	《关于印发大力提振市场信心促进经济稳定向好政策措施的通知》

续表

省/区/直辖市	发布单位	发布日期	政策名称
河南省	中共河南省委、河南省人民政府	2月6日	《河南省碳达峰实施方案》
河南省	河南省商务厅等十八部门	2月6日	《关于进一步搞活汽车流通扩大汽车消费的通知》
河南省	河南省工业和信息化厅、发展改革委、生态环境厅	3月22日	《河南省工业领域碳达峰实施方案》
河南省	河南省人民政府办公厅	6月12日	《关于加快新型储能发展的实施意见》
河南省	河南省人民政府办公厅	7月11日	《河南省实施扩大内需战略三年行动方案（2023—2025年）》
河南省	河南省人民政府办公厅	7月20日	《河南省推动生态环境质量稳定向好三年行动计划（2023—2025年）》
河南省	河南省人民政府	8月4日	《河南省重大新型基础设施建设提速行动方案（2023—2025年）》
河南省	河南省人民政府办公厅	8月4日	《关于印发持续扩大消费若干政策措施的通知》
河南省	河南省人民政府办公厅	8月15日	《关于印发河南省电动汽车充电基础设施建设三年行动方案（2023—2025年）的通知》
湖北省	中共湖北省委、湖北省人民政府	6月15日	《湖北省质量强省建设纲要》
湖北省	湖北省人民政府办公厅	8月11日	《关于加快构建湖北省高质量充电基础设施体系的实施意见》
湖南省	湖南省机关事务管理局等五部门	7月6日	《湖南省行政事业单位大力推广新能源汽车的具体措施》
湖南省	中共湖南省委办公厅、省人民政府办公厅	8月24日	《长株潭一体化发展三年行动计划（2023—2025年）》
湖南省	湖南省人民政府办公厅	8月31日	《湖南省恢复和扩大消费的若干政策措施》
吉林省	吉林省财政厅	7月3日	《关于支持绿色低碳发展推动碳中和的实施意见》
吉林省	吉林省工业厅	8月14日	《吉林省工业领域碳达峰实施方案》
吉林省	吉林省人民政府办公厅	9月8日	《关于促进消费的若干措施》
江苏省	江苏省工业和信息化厅	2月6日	《关于促进车联网和智能网联汽车发展的决定（征求意见稿）》

续表

省/区/直辖市	发布单位	发布日期	政策名称
江苏省	中共江苏省委、江苏省人民政府	8月31日	《关于促进经济持续回升向好的若干政策措施》
江西省	江西省人民政府	7月14日	《江西省制造业重点产业链现代化建设"1269"行动计划（2023—2026年）》
江西省	江西省人民政府	7月17日	《新能源产业链重点行动方案（2023—2026年）》
江西省	江西省住建厅	7月14日	《关于进一步推进电动汽车充电基础设施建设有关工作的通知》
江西省	江西省人民政府	7月19日	《关于进一步促进和扩大消费的若干措施》
内蒙古自治区	内蒙古自治区人民政府	1月28日	《2023年坚持稳中快进推动产业高质量发展政策清单》
内蒙古自治区	内蒙古自治区工业和信息化厅	5月4日	《内蒙古自治区工业领域碳达峰实施方案》
内蒙古自治区	内蒙古自治区住建厅	5月17日	《推进城镇新能源汽车充电设施建设六条政策措施》
内蒙古自治区	内蒙古自治区人民代表大会	8月2日	《内蒙古自治区建设我国北方重要生态安全屏障促进条例》
内蒙古自治区	内蒙古自治区工业和信息化厅等六部门	9月12日	《关于推动能源电子产业发展实施意见》
宁夏回族自治区	宁夏回族自治区发展改革委	3月2日	《宁夏回族自治区能源领域碳达峰实施方案》
宁夏回族自治区	宁夏回族自治区发展改革委	3月13日	《"十四五"扩大内需实施方案》
宁夏回族自治区	宁夏回族自治区交通运输厅	6月5日	《2023年全区公路水路行业环境保护和节能减排工作要点》
宁夏回族自治区	宁夏回族自治区发展改革委	9月8日	《关于进一步提升自治区充电基础设施服务保障能力的实施方案》
青海省	青海省发展改革委	8月23日	《青海省能源领域碳达峰实施方案》
山东省	山东省能源局	2月7日	《2023年全省能源工作指导意见》
山东省	山东省能源局	3月8日	《山东省能源绿色低碳高质量发展三年行动计划（2023—2025年）》《山东省能源绿色低碳高质量发展2023年重点工作任务》
山东省	山东省发展改革委	6月14日	《关于进一步完善居民电动汽车充电桩分时电价政策的通知（征求意见稿）》
山东省	山东省科技厅	6月21日	《山东省科技支撑碳达峰工作方案》

续表

省/区/直辖市	发布单位	发布日期	政策名称
山东省	山东省人民政府	8月2日	《2023年山东省新能源汽车下乡活动方案》
山东省	山东省人民政府办公厅	8月28日	《山东省扩大内需三年行动计划（2023—2025年）》
山东省	山东省人民政府	9月14日	《山东省推动新能源汽车下乡三年行动计划（2023—2025年）》
山东省	山东省能源局	9月14日	《关于开展能源绿色低碳转型试点示范建设工作的通知》
山西省	山西省发展改革委	4月26日	《关于电动汽车充换电服务费及用电价格有关事项的通知》
山西省	山西省商务厅等十九部门	5月11日	《"晋情消费·全晋乐购"2023消费提振年行动计划》
山西省	山西省人民政府办公厅	5月16日	《山西省电动汽车充（换）电基础设施建设运营管理办法》
山西省	山西省工业和信息化厅	6月13日	《山西省工业领域碳达峰实施方案》
陕西省	陕西省人民政府	2月17日	《陕西省碳达峰实施方案》
陕西省	陕西省经信厅	2月21日	《陕西省工业领域碳达峰实施方案》
上海市	上海市交通委、发展改革委等五部门	2月15日	《上海市公共停车场（库）充电设施建设管理办法》
上海市	上海市人民政府办公厅	6月15日	《上海市推动制造业高质量发展三年行动计划（2023—2025年）》
上海市	上海市交通委	6月28日	《上海市智慧公交顶层设计方案》
上海市	上海市人民政府办公厅	8月7日	《上海市清洁空气行动计划（2023—2025年）》
四川省	四川省人民政府	1月5日	《四川省碳达峰实施方案》
四川省	四川省生态厅	3月22日	《四川省减污降碳协同增效行动方案（征求意见稿）》
四川省	四川省发展改革委、能源局等十部门	3月31日	《四川省充电基础设施建设运营管理办法》
四川省	中共四川省委、四川省人民政府	7月13日	《关于支持宜宾建设生态优先绿色低碳发展先行区的意见》
四川省	四川省生态环境厅等七部门	7月21日	《四川省减污降碳协同增效行动方案》
四川省	四川省经信厅	9月20日	《关于印发〈促进锂电产业高质量发展的实施意见〉的通知》

续表

省/区/直辖市	发布单位	发布日期	政策名称
天津市	天津市交通运输委	1月2日	《天津市交通运输领域绿色低碳发展实施方案》
天津市	天津市发展改革委	2月9日	《天津市"十四五"扩大内需战略实施方案》
天津市	天津市人民政府	6月9日	《天津市加快建设国际消费中心城市行动方案（2023—2027年）》
天津市	天津市发展改革委	7月6日	《关于加快推进充电基础设施建设更好支持新能源汽车下乡和乡村振兴若干举措》
天津市	天津市住房城乡建设委、天津市发展改革委	8月7日	《天津市"十四五"城市基础设施建设实施方案》
天津市	天津市发展改革委	9月19日	《天津市进一步构建高质量充电基础设施体系的实施方案》
天津市	天津市人民政府办公厅	9月28日	《天津市加快新能源和智能网联汽车产业发展实施方案（2023—2027年）》
新疆维吾尔自治区	新疆维吾尔自治区工业和信息化厅、新疆维吾尔自治区发展改革委、新疆维吾尔自治区生态环境厅	8月3日	《新疆维吾尔自治区工业领域碳达峰实施方案》
云南省	云南省发展改革委等六部门	4月22日	《云南省促进绿色消费实施方案》
云南省	云南省工业和信息化厅、云南省发展改革委、云南省生态环境厅	8月25日	《云南省工业领域碳达峰实施方案》
浙江省	浙江省发展改革委	3月27日	《关于促进浙江省新能源高质量发展的实施意见（征求意见稿）》
浙江省	浙江省发展改革委、浙江省公安厅、浙江省自然资源厅、浙江省住房和城乡建设厅	3月29日	《关于浙江省推动城市停车设施高质量发展的实施意见》

续表

省/区/直辖市	发布单位	发布日期	政策名称
浙江省	浙江省人民政府办公厅	4月18日	《关于进一步扩大消费促进高质量发展若干举措》
浙江省	浙江省人民政府办公厅	7月24日	《浙江省完善高质量充电基础设施网络体系促进新能源汽车下乡行动方案（2023—2025年）》
浙江省	浙江省发展改革委、浙江省能源局	8月14日	《浙江省新能源汽车下乡"十大行动"清单》
浙江省	浙江省经信厅	9月7日	《浙江省推动新能源制造业高质量发展实施意见（2023—2025年）》

资料来源：根据政府网站公开资料整理、中汽数据汽车产业政策信息库。

（二）补贴性政策

补贴性政策在建设与运营两端给予补贴，建管并重。6月1日，重庆市财政局、经信委发布《重庆市2023年度充换电基础设施财政补贴政策》，规定中心城区与非中心城区新建或投运平均单枪功率不低于80kW的公共快充桩，分别给予150元/kW和200元/kW的一次性建设补贴。市内高速公路服务区、3A级以上景区新建或投运平均单枪功率不低于90kW的公共快充桩，给予300元/kW一次性建设补贴。在市内新建并投运单枪功率不低于350kW的大功率充电桩，给予350元/kW的一次性建设补贴。9月20日，北京市城管委发布《2023年北京市电动汽车充换电设施建设运营奖励实施细则（征求意见稿）》，提出对2022年6月1日~2023年8月31日建成的单位内部充电设施、"统建统服"试点项目、换电设施以及V2G、光（储）充、有序充电桩（不含公交等专用桩、社会公用充电桩）等示范充电站（桩）按照奖励对象分别给予300元/kW~1240元/kW不等的一次性建筑奖励，对移动充电设施给予2400元/（台·月）的投放奖励。并对2022年6月1日~2023年8月31日期间运营的公用充电设施（含居住区和社会公用充电桩），2022年5月31日之前建成、在2022年6月1日~2023年8月31日期间运营的换电设施以及充电精品示范区给予运营奖励。

补贴性政策由初期的重建设逐步转向监管并重。目前，北京市按照考核结果等级给予场站运营补贴，上海市按照"星级"标准给予场站运营补贴，山西省正在开展"星级场站"等评选活动，依法在项目审批、土地供应、金融支持、财政奖补等方面给予适当倾斜。但是全国还缺乏对不同应用场景的场站评判的统一标准，需要出台基于不同场景的充电设施评价标准以满足多方需求。针对高速公路沿线、城市社区、农村交通要道等"补能焦虑"问题突出的场景，需要主管部门精准施策，通过差异化的奖补机制，合理布局充换电设施建设网络中的空白点与关键节点。

表3 地方省级新能源汽车充换电相关补贴性政策（2023年）

省/区/直辖市	发布单位	发布日期	政策名称
北京市	北京市经信局，市场监管局	4月12日	《关于开展2022—2023年度北京市燃料电池汽车示范应用项目申报的通知》
北京市	北京市城管委	9月20日	《2023年北京市电动汽车充换电设施建设运营奖励实施细则（征求意见稿）》
重庆市	重庆市财政局	3月13日	《关于重庆市2023年度充换电基础设施财政补贴政策的通知（征求意见稿）》
重庆市	重庆市财政局，重庆市经信委	6月1日	《重庆市2023年度充换电基础设施财政补贴政策》
重庆市	重庆市经信委，重庆市财政局	7月12日	《关于印发重庆市2023年度充换电基础设施财政补贴政策的通知》
福建省	福建省人民政府办公厅	3月7日	《关于印发巩固拓展经济向好势头的一揽子政策措施的通知》
福建省	福建省工业和信息化厅等十部门	6月7日	《全面推进"电动福建"建设的实施意见（2023—2025年）》
广西壮族自治区	广西壮族自治区发展改革委	4月3日	《广西能源基础设施建设2023年工作推进方案》
贵州省	贵州省商务厅	2月3日	《贵州省搞活汽车流通扩大汽车消费的若干措施》
海南省	海南省工业和信息化厅	9月24日	《海南省2023—2025年鼓励新能源车推广应用若干措施》
河南省	河南省商务厅等十八部门	2月6日	《关于进一步搞活汽车流通扩大汽车消费的通知》
河南省	河南省人民政府办公厅	8月4日	《关于印发持续扩大消费若干政策措施的通知》
湖南省	湖南省人民政府办公厅	8月31日	《湖南省恢复和扩大消费的若干政策措施》
吉林省	吉林省人民政府办公厅	9月8日	《关于促进汽车消费的若干措施》
内蒙古自治区	内蒙古自治区人民政府	1月28日	《2023年坚持稳中优进推动产业高质量发展政策清单》
内蒙古自治区	内蒙古自治区住建厅	5月17日	《推进城镇新能源汽车充电设施建设六条政策措施》

续表

省/区/直辖市	发布单位	发布日期	政策名称
山西省	山西省人民政府办公厅	5月16日	《山西省电动汽车充(换)电基础设施建设运营管理办法》
上海市	上海市发展改革委	5月30日	《上海市加大力度支持民间投资发展若干政策措施》
天津市	天津市人民政府办公厅	4月18日	《天津市推动制造业高质量发展若干政策措施》
云南省	云南省人民政府办公厅	9月14日	《关于恢复和扩大消费的若干措施》

资料来源：根据政府网站公开资料整理、中汽数据汽车产业政策信息车。

（三）价格性政策

价格性政策涉及电价和充电服务费，目前我国对电动汽车充换电设施用电实行扶持性电价政策，免收电动汽车集中式充换电设施容量电费（见表4）。在居民区充电领域，我国各地也相继推出居民区峰谷分时电价政策，服务费则由政府管控逐渐转为市场调节，地方政策针对充电服务费给予相关补贴。2023年，湖南、山东、吉林等多地出台分时电价政策。6月30日，湖南省发改委发布《关于居民电动汽车充电设施用电试行分时电价的通知》，提出电价标准为平段电价0.604元/kWh，低谷电价在平段电价基础上下浮0.1元/kWh，标准为0.504元/kWh，高峰电价在平段电价基础上上浮0.1元/kWh，标准为0.704元/kWh。7月27日，山东省发展改革委发布《关于进一步完善居民电动汽车充电桩分时电价政策的通知》，提出深谷时段电价为0.222元/kWh、低谷时段为0.385元/kWh、平时段为0.555元/kWh、高峰时段为0.585元/kWh、尖峰时段为0.888元/kWh。8月31日，陕西省发改委发布《关于居民电动汽车充电桩分时电价政策有关事项的通知》，提出陕西电网（不含榆林地区）高峰时段电价为0.5609元/kWh、低谷时段电价为0.3109元/kWh，榆林地区高峰时段电价为0.5473元/kWh、低谷时段电价为0.2973元/kWh。10月10日，吉林省发展改革委发布《关于完善电动汽车用电价格及服务费有关事项的通知》，提出对非居民用电动汽车充换电设施执行支持性电价政策。对向电网企业直接报装接电的经营性集中式充换电设施用电，执行工商业两部制电价和电动汽车充换电分时电价政策。到2030年前，免收需量（容量）电费。对其他充换电设施按其所在场所执行分类电价和分时电价政策。此外，对居民用电动汽车充换电设施执行扶持性电价政策。

对于电价，各地将继续完善分时电价政策。充电服务费则逐渐市场化，近两年，服务费价格常现弹性上涨。下一步政策趋向于确定充电服务费的合理区间，削弱充电桩运营商之间的恶性竞争，促进产业的健康发展，实现用户和运营商利益的良性平衡。

表 4 地方省级新能源汽车充换电相关价格性政策（2023 年）

省/区/直辖市	发布单位	发布日期	政策名称
重庆市	重庆市财政局	3 月 13 日	《关于重庆市 2023 年度充换电基础设施财政补贴政策的通知（征求意见稿）》
福建省	福建省人民政府办公厅	3 月 7 日	《关于印发巩固拓展经济向好势头的一揽子政策措施的通知》
福建省	福建省工业和信息化厅、发展改革委等七部门	3 月 17 日	《福建省"光储充检"充电基础设施建设管理指南（试行）》
海南省	海南省发展和改革委员会	7 月 21 日	《关于进一步优化电动汽车峰谷分时电价政策的通知》
河北省	河北省发展改革委	6 月 2 日	《加快推动农村地区充电基础设施建设 促进新能源汽车下乡和乡村振兴实施意见》
河南省	河南省交通运输厅	4 月 25 日	《河南省交通运输行业绿色低碳转型战略 2023 年工作任务分解方案》
湖北省	湖北省发展改革委	9 月 7 日	《居民电动汽车充换电实行分时电价的通知（征求意见稿）》
湖南省	湖南省发展改革委	6 月 30 日	《关于居民电动汽车充电试行分时电价政策的通知》
吉林省	吉林省发展改革委	10 月 10 日	《关于完善电动汽车用电价格及服务费有关政策事项的通知》
江苏省	中共江苏省委 江苏省人民政府	8 月 31 日	《关于促进经济持续回升向好的若干政策措施》
宁夏回族自治区	宁夏回族自治区发展改革委	3 月 13 日	《"十四五"扩大内需实施方案》
山东省	山东省能源局	2 月 7 日	《2023 年全省能源工作指导意见》
山东省	山东省发展改革委	6 月 14 日	《关于进一步完善居民电动汽车充电桩分时电价政策的通知（征求意见稿）》
山东省	山东省发展改革委	7 月 27 日	《关于进一步完善居民电动汽车充电桩分时电价政策的通知》
山西省	山西省人民政府办公厅	5 月 16 日	《山西省电动汽车充（换）电基础设施建设运营管理办法》
陕西省	陕西省发展改革委	8 月 31 日	《关于居民电动汽车充电桩分时电价政策的通知》
天津市	天津市人民政府办公厅	9 月 28 日	《天津市加快新能源和智能网联汽车产业发展实施方案（2023—2027 年）》
云南省	云南省发展改革委等 6 部门	4 月 22 日	《云南省促进绿色消费实施方案》

资料来源：根据政府网站公开资料整理，中汽数据汽车产业政策信息库。

三　政策趋势分析与发展建议

（一）趋势分析

"十四五"是我国交通领域碳达峰的关键时期，是新能源汽车产业和充换电基础设施发展的重要窗口期。充换电基础设施专项规划对于指导充换电设施健康有序发展，支撑我国新能源汽车产业发展具有重要意义。现阶段我国充换电基础设施规划政策体系框架已基本形成，规划体系已比较健全，国家层面的"十四五"中长期充换电基础设施顶层规划逐步成型，地方省级或市级规划政策频出，个别地区已公布区县级规划政策。对规划的理解更加深入，国家—省—市—区县各级规划的定位、重点内容及"上下级"规划之间协同已有较深入的研究，各级规划的编制要点、深度、方法等要求明确，各级充换电设施专项规划与相关层级的国土空间规划、电网规划、新能源汽车产业发展规划等相关规划的协同机制与路径清晰，在规划层面引导公共充换电设施有序建设有序发展。

新能源汽车产业和充换电基础设施发展同样面临一定的挑战。我国车公桩比近两年呈上升趋势，公共桩发展速度不及新能源汽车，制约新能源汽车渗透率进一步提升。充换电基础设施布局不够完善，高速公桩仅占全国不足2%。"充电难"背景下充换电基础设施平均功率利用率仅7%左右，充电市场供需不匹配。可再生电力供给比例攀升，电力供给不稳定。充电同时率高，增加局部配网负荷。中国电动商用车市场渗透率仅为9.0%，"补电难"阻碍商用车电动化进程。还需要进一步发挥政策对产业引导、科技攻关和合理布局的作用，进而促进新能源汽车产业和充换电基础设施高质量发展。

（二）发展建议

充换电基础设施建设总体规划方面，应结合中国实际需求和基础，结合未来新型电力系统需求以及电力市场改革进展，形成符合实际国情的充换电

基础设施发展目标与实施路径。

1. 补齐充换电基础设施建设短板，制定不同场景的差异化发展路径

首先是三四线城市和农村应该均衡布局充换电基础设施，通过均衡布局保障电动汽车充电的便利性，避免出现充换电设施布局不均衡而导致电动汽车只能小范围出行。

其次是高速公路需要进行充换电基础设施超前建设，高速服务区公共充换电设施规模需要满足节假日高峰需求。

再次是加快城市公共充电覆盖和提质，提高体验。乘用车公共快充"找桩远""找桩难"等问题在多数城市地区已得到较好解决，但"体验差""排队久"等问题依然十分突出，需要通过提高充电速度、增加充电桩数量来提高充电体验。最后是高速公路快速充电桩、公共快充网络加快补短板。高速公路的长途车用电需求大，时间成本高，需要通过完善快充网络节省充电时间。

2. 推进公共快充向大功率快充技术体系升级，完善乘用车超充和重卡兆瓦级快充布局

首先是支持产业链上下游向高电压和超快充技术体系升级，巩固产业竞争技术优势。

其次是乘用车超快充网络超前布局，为产业链技术升级提供保障，通过提供"充电和加油一样方便"的体验有效促进消费扩大。

最后是积极布局面向重型货运的兆瓦级快充技术和标准体系，积极开展三大重点区域的兆瓦级快充区域试点工作，使电动重卡的超快充技术保持国际同步和引领。

B.3
中国新能源汽车充换电标准
动态与展望

徐 枭 曹冬冬*

摘 要： 近年来，中国新能源汽车产业在国家战略的强有力驱动下取得了突破性进展，特别是在响应国家提出的"双碳"目标过程中，新能源汽车充换电设施的标准化进程正以前所未有的速度加快。中央政府与地方政府之间紧密协作、形成合力，共同推进充换电设施的标准体系建设与更新，确保了整个产业链条的协调发展与高效运行。我国在充换电设施标准方面已形成一套完备且详尽的规定，涵盖充电桩的设计、制造、安装、运维等各个环节，既包括对充电桩接口、通信协议、安全性要求等方面的严格规定，也涉及对换电站设计、电池包规格、换电流程等复杂系统的统一协调。旨在统一规范市场行为，有效引导各大汽车制造企业在产品研发阶段就遵循高标准，不仅提升了换电式电动汽车的安全性能与互换兼容性，同时也为新能源汽车产品的整体品质提升奠定了坚实基础。本文围绕新能源汽车充电与换电，分别分析标准发展现状、标准体系构建及未来发展趋势。

关键词： 新能源汽车 充换电基础设施 充换电标准

* 徐枭，中国汽车技术研究中心有限公司中国汽车标准化研究院，研究员，高级工程师，主要研究方向为新能源汽车充电标准；曹冬冬，中国汽车技术研究中心有限公司中国汽车标准化研究院，研究员，工程师，主要研究方向为新能源汽车换电标准。

一 新能源汽车充电标准体系现状及展望

（一）标准现状

充电是保障新能源汽车正常运行的必备功能，国内和国际上都制定了大量的充电领域标准，从充电兼容性、充电功能性、充电安全性、充电便捷性等方面，满足新能源汽车的充电需求。不同层次的充电标准制定目的不同，国际标准主要规定通用性能或要求，以及集成不同国家的充电技术方案。国家标准主要规定满足国内市场使用的要求和测试方法，满足产品测试检验。行业标准主要规定产品要求，为企业研发生产提供参考。团体标准和企业标准主要用于满足企业设计需求，适用面较窄。

1.国内标准现状

我国形成了较为完善的充电标准体系，在充电系统技术方案上，制定了充电系统标准 GB/T 18487.1-2015《电动汽车传导充电系统　第1部分：通用要求》，制定了充电接口标准 GB/T 20234.1-2015《电动汽车传导充电用连接装置　第1部分：通用要求》、GB/T 20234.2-2015《电动汽车传导充电用连接装置　第2部分：交流充电接口》和 GB/T 20234.3-2015《电动汽车传导充电用连接装置　第3部分：直流充电接口》，制定了通信协议标准 GB/T 27930-2015《电动汽车非车载传导式充电机与电池管理系统之间的通信协议》，这些标准规定了充电接口、控制导引电路和直流充电的通信协议，用于满足行业的产品设计、研发、生产与测试评价等。为了检验电动汽车和充电设施的互联互通符合性，制定了互操作性测试的系列标准，即 GB/T 34657.1-2017《电动汽车传导充电互操作性测试规范　第1部分：供电设备》、GB/T 34657.2-2017《电动汽车传导充电互操作性测试规范　第2部分：车辆》和 GB/T 34658-2017《电动汽车非车载传导式充电机与电池管理系统之间的通信协议一致性测试》。

2. 充电系统技术方案

电动汽车传导充电用接口及通信协议是实现电动汽车传导充电的基本要素，其技术内容的统一和协调，是保证电动汽车与充换电基础设施互联互通的基础。充电系统国家标准包括以下5项：《电动汽车传导充电系统 第1部分：通用要求》（GB/T 18487.1-2015），规定了电动汽车充电系统的基础性、通用性、安全性要求；《电动汽车传导充电用连接装置》系列标准（GB/T 20234.1-2015、GB/T 20234.2-2015和GB/T 20234.3-2015），规定了连接装置的定义、要求、试验方法和检验规则，明确了交流、直流充电接口的物理尺寸和电气性能；《电动汽车非车载传导式充电机与电池管理系统之间的通信协议》（GB/T 27930-2015），规定了直流充电机与电动汽车的充电控制通信协议。

充电系统通用要求标准（GB/T 18487.1-2015《电动汽车传导充电系统 第1部分：通用要求》）规定了电动汽车传导充电系统分类、通用要求、通信、电击防护、电动汽车和供电设备之间的连接、车辆接口和供电接口的特殊要求、供电设备结构要求、性能要求、过载保护和短路保护、急停、使用条件、维修和标识及说明。该标准适用于为电动汽车非车载传导充电的电动汽车供电设备，包括交流充电桩、非车载充电机、电动汽车充电用连接装置等，其供电电源额定电压最大值为1000V AC或1500V DC，额定输出电压最大值为1000V AC或1500V DC。

充电连接装置是承载传导电能的部件，其核心是传输电能的金属导体，该导体被绝缘材料包裹，再加上信号线、外壳等附件，形成充电连接装置。装置一般由充电接口和电缆组成，或保护缆上控制与保护装置。充电连接装置标准为系列标准，包括第1部分通用要求、第2部分交流充电接口以及第3部分直流充电接口。

GB/T 20234.1-2015《电动汽车传导充电用连接装置 第1部分：通用要求》标准规定了电动汽车传导充电用连接装置的定义、要求、试验方法和检验规则。适用于电动汽车传导式充电用的充电连接装置，其中，交流额定电压不超过690 V，频率50 Hz，额定电流不超过250 A；直流额定电压不

超过 1000 V，额定电流不超过 400 A。如果充电连接装置的供电接口使用了符合 GB 2099.1 和 GB 1002 的标准化插头插座，则该部分不适用于这些插头插座。

GB/T 20234.2-2015《电动汽车传导充电用连接装置 第 2 部分：交流充电接口》标准规定了电动汽车传导充电用交流充电接口的通用要求、功能定义、型式结构、参数和尺寸。标准适用于电动汽车传导充电用的交流充电接口，其额定电压不超过 440 V（AC），频率 50 Hz，额定电流不超过 63 A（AC）。

GB/T 20234.3-2015《电动汽车传导充电用连接装置 第 3 部分：直流充电接口》标准规定了电动汽车传导充电用直流充电接口的通用要求、功能定义、型式结构、参数和尺寸。适用于充电模式 4 及连接方式 C 的车辆接口，其额定电压不超过 1000 V（DC）、额定电流不超过 250 A（DC）。

通信协议用于直流传导充电过程，由于充电机位于车辆之外，再加上各型车辆动力蓄电池的电压、可充电电流等参数的差异，车辆与充电机之间需要建立通信渠道，才能互通充电参数，保证充电过程可控。因此，制定了 GB/T 27930-2015《电动汽车非车载传导式充电机与电池管理系统之间的通信协议》，规定了电动汽车非车载传导式充电机与电池管理系统之间基于控制器局域网的通信物理层、数据链路层及应用层的定义。

3. 互联互通测试

有了统一的充电接口，以及规定详细的充电导引电路和通信协议，电动汽车和充电设施可以实施充电。但这些要求是针对具体部件产品对象的，是设计开发的技术要求，没有把整机作为标准化对象进行规范，在面对不同企业、不同品牌、不同型号的电动汽车或充电设施时，还存在因理解标准不到位而产生无法充电的情况，因此，需要在电动汽车和充电设施整机层面，提供评价充电兼容性的测试方法，即充电互联互通测试。

传导充电互联互通测试标准由互操作性测试方法和协议一致性测试方法组成。互操作性测试分为设施侧和车辆侧两个部分，考察被测对象在充电操作各阶段的兼容性，通过所有测试则可认为该产品具备了互联互通的能力。

GB/T 34657.1-2017《电动汽车传导充电互操作性测试规范　第1部分：供电设备》规定了电动汽车传导充电互操作性测试对供电设备的检验规则、测试条件、测试项目、测试方法及合格评判，适用于符合GB/T 18487.1-2015规定的电动汽车供电设备，包括缆上控制与保护装置、交流充电桩、非车载充电机等。

GB/T 34657.2-2017《电动汽车传导充电互操作性测试规范　第2部分：车辆》规定了电动汽车传导充电互操作性测试对车辆的检验规则、测试条件、测试项目、测试方法及合格评判，适用于采用GB/T 20234.2-2015或GB/T 20234.3-2015传导充电接口的电动汽车。

协议一致性测试是一种功能性测试，它是在一定的网络环境下，利用一组测试序列，对被测协议实现进行测试，通过比较实际输出与预期输出的异同，判定被测实现在多大程度上与描述标准一致。通过协议一致性测试可以减少产品在现场运行时发生错误的风险。协议在实现过程中，由于协议标准内容复杂，协议实现的编程方式、实现方式不同，以及协议实现的设备选择和配置不同等，不同协议实现存在一定差异性，进行协议一致性测试非常必要。协议一致性测试是为了检测错误的存在而不是验证无错，单独依靠一致性测试并不能绝对保证应用的互联互通，应在此基础上开展相应的互操作性测试。协议一致性测试是互操作性测试的基础，只有通过协议一致性测试的产品，表明其符合相关协议标准要求，才有意义进行互操作性测试。协议一致性测试不包括对协议标准本身的设计评价，也不包括对具体协议实现主体的性能、冗余度、健壮性和可靠性评估内容。GB/T 34658-2017《电动汽车非车载传导式充电机与电池管理系统之间的通信协议一致性测试》规定了电动汽车非车载传导式充电机与电池管理系统之间的通信协议一致性测试要求、一致性测试系统以及一致性测试内容。适用于对声明符合GB/T 27930-2015的产品进行协议一致性测试。

4.最新发布的标准

2023年9月7日，由工业和信息化部提出、全国汽车标准化技术委员

会归口的 GB/T 20234.1-2023《电动汽车传导充电用连接装置　第 1 部分：通用要求》和 GB/T 20234.3-2023《电动汽车传导充电用连接装置　第 3 部分：直流充电接口》两项推荐性国家标准正式发布。两项推荐性国家标准的修订，实现了对原有 2015 年版国标方案的全新升级（"2015+方案"）。新标准在沿用我国现行直流充电接口技术方案、保障新老充电接口通用兼容的同时，将最大充电电流从 250 安培提高至 800 安培、充电功率提升至 800 千瓦，增加了主动冷却、温度监测等相关技术要求，优化完善了机械性能、锁止装置、使用寿命等试验方法，有利于进一步提升传导充电连接装置的环境适应性、安全性和可靠性，并同时满足直流小功率、大功率充电等实际需要。

同期还发布了由中国电力企业联合会提出并归口的 GB/T 18487.1-2023《电动汽车传导充电系统　第 1 部分：通用要求》、GB/T 27930-2023《非车载传导式充电机与电动汽车之间的数字通信协议》和 GB/T 20234.4-2023《电动汽车传导充电用连接装置　第 4 部分：大功率直流充电接口》三项推荐性国家标准，其中，GB/T 18487.1-2023 和 GB/T 27930-2023 分别保持 GB/T 18487.1-2015 和 GB/T 27930-2015 的原有技术内容不变。GB/T 20234.4-2023 为新制定标准，规定了全新直流充电接口方案，接口界面基本呈方形。

5. 国际标准现状

电动汽车充电领域国际标准分别由国际标准化组织（ISO）和国际电工委员会（IEC）负责，具体组织为国际标准化组织/道路车辆委员会/电动车辆分技术委员会（ISO/TC22/SC37）下设的 WG5 和 WG6 两个工作组，分别规定电能传输要求和整车充电性能，以及国际电工委员会/电动道路车辆和电动工业车用电能传输系统委员会（IEC/TC69）下设的众多工作组。

（1）国际标准化组织（ISO）

ISO/TC22/SC37 是负责电动汽车国际标准制定的国际组织，下设 6 个工作组，覆盖安全与术语、性能与能耗、可充电储能系统、电驱动系统与组件、电能传输要求和充电性能 6 个领域，SC37 共有 25 个 P 成员国（Participating members）与17个O成员国（Observing members），已发布标准28项，在研标准14项，目前我国已有26名注册专家参与了全部6个工作组的标准研究与讨论工作。ISO/TC22/SC37WG5和WG6与充电标准相关。

1）WG5电能传输要求

电能传输要求领域规划制定ISO 5474《电动道路车辆 电动传输功能要求和安全要求》系列标准，如表1所示，第一部分为传导电能传输通用要求，第二部分为交流电能传输，第三部分为直流电能传输，第四部分为电磁场无线电能传输的安全性和互操作性要求，第五部分为自动传导连接电能传输，第六部分为动态无线电能传输互操作性和安全性。ISO 5474的前三部分发布后，将代替ISO 17409：2020《电动汽车 传导充放电 安全要求》。

表1　ISO 5474 标准体系

序号	标准号、类型及阶段	标准名称	核心内容
1	ISO/DIS 5474-1	Electrically propelled road vehicles — Functional requirements and safety requirements for power transfer — Part 1: General requirements for conductive power transfer	传导充电通用要求
2	ISO/DIS 5474-2	Electrically propelled road vehicles — Functional requirements and safety requirements for power transfer — Part 2: AC power transfer	交流充电
3	ISO/DIS 5474-3	Electrically propelled road vehicles — Functional requirements and safety requirements for power transfer — Part 3: DC power transfer	直流充电
4	ISO/CD 5474-4	Electrically propelled road vehicles — Functional requirements and safety requirements for power transfer — Part 4: Magnetic field wireless power transfer — Safety and interoperability requirements	无线充电
5	ISO/DTS 5474-5	Electrically propelled road vehicles — Functional requirements and safety requirements for power transfer — Part 5: Automatic conductive power transfer	自动充电
6	ISO/CD PAS 5474-6	Electrically propelled road vehicles — Interoperability and safety of dynamic wireless power transfer (D-WPT) for electric vehicle in motion	动态无线充电

资料来源：中国汽车标准化研究院根据公开资料整理。

2）WG6 整车充电性能

通过 ISO 与美国汽车工程师学会（SAE）的合作协议，ISO 联合 SAE 共同立项制定 ISO/SAE DIS 12906《道路车辆　电动汽车充电性能测试规程》（Road vehicles — Test procedures for electrical vehicles to determine charging performance），标准将规定电动汽车整车的充电时间、充电功率、充电一定时间后的行驶里程等测试程序，用于规范整车充电性能测试方法。

（2）国际电工委员会（IEC）

国际电工委员会（IEC）IEC/TC69 负责制定电动道路车辆和工业卡车电能传输系统的国际标准，工作领域包括电动汽车传导充电、无线充电、换电、锂离子电池及超级电容等。IEC/TC69 设立了 AG16 主席咨询组为 TC 的整体决策提供咨询，设立 ahG17 特别咨询组开展不同直流充电系统间兼容性的标准预研，具体工作开展依托 11 个正式工作组和联合工作组、3 个维护工作组（MT，负责标准发布后的修订工作）、6 个项目组（PT，针对具体标准项目开展研究），工作组架构见图 1 所示。

主席咨询组	工作组	联合工作组	维护工作组
AG16：主席咨询组	WG7：WPT系统 WG9：漫游充电服务 WG10：轻型电动汽车传导充电系统 WG12：电动汽车传导功率/能量传输系统 WG13：电动汽车换电设施安全要求 WG14：带自动接口的电动汽车供电设备	JWG 1：车辆电网通讯接口 JWG 11：电动汽车充电放电基础设施管理 JWG 15：基于电动汽车的分布式储能系统 JWG 69Li：TC 21/SC 21A/TC 69-车用锂电池 JWG 69 Pb-Ni：TC 21/SC 21A/TC69-汽车用铅酸和镍基系统	MT 61851-21-2：车辆电网通讯接口（V5G CI） MT 62576：电动汽车、储能、电力双层电容器和混合电容器 MT 5：IEC 61851-23 和IEC 61851-24维护工作组
特别咨询组			
ahG17：在不同直流充电系统之间使用充电适配器的互操作性和安全性问题			

项目组
PT 61851-23-1：电动汽车导电充电系统 第23-1部分：带自动连接系统的直流充电　　PT 61980-4：电动汽车大功率无线功率传输（H-WPT）的互操作性和安全性 PT 63243：电动汽车无线电力传输系统　　PT 63380：本地充电站管理系统 PT 62576-2：电动道路车辆EDLC模块电气特性测试方法　　PT 63381：动态无线功率传输

图 1　IEC/TC69 标准工作组架构

资料来源：中国汽车标准化研究院根据公开资料整理。

（二）标准未来发展趋势

未来充电标准仍以推动充电基础设施建设与优化、促进新能源汽车大规模应用为目标，在充电兼容性、充电安全性和充电便捷性等领域开展标准研究与制定。

1. 充电兼容性逐渐增强

充电兼容是新能源汽车相关行业不断追求的目标，从 2011 版充电系统标准开始，我国就建立了统一的充电接口技术规范，新能源汽车的生产和充电桩建设均积极落实该标准。截至 2023 年 5 月，我国共发布了 GB/T 18487.1-2015《电动汽车传导充电系统　第 1 部分：通用要求》、GB/T 20234-2015《电动汽车传导充电用连接装置》、GB/T 27930-2015《电动汽车非车载传导式充电机与电池管理系统之间的通信协议》等 36 项新能源汽车充电现行国家标准，覆盖了充电接口、控制功能、通信协议、测试规范、工程建设、服务运营等充电细分领域。得益于我国在新能源汽车产业发展之初便统一了充电接口，截至 2023 年 7 月，全国充电基础设施累计数量为 692.8 万台，同比增加 74.1%，全国公共充电桩 221.1 万台，其中公共直流充电桩 93.8 万台、公共交流充电桩 127.3 万台，充电设施规模居全球首位，支撑了我国新能源汽车产业的高速发展。

2014 年，我国直流充电系统标准被 IEC 62196、IEC 61851-23 和 IEC 61851-24 纳入，与美国、欧洲和日本直流充电系统一同成为四大直流充电系统国际方案。目前，智利、乌兹别克斯坦、俄罗斯和菲律宾正式宣布采用我国直流充电接口标准，充电系统标准国际化引领我国新能源汽车产业的国际化。

立足于我国新能源汽车产业与市场实际，在总结现行标准十多年来应用经验的基础上，全面改进现行 GB/T 18487.1-2015 等 2015 版直流充电国标方案，提出升级技术方案（"2015+方案"）。2015+方案基于现行直流充电接口技术、保障新老充电接口通用兼容，提升了控制电路的灵敏度，提升了高压大功率充电的安全性，增加了 V2G、即插即充、预约充电等全新功能，

解决了现行标准功能扩展性待完善的问题。"2015+方案"可全面兼容当前市场上存量的新能源汽车与充电设施，最大限度地减小了标准升级对产业和市场的冲击，有利于稳固我国新能源汽车及关联产业良好发展成果，为我国新能源汽车产业高质量发展提供支撑。目前，满足大功率充电的充电接口标准已经发布，包括GB/T 20234.1-2023《电动汽车传导充电用连接装置　第1部分：通用要求》和GB/T 20234.3-2023《电动汽车传导充电用连接装置　第3部分：直流充电接口》，标准由工业和信息化部提出、全国汽车标准化技术委员会归口。目前，"2015+方案"配套的控制导引和通信协议国家标准正在立项与制定中。

未来，充电兼容将始终作为充电标准化工作的首要原则。在大功率充电、小功率直流充电、中重型商用电动汽车兆瓦级充电等方向上，将充电兼容性作为首要目标，最大限度地利用已有充电设施的服务能力，最大限度地考虑存量电动汽车的充电需求，在存量和发展两个方面做好协调与平衡。

2. 充电安全被持续重视

充电过程和充电之后的安全是当前新能源汽车的关注重点，安全充电不仅仅取决于电动汽车，还与充电设备、供电网、气候环境都有相关性。传导充电已经发布多项标准，这些标准主要解决的问题是确保兼容性、促进互联互通，或者提出充电设备部件性能要求，与充电安全相关的技术点分散在不同的标准里，因此，基于整个充电系统提取安全要求内容，以电动汽车为实施对象，行业研究制定了充电安全推荐性国家标准（尚未发布）。标准修改采用ISO 17409：2020《电动汽车传导充放电安全要求》，以我国充电系统为基础，基于我国充电实践经验与教训进行编制，在技术指标上尽量与国际标准保持一致或协调。

充电安全标准包括了用于指导产品设计生产的原则性要求，由于不同的产品可以存在不同的设计结论，部分内容可能无法通过测试进行符合性检查。另外，现实出现的充电事故有些体现在动力电池的热失控上，其根源还是动力电池本身在正常使用、滥用、充放电过程中的产品失效，为了与GB

18384《电动汽车安全要求》、GB 38031《电动汽车用动力蓄电池安全要求》等标准体系协调，充电安全标准没有规定整车和动力蓄电池等相关的安全要求。

3. 充电便捷不断优化

充电方便、快捷是新能源汽车用户的殷切期盼。为方便充电，汽车行业制定了 QC/T《电动汽车传导充电用集成式交流供电标准插座》、QC/T《带功能盒的电动汽车传导充电用电缆组件》和 QC/T《带充电机的电动汽车传导充电用电缆组件》，为用户提供了丰富的充电方案，满足不同场景下的充电需求。为提升充电功率，工业和信息化部组织全国汽车标准化技术委员会完成修订的 GB/T 20234.1-2023《电动汽车传导充电用连接装置　第 1 部分：通用要求》和 GB/T 20234.3-2023《电动汽车传导充电用连接装置　第 3 部分：直流充电接口》，以及为配套"2015+方案"正在制定的《电动汽车传导充电系统　第 5 部分：用于 GB/T 20234.3 的直流充电系统》和《非车载传导式充电机与电动汽车之间的数字通信协议　第 2 部分：用于 GB/T 20234.3 的通信协议》，可实现大功率充电的更多功能，满足充电便捷的需要（见图 2）。

图 2　充电标准需求

资料来源：中国汽车标准化研究院整理。

二　电动汽车换电行业标准体系现状及展望

（一）电动汽车换电标准现状分析

近年来，电动汽车换电作为能源补给的重要技术路线，受到行业的极大关注，市场需求强烈。2021年4月，工业和信息化部启动新能源汽车换电模式应用试点工作，进一步推进了电动汽车换电技术路线的发展，国内各主要城市积极部署、有序推进，纷纷发布支持换电模式推行的政策。

行业重点企业积极加快市场布局，形成较为完善的产业链。整车企业，如蔚来、北汽新能源、上汽、北汽福田、汉马、三一等，加大换电车型的研发力度，陆续推出多款产品；动力电池企业，如宁德时代、亿纬锂能、国轩高科、中创新航等，纷纷推出适用于换电车型的产品，满足整车换电需求；换电站运营企业，如奥动、时代电服、玖行、协鑫、智锂物联等，推出换电服务方案，配套车辆和换电站的运行。

换电的核心条件是实现车辆、换电电池系统和换电站三者之间的互换，但目前不同品牌的技术路线、技术方案均存在差异，需要通过标准化提高互换性、安全性和产品使用性能。基于以上需求，我国开展了电动汽车换电标准化研究工作。

1.换电标准需求分析

标准具有规范产品、统一要求和引导技术发展的普遍作用。电动汽车换电标准化已经成为行业发展的重要因素，因此需要梳理换电的产品方案和技术路线，描绘标准体系的蓝图，并按照轻重缓急的需求级别，开展标准研究与制定。

在安全方面，主要包括车辆换电过程中、使用过程中的安全性要求，包括动力电池包的安装、保持、固定，以及电气、通信、冷却接口工作在车辆行驶状态下和换电操作冲击下，将承受复杂的振动、温度、湿度、污染物环境影响，具有一定的可靠性和安全性风险。

在互换性方面，兼容统一的结构和电气参数是电动汽车换电的基础。需要重点保证换电电池系统的互换性，以及换电接口和换电机构的互换性，此外，要考虑换电电池系统工作电压范围的统一，充放电性能的协调，以及通信接口的兼容。换电电池系统热量管理系统也需要一定程度的匹配，如所采用冷却介质应是统一的。在满足电动汽车换电兼容性的前提下，实施换电操作的设施设备也需要统一。如换电站可容纳车辆的尺寸，换电设备与电池包的连接接口，操作空间路径与尺寸，换电站内电池包支架的尺寸、充电机的通信协议等。

以上内容都需要通过标准化的方式进行行业的研讨、论证并最终确定形成标准化方案，从而指导电动汽车换电行业的发展。

2. 国家及行业标准研究

为解决电动汽车的互换性、安全性和使用性问题，我国开展了充分的标准化讨论和研究，并通过以下三个方面推动了标准化进展。

一是明确换电电动汽车术语和定义。现阶段电动汽车包括纯电动汽车、混合动力电动汽车和燃料电池电动汽车三类（来源于：GB/T 19596-2017），根据现有定义，车辆必须装备动力电池系统才能被称为完整的电动汽车，车辆在销售过程中，税务系统也是针对电动汽车开具发票。而换电模式的一种重要推广方法是车辆销售过程中动力电池可以选装，这样有效节省了消费者初期的购车成本。因此，现阶段的税务政策就制约了换电模式的推广，电动汽车领域也开展了换电电动汽车术语和定义标准的研究，明确了不带动力电池系统的车辆也可作为电动汽车的一种产品，推动选装电池的销售模式得到了税务系统的认可。

二是推进换电安全性标准修订。针对电池系统的频繁更换，可能会造成换电电动汽车使用过程中的安全风险，汽车行业开展了深入的换电安全标准研究。2021年，汽车行业发布首个换电安全的国家标准《电动汽车换电安全要求》（GB/T 40032-2021），对可换电乘用车在车辆更换、使用过程中的安全风险进行约束，通过对整车、零部件的严格要求和试验验证，提升了换电车辆的整体安全性。同时，换电商用车尤其是换电重型卡车快速发展，其

特有的后背式设计（换电电池系统安装于驾驶室后方），与乘用车的底盘式换电设计存在较大差异，并且重型卡车使用工况较为恶劣，需要对换电设计方案的安全性进行要求，因此我国启动了《电动商用车换电安全要求》标准的研究，从车辆的设计安全、使用安全等方面提出标准化要求，保证产业的稳定发展。

三是完成电动汽车换电互换性标准方案研究。为实现车辆、换电电池系统、换电站三者之间的互换，需要从硬件和软件层面进行规范，为此汽车行业联合电力行业共同开展了多项标准研究工作，基本确定了影响车辆互换性的标准化方案。硬件方面，完成9项汽车行业标准，规定了换电电池系统的机构尺寸、电气接口、冷却接口、换电机构设计方案，以及车辆上换电电池系统安装位置等内容；软件方面，完成4项汽车行业标准，规定了车辆与换电电池系统、车辆与换电站、换电电池系统与换电站之间的通信协议要求，保证了互换语言的一致性。

3. 国际标准研究

随着中国汽车企业"走出去"步伐加快，电动汽车换电模式也在国际上快速发展，欧洲、美国、日本等国家和地区均开展了换电模式的推广应用，因此具备了启动和推广换电国际标准的产业基础。

在汽车领域，ISO/TC22/SC37电动车辆分标委启动了电动汽车领域换电国际标准的研究，中国提出了多项换电国际标准研究项目，包括换电电动汽车通用要求和应用案例，电动汽车换电互换性、安全性等方面的标准项目，并申请成立相关工作组，专业深入地开展换电领域的国际标准化研究，基于以上内容与主要汽车发达国家和组织开展了充分交流，目前国际标准项目和工作组成立进程处于推动过程中。

在基础设施领域，IEC/TC69/WG13电动道路车辆和工业卡车电能传输系统标委会电动汽车换电设备安全要求工作组开展了电动汽车换电设施领域国际标准的研究，目前已经完成 IEC TS 62840-1《电动汽车换电系统 第1部分：通用要求和导则》、IEC 62840-2《电动汽车换电系统 第2部分：安全要求》和 IEC PAS 62840-3《电动汽车换电系统 第3部分：使用可拆卸电池系统的电池交换系统的特殊安全和互操作性要求》三项标准发布，规定了换电站的设计案例、安全要求，以及换电电池系统和换电站之间互操作安全要求。目前，中国牵头启动了 IEC 62840 第一部分和第二部分的修订工作。

4. 团体及地方标准研究

目前，中国汽车工业协会、中国汽车工程学会、中国电力企业联合会等行业组织均开展了换电电动汽车和基础设施团体标准的研究和制定工作，围绕共享换电站的建设、不同形式的换电机构方案等技术细节开展了广泛的研讨，并形成了《电动乘用车共享换电站建设规范》《电动中重卡共享换电站建设及换电车辆技术规范》等数十项团体标准。

（二）电动汽车换电标准体系构建及发展

1. 电动汽车换电标准体系构建

根据电动汽车换电标准体系的技术结构，综合实现电动汽车、动力电池、换电站三者互换的标准需求，将电动汽车及基础设施换电标准体系架构定义为"基础通用""车辆""换电设施""换电界面""服务管理"五个部分，同时根据各具体标准在内容范围、技术要求上的共性和区别，对五个部分做进一步细分，形成内容完整、结构合理、界限清晰的 12 个子类（如图 3 所示，括号内数字为体系编号）。

（1）基础通用

基础通用类标准主要对电动汽车换电标准体系中的共性技术进行规定。

术语和定义标准主要用于统一电动汽车及基础设施换电领域的基本概念，对电动汽车换电及基础设施领域标准制定过程中涉及的常用术语进行统一定义，以保证术语使用的规范性和含义的一致性，为各相关行业统一用语奠定基础，同时为其他各部分标准的制定提供规范化术语支撑。

标志标识标准主要对电动汽车及基础设施换电领域的术语、图形、符号、安全应急等进行规范。

安全标准包括电动汽车和换电基础设施两部分。车辆领域标准主要用于

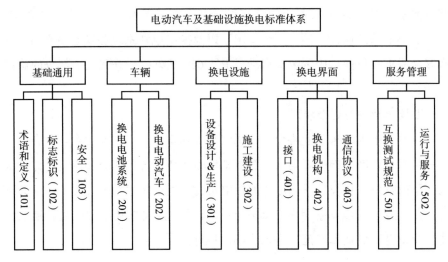

图3 电动汽车及基础设施换电标准体系架构

资料来源：中国汽车标准化研究院研究团队整理。

换电电动汽车在换电过程和车辆行驶过程中，结构安全、密封防护、电气故障和环境影响等方面的失效情况和安全要求；基础设施领域标准主要规定换电站建设、使用过程中电气安全、防火安全等方面的安全要求。

（2）车辆

车辆类标准主要对换电电动汽车和换电电池系统的互换性等技术进行要求。

换电电动汽车主要规定换电的技术路线类型（底盘换电、后背式换电、侧挂式换电等），以及在不同技术路线下电动汽车通用平台要求、零部件布置方案和性能要求。

换电电池系统主要规定电池的形状结构、尺寸要求、质量范围、其他零部件在电池系统上的安装位置以及换电提出的特殊性能要求等。

（3）换电设施

换电站相关技术标准主要规范换电站规划设计、试验及检测、施工建设、运营服务等活动。①换电站规划设计标准主要包括规划研究、勘察设计、评估、工程建设和生产运行全过程技术管理以及对换电站的建设条件、选型配置进行规定。从换电站规划、换电站勘察、换电站设计、换电站节能与环保评估以及换电站各专业及关键设备技术监督、运行指标评价、后评价、设备监造、项目管理以及技术经济等方面提出相关要求。②试验及检测标准主要对换电站核心设备及系统的技术要求、试验检测等进行规定。如各种换电站设备本体、充电系统、换电控制系统、监控系统等主要设备技术要求，换电站接入电网技术要求等。③施工及验收类标准主要对换电站工程施工、安装、验收进行规定，包括换电站土建及各系统设备安装调试、启动验收、项目交接、施工质量评定等方面标准。

（4）换电界面

换电界面主要对换电车辆、换电电池系统、换电站相配合的电气接口、冷却接口、换电机构、通信协议等软硬件提出了要求。

电气接口标准主要规定了产品的电气性能、环境适应性、可靠性等内容，同时明确了电气接口的界面布置、形状尺寸、导引电路、配合参数等内容。

冷却接口标准主要规定了产品的流量、环境适应性、可靠性等内容，同时明确了冷却接口的界面布置、形状尺寸、流量要求、配合参数等内容。

换电机构标准主要规定换电机构的夹紧力、可靠性等性能指标以及换电机构的设计类型、关键尺寸、锁止要求、配合参数等内容。

通信协议标准分为车辆与电池系统的通信、电池系统与换电站的通信、换电站与车辆的通信三部分内容，规范了车辆、换电电池系统、换电站三者之间的交互语言，明确信号的发出方和接收方，确定任意两者之间通信项目、通信逻辑的一致性和规范性。

（5）服务管理

服务管理主要对车辆、换电电池系统、换电站之间的互换性测试和换电站运行及服务等提出了要求。

互换测试规范标准主要规范了换电电池系统与车辆和换电站之间实现标准方案统一后互换性的试验设备、测试流程和测试方法等内容，主要包括换电电池系统与车辆的互换性测试和换电电池系统与换电站的互换性测试。

运行与服务标准主要对换电站的网络通信、数据交互、监控、电量计量、电能质量、站网互动等服务活动及质量进行规定。

2. 换电标准发展研究

后续，汽车和电力基础设施标准化组织将进一步开展合作交流，从标准体系构建、标准项目协调、标准内容沟通三个层面进行深入沟通，保证换电标准体系落地实施，相关标准项目稳步推进，并形成行业需求的标准研究成果。后续双方将重点围绕换电站和换电电动汽车安全性要求、商用车底盘换电技术发展、换电电池系统、车辆与换电电池系统兼容性测试方法、换电服务信息交换等方面开展标准研究，进一步规范和引导换电产业发展，提升换电安全性、互换性和产品使用便利性。

（三）总结

换电产业发展有了明显提速，换电车型大规模上路运行，换电安全标准提供了标准法规保障，填补了标准体系空白。随着换电产业的进一步发展，行业需要更完善的换电标准体系，以支撑企业间的换电应用。

现阶段，考虑到目标实现难度和现实工作基础，乘用车部分的标准工作以形成行业方案标准化规范为目标，商用车部分的标准工作以实现统一的标准化方案为目标。在标准方案上，顾及存量并面向增量，既满足当前一个企业内开展换电应用，又满足未来多个企业采用同一换电方案的需求，通过标准化工作，促进换电产业规模化发展，发挥换电优势。

产 业 篇

B.4

中国新能源汽车充电行业发展现状、趋势与挑战（2023）

戴震　王阳　臧中堂　房雅楠　翟宇博　曹增光*

摘　要： 中国新能源汽车充电行业在国家政策的推动下快速发展，充电基础设施规模快速扩大，为新能源汽车的普及提供了有力支撑。本文对中国新能源汽车充电行业发展的现状、面对的挑战进行分析，研判未来趋势，并提出对策建议：中国充电网络持续健全丰富，但公共车桩比呈上升趋势，未来充电行业将朝着智能化、网联化、高压大功率快充等方向发展，光储充一体化也将成为重要趋势。然而，充电行业仍面临充电设施建设和运营仍有待优化、多样化充电技术路线尚在探索中、充电标准与互通性需进一步厘清、用户体验与需求满足需突破互通性壁垒等问题，行业内各参与方需加快技术创

---

* 戴震，能链创始人及首席执行官，主要研究方向为新能源汽车补能产业研究；王阳，能链创始人及总裁，主要研究方向为新能源汽车补能产业研究；臧中堂，能链品牌传播中心高级副总裁，主要研究方向为新能源汽车补能产业与品牌传播；房雅楠，能链品牌传播中心公关策划经理，主要研究方向为电动汽车充电行业研究与品牌传播；翟宇博，能链碳中和事业部总经理，主要研究方向为新能源汽车碳中和与充电行为研究；曹增光，能链品牌传播中心能链研究院研究员，主要研究方向为新能源汽车充电市场研究与品牌传播。

新步伐，持续提升充电基础设施建设和运营的质量。同时，应积极推动充电标准的统一，加强充电基础设施彼此互联互通，为用户带来更优质的充电体验。

关键词： 充电基础设施　充电标准　车公桩比

一　中国新能源汽车充电行业发展现状

（一）充电网络持续健全丰富

在政策支持及新能源汽车渗透率、保有量持续大幅增长的叠加因素下，充电基础设施建设提速。根据中国电动汽车充电基础设施促进联盟（EVCIPA）（简称"充电联盟"），截至2023年12月，我国充电基础设施数量已达859.6万台，同比增加65.0%，其中公共充电桩272.6万台（见图1）。

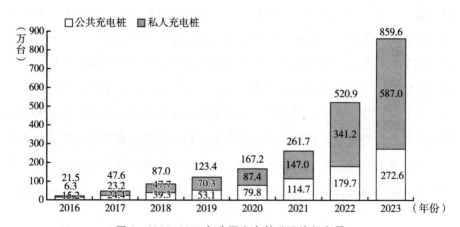

图1　2016~2023年我国充电基础设施保有量

资料来源：根据中国充电联盟公开资料整理。

从充电基础设施与新能源汽车对比情况来看，2023 年 1 月~12 月，充电基础设施增量为 338.6 万台，其中公共充电桩增量为 92.9 万台，充电基础设施建设能够基本满足新能源汽车的快速发展（见图 2）。

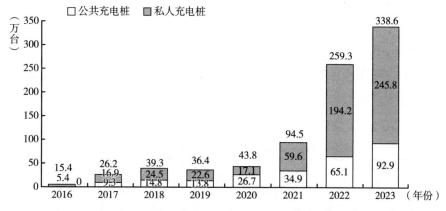

图 2　2016~2023 年我国充电基础设施增量

资料来源：根据中国充电联盟公开资料整理。

（二）公共车桩比呈上升趋势

据中国充电联盟统计，我国公共充电桩保有量从 2016 年的 15.2 万台增至 2023 年的 272.6 万台，随车配建私人充电桩从 2016 年的 6.3 万台增长至 2023 年的 587 万台，私人充电桩的增长速度整体超越了公共充电桩。尽管公共充电桩的数量有所增加，但公共车桩比却从 2016 年的 7.17 攀升至 2023 年的 7.49，反映出公共充电桩供需矛盾依然严峻。

特别是对于出租车、网约车等运营车辆，由于其对充电效率要求高，公共充电桩成为了其不可或缺的充电来源。同时，对于那些没有固定停车位的私家车车主，公共充电桩依然是其日常补充能源的重要选择。特别是在特大城市，受限于居民区建设环境和配网容量，私人充电桩的配建面临重重困难，这使得公共充电桩的建设更为迫切，市场需求空间巨大。

（三）多元化充电模式的探索

随着消费者对充电效率的关注日益增加，一系列新型充电模式和技术应运而生。按照不同充电技术分类，充电桩可分为直流桩和交流桩。直流充电桩，俗称"快充①"，可以提供足够功率，实现快速充电的要求。交流充电桩，俗称"慢充②"，只起到控制电源作用，充电速度较慢。结合来看，公用充电桩一般采用直流充电桩，充电功率大，充电时间短；专用桩及私人桩一般采用交流充电桩，技术成熟，安装成本低（见表1）。

表 1　直流充电桩与交流充电桩比较

项目	直流充电	交流充电
充电方式	直接为动力电池提供直流电源	为车载充电机提供交流电源
功率等级	充电功率一般超过 60kW	充电功率一般小于或等于 7kW
充电速度	充电速度较快	充电速度较慢
成本	设备较复杂,成本较高	技术较成熟,成本较低
体积大小	体积较大,占地面积较大	体积较小,易于安装
应用场景	公交、出租车、物流车、重卡等运营车辆的集中场所,以及充电站、高速公路服务区等公共服务场所	居民社区、公共停车场、购物中心等

资料来源：能链研究院研究团队根据公开资料整理。

截至 2023 年 12 月，中国充电联盟内成员单位总计上报公共充电桩 272.6 万台，其中直流充电桩 120.3 万台、交流充电桩 152.2 万台。从 2023 年 1 月到 2023 年 12 月，月均新增公共充电桩约 7.7 万台。此外，除交流充电和直流充电外，为配合各类应用场景，新能源汽车充电桩行业各参与方积极探索多元化的充电模式，如自动充电、无线充电等（见图 3）。

---

① 直流快充充电桩，固定安装在电动汽车外，将交流电转换为可调直流电，直接为电动汽车动力电池充电，通常输出功率大于或等于 60kW，能够实现快速充电。
② 交流慢充充电桩，固定安装在电动汽车外，需要通过车载充电机，将交流电转换为直流电，为电动汽车动力电池进行充电；通常输出功率小于或等于 7kW，充电时间较长。

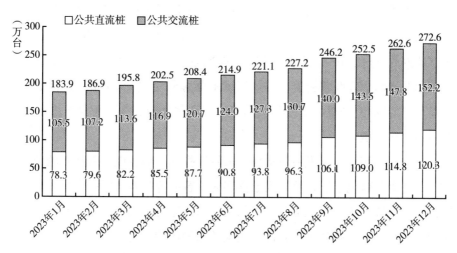

图 3　2023 年我国公共充电基础设施保有量

资料来源：根据中国充电联盟公开资料整理。

二　中国新能源汽车充电行业未来趋势

（一）新能源汽车智联化、网联化进程提速

在汽车行业电动化发展过程中，智能化、网联化升级成为不可逆转的大趋势。2020 年，国务院办公厅发布了《新能源汽车产业发展规划（2021—2035）》，在总体思路中明确提出要坚持电动化、网联化、智能化发展方向，推动汽车行业从传统的机械化终端向智能化、网联化终端迈进。

在此背景下，新能源汽车的亮点开始由充电时长、续航里程等硬性指标向智能驾驶等软性指标转移。近两年以来，显示大屏、激光雷达、智能娱乐系统等逐渐成为汽车标配，围绕智能网联产生的各种操作如人机交互、自动驾驶等功能水平迅速提升。智能网联融合了物联网、云计算、大数据、人工智能等多项技术，基于此技术开发的产品如辅助驾驶、智能座舱等，正在成为新能源汽车的标准配置。

在具体示范应用方面，智能网联汽车应用场景正在不断拓展。根据工业和信息化部数据，截至 2023 年底，全国共建设 17 个国家级测试示范区、7 个车联网先导区、16 个智慧城市与智能网联汽车协同发展试点城市，开放测试示范道路 22000 多公里，发放测试示范牌照超过 5200 张，累计道路测试总里程 8800 万公里，自动驾驶出租车、干线物流、无人配送等多场景示范应用有序开展。

未来新能源汽车的发展将更加注重软性指标，如智能驾驶技术的创新与应用。随着物联网、云计算、大数据和人工智能等技术的深度融合，智能网联汽车将逐渐成为市场主流。未来的新能源汽车将不仅关注充电时长和续航里程，更将聚焦于提供更为智能、便捷的驾驶体验。

（二）高压大功率直流快充成未来趋势

高压快充技术是新能源汽车的重要发展方向，受到越来越多的关注。随着新能源汽车渗透率的持续提升，车企和消费者对于提高充电效率的需求也日益迫切。因此，多家车企纷纷推出了高电压快充车型，而充电设施也需要与之相匹配，进行预期调整。在这一背景下，发展高压快充桩已成为行业内的明确趋势（见图 4）。

提高充电功率可以通过提高充电电流和提升充电电压予以实现，但根据焦耳定律，充电电流的提升将大幅增加充电过程中的热量释放，进而对热管理技术提出较高要求。以特斯拉大电流快充方案为例，其 V3 超充桩峰值工作电流超过 600A，需要使用直径更大的线缆及液冷充电枪，对散热技术要求更高。而在电流一定的情况下，提升充电电压能够提高充电功率，不会显著增加充电过程中的热量释放；在充电功率一定的情况下，提升充电电压可以大幅减小充电电流，显著降低充电过程中的热量释放。增大电流不仅对热管理系统造成较大负担，而且使得能量损失严重，转化效率低，因此高压大功率更有效率，提升充电电压成为了许多新能源汽车厂商的选择。

2020 年 6 月，国家电网联合中电联发布《电动汽车 ChaoJi 传导充电技术白皮书》，推动 ChaoJi 充电标准的制定与发展并于 2023 年 9 月发布，其

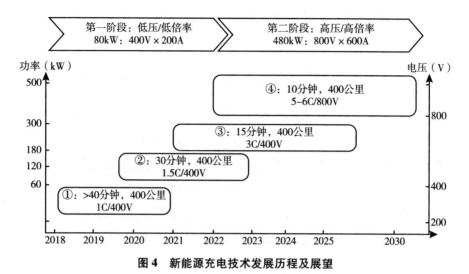

图4　新能源充电技术发展历程及展望

资料来源：刘太刚《广汽埃安高压快充技术应用及展望》2021年12月。

中充电接口设计方案的最高电压达1500V。2023年9月，由工业和信息化部提出、全国汽车标准化技术委员会归口的GB/T 20234.1-2023《电动汽车传导充电用连接装置　第1部分：通用要求》和GB/T 20234.3-2023《电动汽车传导充电用连接装置　第3部分：直流充电接口》两项推荐性国家标准正式发布，实现了对原有2015年版国标方案的全新升级（俗称"2015+"标准）。在沿用我国现行直流充电接口技术方案、保障新老充电接口通用兼容的同时，将最大充电电流从250A提高至800A，充电功率提升至800kW，提高额定电压至1500V。两大标准均预示了高压化的行业发展方向。

目前，直流充电桩数量相对较少，主要应用于公共充电领域。从占比来看，2023年12月公共直流桩占比44.13%，仍存在较大增长空间。针对大功率高压快充充电基础设施数量有待提高的问题，国家层面也陆续出台了相关支持政策，例如2022年年初，国家发展改革委等部门发布的《关于进一步提升电动汽车充电基础设施服务保障能力的实施意见》中，重点鼓励高速公路沿线、城市公共充电站等重点区域的大功率高压快充基础设施的发

展。受终端用户影响较大的快充需求和国家层面政策的驱动，公共直流桩占比有望进一步提升。

（三）光储充一体化趋势明显，规模化落地步入高速发展期

"光储充"一体化是集光伏发电、储能、充电于一体的绿色充电模式，是推动从"低碳"向"零碳"发展的重要举措，也是实现"双碳"目标的关键支撑。随着光伏、储能、新能源汽车和充电基础设施建设的不断加速，"光伏+储能+充电"组合被越来越多的应用到市场中，"光储充一体化"未来发展空间巨大。2020年以来，一系列"光储充一体化"鼓励政策的加速出台，推动行业进入规模化发展阶段（见表2）。

表2　国家层面"光储充"一体化的政策内容

发布时间	政策名称	制定部门	摘要
2022年3月	《"十四五"新型储能发展实施方案》	国家发展改革委、国家能源局	到2025年，新型储能由商业化初期步入规模化发展阶段，具有大规模商业化应用条件，新型储能技术创新能力显著提高，核心技术装备自主可控水平大幅提升，标准体系基本完善，产业体系日趋完备，市场环境和商业模式基本成熟，到2030年，新型储能全面市场化发展
2022年6月	《"十四五"可再生能源发展规划》	国家发展改革委、国家能源局、财政部、自然资源部、生态环境部、住房城乡建设部、农业农村部、气象局、林草局	明确新型储能独立市场主体地位，完善储能参与各类电力市场的交易机制和技术标准发挥储能调峰调频、应急备用、容量支撑等多元功能，促进储能在电源侧、电网侧和用户侧多场景应用。创新储能发展商业模式，明确储能价格形成机制，鼓励储能为可再生能源发电和电力用户提供各类调节服务
2022年6月	《关于进一步推动新型储能参与电力市场和调度运用的通知》	国家发展改革委、国家能源局	新型储能可作为独立储能参与电力市场，鼓励配建新型储能与所属电源联合参与电力市场，加快推动独立储能参与电力市场配合电网调峰，充分发挥独立储能技术优势提供辅助服务，优化储能调度运行机制等，指出独立储能电站向电网送电的，其相应充电电量不承担输配电价和政府性基金

发布时间	政策名称	制定部门	摘要
2023 年 1 月	《2023 年能源监管工作要点》	国家能源局	在电力市场机制方面：加快推进辅助服务市场建设，建立电力辅助服务市场专项工作机制，研究制定电力辅助服务价格办法，建立健全用户参与的辅助服务分担共享机制，推动调频、备用等品种市场化，不断引导虚拟电厂、新型储能等新型主体参与系统调节。在稳定系统安全稳定运行方面：探索推进"源网荷储"协同共治
2023 年 6 月	《新型电力系统发展蓝皮书》	国家能源局	提出新型电力系统"三步走"发展路径。在加速转型期（当前至 2030 年），储能多应用场景多技术路线规模化发展，重点满足系统日内平衡调节需求。在总体形成期（2030 年至 2045 年），规模化长时储能技术取得重大突破，满足日以上平衡调节需求。在巩固完善期（2045 年至 2060 年），储电、储热、储气、储氢等覆盖全周期的多类型储能协同运行，能源系统运行灵活性

资料来源：能链研究院研究团队根据公开资料整理。

"光储充"一体化充电站作为新能源汽车与可再生能源产业深入融合的切入点，其发展受到国家大力支持，各省市也纷纷提及推动"光储充"一体化建设（见表3）。

表3　部分省市"光储充"一体化行业政策

发布时间	政策名称	制定部门	摘要
2022 年 11 月	《电力现货市场基本规则（征求意见稿）》	国家发展改革委、国家能源局	《基本规则》明确了电力现货市场建设的目标、路径和主要任务，其中提出要推动储能、分布式发电、负荷聚合商、虚拟电厂和新能源微电网等新兴市场主体参与电力现货交易，探索建立市场化容量补偿机制
2022 年 12 月	《新型储能主体注册规范指引（试行）》	北京市电力交易中心	首次从实施层面统一明确将新型储能作为独立于发电企业、售电公司和用户的注册类型，规范了详细的注册程序与所需信息
2023 年 4 月	《发电机组进入及退出商业运营办法（征求意见稿）》	国家能源局	明确了新型储能进入以及退出商业运营条件、并网调试运行期上网电量的结算方法

续表

发布时间	政策名称	制定部门	摘要
2022年7月	征求国家标准《电力储能用锂离子电池》意见	中国电力企业联合会	在电池能量效率方面要求,从2018年的不应小于90%、提升到不应小于93%
2022年8月	《科技支撑碳达峰碳中和实施方案(2022—2030年)》	科技部、国家发展改革委、工业和信息化部等9部门	研发压缩空气储能、飞轮储能、液态和固态锂离子电池储能、钠离子电池储能、液流电池储能等高效储能技术,研发梯级电站大型储能等新型储能应用技术以及相关储能安全技术

资料来源:能链研究院研究团队根据公开资料整理。

在应用方面,2023年8月,常州行政中心"光储充放"一体化示范站正式揭牌,该站是常州市首个集光伏发电、新能源充电、智能管理于一体的智慧示范站。该场站占地面积1300平方米,建成光伏雨棚142kW,日均发电量350kWh,每年可节约碳排放160吨;建设充电桩容量1227kW,可同时满足43辆新能源汽车充电。

2023年9月,山东济南市首座集光伏发电、储能系统、新能源汽车充电桩、V2G车网互动等功能于一体的"光储充放"一体化充电站落地,该站配置了4台60kW双向V2G一体充电桩、2台120kW一机两桩两枪充电机,提供24小时不间断充电服务,可供8台不同类型的新能源汽车同时充电,最快可实现充电10分钟续航200公里的效果;此外,该站还配置了一套120kWh的预制舱式储能系统和一套33kW的分布式光伏系统,光伏会持续发电并将电能储存。同时,整站还配置了一套智慧能量管理系统,对充电桩、光伏发电、储能设备进行可调控制,可在充电桩用电高峰期工作时减轻对电网的冲击,提高间歇式清洁能源的消纳能力和现有配电网资源的利用率,实现绿电优先、效益优先。

三 中国新能源汽车充电行业挑战与应对策略

当前,我国新能源汽车已经站到了全球领先的位置,无论是保有量、与之配套的充电基础设施规模，还是新能源汽车充电量占比，都远远领先于欧洲、北美、东南亚等地区。此外，新能源汽车的规模化效应，还进一步拉动了动力电池、充电桩、储能、光储充等新能源产业链的发展，以电动化为契机，形成了基于锂电池、电驱、电控的全新汽车工业体系。但在前进的道路上，我国新能源汽车、充电服务行业也存在着技术创新、充电模式探索、标准规范统一、用户体验待进一步提升等一系列的挑战。

（一）新能源汽车面临安全、续航两大阻碍

相比燃油车，新能源汽车最大的阻碍在于安全性问题，由于动力锂电池属于电化学范畴，由正极、负极、电解液、隔膜等组成，通过电化学反应，在正负极间"搬运"锂离子，而锂电池的稳定性远不如汽油、柴油等化石能源，工作原理导致其本质上存在一定概率的风险，很容易引发热失控现象。新能源汽车一旦发生碰撞、挤压等严重事故，或者是动力电池产生锂枝晶穿透隔膜而发生短路，很容易起火、爆炸，持续时间较长。

能量密度与安全性是一对天然矛盾，如磷酸铁锂电池能量密度较低，安全性高一些，能够承受900℃的高温，即便热失控或短路，也仅仅是起火冒烟。而镍钴锰的NCM三元锂电池则不同，能量密度更高，能显著提升电动汽车的续航能力，但三元锂电池的热稳定性更差，电芯内部温度高于300℃，安全风险将扩大，甚至短时间内就会发生爆炸，乘客都很难有逃生时间。

新能源汽车起火、自燃的事件数量随着新能源汽车保有量的快速提升而越来越多，安全隐患成为用户购买新能源汽车的潜在阻力。不过，安全性只是液态电解质锂电池普遍存在的难题，随着半固态电池、全固态电池的升级，固态电解质的稳定性要远远强于液态锂电池，很大程度上消除了热失控的隐患，锂电池能量密度也得到了进一步提升，将大大提高新能源汽车的续航能力。

除了安全，续航能力几乎是用户购买新能源汽车心里最大的顾虑，直到今天，虽然新能源汽车搭载的电池容量不断增加，锂电池能量密度持续提

升，配套的快充、超充充电桩数量也越来越多，新能源汽车的续航能力持续提高。但即便如此，每逢五一、十一节假日期间，若为长途自驾游，选择驾驶新能源汽车依然很考验车主的信心，普遍存在充电焦虑、里程焦虑的情况，甚至长途出行只能退而求其次，选择燃油车。

（二）充电设施建设和运营仍有待优化

我国在新能源汽车销量、保有量方面位居世界第一，配套的充电基础设施建设，也已经形成了全球最大的公共充电服务网络。放眼全球，截至2022年底，欧洲共有公共充电桩58万台，美国约19.8万台，相比，2022年我国公共充电桩数量为521万台。截至2023年12月，我国公共充电桩数量为272.6万台，其中直流充电桩120.3万台、交流充电桩152.2万台，领跑全球。

而衡量充电基础设施能否满足新能源汽车充电需求的一个关键指标就是公共车桩比，据能链研究院计算，截至2023年12月，我国公共车桩比为7.4∶1，欧洲为14.5∶1，北美市场约15∶1。相比，我国在公共充电网络建设及充电体验方面的表现优于欧美。但这并非表明，我国在充电设施建设、技术创新、运营、用户体验等各个层面都到达了完美的程度，仍面临着一系列需要应对的挑战。

首先，配网电力容量紧张，很难跟上充电桩的建设速度。在我国，电力容量是稀缺资源，特别是一线大城市等用电量较为集中的地区，并不是可以无限制地使用和扩容。这也是我国一线大城市私家车安装私人充电桩比例较低的原因。截至2023年12月，我国有私人充电桩587.0万台，私人充电桩与新能源汽车保有量的比例为1∶3.4，但在欧美市场，几乎每一辆新能源汽车车主，都会安装家庭私人充电桩。这既与城市社区电力容量紧张有关，也与城市社区车位资源紧张息息相关。

随着120kW、250kW、480kW、800kW等大功率超充桩建设的提速，电动汽车大功率充电对电网的冲击巨大。根据能链研究院数据，2022年，国内新能源汽车保有量1310万辆，公用充电桩的充电量是137亿kWh，占全社会用电量的 0.16%，预计到 2030 年，国内新能源汽车保有量将突破 1.45 亿辆，公用充电量会达到史无前例的 3383 亿度，8 年时间充电量增长 25 倍，占社会用电量将达到 3.34%，对电网的冲击难以避免（见图 5）。

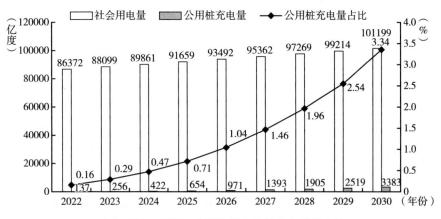

图5　2022~2030E 中国公用充电桩充电量级占比

资料来源：能链研究院研究团队根据公开资料整理。

其次，我国公共充电桩利用率并不高。根据能链研究院数据，以 2022 年我国公共充电量约 400 亿 kWh 计算，公共充电枪为 272.6 万把，单枪日均充电量仅有 40kWh，约为日平均服务 1 辆车的水平。考虑到公共桩中，交流慢充占 58% 的比例，直流快充桩的日均充电量约 80kWh。如果以平均单枪 60kW 计算，单枪平均日充电时长只有 1.3 小时，工作时长的利用率只有 10% 左右。充电基础设施利用率较低背后有多重原因，与我国新能源汽车保有量在整体汽车保有量中的占比较低有关，车辆少使用率必然会低。再次，我国虽然充电站和充电桩数量较多，但运营效率并不高，仍然存在着慢充桩占比较高、故障桩、数字化运营水平不高等一系列问题。这也是当前市场中 90% 以上的充电站仍处于亏损状态的原因之一。如何提升运营效率，从粗放式运营进入精细化运营阶段，是我国充电基础设施下一步需要跨过的障碍。

最后，目前我国充电桩建设仍然存在结构不合理、分布不均衡的现象。以公共车桩比来看，截至 2023 年 12 月，全国平均值为 7.4：1，但不同省市

的数字差距较大。比如浙江的新能源汽车保有量排名全国前三，但车桩比却高达 9 ∶ 1。这种不均衡的现象同样存在于城市充电桩分布上，有的充电站严重排队，而有的闲置率较高。这就需要快电等第三方充电服务商的助力，运用大数据、物联网的技术，通过热力图工具，进一步优化充电桩布局，提升用户充电体验。

（三）多样化充电技术路线仍在探索过程中

从新能源汽车的充电方式看，目前市场中应用广泛的只有固定充电桩模式，但受限于电力容量、车位资源、特殊应用场景，需要进一步探索无线充电、自动充电机器人、V2G 车网互动等充电技术路线，创新充电模式，建立多样化、多种技术路线互补的充电服务体系。目前，无线充电、自动充电机器人等技术应用尚不够成熟，在体验提升、标准规范、应用落地等方面需要持续推进。

无线充电是指通过无线电磁感应、电磁谐振等技术，将充电能量转换为电磁能，通过无线方式传输给汽车电池，从而实现汽车充电的过程。无线充电技术具有使用方便、避免电池损坏等优点。例如，用户只需要将车辆停靠在充电区域，就可以自动完成充电过程，充电过程中不会对电池造成损坏，甚至新能源汽车可以边行驶边充电。电磁谐振还可以支持群充，给多辆电动汽车同时充电。

自动充电机器人是另外一条技术壁垒更高的补能技术路线，是未来汽车进入自动驾驶时代后的终极补能方式，可以实时监测车辆电量使用情况。当发现电量不足时，充电机器人会开启自动寻车功能，靠近车辆后，自主研发的机械臂自动充电系统将精确检测充电口位置并完成充电枪的自动插拔，实现全过程无人化。自动充电机器人可以自动调度，在节假日高速充电、一线城市社区充电等场景下，拥有更大的发挥空间，可以有效解决电力容量紧张、固定充电桩不够灵活的缺点，成为新能源汽车充电可灵活调配的资源。不过，自动充电机器人仍面临着技术成熟度、经济性、商业模式等一系列的挑战，暂时还不具备大规模商业化应用的基础。

V2G 车网互动、有序充电更多体现在业务模式的创新上，让新能源汽车以储能的方式与电网进行双向互动，提升电网的安全性、稳定性。V2G 是指将新能源汽车作为可再生能源储存设备，利用车辆的电池来储存电能，可以将其返回到电网中，实现削峰填谷。它是一种可以应用于现代新型电力系统，有助于补充电网中短缺的储能设备，被寄予厚望。目前，V2G 车网互动还停留在示范应用阶段，真正全面落地需要在电力现货市场、峰谷价差、新型电力系统等配套政策的支持。

（四）充电标准与互通性需进一步厘清

新能源汽车充电标准包括充电接口、控制与导引电路、通信协议、热管理系统等，涉及到软硬件各个环节。"得标准者得天下"，谁控制了产业标准，谁就掌握了市场竞争的主动权。充电接口是能量输入输出的关键，关系到电动汽车的 OBC（车载充电机）、电池，还涉及充电桩、光伏、储能、虚拟电厂等产业链布局。对一个产业来说，充电标准是否先进，往往决定了其产业发展的速度，标准前置能够推动产业发展，相反，标准滞后有可能阻碍行业的发展。

目前，全球新能源汽车、充电桩主要有 5 种充电接口标准，北美地区采用的是 CCS1 标准（combo/Type 1），欧洲采用 CCS2 标准（combo/Type 2），两者同宗同源。中国则采用自主的 GB/T 标准，日本专门针对快速充电制定了 CHAdeMO 标准。而特斯拉发展新能源汽车较早，新能源汽车保有量较大，早期便设计了一套专用的 NACS 标准充电接口。

中国的新能源汽车标准由全国汽车标准管理委员会、中国电力企业联合会等多个机构共同参与，包括充电系统的通用要求、交直流接口规范、充电设施与电池管理系统间的通信协议要求及一致性测试要求、传导充电互操作性测试规范等。当前使用的 2015 版、2017 修订版不断优化，在标准规范、技术先进性、充电体验等方面取得持续进步。2023 年 9 月，由工业和信息化部提出、全国汽车标准化技术委员会归口的两项推荐性国家标准发布，新标准最大的变化是将最大充电电流从 250A 提高至 800A，充电功率提升

至 800kW。

与此同时，直流快充方面的标准，亟待统一技术路线和规范，如实现 GB/T 2015 标准与 ChaoJi 大功率直流快充标准的融合，增强标准的向前向后兼容性、扩展性，与未来的新型电力系统接轨。此外，充电标准是电动汽车、充电桩出海的基础保障，目前我国在新能源制造和供应链领域形成了技术、成本优势，但充电标准需要尽快走向全球，与欧洲、美国加强沟通，增强中国 GB/T 标准与国际主流标准的兼容性、适配性，也为中国新能源汽车的出海铺平道路。

（五）用户体验与需求满足需突破互通性壁垒

对新能源汽车车主来说，如何享受到更高效、便捷、实惠的充电体验，涉及到充电 APP 优化、充电桩智能化等方方面面的因素，其中最大的障碍在于不同运营商间的互联互通的不足。不同运营商间的利益冲突，导致用户在跨运营商、跨城充电时，需要下载更多的充电 APP，需要在多个充电 APP 跳转，这大大提高了用户的使用门槛和使用成本。

我国充电运营商分布长尾效应更明显，主要原因在于充电场站建设受场地、电力容量、服务、充电桩设备四重要素考验。充电运营商 CR5（前 5 大企业市占率）市场份额从 2018 的 87% 降到 2022 的 69.8%，未来 SME（中小型运营商）占比预计将超过 60%。随着分散化趋势的演变和加剧，如果不能在互联互通层面进一步突破，将进一步提高用户的使用成本，降低用户体验。

而且在分散化的市场，无论是充电运营商还是车主，都会碰到很多痛点问题，比如优质充电网络覆盖尚有缺口、公共充电桩利用率普遍偏低、车主经常遭遇找桩难、充电体验不佳、充电站配套设施数量有待提高、充电场站缺乏统一标准的建设及运营能力等问题。市场竞争格局越分散，越需要彼此互联互通，形成开放的、统一的充电网络，车主、充电运营商、充电桩制造商、车企等全产业链参与主体才能实现共赢。

B.5
中国新能源汽车换电行业发展现状、趋势与挑战

王锋 曹冬冬 高维凤 张珺*

摘　要： 当前，我国新能源汽车换电行业正蓬勃发展。换电模式具备在短时间内迅速完成能源补充的显著优势，大大提高了补能效率和便捷性。展望未来，随着换电技术标准化和产业规模化发展，换电模式将更广泛地向私家车领域扩展，换电站运营逐步实现无人化和共享化。目前换电行业面临技术路线选择多、标准化不统一、建设运营成本高等挑战，此外，电池价格的波动、峰谷电价的调整以及载货效率的变化等均给商用换电车带来了不容忽视的挑战。未来行业应逐步推进换电系统标准化，完善换电产业管理协同机制，实现真正的车电分离，产业链上下应协调联动，共赢共担，建设小型化分布式重卡换电站，提高重卡补能密度，同时推进铝合金轻量化挂车的应用，综合提升换电质量。

关键词： 换电模式　换电站　换电重卡　底部换电　车电分离

* 王锋，杭州鸿途智慧能源技术有限公司研究院首席技术官，高级工程师，主要研究方向为换电重卡技术与市场研究；曹冬冬，中国汽车技术研究中心有限公司中国汽车标准化研究院研究员，工程师，主要研究方向为新能源汽车换电标准；高维凤，奥动新能源汽车科技有限公司公共事务部政府事务高级经理，主要研究方向为新能源汽车换电产业研究；张珺，上海捷能智电新能源科技有限公司车型开发总监，主要研究方向为新能源汽车换电车型开发。

一 中国新能源乘用车换电市场现状、未来趋势、挑战与应对策略

（一）中国新能源乘用车换电市场现状分析

中国换电市场规模逐渐扩大。2016年，乘用车B端主要换电企业仅有奥动和伯坦，换电车型仅有北汽EU220和俊风E111K。随后在"换电纳入新基建"政策推动下，换电产业规模化、商业化发展加速，已形成车企、电池厂、第三方等多方参与的市场格局，其中车企以蔚来、上汽、吉利为代表，电池厂以宁德时代为代表，第三方以奥动、伯坦、协鑫为代表。其中蔚来主要面向私人换电，其他主机厂主打出租车、网约车等服务运营车辆。同时，部分车企也在打造集换电技术研发、换电车制造、换电站运营和出行服务于一体的综合生态，将来再逐步向私家车发展。

换电在乘用车领域，一汽、北汽、上汽、东风、广汽、吉利、长安等车企已经推出换电车型。其中，红旗E-QM5、北汽EU系列、东风风神E70、广汽Aion S、上汽荣威Ei5、吉利枫叶80V、EV460已经量产，北汽EU系列换电版新能源车型已投入市场运营超过7年，换电车型已充分得到市场验证认可。

（二）中国新能源乘用车换电市场未来趋势

1. 换电行业快速发展，进一步壮大

目前，建桩难、用桩难依然普遍存在，充电焦虑、里程焦虑等问题始终困扰着消费者，成为新能源汽车市场化推广的重要阻碍。换电模式的普及有利于深度缓解充电焦虑，尤其是营运车辆的充电焦虑。目前，换电模式发展仍处于初级阶段。随着各方面政策导向提供的支持，结合换电模式的优势，相关国家标准有望快速落地。商业模式逐渐成熟，换电站有望在资本、车企、运营企业等相关主体的快速联合下，实现全国城市网络化快速布局，形

成规模服务效率。未来可能有越来越多的企业加入换电模式建设，换电规模也会随之扩大，换电优势将会进一步得到体现，更加有效地促进新能源市场的发展。

2. 更广泛地进入私家车领域

家用充电桩安装困难是新能源汽车无法更广泛地进入私家车领域的瓶颈之一。城市居民是我国私家车的主要用户，而城市主要为密集型高层，或者老旧小区，人口密度相对大，车位配比低。私人充电桩的安装难严重制约了电动汽车的进一步普及。相对而言，在城市公共区域布局换电站，通过发展电动汽车的极速换电模式，可以提高城市土地和电力资源的利用率，同时，实现高效的电能补给。通过提供高效的换电补能，打消消费者对于电车续航的忧虑，可以有效促进新能源汽车快速、更广泛地进入私家车领域。

3. 电池须实现标准化、共享化

换电模式的推广需要由政策部门、主机厂、动力电池企业和第三方等协同合作，在国家相关政策支持下，共同推进分步实现电池标准化与共享化。共享化、标准化是换电模式大规模推广的重要条件，是社会资源集约发展的必然要求。建立充换电服务互认互联体系，加强不同技术、标准、厂商之间居中插件的开发和应用，以促进设施共享、电池包互换、减少重复投资、促进产业集约式发展的目标实现。换电模式对于车企的要求是预留标准化的电池箱体、接口，相关通信协议的标准化。

在换电的标准统一后，换电设备、场所有望像充电站、加油站一样，在各投资主体的建设下，形成规模，为所有换电的车辆提供服务，并实现商业化运营及盈利，实现换电资源的共享。

（三）中国新能源乘用车换电行业挑战与应对策略

1. 技术路径多样化且处于探索阶段

因使用场景各有不同，各领域车型对换电方式的选择倾向不同。整体来看，乘用车多采用底盘式换电。但基于产业技术迭代升级及成本节降考虑，同一类车辆品类也存在不同品牌厂家换电方式及锁止机构等技术路径不统一

的情况，且部分技术路径目前仍处在研发或验证阶段。

市场上涌现多样化的换电方式推动行业竞争活力，但也对不同换电产品、换电基础设施之间的互换兼容性带来了巨大挑战。以乘用车为例，目前乘用车领域锁止技术呈现私家车以螺栓式为主，运营车以卡扣式加螺栓式融合发展的多种技术路线，打破了最初的螺栓式和卡扣式锁止机构的主流。不同品牌产品之间存在技术知识产权，电池基础算法、数据等壁垒，行业因技术专利不公开共享问题，导致各家企业融合创新，相互规避，形成形式多样的锁止，尤其传统车企入局乘用车换电以来，相互不兼容。多种换电技术路线共存，多品牌换电站无法共享，导致资源浪费。

2. 电池箱尺寸、换电接口和通信协议等影响电动车换电的技术标准存在不协调的情况

动力电池箱及箱架作为链接换电车辆及换电站的重要设备，一方面需要和换电车辆匹配并通信，完成数据交互和电能的传输，另一方面需要和换电站架载机匹配并完成电力传导。换电技术由于各方利益仍有待平衡，目前还处于各大厂商自主研发、各自为政的发展阶段。虽然国内换电标准编制修订已明显提速，但是各厂家对现有标准体系的实施意愿依然较弱，车企不愿放弃自主掌控的电池系统。标准化规格会降低底盘设计空间，影响产品差异化程度。运营商不愿对外开放锁止机构、接口等核心换电技术以确保竞争优势，导致标准的推行阻力较大。换电标准化的整体实现仍需车企与换电运营商之间、车企与车企之间、换电运营商之间进行反复的市场博弈。不同地方标准、团体标准也因选择技术路径不同，存在硬件接口尺寸和通信协议之间无法共享互换的情况。如江苏省地方标准推荐两个连接器的技术路径，内蒙古团标推荐采用四个连接器的技术路径，当前完成征求意见的宜宾地方标准则采用单个连接器技术路径。同时，地方标准编制单位水平参差不齐，有些地方标准技术内容出现了发布后无法落地的情况。

3. 完善换电产业管理协同机制，实现真正的车电分离

一是建议在工业和信息化部现有的换电车型公告基础上，允许企业根据市场需要扩展子公告（如不同产商、能量密度、容量），在保障安全的基础

上，允许在已公告并上牌的车辆上使用的不同规格的电池，使得电池作为移动能源资产实现合法共享。二是完善换电版新能源汽车的抵押及转让机制。根据目前"车电分离"模式，出台适配的抵押及转让机制，允许无动力车身和电池分开抵押、转让。三是完善换电版新能源汽车的配套保险方案。根据目前"车电分离"模式，由银保监会出台相关保险机制，并引导保险公司出台相关保险产品，对无动力车身及电池分别购买保险，出险时各自理赔。

4. 产业链协调联动，共赢共担

建议立足换电模式发展的各项环节，形成涵盖顶层设计、技术创新、产业落地、推广应用、能源保障、安全监管六大方面的政策机制体系，形成高效、规范、顺畅的换电模式运营和管理体系，推动换电模式产业健康可持续发展；推动换电站规划设计标准、建设施工标准、安全规范标准、电池系统接口等有关标准出台，形成车辆、电池、换电站、电网之间互联互通、协同发展的换电模式体系。研究全面的、系统的测试评价技术，建立国际先进的测试评价体系和软硬件性能测试评价平台。

积极引导整车制造企业、换电系统关键零部件企业、换电站运营企业、出租车运营企业、动力电池企业、电池回收利用企业等开展全生命周期的全链条合作，共同探索责任共担、利益共享的合作模式。开展不同车型的兼容性方案试点，推进新能源汽车换电底盘、换电电池包标准化发展。鼓励模块化的电池设计、开放式的换电服务，共同推动换电电池和换电站的互通共享，吸引更多车辆生产企业加入，为市场提供更多高质量换电式电动汽车产品，为市场提供更多选择。

二 中国新能源商用车换电现状、未来趋势、挑战与应对策略

（一）新能源商用车换电市场规模

当前，我国新能源换电产业进入新的发展阶段。我国的新能源汽车换电

产业在 2020 年 5 月工业和信息化部装备发展中心正式对电动汽车申报进行调整后，将"换电式"这个专门类别列入车型申报名称之中，各种产业政策相继出台，在经历了疫情的困难时期，从图 1 换电车型占公告车型比重统计数据可以看出（334 批次公告为 2020 年 7 月份，375 批次为 2023 年 10 月份），换电式车型在纯电动车型中占比逐步上升，其中 375 批次公告，换电式车型申报数量达到 122 款（见图 2）。

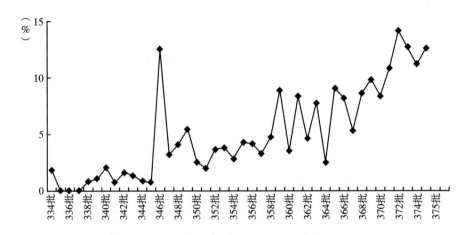

图 1　换电车型占公告车型比重

资料来源：工业和信息化部公告数据，杭州鸿途智慧能源技术有限公司研究院整理绘制。

在鼓励换电的各项政策引导下，企业开发换电车型的积极性得到了提升，从图 2 可见，专有的换电式公告车型从个位数增长到十位数，再增长到百位数。这既代表了换电技术路线逐步被市场认可，也代表着车企从充电补能技术路线上走向充换电结合的技术路线。

在众多换电商用车型中，其中半挂牵引车（含牵引汽车）产品最多，达到 245 款车型，其次是自卸汽车和混凝土搅拌运输车，这也代表了重卡电动化替代的应用场景。图 3 为截至 375 批次公告换电商用车型。

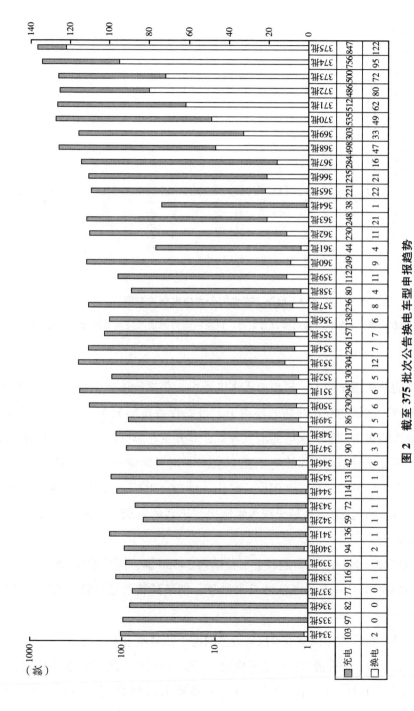

图 2 截至 375 批次公告换电车型申报趋势

资料来源：工业和信息化部公告数据，杭州鸿途智能源技术有限公司研究院整理绘制。

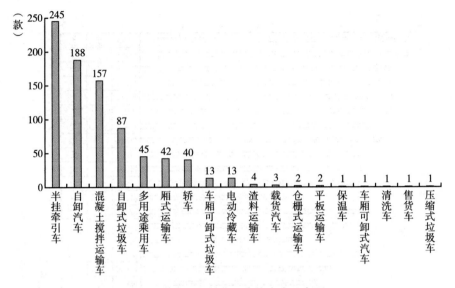

图3 截至375批次公告换电商用车型

资料来源：工业和信息化部公告数据，杭州鸿途智慧能源技术有限公司研究院整理绘制。

新能源商用车换电，轻卡由于带电量小，载货量较小，主要活动在城配物流领域，在早期存在补贴的环境下，市场投放车辆较多，二手车充斥市场。新车购买力疲软，换电需求量较低，部分企业总投放量未超过千辆。这使得在近几年轻型商用车换电不温不火。中重卡领域由于"双碳"压力及电动化带来的节油效果，在钢厂、矿山、港口，电厂、城市（混凝土搅拌、渣土、垃圾清运等）、区域干线等领域得到迅猛的发展。在各领域的应用已达到数万台。

2023年1月~12月新能源重卡共销售34560辆，同比增长35.65%，图4为2023年1月~12月新能源重卡销量，销量延续增长趋势，预期销量将持续增长。

2023年推广应用换电重卡数量最多的前十四名城市中（见图5），唐山市在京津冀区域，依托港口，矿山等应用，打造出一个全面电动化应用场景。

2023年1月~12月（见图6），电动重卡依然是用户首选，销量为

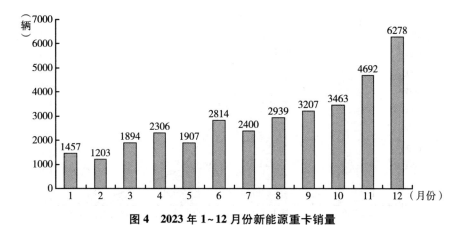

图4　2023年1~12月份新能源重卡销量

资料来源：电车资源网统计上险数据，杭州鸿途智慧能源技术有限公司研究院整理绘制。

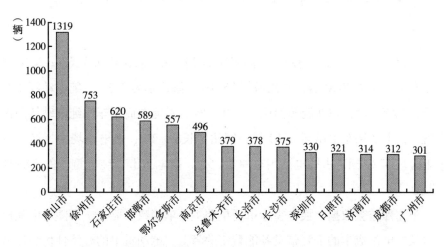

图5　2023年新能源重卡推广数量最多的前十四名城市

资料来源：电车资源网统计上险数据，杭州鸿途智慧能源技术有限公司研究院整理绘制。

34560辆（占比88.90%）。其中，充电类重卡1月~12月实销14696辆（占比42.52%），占比跌破50%；换电重卡实销16028辆（占比46.38%），重回第一大补能车型。燃料电池重卡实销3653辆（占比10.57%），首次突破10%，这也标志着燃料电池重型商用车进入一个小规模发展阶段。插电式混动重卡实销183辆（占比0.53%）。

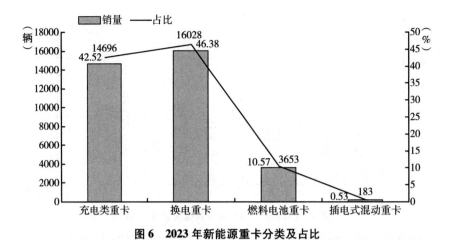

图6 2023年新能源重卡分类及占比

资料来源：电车资源网统计上险数据，杭州鸿途智慧能源技术有限公司研究院整理绘制。

2023上半年，我国商用车上险量1435395辆，同比增长7.6%；新能源商用车上险量104020辆，同比增长56.4%，渗透率为7.3%；纯电动商用车上险量99905辆，占新能源商用车的95.9%，新能源商用车中纯电动依旧占主流；换电商用车上险量6052辆，同比增长23.2%；换电市场中，换电重卡上险量5729辆，占换电商用车的95.6%，换电重卡占纯电重卡的54.6%（见表1）。

根据保监会数据，换电重卡市场早期主要依赖政策驱动，而随着电池成本以及换电站成本的下降带动补能费用的降低，电动重卡的经济性优势逐渐显现，当电池价格降到820元/kWh，服务费为0.7元/kWh，回本周期可到2年，预测到2024年换电车型即可达到完全市场化的状态；若换电站以及换电车数量增长够快，换电车的市场化的速度会快于充电车。

2023年1月~12月，换电式牵引车（含半挂牵引车）依然是主流车型，实销15018辆（占比53.10%），换电式自卸车（含自卸式垃圾车）实销5396辆（占比19.08%），换电式搅拌车实销4454辆（占比16.1%），换电专用车（环卫类与工程类）实销13辆（占比0.09%）（见图7）。

表1　2023上半年换电重卡市场情况

	2022年/辆	2022上半年/辆	2023上半年/辆	同比变化%
商用车上险量/辆	2582160	1333997	1435395	7.6
新能源商用车上险量/辆	237671	66634	104202	56.4
渗透率%	9.2	5.0	7.3	45.3
纯电动商用车上险量/辆	229785	63810	99905	56.6
纯电动占新能源商用车比例%	96.7	95.8	95.9	0.1
换电商用车上险量	12951	4914	6052	23.2
换电商用车占纯电商用车比例%	5.6	7.7	6.1	-21.3
换电重卡上险量	12386	4889	5729	17.2
换电重卡占换电商用车比例%	95.6	95.6	95.6	0.0
纯电重卡上险量	22584	9542	10484	9.9
换电重卡占纯电重卡比例	54.8	51.2	54.6	6.7

资料来源：上海捷能智电新能源科技有限公司市场开发部研究团队根据上险数据整理，统计时间为2023年10月。

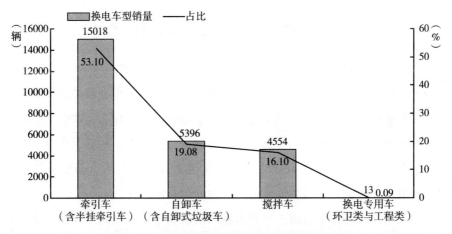

图7　2023年新能源重卡细分车型销量及占比

资料来源：电车资源网统计上险数据，杭州鸿途智慧能源技术有限公司研究院整理绘制。

轻型换电商用车出于自身带电量的原因，补能时间与运营时间的错峰，在换电模式应用上并没有得到规模化的发展。而"双碳"目标背景下重型

柴油车的置换工作在不足三年的时间内，使新能源重卡得到了迅猛的发展。而由于部分场景的重卡属于高频使用，对补能要求极高，快速换电这个技术在新能源重卡上得到了迅速的应用发展。

在市场发展应用过程中，也存在不少问题，由于新能源重卡产业发展仍处于起步阶段，市场从业人员对新能源重卡的认识、操作、维护、维修都处于起步学习期，企业产品开发人员也处于探索开发阶段。产品的市场满意度和传统燃油车仍然存在一定差距。比如调研新能源重卡驾驶员对车辆的评价，多数反馈车辆自动变速箱换电迟钝，而能量回收这个功能则让很多北方的司机很不适应，能量回收形成的车辆减速回馈制动在冰雪路面更容易打滑，造成车辆难以操控。新能源换电商用车电池包热管理仍处于初级水平，在车辆综合热管理利用方面还有很大提升的空间，在北方严寒区域电池预热消耗能量过大，造成行驶里程缩短，也给用户带来不便。这给换电商用车企业研发人员提出了更高的要求，须提高车辆的综合环境适应性和综合节能效果。

（二）多种并行发展的新能源商用车换电技术路线

当前轻型商用车存在多种技术路线，VAN 车型（厢式货车）以底部换电为主，轻卡车型以侧方换电为主。底部换电路线均采用全自动机械换电方式，侧方换电既有全自动机械换电，又有手动换电方式存在。在电池包技术方面，轻卡车型既有侧方整包换电，也有侧方分箱换电，相对于全自动换电方式，手动换电在"车队数量少，无法满足全自动换电站负荷率"的场景中更为适合。也成为轻型物流车型一种主要的换电方案。

中重卡换电商用车当前主要技术路线为顶部吊装换电式，此技术路线对车辆停放要求较低，容易定位，吊装机械的柔性结构抵消了车辆停放形成的公差。成为可靠性及综合性价比最高的换电技术路线。

基于伸缩悬臂吊的侧方吊装换电技术也是新型重卡移动换电的主要技术路线之一，此技术路线可以采用集中充电，移动送电的形式对运营车辆进行换电，增加换电补能场所的密度。

1. 重卡底置式换电的优势

2023 年多家车企推出重卡底置式换电。采用底部换电，是将电池组放置在底盘/车架位置，其优势主要表现在：

（1）底置式换电能使得车辆的重心更低，驾驶起来更平稳，提升安全性

底置式换电重卡将电池包从驾驶室后部转移到底盘部分，一旦发生碰撞，由于驾驶室后部留有充足的后移空间，能有效降低驾驶员的伤亡概率，安全程度更高。

（2）底置式换电可配置更大电量的电池，提升换电重卡车辆的续航里程

纯电动重卡车型不需要配备变速箱、油箱、尿素罐，底盘空间充足，相对顶部吊装换电式就可将配置电池的电量最大化，显著提升换电重卡车辆的续航里程。

（3）换电重卡助力高速干线物流，利好换电重卡应用推广

底置式换电为换电重卡更多应用于高速干线物流运输提供支持，利好换电重卡推广应用规模的扩展。目前市面上采用的"传统顶部吊装换电式"换电重卡，电池所带的电量一般只有 282kWh 和 350kWh，续航里程较短，应用场景局限于港口、大型钢厂、电厂等封闭场景中的短倒运输。而像三一魔塔这样的超长续航顶部吊装换电式电池目前非常少，普及起来难度较高。而采用底置式换电的电动重卡，带电量将得到较大幅度的提升，续航里程也大大增加，为换电重卡应用于高速干线物流运输场景提供了极大的可能，对换电重卡应用规模的扩展利好。

（4）其他优势

底置式换电重卡可以为今后无人驾驶重卡的落地应用做前期技术准备和铺垫，且底置式换电重卡外表整体看起来更协调、更美观。

2. 重卡底置式换电的不足

（1）受路况影响大

在恶劣的路况下行驶容易对车辆的底盘及电池组造成磕碰和损坏。底置式换电重卡在从事矿区、煤矿等运输工况时，往往路面坑洼不平，就容易碰到地面沙子等对底盘及电池组的剐蹭。

（2）面临的技术难题较多

比如，实现底置式换电的前提是要与线控制底盘和电驱桥"捆绑"，三者要进行同步研发。换言之，只有三者的技术都成熟，才能真正将底置式换电技术推向市场，而目前能实现三者技术同时研发的难度较高。

（3）底置式换电对设备和技术要求较高

底置式换电于车辆下部更换电池，不够快捷方便，需要适配的换电设备，与现在市场上普遍采用的顶部吊装换电式换电相比，其技术复杂程度高。在建设换电站方面需要采用低于地平面安装设备，对于多雨的地区，设备防洪成本较高。

（4）换电站建设成本大，回本时间更长，市场风险大

顶部吊装换电式换电站设备本身的建设成本超过 200 万元，在目前货运行情低迷，煤炭、钢铁等均处于减产的大环境下，运力方和承运方无法签订长期稳定的合同，无法保障换电站的持续运营，进而造成换电重卡盈利比较困难的局面。底置式换电要从车辆下部更换电池，与顶部吊装换电式的换电比较，在硬件如吊装、置换等方面都不够便捷，需要专门适配的、更加复杂，甚至可能要特种设计的换电设备才能完成操作。

（5）标准不统一，制约市场规模

目前顶部吊装式换电重卡换电标准不统一已成为制约其市场规模的最大障碍，只有各类品牌的换电重卡实现兼容互换，才有可能实现换电重卡规模的扩展。而这样的现实问题同样存在于底置式的换电重卡，也必将成为其推广应用的最大阻碍。

（6）续航与载货难以平衡

底置式换电重卡为了增加续航里程，往往都搭载大电量电池，因此也增加了车辆自重，进而减少了车辆载货重量，影响用户的运输经济效益。换电商用车由于当前各封闭场景难以完全打通，短期技术路线难以完全统一。从长期展望，产品技术路线在市场使用中优胜劣汰，会形成少数几种技术规格来适应相应的场景。

（三）新能源商用车换电市场应用案例

在商用车领域，换电重卡不断推出新车型，整体销量呈现较快增长速度。华菱星马推出了包括牵引车、搅拌车、自卸车、港内牵引车等多个细分市场的换电重卡；北汽福田、一汽解放、上汽（依维柯）红岩、北奔重汽、华菱星马、徐工集团、陕汽集团等或申报新车型，或已交付运营。换电重卡在砂石骨料运输、金属矿山土方剥离、露天煤矿土方剥离、港口集装箱短倒、城市渣土运输、城市水泥搅拌、短途物流、工程机械等多场景全面开展试点示范，并覆盖高海拔、低温地区。

中重卡新能源换电商用车迅速发展的背后除了地方"双碳"压力的驱动，也有车辆自身节能的竞争优势。在短倒场景中，柴油车能耗较高，燃气车辆相对柴油车价格成本较低，但也存在补能不便的问题，而电驱动车辆在低速短途使用节能性的优势被发挥出来，得到了用户的青睐。表2、表3为杭州鸿途智慧能源技术有限公司内部市场收集的两个场景案例数据：

表2 某砂石运输项目（区域短倒）60期换电重卡砂石运输项目案例

项目	规格数量	备注
包含车辆数量	50辆	
包含电池数量	57套	
包含换电站	2400kW（8电池仓）	（整站按400万元投资考虑）
电池规格	282kWh	
电价	0.40元/kWh	
车辆年运行时间	360天	
单车日均保底行驶里程	361.90km	

资料来源：杭州鸿途智慧能源技术有限公司研究院根据市场调研整理。

表3为市场收集的砂石运输案例油电经济性对比。

表3　砂石运输案例油电经济性对比

换电重卡		柴油重卡	
边界条件			
基本电价（元/kWh）	0.40	油价（元/L）	6.00
折合电池及换电站度电租金（元/kWh）	0.75	每公里油耗（L）	0.40
每公里电池放电量（kWh/km）	2.00		
每公里综合电耗（kWh/km）	1.4		
能耗测算			
每公里能耗支出（元/km）	2.06	每公里能耗支出（元/km）	2.40
每公里电池及换电站租金（元/km）	1.5		
每公里基本电费（元/km）	0.56		
50台车60期能耗支出节约金额（万元）	1107.43		
油电能耗支出节约率	14.17%		
50台车5年无动力车身采购及使用成本节约金额（万元）	204.5		
50台车5年能耗支出节约金额（万元）	1107.43		
合计节约总金额（万元）	1311.93		
油电节约总比例	13.09%		

资料来源：杭州鸿途智慧能源技术有限公司研究院根据市场调研整理。

从市场调研数据可以看出，在稳定连续的运力场景中，采用换电重卡带来的油电差价大，而快速换电又解决了补能效率的问题。在部分闭环的场景中产生稳定的差值收益。

（四）新能源商用车换电未来趋势

换电技术和换电站作为一种集新能源汽车补能、电网储能的公共设施，未来会持续发展。随着新能源汽车市场保有量的增加，新能源汽车补能将会给社会基础设施的布局带来极大的考验，补能将形成交流慢充，直流快充、超充、快速换电的补能网络。商用车换电产业将向以下方向发展。

1. 电池标准化

随着换电技术市场化，通过行业协会等组织的推动。市场会选择几种相对使用更为经济方便的电池产品标准，电池标准化会进一步带动新能源汽车和电化学储能市场的发展。电池标准化将推动社会建成覆盖全社会的共享化换电能源补能设施。

2. 小型化和无人智能化

通过高密度的补能设施，提高补能的便利性，换电设施走向小型化、无人化，当前道路法规中 L3、L4 及智能驾驶车辆已经可以上路行驶，电动汽车可以在用户预约预设的时间地点进行无人驾驶自动换电。无人驾驶技术的普及，换电补能成为最优补能方案。

3. 与能源网融合化

换电站本质是能源载体，换电网络是一个分布式储能系统，能够让电池成为流动的能量块，支持能量的双向流动。换电网络参与电网调度，实现与电网、与车的能源交互，形成面向低碳电网的新型协作体系。在清洁能源消纳方面，换电站还将积极联动新能源产业，通过光、储、充、换结合，形成自发自用、余电存储、可充可换的一体化综合能源站解决方案，促进能源网与交通网的融合发展。

（五）新能源商用车换电存在的挑战与应对策略

1. 电池价格波动带来的投资影响

电池核心原材料碳酸锂价格市场化，从图 8 可见 2022 年巅峰时价格涨至 60 万元/吨左右，然而进入 2023 年后碳酸锂价格一路下跌。中重型商用车带电量为 282kWh 或 350kWh，电池巨大的价差让资产持有者持观望态度，作为重资产，贬值率巨大使得金融提供方望而却步，风控加严，甚至对电动化的经济性产生质疑。这也使得中重卡增速放缓，尤其是换电类商用车投资速度跌至冰点。

2. 各地区峰谷电价调整对商用车运力的影响

随着各地区对新能源汽车用电的支持，调整峰谷用电时间，延长平段和低谷电的时长，低成本的充电对运营类车辆是巨大的利好。在换电设施建设成本较高的情况下，车队及相关运输单位通过调度运力，调度司机在低谷电价阶段补能，在平段进行应急补能。这种运力的调度是可操作、无需投入成

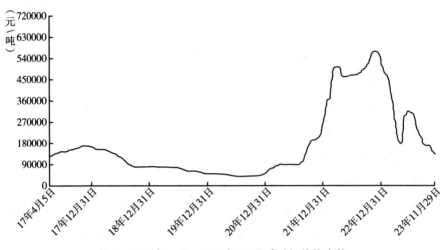

图8 2017年4月~2023年11月碳酸锂价格走势

资料来源：根据Wind数据库整理。

本的行为。然而此行为会使重卡换电的规模更加难以扩张，无法达到规模效应。下表4为冀北电网工商业及其他用户分时电价政策。

表4 冀北电网工商业及其他用户分时电价政策

峰谷时段划分			峰谷电价浮动比例
夏季 （每年6、7、8月）	低谷	0~7时、23~24时	平段电价按市场交易购电价格或电网代理购电平均上网价格执行，高峰和低谷时段电价在平段电价基础上分别上下浮动70%；尖峰时段电价在高峰电价基础上上浮20%
	平段	7~10时、12~16时、22~23时	
	高峰	10~12时、16~17时、20~22时	
	尖峰	17~20时	
冬季 （每年11、12月及次年1月）	低谷	1~7时、12~14时	
	平段	0~1时、7~8时、10~12时、14~16时、22~24时	
	高峰	8~10时、16~17时、19~22时	
	尖峰	17~19时	
其他季节 （每年2、3、4、5月及9、10月）	低谷	1~7时、12~14时	
	平段	0~1时、7~8时、10~12时、14~16时、22~24时	
	高峰	8~10时、16~22时	

资料来源：根据河北省发展改革委公开资料整理。

对于非高频次区域运力区域，应通过建立光储充换一体化等差异化供电和售电的方式提高换电站的综合收益，降低充电与换电之间的使用价差。

3. 电动化带来的运输效率变化

在"双碳"要求的压力下，部分高能耗行业率先使用电动重卡，这其中有充电类重卡和换电类重卡，实现了减碳的目标。然而电动化也带来诸多问题，其中运输效率就是关键点之一，在内燃机时代，重型卡车基本保持在"人停车不停"的模式，保持高效率的运输。在转向电动化以后，充电类车型为了获得较长的续驶里程，就不得不装载更大电量的电池，比如350kWh电量的电池包。然而即便是这样，补能依然会限制其最大运输距离及日运输里程。换电类重卡在补能过程，其补能速度远超充电类重卡，但是换电站投资巨大，对于一些矿用场景（比如神府煤田区域，各煤矿向站台短倒的场景），换电站无法覆盖区域内所有煤矿和站台，其常用线路也会存在单次运输电量有剩余，双次运输电量不够的尴尬局面，如此运输单位就无法接受更远场景的运输任务。在原有燃油车运输的场景，电动化车辆不得不采用更多的车辆和雇佣更多的驾驶员进行作业。

对于电动化带来的运输效率改变，本质是补能网络的不完善造成的。建议建立小型化、分布式、便捷式的换电装置，提高运输线路上换电补能设施密度，联合全社会各相关方的力量，提高补能密度，进而提高换电车辆运输效率。

4. 电动化带来载货量的变化

电动化带来的优势是明显的。然而想要获得足够的续驶里程，就需要装载足够大的电池包，如当前电动重卡装配的电池包有282kWh、350kWh、380kWh、400kWh、600kWh等几种类型。电池包重量为1.8吨~3.7吨，在车辆不超载的情况下，这些重量会挤占原有车辆的载货能力，虽然车辆油电差价较大，但是单车载货量的差距在运营车辆中，年度运费差巨大。在调研走访中找到两个典型车型，其中下表5为某品牌350kWh充电重卡牵引半挂

车自重及载货量情况，下表6为解放牌燃油重卡牵引半挂车自重及载货量情况。二者均为神府煤田区域短途运输，两款车型，电动重卡自重17.86吨，燃油重卡自重14.92吨（该车型不是轻量化车型），在自重方面相差了2.94吨，载货量相差超3吨。这造成了电动重卡因为补能而损失的运输效率的新矛盾。

表5 某品牌350kWh充电重卡牵引半挂车自重及载货量情况

货物类别	面煤			
	毛重	皮重	超水（杂）扣重	净重
过磅记录（吨）	49.62	17.86	0.32	31.44

资料来源：杭州鸿途智慧能源技术有限公司研究院根据市场调研整理。

表6 解放牌燃油重卡牵引半挂车自重及载货量情况

货物类别	面煤		
	毛重	皮重	净重
过磅记录（吨）	49.88	14.92	34.96

资料来源：杭州鸿途智慧能源技术有限公司研究院根据市场调研整理。

对于电池系统重量挤占载货重量，应将换电电池包容量设定在较为合适的范围内，既能满足一定的里程，又不挤占太多载货重量，同时推进铝合金轻量化挂车的应用，并持续完善补能网络，综合提高运输效能。

5. 电气化公路带来的影响

2023年3月14日，由中国中车研发的我国首款双源智能重卡在山西大同成功下线，这是我国重卡汽车在公路及矿山系统实现电气化运输的示范项目。电气化公路针对区域固定线路运输需求，相比纯电池作为能量供给方式，其降低了电池包占用的重量，在运输路线上无须进行停车补能，而电网作为能源供给方综合调度更为有序。电气化公路也将会成为一种技术路线，这将会抢占部分换电重卡的市场。

对于电气化公路的发展，应使换电技术与其融合，电气化公路更适合在封闭线路上建设，如高速公路，在长距离运输使用电气化公路时电网可提供在线供能，当车辆驶离高速公路后，可以采用换电车辆接驳，或将其设计为双源重卡，车身装有换电电池接口，高速公路以外的短距离使用场景可采用换电电池包的供能方式，从而发挥二者的综合优势。

B.6
中国新能源汽车充电设备产业发展概况、趋势与挑战

朱宝龙[*]

摘　要： 伴随着新能源汽车的兴起，充电设备产业经历了初步探索期、粗犷发展期、调整转型期三个阶段，现已迈入蓬勃发展的兴盛期。本文深入剖析充电设备产业概况、技术趋势、挑战与发展建议。充电桩作为新能源汽车产业链的核心环节，其技术发展路径逐步清晰，未来将呈现小功率直流充电替代交流充电、充电功效率提升、充电模块大功率化与标准化、光储充一体化等趋势。然而，当前充电设备面临分布不均、投建运维成本高昂、标准不统一、质量参差不齐等挑战。将来，政府和企业应加大投入，统一规划，强化标准制定与执行，提升充电设备质量与安全水平、提升大功率充电技术水平、实施有序充电策略、推广光储充放一体化系统、设备快速安装与智能运维技术，推动充电设备产业健康有序发展。

关键词： 充电模块　直流充电桩　交流充电桩　充电产业链

一　充电设备概述[①]

（一）充电桩发展前景

伴随着电动汽车的飞速增加，电动汽车基础配套设施数量也在快速增

---

[*] 朱宝龙，山东卡泰驰智慧物联科技有限公司研发部副总兼研发总监，主要研究方向为充电设备。

① 本文新能源汽车即指电动汽车。

长，充电桩产业如雨后春笋般快速发展。但我国的充电桩数量仍然不能满足使用需求，充电桩分布不均匀，大部分充电场站都建在大中型城市，而中小型城市和乡村充电场站数量极少。未来，伴随着纯电动汽车的不断增加，充电桩仍有极大的市场前景。

经过多年深耕，充电桩产业已取得显著进步，充电桩按照单枪固定功率→智能功率调度→大功率柔性充电（现在主流）→超大功率超大电流智慧充电（现在推广）→无线充电（未来）的路径不断发展，已经有了质的飞跃。现阶段充电桩分为交流桩、直流桩和交直流一体桩，而直流桩根据结构形式不同又分为一体式充电桩和分体式充电桩。以下将重点对交流、直流桩做出详细说明，并对较复杂的直流桩举例进行重点分析。

（二）充电桩分类

根据充电输出不同分为：交流桩、直流桩、交直流一体桩。

根据充电模式不同分为：充电模式一、充电模式二、充电模式三、充电模式四（见图1）。

充电模式一：将电动汽车连接到供电网时，在电源侧使用了符合 GB/T 2099.1 和 GB/T 1002 要求的插头插座，在电源侧使用了相线、中性线和接地保护的导体。

充电模式二：将电动汽车连接到供电网时，在电源侧使用了标准插头/插座，在电源侧使用了相线、中性线和接地保护的导体，并且在充电连接时使用了缆上控制与保护装置（IC-CPD）[1]。

充电模式三：将电动汽车连接到供电网时，使用了专用供电设备，将电动汽车与交流电网直接连接，并且在专用供电设备上安装了控制导引装置，交流桩采用该充电模式。

---

[1] IC-CPD（In-Car Charging Port Detector）GBT 18487.1-2013 中对其解释为：缆上控制与保护装置，在模式2下连接电动汽车的一种部件或元件。注：包括实现控制功能和安全功能的电路、电缆、标准插头和车辆插头，执行控制功能和安全功能。

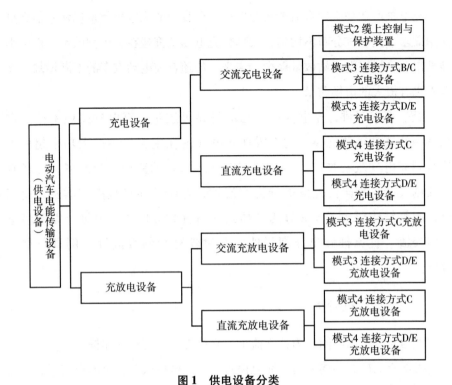

图1 供电设备分类

资料来源：标准 GB/T 18487.1-2023 电动汽车传导充电系统 第1部分：通用
要求。

充电模式四：将电动汽车连接到供电网时，使用了带控制导引功能的直流供电设备，直流桩采用该充电模式。

根据充电连接方式不同分为：充电连接方式 A、充电连接方式 B、充电连接方式 C、充电连接方式 D、充电连接方式 E。

充电连接方式 A：将电动汽车与供电网/电动汽车供电设备连接时，使用和电动汽车永久连接在一起的带有标准插头/供电插头的电缆组件（见图2）。

充电连接方式 B：将电动汽车与供电网/电动汽车供电设备连接时，使用带有车辆插头和标准插头/供电插头的独立的可拆卸电缆组件（见图3）。

充电连接方式 C：将电动汽车与供电网连接时，使用了和供电设备永久

图2 充电连接方式 A 示意（引自国标）

资料来源：标准 GB/T 18487.1-2023 电动汽车传导充电系统 第 1 部分：通用要求。

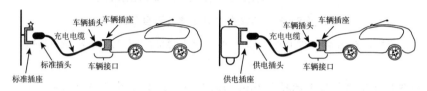

图3 充电连接方式 B 示意（引自国标）

资料来源：标准 GB/T 18487.1-2023 电动汽车传导充电系统 第 1 部分：通用要求。

连接在一起的带有车辆插头的电缆组件，是交直流桩常用的连接方式（见图4）。

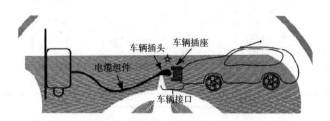

图4 充电连接方式 C 示意（引自国标）

资料来源：标准 GB/T 18487.1-2023 电动汽车传导充电系统 第 1 部分：通用要求。

充电连接方式 D：将电动汽车与供电网/电动汽车供电设备连接时，使用了和电动汽车供电设备永久连接的充电自动耦合器主动端与和电动汽车永久连接的充电自动耦合器被动端组成的充电自动耦合器，是大功率侧充的充电弓连接方式（见图5）。

充电连接方式 E：将电动汽车与供电网连接时，使用了和电动汽车永久连

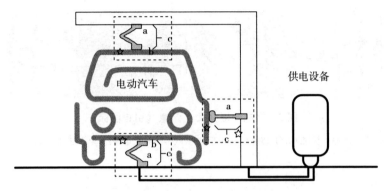

图 5 充电连接方式 D 示意（引自国标）

资料来源：标准 GB/T 18487.1-2023 电动汽车传导充电系统 第 1 部分：通用要求。

接的充电自动耦合器主动端与和电动汽车供电设备永久连接的充电自动耦合器被动端组成的充电自动耦合器，是大功率顶部充电弓的连接方式（见图 6）。

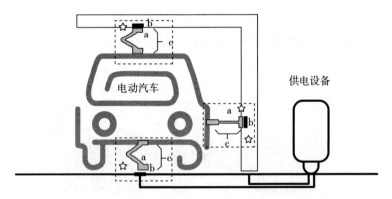

图 6 充电连接方式 E 示意（引自国标）

资料来源：标准 GB/T 18487.1-2023 电动汽车传导充电系统 第 1 部分：通用要求。

目前在国内市场上，交流桩主要采用充电模式三和充电连接方式 C 的组合方案；直流桩主要采用充电模式四和充电连接方式 C 的组合方案。

（三）直流充电桩

直流充电桩按其结构形式不同分为：一体式充电桩和分体式充电桩。

常见一体式充电桩：20/30/60kW 单枪一体机，120/160/240/360kW 双枪一体机等设备机型。

常见分体式充电桩：240kW 拖 6 枪分体式直流充电机、360kW 拖 8 枪分体式直流充电机、480kW 拖 12 枪分体式直流充电机等设备机型。

一体式充电桩和分体式充电桩之间的优缺点有以下几点。

1. 一体式充电桩的优劣势

造型美观：一体式充电桩具有整体性、外观美观、占用空间小的优势。

费用低：一体式充电桩只需购买一种设备，对于小型场站而言成本更有优势，对于大型场站，性价比会降低，优势减少。

一体式与分体式充电桩之间没有绝对的优劣势，根据不同的使用场景，选择更合适的机型，才能将二者的优势最大化。

2. 分体式充电桩的优劣势

安装灵活：分体式充电桩包括充电设备和配电设备，配电设备安装于地面上，充电设备根据实际情况安装于地面或墙面，安装时更加灵活。

检修方便：分体式充电桩充电设备和配电设备独立运行，当其中一部分出现问题时，维修和更换更加方便，不会对整个系统产生影响。

出枪数量多：分体式充电桩常规机型配置拖 12 枪、10 枪、8 枪等输出枪数量多，且功率可以智能调度。适合集中大型停车场、车位数量多、所需充电枪多的场站。

成本高：分体式充电桩需要购买两种设备，安装和维护成本相对高。但如果面对车位数量众多的场景，所需充电枪数量增加，其性价比就会显现，总建设成本甚至远低于一体式充电桩，其劣势将转变为巨大的优势。

3. 一体式充电桩构成与分类

一体式充电桩是指一种完整的充电设备，包括充电桩主体、充电枪和充电线等部件。充电桩主体通常由控制系统、能量转换单元、配电单元、人机交互单元、直流输出单元、充电桩柜体等几部分组成。

一体式充电桩根据其输出回路数不同分为：单枪一体式充电机、双枪一体式充电机、四枪一体式充电机（产品较少）。输出回路数的数量直接影响

到直流输出单元数量，每一路输出回路都有与之相对应的唯一直流输出单元。直流控制单元由 CCU 控制板、充电枪、直流接触器、熔断器、分流器、铜排等组成。

一体式充电桩根据充电功率不同分为：20kW 一体式充电机、30kW 一体式充电机、40kW 一体式充电机、60kW 一体式充电机、80kW 一体式充电机、120kW 一体式充电机、160kW 一体式充电机、180kW 一体式充电机、240kW 一体式充电机、320kW 一体式充电机、360kW 一体式充电机。其输出功率主要受配电单元和能量转换单元限制。配电单元指交流电输入的配电部分，由主进线开关、交流接触器、防雷器、连接铜排等组成。

能量转换单元指 AC/DC 直流充电模块，现在阶段直流充电桩使用的主流充电模块：20kW 充电模块、30kW 充电模块、40kW 充电模块，随着市场大功率快速充电需求不断增加，部分厂家也在研发 60kW 模块，后期 80kW、100kW 模块，甚至更大功率的模块也会陆续面世。为延长模块使用寿命，降低故障率，充电模块也完成了由普通防护→刷三防漆防护→点胶防护→灌胶防护（现阶段主流）→独立风道（IP65 防护，小部分厂家推出，是未来发展趋势）→液冷充电模块（未来发展趋势）的发展。充电模块经过多年发展依然存在寿命短（低于充电桩寿命）、故障率高等技术瓶颈，这是受到充电桩恶劣工作环境影响的结果。对此，充电模块厂家一直寻求突破，如独立风道模块、液冷模块、碳化硅半导体等新的技术方案是模块研发人员新的突破方向。充电模块的长寿命、低故障率、高效率、低损耗、大功率、小体积是用户的迫切需求，也是模块研发人员的目标。

4. 分体式充电桩构成与分类

分体式充电桩将控制单元、计费单元、充电接口、人机交互界面等部分放置在充电终端内，这部分除了充电枪之外都是弱电部分电路；将充电模块、强电部分的配电电路部分等集中放置在充电主机内，二者通过功率电缆和通信电缆相连接。

二 充电设备产业发展概况

充电桩处于新能源汽车产业链的关键位置。新能源汽车产业链中，上游主要为原材料和零部件，中游主要为整车制造，下游为充电服务和后市场服务。充电桩关系到新能源汽车的续航问题，在新能源汽车产业链中占据重要的地位。

（一）充电设备产业链上游

充电桩产业链上游为充电元器件制造企业，产品同质化较强，企业格局分散，趋近完全竞争格局。元器件包括充电模块、功率器件、接触器、变压器、连接器、电池片等。其制作技术难度小，充电设备企业之间同质性高，产品差异化程度低，企业毛利率较低，为20%~30%。

充电模块为充电桩的核心设备，竞争格局较集中，技术关键在于IGBT（绝缘栅双极型晶体管），其加工难度较高，目前主要依赖进口，上游充电模块存在较高的技术壁垒，国内功率模块主要制造商包括华为、英飞源、优优绿能、通合科技、永联科技、盛弘股份。

（二）充电设备产业链中游

产业链中游为设备端，产品同质化高，竞争格局较为分散。目前国内充电桩设备生产领域的公司众多，市场竞争较充分。其中，兼具设备生产和运营的企业有：星星充电、奥特迅、特锐德、科陆电子、万马股份。部分企业同时布局上游充电模块及逆变器，如动力源、易事特；部分企业已布局海外市场，如绿能慧充、道通科技、盛弘股份、科士达等。

（三）充电设备产业链下游

运营商主要有三种商业模式：运营商主导模式、车企主导模式，以及第三方充电服务平台主导模式。运营商主导是目前充电桩主流运营模式，其中

传统运营商需完成充电桩建设、选址、运营维护全产业链活动，对资金的需求量大，投资回收期长，盈利主要来自充电服务费；第三方充电服务平台不参与充电桩建设，只协助运营商"引流"并提供后续运维服务，盈利来源为运营商服务费分成及相关增值服务费。

我国充电桩运营行业的格局较为集中：在公共充电桩运营企业中，截至2023年12月，按照充电桩数量统计的CR5为65.2%，CR10为83.6%，CR15为92%。共享私桩领域，星星充电一家独大，拥有约7.6万台共享私桩，占据了95.9%的市场份额。

三　充电设备行业未来发展趋势

（一）技术趋势

1. 小功率直流

交流桩的充电原理是通过OBC（车载充电机）给动力电池充电，并不能像直流桩一样直接充电。车辆配置OBC会产生较高的造车成本，因此OBC已经开始被众多车企纳入"降本"行列。这就造成传统慢充桩无法再为这些新能源车充电，尤其是以7kW为主的交流桩。因此，采用小功率直流充电方案替代交流充电方案，解决这部分降本新能源车的充电场景需求将显得十分重要。

2. "2015+方案"

"2015+方案"作为电动汽车大功率传导充电的新国标参考标准，是基于GB/T 20234.3-2015的直流充电系统，全面兼容旧国标，采用了全新的控制导引电路和通信协议。"2015+方案"拓展了多项新功能，能实现大功率充电、预约充电等；还提高了充电系统的安全性，例如电池预热、敏捷控制、PE断线检测等。该标准极大地满足了电动汽车大功率充电发展需求，实现了对新一代智能电动汽车平台架构的全面支撑。

目前利用慢充桩充满电的时间一般需要6~9小时，大功率快充至少可以将时间缩短一半，大功率的充电时间显然能满足更多车主的需求。此前市场上快充一体机主要以120kW为主，能满足大多数新能源汽车的充电需求，但伴随国内充电模块等关键部件的技术能力提升和成本下降，新能源汽车的升级和用户对于更快充电速度的需求，快充功率规模不断增加至160kW、180kW和240kW，甚至更高。

3. 充电模块大功率化和标准化

充电桩充电模块多年来一直存在标准化程度低的重大问题，即模块尺寸和接口规格没有实现统一。不同厂家的模块尺寸和接口标准互不兼容，即便是同一厂家的不同模块产品也可能因为功率和规格不同在尺寸和体积上具有差异，因此现存大部分老旧的充电桩已经无法通过更换模块直接升级，必须进行整个桩体内外结构的重新设计更换，从而造成较高的费用。国内直流模块厂商汲取过往经验，在30kW向40kW模块的升级过程中形成了标准化的尺寸和接口规格。国家政策层面也开始制定行业的统一标准，国家电网推出了统一标准的充电模块，即统一模块外形尺寸、统一模块安装接口、统一模块通信协议，推动了行业进一步规范化和标准化，该标准已成为当下各企业的主流产品设计参考标准。

4. 光储充一体化，构建微电网

"十四五"时期作为未来40年碳中和之路的开端，大力发展集风电、光伏、储能为一体的光储充能源生产和利用形式，将在我国实现碳中和目标以及能源结构转型中发挥巨大的作用。光储充一体化充电站的核心由三部分组成：光伏发电、储能电池和充电桩。这三部分组成一个微网，利用光伏发电，将电量存储在储能电池中，当需要时，储能电池将电量供给充电桩使用，通过光储充系统，将太阳能转移到汽车的动力电池中，供车辆行驶使用。光储充一体化电站能够利用储能系统在夜间进行储能，在充电高峰期通过储能电站和电网一同为充电站供电，实现削峰填谷；同时，可以节省配电增容费用，能有效解决新能源发电间歇性和不稳定等问题；在能耗方面，直接使用储能电池给动力电池充电，提高了能源转换效率。该模式构建的微电网，可根据需求与公共电网智能互动，可实现并网、离网两种运行模式。

目前我国各省已经进行了光储充的发展规划，并开启多个试点，促进光储充微网快速发展。目前光储充一体化实现方案主要有共直流母线和共交流母线两种方案，市场上以共交流母线为主。如果充电部分选用了 V2G 双向充放电桩，则需要注意：选取共交流母线方案的话需要选择 AC 输入的充电桩，而选取共直流母线方案则需要选择 DC 输入的充电桩。

5. 智能化

充电桩离不开智能化技术，智能化发展是必然趋势。家庭个人使用的充电桩产品会向智能化家电发展，智能家桩风格和使用方式会向智能冰箱、智能电饭煲等智能家电靠拢，智能家桩会与智能家电系统集成，家庭充电场景将会成为必不可少的智能家电使用场景。

智能化公共充电桩可取消充电站的值守人员，通过数字孪生技术，实现充电站点问题在线处理、故障分析上报等功能，实现最低的站点运维支出。挖掘站点能源数据价值，可推动站点从能源消耗向能源"挣钱"转变。智能电网、物联网、车联网、远程控制、5G 通信、云计算、大数据、人工智能、充电桩网络集约运行、智能出行等技术，使充电基础设施在"充电体验、运行维护、网络协同"等方面完全数字化、智能化。

6. 动态负载管理

对于越来越多的充电设备，必然要采取统一的"有序充电"管理方式，避免给电网造成冲击，实现"削峰填谷"。过去市场上采取"静态有序充电"的方案：需要用户预约充电或者填写相对应的车辆信息和用电信息，或者是根据"峰平谷"时间段采取不同的"限制"方案。这些静态控制方案实际上与电力来源（输入）的信息是分离的，无法精确地掌握台区整体用电实际情况，也就无法实施精确的充电策略。

相比静态管控，"动态有序充电"更智能更准确，会成为未来统一对负载进行管理的有效手段和先进技术。动态管控系统分为三部分：一是 ICC（智能采集模块），采集用电台区变压器的实时用电数据并上报给云平台；二是智能有序桩，智能有序桩必须具备联网功能，能够将自己的充电情况上报给云平台并可以接受来自云平台的调令进行必要的降载；三是云平台，一方面接受 ICC 和充电桩上报的数据，另一方面通过复杂的智能算法机制来判定是否需要降载以及采取的降载方案并下发给充电桩让充电桩来执行。动态管控系统和电网进行了真正的互动，在优先保证居民用电的情况下，把可用于充电的电力进行最合理的分配。

液冷技术、V2G 技术、无线充电技术等技术趋势在本书第六章技术与应用篇有详细介绍，本处不做展开。

（二）产品态势探究

1. 公私桩协同发展

充电桩根据其运营模式及商业属性分为私桩和公桩①，未来我国充电桩将呈现以私桩为主、公桩为辅的协同发展趋势，但我国人口密集，居住形式以集体住房为主，且绝大部分是高层住宅，仅有 40% 左右家庭可以使用住宅停车场，可安装并使用充电桩的更少，因此将有一部分消费者更多地依赖公共充电桩。另外，用户的里程焦虑问题迫使快充需求加大，随着高压大功率直流快充技术发展，公共直流桩占比将延续增长态势。

2. 上中下游产业分工明显

上游：主要为充电桩设备元器件和零部件供应商。零部件包括充电模块（核心部件）、配电滤波设备、熔断器、断路器、线缆、计费设备等。

中游：主要为充电桩整桩生产商，主要是电气设备公司、第三方桩企、家电企业等。整桩制造技术门槛低，产品差异性不大。目前整体格局较为分散，一方面是国内市场的充分竞争导致国内利润率较低，另一方面各运营主体对于供应商有地域偏好或者资质偏好，但随着产业发展完善，部分根基不稳质量不佳的生产商将逐渐被淘汰出局，市场将呈现以一二线城市企业为主的布局。

下游：主要为充电服务运营商及终端客户。主要是专业化运营企业、国

---

① 私桩：面向个人用户，以车企随车送和电商为主。公桩：面向公众，采取运营模式具有商业性质的充电桩。

有企业和主机厂。

3.国家主导，主流企业牵头助力，共同全面发展

充电桩赛道由车企、充电桩投建运营商、云平台企业等各种相关企业组成，而且随着政策完善和标准规范，尤其是新能源下乡活动的启动，充电企业的竞争愈发激烈。在此态势下，国家将采取重要措施逐步对充电市场加强管控并起到引领作用，近两年国家对于充电行业颁布了多项政策并启动了多个会议，对充电桩进行规范约束和前沿技术探究。2023 年 9 月 7日，中国石油宣布收购普天新能源从而正式进军充电设备领域。未来 3年，中国石油将抓住新能源产业发展的窗口期，完成充电桩业务在全国的战略性布局。这意味着未来加油站将与充电站进一步融合，塑造新的补能场所。主流充电企业也在积极响应国家号召，研发新技术，建设新场站，探索新市场。未来将形成"国家主导，主流企业助力牵头"的市场形态，共同推动充电设施和网络建设的全面发展，一起为实现"双碳"目标而努力。

四　充电设备产业可能遇到的挑战及应对策略

（一）充电设备产业面临的挑战

随着国家"双碳"目标的推进，新能源汽车的爆发式增长，用户的接受度持续提升，但新能源汽车充电设备产业将面临诸多挑战，主要表现在以下几个方面。

1.充电设备数量有待提高

当前，充电设备数量远不能满足消费者的需求，尤其是新能源汽车在长途行驶或频繁使用时面临充电站不足的问题，政府和企业为了解决这一问题，需要投入大量资金在城市商业区和人口密集区域建设更多的充电场站，已经有不少地方将充电站作为基础设施的一部分或采用政府补贴等其他经济激励措施来鼓励企业建设更多的充电站。

2. 充电设备分布不均

目前充电设备缺乏统一的规划，分布严重不均，充电设备主要集中投建于一二线城市，对于广大的县乡镇和农村地区来说，充电设备数量极少，电动汽车补电成为巨大的难题。

3. 充电设备安装落点难，投建和运维成本高

充电场站建设需要协调的部委主体非常多，各种诉求和利益交织；同时，需要更多的电力设备和技术，加上更高的维护成本，电动汽车充电设备的成本比传统燃油车加油站建设成本高。

4. 充电标准不统一

不同电动汽车生产厂家采用的充电协议存在差异，给消费者充电带来困扰，需要消费者找对应的充电设备，这增加了充电设施的建设成本和建设难度。充电设备产业需制定通用的充电标准和充电协议，兼容不同车型的充电协议和接口。

5. 充电设备质量参差不齐

生产充电设备厂商多，行业壁垒较低，产品差异化低，质量参差不齐，使用寿命长短不一，安装和施工标准也不同。

6. 充电运营平台杂乱

各充电设备平台多具备各自品牌的 APP 或小程序，但是 APP 之间并不兼容，没有实现互联互通，导致用户充电时充电步骤烦琐，支付方式多样，用户体验感差。

7. 充电设备充电速度较慢

相比传统汽车加油站的速度，新能源汽车充电速度较慢，需要等待更长的时间才能继续上路行驶，是消费者的痛点。虽然我国新增充电桩以直流桩为主，但在现阶段公共充电设备中交流桩保有量仍处主导地位，充电花费的时间长。同时，充电时间长也会导致充电站的拥堵和排队，增加出行的时间。未来需投建更多的快充站或超充站，同时加强充电站的管理，保障充电设备正常运营，避免出现故障。

8. 充电设备使用率低坏桩率高

单个充电桩每天平均使用时间并不长、闲置时间过长、利用率低和坏桩率高是充电设备行业实现盈利的最大障碍，由于前期缺少合理规划，企业为了减少投入，投建充电站慢充多于快充，导致利用率低；充电设备质量参差不齐，充电设备缺少维护，导致坏桩率高。

9. 产品不能扩展，更新换代成本高，资源浪费严重

我国充电设备产业处于发展起步阶段，产业和商业模式也处于探索阶段，技术水平在持续提升，未来主要方向是功率提升、电网调节等，充电设备将不断完善升级，前期建设的充电场站容易遭受淘汰，设备整体更新成本高，资源浪费严重。

10. 投资回报周期长

一个场站的建设需要投入较高的建设成本、设备成本以及后期的运维成本，但运营收入形式单一，主要靠充电服务费实现盈利，但各地服务费不同，充电设备的利用率有所差异。设备利用率低，需要更长周期回本，运营商难以从中获利。

11. 充电设备对电网冲击大

充电的不稳定性给电网造成了冲击，尤其是用电高峰期，容易造成电网超负荷运行，对电网的稳定运行造成影响。

（二）充电设备产业面对挑战的应对策略思考

1. 高压快充技术

现阶段电动汽车部分车型已有 800V 高压平台和 4C 倍率或更快速的电池充电技术，充电设备也已经有 480kW 或更大功率超充及电流为 250A、400A 或 600A 的超级充电终端，部分新能源汽车已经具备充电 5 分钟，行驶 200 公里的能力。

2. 有序充电技术

可在负载范围内安装可进行有序充电的智能充电终端，以满足更多的车辆充电需求，同时减少对电网的冲击。

3. 光储充放系统

通过光储充放一体化系统，可以实现光伏自发自用微循环，具有经济、绿色等优势，并可与电网融合。光储充放一体化解决方案是未来绿电零碳循环的趋势，可以进一步优化电力资源配置。

4. 充电设备快速安装技术

部件模块化设计，出厂预装式配置，可简化现场组装流程，实现高效快速安装。

5. 充电设备智能运维技术

智能运维平台，可识别每台充电设备的运行状态，快速识别并预警，自动修复常见问题，并反馈到智能运维平台，实现快速运维，保障设备正常运营。

6. 充电标准和协议统一

国家统筹充电标准，使充电设备标准和协议实现统一，通过标准化充电设备，确保不同品牌、型号的电动汽车都能使用统一的充电设备，提高充电的便捷性，保障充电过程的安全性和稳定性，为车主提供更加安心、可靠的充电服务。

7. 增加充电设备的使用寿命

充电设备的高防护、高品质、长寿命、免维护、可拓展是其技术发展的主攻方向，在成本增长较少的情况下，尽可能让充电设备拥有更长的使用寿命，从充电设备全生命周期上减少费用投入，增加运营商的收入，缩短投资回报周期。

8. 定制化专用或特殊车辆充电设备

对于专用或特殊车辆，充电设备也应就具体的车辆进行定制化设计，以满足特定工况下专用或特殊车辆的充电需求。

9. 产业上下游联动

充电设备产业上下游联动整合，降低投建和运维成本，让利终端用户；发挥产业链上下游协同效应，推动行业高质高效、健康有序发展，实现充电站全链条的绿色发展。

B.7
中国新能源汽车换电设备产业
发展概况、趋势与挑战

高维凤　王　锋*

摘　要：　随着新能源汽车市场的快速发展，换电设备作为支撑其可持续发展的重要基础设施，正逐渐受到越来越多的关注。本文从乘用车和商用车两个维度出发，深入剖析了换电设备的现状、发展趋势以及所面临的挑战，并提出了相应的建议。研究发现，我国新能源乘用车换电基础设施快速增长，产业链基本完备。新能源商用车换电设备处于百花齐放阶段，底部换电式、侧向换电式和顶部吊装式换电站等多种技术路线并存。然而，我国换电设备产业仍面临着换电站建设运营成本高、换电技术不兼容等挑战。未来，光储充换检的多元融合、换电分布式储能参与电力交易成为产业发展的重要趋势，建议加快推进换电标准化，对优质换电运营商进行补贴，降低建设运营成本，提升换电效率和服务水平，推动我国新能源汽车产业的健康、快速发展。

关键词：　换电设备　光储充换检　换电产业链　换电服务

---

* 高维凤，奥动新能源汽车科技有限公司公共事务部政府事务高级经理，主要研究方向为新能源汽车换电产业；王锋，杭州鸿途智慧能源技术有限公司研究院首席技术官，高级工程师，主要研究方向为换电重卡技术与市场。

一 中国新能源乘用车换电设备现状、未来趋势、挑战与应对策略

（一）中国新能源乘用车换电设备产业发展概况

我国新能源汽车进入了规模化快速发展阶段，稳定和扩大新能源汽车消费是保障汽车产业平稳发展的重要途径。新能源汽车相较油车而言，初始购置成本高、补能不便利和电池衰减严重，一定程度上制约了新能源汽车产业的进一步壮大。换电模式在降低新能源汽车购车成本、消除里程焦虑、提升安全水平等方面具有一定优势。

换电产业链基本完备。换电产业链分上、中、下游环节，上游环节是由电池供应商、基础零部件供应商以及配套技术系统提供商组成，分别负责提供动力电池和换电站设备；中游主要为换电站建设和运营商、开发换电车型的主机厂和电池资产管理公司等；下游主要是新能源汽车使用者。其中，国内布局换电运营的企业主要分为三类。一是奥动新能源等第三方换电运营商；二是车企背景的换电运营商，例如蓝谷智慧能源、易易换电、Nio Power，分别是北汽新能源、吉利、蔚来旗下的换电运营品牌；三是拓展换电业务的充电运营商，国网电动、星星充电等充电运营商都已在换电方向有所布局，不仅探索换电、充电、储能"三站合一"的综合能源服务站，推动土地集约化利用，而且与车企开展战略合作，共同开发换电车型。

换电基础设施快速增长。2023年，换电基础设施建设呈现蓬勃发展的态势。据中国充电联盟数据，截至2023年12月，全国共有乘用车换电站3567座，其中浙江省431座高居榜首，广东省406座、江苏省357座、北京市322座、上海市199座、山东省186座、吉林省159座、重庆市143座、安徽省137座、湖北省129座，紧随其后。各运营企业中蔚来占比最高，数量达到2333座，奥动和易易互联紧随其后，分别为685和271座。

蔚来主攻C端市场，奥动和伯坦主攻B端市场。蔚来为小型站，电池

数量少，奥动换电站 4.0 版本和 5.0 版本电池数量为 60 和 26 块，双方各有优势。

（二）中国新能源换电设备产业未来发展趋势

1.光储充换检多能互补

换电作为新能源汽车的补能方式，是交通网络和能源网络的连接纽带。换电站由箱变、电池、充电设备及控制系统等集成，实现了"源的连接、充的实现、储的存在、检的需求"等汇集。换电站建设的地点广泛，在未来新型电力系统中既可被视为负荷侧的设备缓解电网波动，也可以作为节点储能实现削峰填谷等平滑电网调度。而近年随着电动汽车的逐步增长，车载电池安全问题也愈发被关注，电池健康检测的主动防护需求服务愈发强烈。换电站内的设备可以实现充放中的电池检测，结合控制系统及云端大数据可以更加方便地对电池的健康状态做出精准的评估。因此，下一步换电业务将逐步向"光储充换检"多元融合发展。

2.利益协调难度大，但换电共享化与标准化趋势成为行业共识

在市场发展初期，各运营商、车企等均按照自己的标准推动换电技术发展，并形成了一定的市场规模，也导致多个标准并存的市场态势。换电生态的健康发展首先需要电池（电池箱）的标准化，中国汽车工业协会主导起草了共享换电站团体标准，其中《电动乘用车共享换电站建设规范》已发布，这标志着换电开始朝标准化方向迈进，下一步将根据不同车型，推出若干类动力电池、换电设备零部件等统一标准。车企普遍担心，统一换电标准后，代表车企核心技术的电池管理系统（BMS）、电池技术和相关软硬件可能失去各家之长，面临同质化；同时，车电分离后车企可能就变成一个专注于底盘、车身等基础架构的企业，技术含量大幅度降低，产品也很难有议价空间。

3.换电分布式储能作为电力交易主体参与电力市场交易

储能行业的发展也将为换电服务运营商带来新的盈利模式。未来换电站作为天然的分布式的用电负荷及储能单元，可通过有序充放电管理，与电网

进行高效互动，参与需求侧响应，参与调峰调频及后续绿能电力交易等商业活动，发挥削峰填谷的作用。随着电力市场的逐步开放，储能业务的盈利能力也将逐步提升，换电站可通过规模化的电网互动，实现收益的大幅提升，为换电服务运营商增加收入。

4. 集约型换电设施，集约化用地，充分利用传统加油站发展换电站

换电站除了要为新能源汽车提供换电服务，还要对动力电池进行储备、充电、检测、保养等，保证其能够正常稳定使用。以上多种功能的换电站相较于充电站，建设和运营成本更高，制约和阻碍换电模式的推广应用。随着技术的进步，企业将研发占地面积更小、建设成本更低、自动化水平更高的集约型换电站，最大限度地利用土地，大幅提高换电工作效率和安全性。加油站的土地资源将得到充分利用，传统加油站升级成为集加油、加气、加氢、充换电、便利店等一体的综合加能站。

5. 电池资产管理公司促进金融跨界融合推动换电产业发展

在车电分离的框架下，车企、电池企业、运力商、换电设备制造商、换电站运营商、电网公司、梯次利用和回收企业等充分探究产业协作，深挖动力电池全产业链的价值潜力，促进全产业链实现价值升级。基于车电分离的商业模式创新已经开始在重卡等商用车得到大规模应用和推广。

在换电运营体系中，电池投资占总投资的比重较大。通过深度的车电分离，最终实现的目标是电池资产的流动性和标准化。完全的车电分离是未来提高资产流转效率、吸引金融投资最重要的基础。电池资产管理公司将大大减轻换电运营商的资金负担，有助于加强电池资产管理、支撑车电分离模式的实现。

6. 催生大数据资产管理和碳交易等新商业业态

近些年，国家出台的一系列政策，不断推动动力电池相关数据平台的建设工作，从而为电池全生命周期价值的发挥保驾护航。全生命周期数据是提高动力电池运营管理效率的重要资产，数据平台则是动力电池全生命周期数据的重要载体。换电电池大数据资产管理是指以换电电池为基本管控对象，围绕车载电池及备用电池建立云边端一体化系统及云控平台，通过电池大数

据记录管理电池使用与健康情况，从而对换电电池进行资产管理。

换电站可具备存量后台管理数据，可有效解决碳减排中 MRV[①] 难题，加快碳减排在出行领域落地，助力"双碳"目标的达成。将其纳入碳交易市场，由换电运营商作为交易主体，与强制减碳履约企业进行碳排放权交易，形成新能源汽车和清洁能源的消费激励机制。由政府监管部门或行业协会等牵头，将区块链技术应用到清洁能源发电-交易-分配-消费各环节，生成新能源发电厂、电力交易中心、充换电运营商、终端客户、政府监管部门等各方主体互认的绿色消纳通证。基于绿电消纳通证，指定碳排放核算方法，形成新能源汽车绿电消纳减碳价值认定方案，核定碳减排量，为充换电服务参与碳交易提供依据。

（三）中国新能源换电设备产业发展可能遇到的挑战及应对策略

1.换电站建设运营成本高，企业经营压力大

换电站建设前期投入较大，主要体现在设备成本、电力投入、土地租金、建设费用、电池采购以及每周 7 天、全天 24 小时运营的人力成本等。从换电站服务领域来看，乘用车换电站相对小型，单站投资在 200 万 ~ 500 万元。另外，换电站不仅需额外承担较高的电池折旧或租赁成本，同时还要考虑因网络布局所承担的超前投资。作为新能源汽车的基础设施，换电站需要适度超前布局，仅当布局密度达到一定程度时才具备现实意义。因此，在换电模式下，企业须承担较高的前期投入成本，现金流压力巨大。另外，由于换电标准的不统一，换电站建设各自为营，共享存在壁垒，从而增加了换电站的运维成本，企业承担巨大的经营压力。

建议 1：对面向公共交通领域的优质换电运营商进行补贴/奖励。

由于换电站建设前期投入大，且目前换电车辆少，影响站点利用率，企业现金流压力大。建议相关部门可以综合考虑换电行业的发展特性，保持对

---

① MRV 是指碳排放的量化与数据质量保证的过程，包括监测（Monitoring）、报告（Reporting）、核查（Verfication），科学完善的 MRV 体系是碳交易机制建设运营的基本要素，也是企业低碳转型、区域低碳宏观决策的重要依据。

换电行业初期发展的培育力度，加大在运营补贴端的支持力度，强化建设补贴，以缓解企业前期建站资金和阶段性的运营压力。

建议2：降低充换电行业税率，支持行业发展。

目前，国家税务总局将充换电行业的税率由以往参照现代服务业的6%统一调整为13%，对于长周期、高投入的新型基础设施项目，税率的增加，进一步增大了企业负担，建议可以阶段性减免至6%。

建议3：出台细则鼓励换电站双向互动，参与电网调度，多样化收入。

相较于充电对电网负荷的影响，换电站可实现错峰用电，具备调峰调频、响应电网调度的能力。同时，换电站富裕的电力容量和站内电池的储能空间，可作为虚拟电厂响应电网调度需求、服务新型电网系统建设。因此，建议相关部门以奖补形式引导换电企业开发和投建具备与电网有序双向互动能力的换电站，把换电站作为可控的分布式储能设施予以调度，鼓励地方加大对"车-站-网"互动等示范类设施的补贴力度，从而配合新型电力系统建设。

2. 电池非标及换电技术不兼容，换电设施互联互通难度大

当前存在底盘换电、侧方换电、顶部换电等多种换电形式，而不同换电方式所用的设备差异很大，无法实现通用或部分通用。另外，由于车型属于定制化产品，而且各电池厂家的电芯规格与技术路线不同，电池的尺寸、固定点位置、装配公差、锁止技术、电池与整车接口的对接方向等都无法统一，增加了换电站的布局数量和成本支出，造成重复建设和社会资源的浪费。

建议：加快推进换电标准化。

为实现多车型兼容换电，建议从国家层面推动车站的连接器接口统一，电池规格统一在某个范围内，鼓励有关标准出台，形成车辆、电池、换电站、电网之间互联互通、协同发展的换电模式体系，避免各地出台不同的地方标准，形成过于丰富的标准体系。积极引导整车制造企业、换电系统关键零部件企业、换电站运营企业、出租车运营企业、动力电池企业、电池回收利用企业等开展全生命周期的全链条合作，共同探索责任共担、利益共享的合作模式。开展不同车型的兼容方案试点工作，推进电动汽车换电底盘、换电电池包标准化发展。鼓励模块化的电池设计，开放式的换电服务，共同推

动换电电池和换电站的互通共享，吸引更多车辆生产企业加入。

3. "电池银行"资源有限，租赁价格高

"电池银行"作为换电生态的关键一环，在国家补贴退出后，对于购置价格高的换电车型极其重要。电池银行天然的重资产属性，要求其能够对电池监控、管理、维护进行完全掌握，以利于挖掘成熟的商业模式，实现动力电池全生命周期价值的最大化但由于动力电池全生命周期长，数据平台投入大，企业之间的数据信息分离阻碍了全生命周期电池大数据链形成，片段式的数据所有者难以短时间实现闭环数据管理，导致商业变现难度加大，电池循环利用产业不成熟。另外，由于电池价格不稳定，电池残值前置风险大。目前市面上真正可选的电池银行资源少，同时电池租赁价格高。

建议：鼓励车电分离商业模式。

为进一步鼓励车电分离的应用，降低购车成本，促进新能源汽车消费，建议出台政策支持一票两开和车电分开投保。同时，鼓励金融机构探索电池资产证券化、车电分离租赁等新型金融手段，支持换电生态建设。鼓励国有大型企业、大型产业资金与换电车企和换电运营企业合作，通过车电分离模式，探索电池资产管理新业态，打造车企、换电运营商、电池资产管理方、梯次回收方相结合的闭环生态。

4. 换电车型的推广速度较为缓慢，换电设施利用不充分

相较于充电，换电的市场接受度还在培育中。参与换电技术开发的车企虽然已不少，但均未加大换电车型产品投入，市场上换电车数量较少，加上换电的服务时间相较于充电效率更高，车少导致换电站空闲时间段多且长，服务能力难以充分发挥。部分地区供给大于需求的行业现状，影响了换电行业的经营效益。

建议：出台鼓励车辆推广和车型多样化的支持政策。

换电盈利周期长、企业生存压力大、换电车型少、销量不佳是困扰换电运营企业的难题。建议能源局联合相关部门，共同鼓励车企推出更多具备换电功能的车型，尤其建议在运营领域先行推广换电技术，鼓励出租、网约实现充换兼容，增加市场换电车型的供给和需求，改善换电产业早期的低利用率困境。

二 中国新能源商用车换电设备现状、未来趋势、挑战与应对策略

（一）新能源商用车换电设备发展现状

目前，新能源商用车换电设备属于百花齐放阶段，多种技术路线并存。其中换电站主要分为底部换电式、侧向换电式和顶部吊装式换电站。

底部换电指在新能源汽车底部进行换电操作的换电方式。底部换电式换电站一般为全自动式换电，工艺精度要求较高，开发成本较高，换电耗时较短，最快 1 分钟完成换电。底部换电式换电站多应用于乘用车、轻卡和微型面包车等车型，2023 年开始向重卡领域普及。

侧向换电指在新能源汽车侧向进行换电操作的换电方式，可分为单侧换电和双侧换电（双侧换电仅适用于分箱换电）。侧向换电过程中，工作人员或车主使用高自由度机器人，进行半自动或全自动换电操作，可在 5 分钟内完成换电。侧向换电式换电站多应用于轻卡、客车、公交车和重卡等车型。

顶部吊装换电指在新能源汽车顶部进行换电操作的换电方式。顶部换电机器人结构简单、故障率低，可进行半自动或全自动换电操作，一般在 5 分钟内完成换电。顶部换电式换电站多应用于重卡、客车、轻卡和矿卡等车型，是当前重卡换电的主要技术路径。

换电站行业产业链上游参与方包括换电设备供应商和新能源汽车动力电池供应商。换电设备供应商包括玖行能源、三一动力、瀚川智能、博众精工、捷焕科技、金茂智慧、协鑫能科等；动力电池供应商主要包括宁德时代、比亚迪、中创新航等。产业链中游为换电站建设企业，主要参与企业包括启源芯动力、时代电服、阳光铭岛、协鑫能科等。产业链下游主要为换电站运营服务商。

新能源商用车换电设备产业链主要涉及大功率充电设备，代表企业有深圳英飞源技术有限公司，深圳市优优绿能股份有限公司等，还涉及吊装快换

设备、举升快换设备，其中举升设备代表企业有河北伊特机械设备制造有限公司，其供应的刚性链举升产品服务了主要的底部换电式换电站；吊装技术长期应用于集装箱吊装等领域，产业成熟度高，换电站所用集装箱多为非标集装箱，属于传统产业，集装箱产业的代表企业有中国国际海运集装箱（集团）股份有限公司。商用车换电涉及的关键技术有车辆电池定位技术，举升、吊装技术、电池定位锁止技术、电池连接技术、快换电池包热管理技术、车站通信技术、换电控制器技术等，其中当前影响换电统一的关键技术有电池定位锁止技术与电池连接技术（换电连接器）[1]。

换电设备主要包括换电连接器、换电基座、电池储存仓等。换电设备相关技术较为成熟，市场较为分散，各企业间竞争充分。换电站大部分零部件属于标准化电器产品，产品同质化程度较高，因此企业间竞争充分，产品价格较稳定。换电连接器属换电站核心组件，技术壁垒较高。代表企业有苏州瑞可达连接系统股份有限公司、苏州智绿科技股份有限公司、四川永贵科技有限公司等，在新能源汽车换电模式下，换电连接器是电池包唯一的电接口，需要同时提供高压、低压、通信及接地的混装连接。换电连接器的核心技术体现在大的浮动补偿能力等技术指标。在快速换电过程中，因电池与整车端连接插合过程中一般会存在配合误差，要求换电连接器需在一定容差范围之内较好完成高压、低压、通信及接地的混装连接（浮动补偿能力）。商用新能源汽车更换电池频率一般为 7~70 次/周，因此要求换电连接器具备 3000~10000 次的使用寿命及较低维护成本。当前推出互换性推荐标准，旨在解决共享共用的行业问题。

由于市场爆发增长集中在 2021 年以后，换电技术设备商产品随着整车企业投放而定，市场技术路线以顶部吊装式换电技术方案为主，但电池锁止机构及换电连接器等存在多种形式，顶部吊装式换电电池因其车辆设计生产方便，换电冗余度高等优势而占据当前主流市场，但是顶部吊装式换电电池

---

① 《2021 年度中国电动汽车换电生态发展白皮书》，中国汽车画报，ISSN 1006-9542，2022 年第 3 期。

占据了驾驶室后部较大空间，我国货运车辆总长度按照国标 GB 1589 规定的车辆的总长度，在该换电方案下无法使用标准挂车，影响载货空间。2023 年以来，各车企纷纷推出中重型商用车底盘换电方案。在未来一段时间，中重型商用车顶部吊装换电和底盘换电会并存，短期内难以统一。

根据三峡绿动调研数据（见图 1），截至 2022 年底，全国建成重卡换电站 346 座，新能源商用车换电设备市场主要由几家头部企业占据，其中国家电力投资集团有限公司旗下的上海玖行能源科技有限公司投放 245 座，占据市场份额的 70.81%、三一动力能源有限公司投放 21 座，占据市场份额的 6.07%、苏州瀚川智能科技股份有限公司投放 20 座，占据市场份额的 5.78%。上海捷焕智能科技有限公司投放 18 座，占比 5.20%，博众精工与精智机器分别投放 8 座，各占比 2.31%。

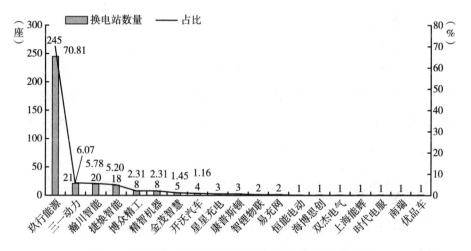

图 1　截至 2022 年底中重卡换电站制造商建站数量及占比

资料来源：重庆三峡绿动能源有限公司调研，杭州鸿途智慧能源技术有限公司研究院整理。

（二）新能源商用车换电设备未来趋势

据艾瑞咨询国内新能源换电汽车预测规模（保有量）及各类车型单日平均换电频率和换电站平均单日服务车次进行推算，到 2025 年换电商用车

换电站数量约 1.5 万座。

根据换电站需求量推算，到 2025 年换电站中换电设备市场规模将达 1012 亿元，CAGR 约 118%，其中乘用车换电设备市场规模约 376 亿元，CAGR 约 112%，商用车换电设备市场规模约 636 亿元，CAGR 约 122%。

在技术方面，换电设备的发趋势如下。

1. 换电设施小型化，移动化

提高换电站密度，降低换电站建站难度，推进移动式换电站与商用车特殊场景匹配，如渣土作业车辆，混凝土搅拌车等周期性更换行驶区域的车辆，建设占地面积小、用电功率适中且投资难度低的小型化换电站。

2. 区域统一标准化到全国统一标准化

通过区域或行业组织，规范换电设备标准化，增强换电站的互换性，从而扩大市场用户群体，通过规模化优势降低用户换电站使用成本。

3. 换电储能一体化

商用车换电站由于商用车运营的特殊性及商用车市场占有率有限，设施存在空置率，而将换电站建成换电储能一体化设施，将大大提高换电站收益率。在光伏发电站沿线的重型车辆运营线路上，可以建设光储充换一体化站，实现绿电消纳，零碳交通。

（三）新能源商用车换电设备存在的挑战与应对策略

当前新能源商用车换电设备存在的主要挑战为技术路线和产业集中度两个方面。

1. 在技术路线选择方面

中重型商用车有多种清洁能源的替代方案，并非仅有换电一种低碳路线可选，中长途方面甲醇燃料、氢燃料电池、掺氢燃烧内燃机、混合动力重型车发展迅速，短途方面，接触网电气化公路重卡也在区域试验成功，这些都将会分化中重型换电车辆的市场份额。同时，"2015+"和 ChaoJi 大功率充电标准提升了充电速度，这些均将会弱化当前换电带来的便利性。

2.换电设备产业集中度方面

换电设备产业目前准入门槛低，导致设备制造商水平参差不齐，产品质量和性能难以保证。这种现状不仅制约了产业的健康发展，也使得产品标准化进程受到阻碍，难以形成规模效应。

商业模式篇 【3

B.8
中国电动汽车充电商业模式分析

王林先　金王英　蒋林泇　魏文深　杨世旺　高杨杨　彭小津*

摘　要：　商业模式驱动充电网络实现高速扩张和高质量发展，构建"城市面状、公路线状、乡村点状"布局的高质量充电网络需要形成与应用场景相匹配的商业模式。本文全面剖析了城市、公路及农村三种充电场景的发展现状与商业模式，重点钊对城市公共充电场景、高速公路服务区以及浙江省乡村充电设施建设进行了深入分析。研究发现，城市、高速、农村充电场景呈现梯次发展特征，城市充电场景起步早、市场主体多元、商业模式丰

---
* 王林先，山东积成智通新能源有限公司，总经理，正高级工程师，主要研究方向为电动汽车充换电及新能源微网解决方案与应用；金王英，国网浙江省电力有限公司，营销服务中心数字化业务室专责，中级经济师，主要研究方向为区域电网的智能化与数字化转型；蒋林泇，中国电力科学研究院有限公司，用电与能效研究所电动汽车充换电技术研究中心工程师，主要研究方向为电动汽车充电技术；魏文深，厦门深蓝动力科技有限公司，总经理，高级工程师，主要研究方向为新能源技术；杨世旺，国网浙江省电力有限公司，高级工程师，主要研究方向为区域电网的智能化与数字化转型；高杨杨，国网浙江省电力有限公司，高级工程师，主要研究方向为区域电网的智能化与数字化转型；彭小津，中汽数据有限公司，咨询研究员，主要研究方向为电动汽车充换电产业市场分析与光储充放等创新模式。

富；高速服务区受限于场景封闭性，市场主体性质单一，目前正在探索形成特有的运营模式；而农村充电场景发展则更为滞后，商业模式尚未成型，须配合"新能源汽车下乡""农网改造"等项目培育发展环境，探索形成农村充电的新模式、新业态。

关键词： 高质量充电网络　商业模式　城市充电　高速充电　农村充电

一　城市充电场景商业模式分析

随着新能源汽车市场的快速发展和保有量的持续增长，城市充电市场的参与者不断增多，商业模式日益丰富，如今已渐成"城市面状"的布局特征。从充电设施属性来说，可划分为私人充电设施和公共充电设施，前者指专为个人新能源汽车用户在其固定停车位（如居民小区的地上/地下停车位、独栋别墅的车库和单位内部停车场等）上安装的充电设施，主要服务于相对固定车主的日常充电需求；后者则指由社会组织（如政府、公共机构、私营企业）投资建设，向全社会电动汽车用户提供公开服务的充电设备及其配套设施。

（一）城市充电场景现状分析

1.存在挑战

随着电动汽车快速进入私家车市场，其城市充电场景需求迅速扩大，主要表现在如下几个方面。

①拥有私家车位、满足安装私桩条件的车主比例减少。中国充电联盟数据显示，2023年充电基础设施增量为338.6万台，中国汽车工业协会数据显示，2023年新能源汽车销量945.9万辆，2023年桩车增量比为1：2.8。其中公共充电桩增量为92.9万台，随车配建私人充电桩增量为

245.8万台,私桩安装率已低于50%,需要寻求外部充电解决方案,满足出行需求。

②办公园区和工业园区电动汽车数量增加,少量充电桩已不能满足充电需求,且占位现象严重。

③充电高峰时间和上下班高峰时间高度重合,上班族私家车主没有空余时间充电,高峰时间充电排队等待。

④高端电动汽车需要专属充电服务,体现品牌特征。

⑤电动汽车高速公路出行,服务区充电设施不能满足需求,特别是节假日出行一桩难求。

⑥电动汽车存在自驾异地城市旅游、出差充电难问题,酒店充电需求凸显。

2. 解决方案

针对以上问题,城市场景充电运营模式逐步完善,当前主要有如下几种解决方案。

①统筹统建

目的地配建充电桩,车位100%配套充电桩。受电网容量限制,只能采用统筹统建有序充电方式建设。该模式需由政府、物业、电网等部门共同完成,投资较大、时间长,该模式能比较有效地解决小区充电基础设施无序建设问题。

②停车场模式

在停车场内建设轨道移动充电设施,该设施由悬挂导轨、共享充电机;机器人、充电枪头组成。其悬挂安装不占用地面空间,枪桩分离实现共享,有序充电,在有条件的停车场可以解决就地充电问题,相较于传统慢充桩,单桩服务车辆效率提升3倍,等容量覆盖率提升5倍,但消防设施已布局且上部空间有限的停车场其安装会受限。

③移动充电机器人模式

在一个停车场内配置一台或几台充电机器人,车主停好车后可以通过呼叫机器人前来充电。目前移动充电机器人有自动寻车和遥控两种方式，但都需要人工插枪充电。移动充电解决了车位无法安装充电桩的问题，通过"电找车"，停车场充电问题变得容易解决，且可以按需求配比充电桩。

④移动充电车模式

这是移动充电最早的模式。将发电机或电池放置在物流车上，可以响应用户救援或应急充电的需求，服务范围宽，可跨区域运营。由于充电设备物流车一体化，同时仅服务一台车，其运营费用较高，且大多数地下车库无法进入，自身停车有难度。

⑤配送式储能移动充电模式

把移动充电桩和物流系统相结合，实现物流车和充电桩分离，通过专用物流手段把充电桩送到车边上进行充电，实现充电"外卖"服务。该模式兼具模式3和模式4的优点，具有大面积服务能力，且成本相对较低。配送式储能移动充电可以选择电价优势的场所补电（夜间谷时白天光伏储电），具有电价优势，服务范围广，地面、地下停车场均可到达，通过以点盖面，快速到达目的地，实现真正"目的地充电"模式。

（二）城市公共充电场景商业模式分析

公共充电设施通常位于公共场所，如公共停车场、商场、酒店、景区等，是对私人充电设施的重要补充。聚焦我国公共桩市场，根据运营商对产业链主要环节的覆盖程度，可将行业内的商业模式分为综合型、平台型、国家队型、车企主导型四种模式①。

其中，综合型CPO（Charging Point Operator，简称CPO）参与充电设施的投资建设和运营维护，向用户提供充电服务，前期需要对场地、充电桩等设施大量投资，形成对应的"线上+线下"资源矩阵，该模式适用于市场初期，特来电、星星充电等最早进入市场的全国运营商和车电网、

---

① 内容节选自《中国电动汽车充换电产业现状与趋势研究》。

万城万充等地方运营商多采用该模式，在早期通过线下布局抢占市场空间。

平台型CPO以大数据、资源整合分配等"线上"平台技术打通不同运营商的充电桩资源，将不同的充电运营商的充电桩接入自家平台，连接运营商及使用端用户，实现一站式后台化、在线管理和低成本运维，该模式适用于有一定规模充电设施资源的细分市场，如聚合中小运营商，提供平台一体化管理与运营服务的能链快电、主要为网约车主提供充电指引服务的小桔充电等。

国家队型CPO即拥有国资背景，基于其既有关键资源优势（电网、补能网络等），通过自主建桩、合作建桩模式切入充电行业，此类模式的代表企业有国家电网、中国南方电网两家电网公司。作为我国两大主要的电网企业，在我国充电设施布局方面发挥重要"引领"作用，推动了城市内电动汽车充电基础设施的建设和普及，当前，二者仍然在高速、农村等充电网络薄弱场景发挥着"主力军"作用。此外，近年来中石油、中石化等传统能源公司亦依托其补能网络切入充电行业，以促进交通的绿色低碳转型。

车企主导型CPO基于既有用户资源优势，通过自主投建或合作建设"线上平台+线下资产"，形成品牌车主专属充电服务网络。该模式适用于资金实力雄厚的中高端车企，如特斯拉、小鹏等，为用户营造更高质量的充电服务体验。各类模式描述、优劣势及代表企业如图1所示。

	商业模式定义	优势势分析	代表企业
综合型	• 前期投入：投资自研自建自运营线上充电平台+线下充电站资产，形成全资源矩阵优势 • 盈利策略：充电服务收入取决于单车桩利用率和充电服务费等方面；设备销售收入；为OEM/CPO提供综合充电解决方案的收入	√产业链覆盖概率高，话语权强，模式多样，进入壁垒高 ×前期资金投入较大，投资回收周期长 ×资产管理难度大	车音网 BEGN、万城万充、特来电、StarCharge
平台型	• 前期投入：主要投资线上充电平台，联通不同运营商的充电桩，为客户提供充电信息服务 • 盈利策略：充电服务费分成，为OEM/CPO提供软件服务	√打破信息壁垒，实现互联互通 ×轻资产，盈利模式单一 ×抗风险能力差	小桔充电、YKC云快充
国家队	• 前期投入：投资自有线上平台+线下资产，基于既有关键资源优势（电网，补能网络等），形成全资源矩阵+核心资源优势 • 盈利策略：主要是充电服务费收入	√资金实力雄厚或拥有相关核心资源，进入壁垒高 ×运营策略偏保守，效率低 ×整体盈利水平有限	国家电网 STATE GRID、中国南方电网、中国石油
车企主导	• 前期投入：基于既有用户资源优势，通过自主建桩或合作建桩模式，投资自建线上平台+线下资产，形成品牌车专属充电服务 • 盈利策略：主要是充电服务费收入，充电服务反哺车辆销售	√资金实力雄厚，了解用户需求 √为用户营造更好服务体验 ×部分专用半开放场站客户群体单一，充电桩利用率低；对其它车兼容性差	TESLA、小鹏

图1 中国城市公共充电商业模式分类

资料来源：中汽数据有限公司补能战略团队根据公开资料整理。

二　公路沿线充电场景商业模式分析

公路沿线主要为公共充电设施，完善的公路沿线充电设施布局是确保新能源汽车能够有效实现长距离出行的关键措施，当前公路沿线充电设施布局主要聚焦于高速服务区，参与者多为各地方政府、公路管理方、电网企业、石油石化企业等"国家队型"CPO，高速服务区充电设施覆盖率已超90%，"公路线状"布局加速形成。

（一）高速充电设施建设运营现状与发展趋势

1. 运营现状

高速充电设施建设布局效果显著，据交通运输部统计，截至2023年10月底，全国高速公路服务区累计建成充电桩超过2万个，覆盖4.9万个小型客车停车位，已建成充电停车位的服务区共计6257个，高速公路服务区充电设施覆盖率达到了94%，北京、辽宁、吉林、上海、浙江等11个省份高速公路服务区充电设施覆盖率达到100%[①]。高速公路充电设施建设，已经探索出"桩站先行、以供促需、因地制宜、分类推进、广泛覆盖、适度超前、通用开放、智能高效"的建设原则和建设模式。

但是相较于新能源汽车保有量强劲增长带来的新能源车主长途出行充电需求，高速服务区充电设施安装数量仍然存在较大的提升空间。

一是充电桩数量缺口大，据能链研究院测算，目前全国高速公路服务区已建设充电桩仅能提供约3万把充电枪，缺口为5万~6万把枪[②]。

二是高速充电场景具有显著的"潮汐特征"，多个省份2023年前7个月高速服务区充电量就远超过去年全年总充电量，据国家电网智慧车联网平台数据，2023年国庆假期前六天，全国高速服务区新能源汽车充电量达

①　交通运输部：https://mp.weixin.qq.com/s/inqcIsB4qiqyhkMzS6qYaw。
②　参见能链研究院：https://mp.weixin.qq.com/s/NSW0HHA9PsGqPRVHllpMkQ。

2920 万 kWh，创下历史新高①；新能源汽车充电对配电容量有较高的要求，大功率直流充电设施特别是液冷超充设施的铺设会超过单个高速服务区的日常运营电力容量；此外，当前新能源汽车高速充电需求随机性很强，对高速服务区的充电需求曲线预测匹配精度难以达到理想效果。如图 2 所示，小长假期间高速服务区单枪充电量明显高于平日。

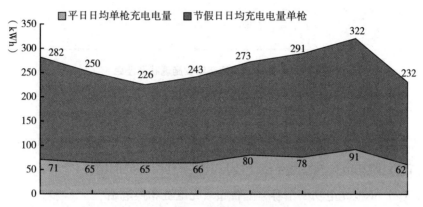

图 2　高速服务区小长假连续 8 日充电量对比

资料来源：山东积成智通新能源有限公司根据公开资料整理。

另外，充电满意度较低。在高速公路充电方面，仅 50.2% 的用户持满意态度，70.5% 的用户认为高速服务区充电排队时间过长，约 47% 的用户认为高速服务区充电设施功率小、快充设施少②。

2. 发展趋势

针对高速服务区充电设施现状及差距（见图 3），未来的发展建设趋势主要有五点。

（1）统筹规划

根据每条高速沿线的服务区、停车区、收费站车流量和停车位情况，合理配置充电设施数量，做到充电全覆盖，适度超前。对于新规划服务区，科

---

① 参见中国电力网：http://mm.chinapower.com.cn/dww/ddqc/20231009/219380.html。

② 参见中国充电联盟《2022 中国电动汽车用户充电行为白皮书》。

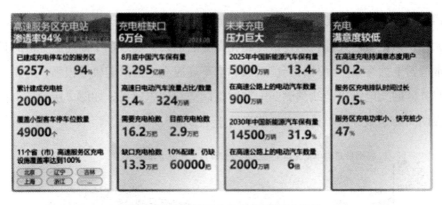

图3　高速服务区充电设施现状及差距

资料来源：山东积成智通新能源有限公司研究团队根据公开资料整理。

学规划设计充电设施比例和容量配置，对已建成高速服务区充电站增密，解决高速公路充电设施总量不够、覆盖面积有待提高的问题。

（2）单枪充电功率增容，配备超级充电桩和换电站

随着电动汽车充电功率不断提高，根据不同高速沿线的服务区充电情况，合理增容单枪充电功率、并配备480kW～600kW大功率液冷超级充电桩和换电站，解决充电功率有待提高导致的排队拥堵、等待焦虑问题。

（3）优化提升全国高速充电"充电桩随手查"应用效果

2023年，交通运输部主导推出的"e路畅通"、微信小程序的"充电桩随手查"模块上线，可查询全国高速公路充电设施位置、实时状态、充电模式等信息，极大地方便了新能源车主的长途出行，未来还应根据运营效果进行持续优化。

（4）储备可移动充电设施，适应潮汐充电需求

高速公路充电设施使用率严重不均衡、单车充电时间短、节假日充电需求暴涨，且具有单边性潮汐充电特点，所以高速服务区充电运营商应提前储备可移动充电设施，以经济的设备建设投资，通过快速灵活的移动部署来满足变化的潮汐充电需求。

（5）建设"零碳服务区"促进交通能源清洁化

高速服务区充电绿电比例小、能源减排压力大，缺乏智能化调控调度、无序充电导致电力过载风险大、运营经济性不足。加大和加快"零碳服务区"推广建设力度与速度、提升服务区智能化运营水平，是促进交通能源清洁化、实现交通行业碳中和的有效途径。

（二）高速充电场景商业模式分析

能链研究院预计，2025年的节假日期间行驶在高速公路上的电动汽车数量约900万辆，2030年会飙升至接近2000万辆，约为2024年的6倍[①]。为了更好地满足新能源汽车高速出行中的充电需求，促进高速服务区充电设施快速发展建设，研究和探讨高速服务区充电设施建设的商业模式具有重要意义。当前，高速服务区充电场景下主要为国家队型商业模式，具体可划分为5小类。

1. 高速集团自建自营模式

高速集团自建自营模式，具有场地免费使用、收益稳定、管理控制强、灵活性较强、规范统一化等优点。山东高速、湖北高速、天津高速、新疆高速、云南高速、甘肃高速等地，高速集团自投自建高速服务区充电设施的模式正在成为主流。

2023年7月，山东高速集团为满足《山东省公路沿线充电基础设施建设实施方案》（鲁交公路〔2022〕87号）的要求，对充电需求量大、预期收益高的服务区，进行充电桩的增容增密建设，大功率液冷超充系统与直流快充充电设施合理配比规划，新增约300个大功率充电车位。大功率液冷超充系统"一秒一公里"的充电速度可以轻松应对节假日"潮汐式出行""井喷式"充电需求，为新能源车主们带来"一杯咖啡，满电出发"的极致充电体验。

2. 合作建站模式

合作建站模式，由高速集团提供服务区场地资源，由第三方资本商出资

---

① 能链研究院：https://mp.weixin.qq.com/s/NSW0HHA9PsGqPRVHllpMkQ。

投建，充电收益双方分成。该模式可以充分整合各方资源、发挥各自产业优势、提高效率，具有运营模式丰富、品质稳定可控等特点，例如电网公司和新能源汽车公司在高速服务区投建电动汽车充换电站。2023年，合作建站模式主要体现在现有充电站扩建增容建设，新建充电站采用合作建站模式的比例大幅减少。

（1）充电设施租赁模式

充电设施租赁模式，由高速服务区充电设施投资单位租赁移动充电设施，进行短期临时增加充电容量，满足短期内的高峰充电需求。由于高速服务区具有潮汐充电特点，高速公路充电设施存在平时充电需求不大、节假日需求激增的特点，山东高速62座充电站运营统计，2023年十一期间日均充电量能达到平日的3.6倍、充电次数的3.8倍。采用充电设施租赁模式，具有投资少、部署速度快、可根据潮汐车流灵活调整等特点，例如湖南高速、天津高速等。

2022年5月，国网湖南电动汽车服务有限公司为更好地保证节假日充电网络运营服务，有效缓解假期期间新能源汽车充电难问题，投入2套车载式应急移动充电舱，功率为360kW，单枪功率为60kW，含6个充电接口，可同时为6台新能源车提供充电服务。具有可移动、占地空间小、安装便捷等特点。遇节假日充电高峰，可实现快速迁移，快速部署应急充电设施，不受时空限制；在非节假日期间，该设备还可布置于服务压力较为紧张的城市公共站，提供应急充电服务。

（2）零碳服务区模式

"零碳服务区"经过2022年的初步探索和实践运营，已经具备了广泛推广应用的条件。高速服务区的场地资源丰富，可以利用停车场车棚、高速边坡场地资源建设光伏发电，配套储能设备，与充电桩、服务区商业用电等设施构成新能源微网系统，可通过市电-光伏-储能-商业用电-充电桩"多位一体"的能量优化调度模型，构建信物融合的能源网络，构筑更经济、更稳定、更安全的清洁电力来源，赋能服务区"零碳"运行，实现服务区用能碳中和。2023年，推进高速服务区"光储充"微网系统建设，并进一步通过智能化调控技术推广实现"零碳服务区"已经成为共识性目标，通过"零碳服务区"提升"交通能源清洁化""配电控制有序化""配电利用高效化""电网融合友好化"，建设内涵如图4所示。此外，"零碳服务区"智能有序调控运行的经济性、协同性效果，还需要在新能源发电短期预测技术、日常用电负荷短期预测技术、充电负荷短期预测技术、基于预测结果的"光储充用"智能有序调控技术等方面开展深入的基础性研究和实践验证优化。

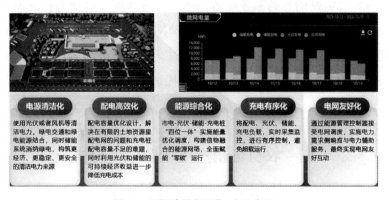

图4 "零碳服务区"建设内涵

资料来源：山东积成智通新能源有限公司根据公开资料整理。

已经建成投运的"零碳服务区"包括：山东高速济南东零碳服务区、河北雄安北零碳服务区、海南冯家湾零碳服务区、浙江嘉绍大桥零碳服务区、山东济宁金乡零碳服务区、黑龙江红湖零碳服务区等。其中由山东高速集团投资建设的"零碳服务区"于2022年通过专家评审，是全国首个实现自我中和的"零碳服务区"，对推动交通领域实现"碳达峰、碳中和"具有重要示范引领意义。该建设总装机容量3.2MWh的光伏电站，配套3.2MWh储能设备，安装DC/DC直流充电设备和直流空调、照明等直流负荷，利用智能交直流微网解决光伏接入、储能接入、充电控制、交直流负荷以及末端供电问题，形成"光储直柔"一体化，打造"零碳服务区"。"零碳服务区"建成后，每年减少碳排放量3400吨以上，远超服务区年均2000吨的排

放水平，可实现"零碳"运营，并具备"可持续碳中和"的能力。

（3）高速外围充电网络补能圈模式

高速外围充电网络补能圈模式，是充电设施投资运营商，借鉴高速公路周边加油站网点布局实践经验，在高速公路主要城镇出口附近建设高速充电补能站，确保电动汽车出高速行车 5 分钟内即可充电，以此扩大高速充电服务圈布局，解决高速服务区充电设施建设周期长、电力增容成本高、高峰时段停车位不足、充电费用高等限制因素影响，有效减轻节假日高速服务区充电站的充电服务压力。同时高速外围充电网络补能圈模式充电站日常还可满足周边电动出租车、电动网约车等充电需求，提升充电设施的利用率。例如，国网（山东）电动汽车服务有限公司联合山东高速集团在济南周边打造"环省会高速充电补能服务圈"，为济南高速出行提供了极大的便利性。

三 农村场景充电运营模式分析

2023 年 5 月，国家发展改革委、国家能源局联合印发了《关于加快推进充电基础设施建设 更好支持新能源汽车下乡和乡村振兴的实施意见》（简称《意见》）。《意见》围绕充电基础设施建设、新能源汽车推广和强化宣传服务提出了一系列有针对性的政策举措，让新能源汽车能够"下得乡、方便买、用得起"，释放乡村地区新能源汽车消费市场的巨大潜力。

（一）农村充电场景发展现状概述

1.农村新能源汽车发展态势

撬动消费潜力巨大的乡村地区将是助推新能源汽车市场健康发展的重要措施，也是国家促消费、扩内需的重要抓手，对加速乡村交通运输领域排放治理、助力如期实现"双碳"目标也有重要意义。公安部统计，2022 年，我国乡村地区汽车保有量达 1.4 亿辆，占全国总量的 44.1%。按照 5% 的年更换率，乡村地区每年有上千万辆机动车更换需求。新能源汽车国家大数据联盟统计，农村地区纯电动车型市场渗透率仅为17%，发展潜力巨大。

2. 新能源下乡对农村电网承载能力带来挑战

农村地区网架基础相对薄弱，供电半径大，存在末端低电压、三相不平衡和接地网缺失等问题。农村光伏就地消纳能力有限，午间光伏大发时易出现台区反送电、反向重过载等运行风险。电动汽车充电具有大功率、小电量、启停随机的负荷特征，规模化安装推广可能进一步抬升农网负荷峰值，加剧农网峰谷差，为农网电力电量时空均衡带来严峻挑战，对农网运行调度管理提出了更高要求。因此，《意见》强调要有序推进乡村电网扩容改造，增强农村电网支撑保障能力。

3. 农村地区新能源下乡及充电运营管理

新能源汽车仍属于新生事物，限于农村地区对于新能源汽车和充电设施的认知水平，易出现借新能源汽车下乡之机向乡村倾销库存车、劣质车、劣质二手车、濒临倒闭杂牌车、三电拆解组装车等不良行为。乡村居民安全用电意识普遍较低，易出现充电设施老化失修、接地不可靠、带电盗窃等问题。

农村地区人口居住分散，私人充电桩多，公共充电设施少且利用率低，投资回报率低，尚未形成良性循环。现有城市公共充电站建设模式不适合农村地区，在新能源汽车下乡过程中，相关企业可能盲目跟风涌入充电桩建设大潮中，潮水退去后出现无人使用、无人维护、充电场地占用等社会资源浪费现象。

城乡新能源货运汽车长距离补能手段不足，公路沿线及高速充电设施难以支撑货运车辆远距离出行。山东寿光大葱运至北京、西安猕猴桃运出秦岭、蒙煤进唐的煤炭运输等农户重要物流通道长期依赖高排放公路运输，目前纯电民用货运物流难以突破1000公里级商业化运营，在车型研制、能源供给、适农场景、农民就业、农网改造、标准建设、售后服务等方面存在系统性不足问题，目前农业跨省清洁低碳物流难题缺乏系统性解决方案。

（二）农村充电场景发展模式案例分析

1. 浙江乡村私人充电桩建设运营现状分析

截至2023年6月，浙江省乡村私人充电桩报装累计43.52万户，占全

省私人充电桩比重为 52.0%，2023 年 1 月至 6 月私桩报装户数激增，同比增长 165.26%，大于 2021 年全省全年新增报装用户。

从乡村充电桩建设的地区分布来看，同一省份不同城市间农村地区乡村私桩数量发展尚不均衡。温州、杭州、台州、宁波、金华乡村私人充电桩数量相对较多，超过 34.1 万台，占全省乡村私人充电桩比例为 78.5%，其中温州乡村私人充电桩最多，达到 8.68 万台，占全省 20.0%；从平均每个村的私人充电桩数量来看，杭州市（39.2 个桩/村）平均每个村的私人充电桩数量最多，是数量最少的丽水市（1.9 个桩/村）的 20.6 倍（见图 5）。

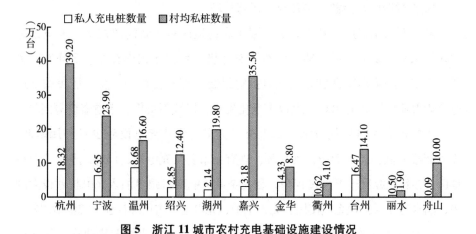

图 5 浙江 11 城市农村充电基础设施建设情况

资料来源：浙电 e 家。

从运营情况看，乡村私人充电桩活跃度[①]较高，数量达 36.71 万个，占全省乡村私人充电桩数量的 84.3%，其中，杭州市、温州市乡村私人活跃充电桩数量较多，分别为 73051 个和 71905 个（见图 6）。

从充电行为来看，浙江地区农村私人充电桩充电行为集中在夜间及凌晨时段，用户主要选择临近谷电价时刻开始充电，21：00 至 0：00 为私人充

---

① 注：统计期（本次选取连续一个月）内，乡村私人充电桩存在每月 2 次，或一次 1kWh 及以上的充电行为即认定为活跃充电桩（以 0.5kW 作为充电启动负荷的判断基准）。

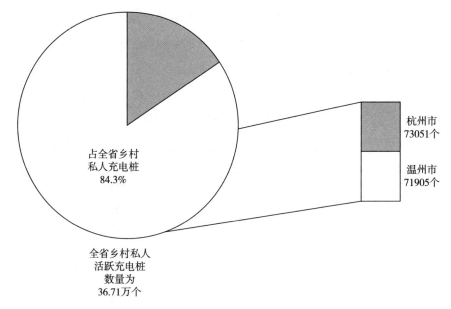

图 6 浙江省私人充电桩活跃情况

资料来源：浙电 e 家。

电桩启动充电集中时刻（见图 7）。全省乡村私人充电桩谷时段充电量占全天充电量比例为 80.7%，峰谷电价起到了很好的引导作用。

从浙江乡村私人充电桩功率利用率情况来看，各地市乡村私人充电桩功率利用率相差较大，衢州、丽水、金华乡村私人充电桩功率利用率均较高，其中，衢州市乡村私人充电桩功率利用率最高为 1.2%，杭州、嘉兴、宁波乡村私人充电桩功率利用率均较低。

2. 浙江乡村公共充电桩建设运营现状分析

截至 2023 年 6 月，全省乡村公共充电站报装立户累计 3626 户。其中，没有充电站的乡村（0 站）25711 个，占比 91.82%；1 站的乡村 1688 个，占比 6.03%；2~5 站的乡村 545 个，占比 1.95%，6~10 站的乡村 53 个，占比 0.19%；11 及以上站的乡村 6 个，占比 0.02%（见图 8）。

从建设布局来看，各市乡村公共充电站数量发展也不均衡。其中，杭州市乡村公共充电站数量最多为 641 个，占全省乡村公共充电站比为 17.7%，

舟山市乡村公共充电站数量最少为 16 个（见表 1）；从平均每个村的公共充电站数量来看，杭州市（0.3 个站/村）平均每个村的公共充电站数量最多，是数量最少的金华市（0.06 个站/村）的 5 倍。

表 1 浙江省乡村公共充电站区域分布

单位：个

城市	充电站数量
杭州市	641
温州市	581
宁波市	561
台州市	386
金华市	306
绍兴市	301
丽水市	248
嘉兴市	219
湖州市	218
衢州市	149
舟山市	16

资料来源：浙电 e 家。

从运行情况看，全省公共充电站持续发展。2023 年 6 月，全省乡村公共充电站的用电量为 8316 万 kWh，使用主要集中在午间及晚间休息时间，部分公共充电站中午 11 点到下午 1 点属于谷电，价格较低，营运车辆集中充电，导致午间充电负荷高峰产生如图 9 所示。

从功率利用率看，浙江省乡村公共充电站功率利用率整体呈现上升趋势。2023 年 6 月乡村公共充电站功率利用率最大为 8.6%（见图 10）。与此同时，公共充电站数量维持增长，功率利用率与数量同时增长表明全省乡村充电需求持续增加。此外，浙江各地市公共充电站功率数量相差较大，杭州、温州、宁波、绍兴等乡村公共充电站数量和功率利用率均处于较高水

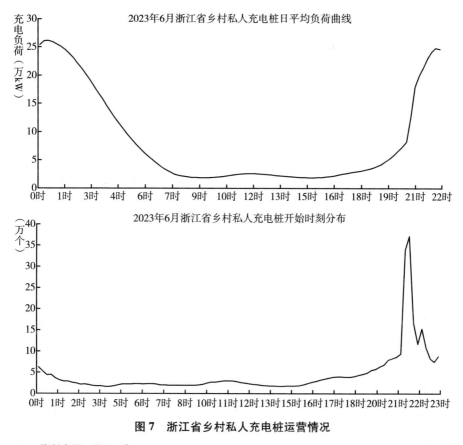

图7　浙江省乡村私人充电桩运营情况

资料来源：浙电e家。

平，其中，杭州市公共充电站功率利用率最高为 10.1%，乡村充电行为较为活跃。

（三）农村充电场景发展意见和建议

1. 结合乡村新能源汽车发展规律，有序推动农网改造升级

按照"坚持适用性、保证经济性、体现先进性、突出协同性"的基本原则，紧密衔接各级政府城乡建设规划和实施方案，充分考虑新能源汽车大规模下乡并叠加分布式光伏发电、传统乡村用电需求地负荷特性变化，提前做好农网改造升级需求分析，科学制定农村地区新型配网规划和充电设施规

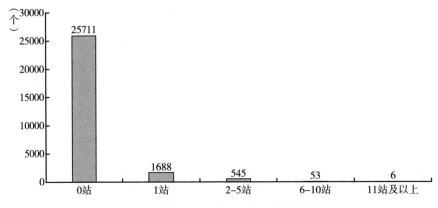

图8　浙江省乡村公共充电站数量分档

数据来源：浙电 e 家。

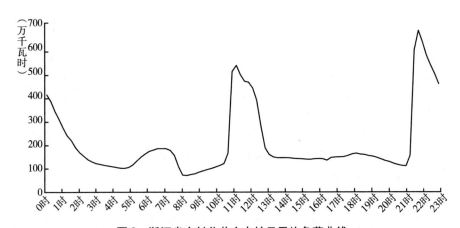

图9　浙江省乡村公共充电桩日平均负荷曲线

数据来源：浙电 e 家。

划，有序推进农网改造升级，基于人工智能技术开展营配数据贯通挖掘，精
确分析农网可开放容量，保障乡村地区电力电量时空分布均衡，推动政府部
门出台促进城乡充电设施规划和有序充电相关政策，鼓励引导乡村地区实现
有序充电，降低电网运行维护难度。

2. 做好市场化供电服务，依托乡村电网资源保障城乡基本充电需求

继续做好私人充电桩报装接电服务，提供安全用电检查保障服务，开拓

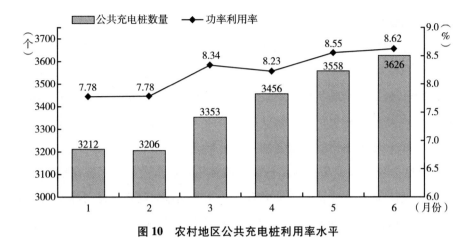

图10　农村地区公共充电桩利用率水平

数据来源：浙电 e 家。

面向工矿企业新能源车队的报装接电业务。结合乡村地区路网布局和农村庭院特点，充分利用存量农网资源、因地制宜在公路沿线、城镇配电所等区域建设匹配基本充电需求的保障型充电设施，实现充电站"县县全覆盖"、充电桩"乡乡全覆盖"。研发更加适宜乡村地区的移动式公共充电设施，满足乡村旅游、节假日返乡探亲等特殊场景的快速补电需求。根据自身管辖范围定期对所属存量充电桩进行隐患排查，做好供电线路、集中充电场所防触电、防盗管理，做好从业人员管理、运维服务、安全培训等配套服务，提升安全稳定运行水平，保障新能源汽车下乡持续健康发展。

3. 健全农村电网源网荷储互动技术管理标准体系

积极推进农村电网源网荷储相关企业标准制修订工作，开展光充储网荷典型项目相关典型设计方案编制，分析总结光充储网荷项目运行管理中存在的技术问题，明确新能源汽车作为储能资源的功能定位和技术要求。健全完善农村电网源网荷储互动国家标准和行业标准，优先研究制定有序充（放）电所涉及车载充电机、双向充放电桩等关键设备的技术标准、接口通信标准、计量验证标准，保障充电桩、分布式光伏、配电网、储能实现并网调控协同运行。

4. 开展跨专业联合攻关，解决新能源汽车下乡带来的技术难题

结合乡村振兴战略与分布式光伏发展背景，探索乡村"集中式光储+屋顶光伏+充电桩"的"光储充"一体化模式，推广有载调容/调压变压器、社区储能，应对源荷随机性。推广农村地区虚拟电厂、负荷聚合技术，研发功率可调充电桩，积极引导种植业、养殖业、设施农业等可时移负荷参与电网削峰填谷，实现电网、用户互利共赢。推进农村地区新型电力系统建设，开展1000公里级农业跨省清洁低碳物流体系建设重大示范工程建设，解决农网网架基础薄弱、光伏消纳能力有限、充电设施配置有待提高等问题，提升绿电就地消纳能力与农网承载能力，支撑国家新能源汽车下乡政策稳步实施。

B.9
中国新能源汽车换电
商业模式分析

韩 赫 刘子佳 王 锋 高维凤*

摘 要： 新能源汽车换电模式以车电分离为典型特征，本文系统研究了换电模式的价值链、业务流、应用场景与成本经济性等，并从乘、商用车换电模式入手深入剖析换电模式特征、市场主体表现和未来发展趋势。研究发现，换电模式相比于充电具有用户体验更好、用户价值更大化、体系价值更易发挥等优势，目前市场集中度较高，按市场主体背景可分为车企主导型运营商、电池企业主导型运营商、资产主导型运营商以及平台推广型运营商4类运营模式，适用于多样的应用场景。但换电模式仍面临建站成本高、电池标准不统一、运维管理安全性有待完善等挑战。未来，换电模式将充分发挥车电分离优势，向充换一体化、电池共享化、能源绿色化、产品安全化、运营智能化等方向发展。

关键词： 换电 车电分离 充换电一体 电池共享

---

* 韩赫，上海捷能智电新能源科技有限公司市场开发部项目经理，主要研究方向为新能源汽车换电产业；刘子佳，上海蔚来汽车有限公司能源体系管理战略分析师，主要研究方向为新能源乘用车充换电行业与市场战略；王锋，杭州鸿途智慧能源技术有限公司研究院首席技术官，高级工程师，主要研究方向为换电重卡技术与市场；高维凤，奥动新能源汽车科技有限公司公共事务部政府事务高级经理，主要研究方向为新能源汽车换电产业。

汽车蓝皮书

一 新能源汽车换电商业模式概述

（一）换电业务模式介绍

1. 价值链分析

换电模式是由换电运营商作为中心支点搭接电池资产管理公司及主机厂等多方资源的价值链，当前大多数换电运营商也同时承担着电池资产管理公司的角色，行业的发展也需要产业链内各细分领域公司的崛起。如图1所示，在换电产业链的上游，设备研发商负责设计并研发换电站产品，换电设备生产商负责换电站设备的生产制造，电池供应商提供动力电池，软件供应商提供云服务、大数据及各操作系统等；产业链中游，换电站建设运营商负责换电站的建设和运营，为下游的换电车辆提供换电服务。

目前，产业链中游的换电运营商主要以车企为主导。换电站运营商主要分为三类，首先是以蔚来、北汽新能源、吉利为代表的车企，三家车企旗下分别成立了武汉蔚来能源（NIO Power）、蓝谷能源、易易互联专门从事换电站的投资运营；其次是以奥动新能源、玖行能源、伯坦科技为代表的第三方换电运营商与各大车企合作开发换电车型，实现换电站共享化运营；最后是以国家电网、国家电投、中石化、南方电网为代表的电网及大型能源公司，在"双碳"目标引领下巨头入局换电产业，不仅利用雄厚的资金实力投资建站，持有车辆及电池资产，而且将在清洁能源接入、储能、电池梯次利用方面探索新生态。换电运营商行业集中度较高，以蔚来为代表的整车厂占据了大部分市场份额。根据中国充电联盟数据，截至2023年12月，中国电动汽车乘用车换电站安装数量为3567座，其中运营数量最多的是蔚来汽车，已累计建成2333座（占65.4%），其次分别为奥动已累计建成685座（占19.2%），吉利已累计建成271座（占7.6%）。

通过换电业务流向分析全产业，换电业务流向如图2所示。主机厂根据换电推出多种销售方案，促进销售，方便电池监控，减少电池故障产生的召

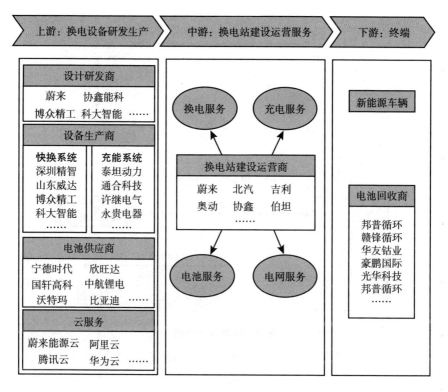

图 1 换电行业价值链

资料来源：上海蔚来汽车有限公司研究团队结合各企业公开数据整理。

回问题。电池企业通过规模化生产，提高了生产效率及质量，降低服务费用，更便于对电池进行梯次利用和回收利用。电网能源增加售电量的同时，通过波峰波谷调节降低电网负荷不均的风险；终端客户降低购车初始成本、减少充电时间、解决充电桩紧缺的问题，缓解里程焦虑；运营公司通过提供换电服务获取服务费及电费差价，同时能以换电站为平台，提供多种附加服务创造收入；政府在土地利用率、电网管理、电池管理等多方面均有较好的社会效益，且便于管理。

2. 换电的优势

相比于充电，换电模式具有用户体验更好、用户价值更大化、体系价值更易发挥等优势。具体如表 1 所示。

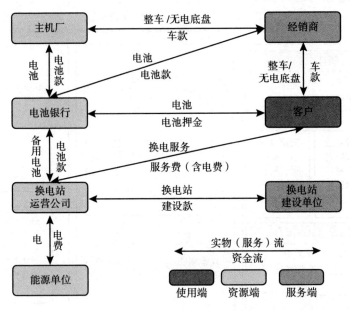

图 2　换电业务流向

资料来源：杭州鸿途智慧能源技术有限公司研究院整理。

表 1　换电的优势

分类	换电的优势
用户体验	1）补能速度快 2）真正消除里程焦虑 3）补能全程更舒适
用户价值	1）电池可灵活升级，最大化电池使用效率 2）降低用户购车门槛 3）提升电池安全性、可维护性
体系价值	1）车网互动，助力削峰填谷，减少能源浪费 2）优化充电电流，延长电池寿命 3）电池大均衡，方便更好地挖掘电池潜在循环次数

资料来源：上海蔚来汽车有限公司研究团队结合各企业公开数据整理。

（1）补能速度快

根据蔚来官方发布数据，纯换电时间仅需 2 分半，包含泊车与自检等全程不到 5 分钟就能满电出发，与加油相当，远快于充电。尽管快充技术在不断发展，换电在补能速度上仍会长期存在明显的优势。超充要接近同样的体验，必须付出超高成本满足必要条件，包括高倍率充电能力的电池、车辆热管理能力、充足的电网容量、桩群无其他车辆共享容量、自动机械臂实现产品自动化能力等。还需承担高损耗、长期超级快充带来的热失控风险。

（2）真正消除里程焦虑

传统电车的里程焦虑实际源于对补能的不确定性，充电用户可能存在对于能否找到桩、找到桩后的油车占位问题，以及补能速度的焦虑。而换电站不存在占位问题，能像加油站一样带给用户更高的确定性，用户对于找站、补能时间、以及能否成功补能都有更高的安全感。

（3）补能全程更舒适

换电过程全自动，用户不需要下车。而充电用户需要下车拔枪，大功率的充电枪不仅很重，在寒冷的天气里充电电缆也会变的很硬。许多充电场站周边环境脏乱，恶劣天气和蚊虫的影响也会造成用户下车充电体验非常不好。此外，绝大部分充电站无人指挥时非常无序，抢桩事件时有发生，而换电有清晰的排队机制，可以提供更好的补能体验。

（4）电池可灵活升级，最大化电池使用效率

用户在电池上花钱更少，可按需选择电池容量，日常在市区就用小电池，出远门以短期租用的方式更换更大容量的电池，长短相宜，花最少的钱，跑最远的路。对于不能换电的车，用户需要为了偶发性的需求花更多的钱买一块长里程的电池包，这也是对电池资源的浪费。从社会角度来说，换电可以节约 17%~30% 的电池资源，用户按需选择电池，减少用户对大容量电池资源的占用。

（5）降低用户购车门槛

电池是电动汽车中成本最高的部件，车电分离，让用户买车可以不必买电池，降低购车门槛，多了电池租用的选择。车企也可由此提升销量。

（6）提升电池安全性、可维护性

每次换电都会对底盘和电池进行检测，及时排除电池隐患。海恩法则指出：每一起严重事故的背后，必然有 29 次轻微事故和 300 起未遂先兆以及 1000 起事故隐患。换电给了迅速且低成本处理事故隐患的机会，可以在换电站拦截并维护存在隐患的电池。对于不能换电的车辆，即使能发现类似隐患，处理起来的及时性差，成本也要高很多。成熟的换电网络可以帮助车企建立电池安全监控闭环体系。

（7）车网互动，助力削峰填谷，减少能源浪费

电网的特征是，任何时刻的发电量和用电量要随时保持平衡。当电网中风电光伏这类能源越来越多时，特别需要快速调节的电源或负荷，以保持电网的安全稳定。分散在各处的换电站，可以聚合成一个虚拟电厂，作为一台调频发电机组参与电网调节，获取额外收益。充电桩对电网形成的高压力很大程度来自使用者的无序充电，而换电模式充电时间可控、用电负荷均衡。换电站可以响应电网调度，在用电负荷较小时（如夜晚）对电池集中充电并在用电高峰期直接向居民提供充满电的电池，不仅减轻了电网压力，还可以协助其削峰填谷。而且参与电网的频率调节，不会影响换电站的正常换电服务。换电站谷充峰放的策略，能够获取巨大的经济和社会价值；调峰调频相关的服务，也是未来潜在的盈利点。

（8）优化充电电流，延长电池寿命

电流越大，损耗越大；充电的倍率越高（通常意味着充电电流越大），对电池寿命的影响越大。为了更好的用户体验，充电只有华山一条路，发展超大功率充电桩，提高动力电池充电倍率。换电却完全没必要追求大功率充电，只要保证来换电的用户有满电电池可换，完全可以灵活选择最优充电功率，既降低损耗，也有利于延长电池寿命。

（9）电池灵活拆卸，便于电池回收再利用

车和电池的使用寿命不一致，通过换电解耦之后，自然更有利于电池的回收再利用。电池回收之后会是企业的一个很大的难题，换电体系将电池标准化，并能够长期得到电池整体数据，在电池回收方面也是未来潜在的盈

利点。

（10）电池大均衡，方便更好地挖掘电池潜在循环次数

电池拥有循环寿命和日历寿命，通过换电体系，可以实现体系内所有电池的行驶里程大均衡，行驶里程长的电池通过换电给其他使用较少的用户降低了使用频率，避免过度使用提前退役，同时提高所有电池日历寿命内的循环次数及利用率。挖掘这些循环次数的价值，是将来非常可观的盈利点。

3. 主要市场主体

由于换电的重资产特性，当前换电运营市场集中度较高，梯队分层明显。乘用车领域，蔚来作为国内换电的领军企业，占据过半的市场份额，而广汽、捷能智电等由于起步较晚，体量还不大，但追赶趋势明显。商用车领域，启源芯动力占据了约70%的市场份额，吉利、阳光铭岛等紧随其后。具体分布见表2。

表 2 运营商竞争梯队分析

项目	乘用车		商用车	
	企业	规模（座）	企业	规模（座）
第一梯队	蔚来	1800+	启源芯动力	250+
第二梯队	奥动、易易等	200~900	阳光铭岛	70+
第三梯队	捷能智电、时代电服、广汽等	20~100	协鑫、金茂科易、许继等	10+

数据来源：捷能智电研究团队结合各企业公开数据整理，数据统计时间为2023年10月。

（二）商业模式与应用场景

1. 换电商业模式分类

当前国内换电运营商的商业模式可分为四类——车企主导型运营商、电池企业主导型运营商、资产主导型运营商以及平台推广型运营商。其中，车企主导型运营商专注为自有品牌车辆提供车电分离及换电补能的服务，并自建和运营换电体系；电池企业主导型运营商专注以自有品牌的电池产品为合

作品牌车型提供车电分离及换电补能的服务，并自建或与第三方资本合作来运营换电体系；资产主导型运营商通过自研换电技术，为合作品牌车型提供车电分离及换电补能的服务，换电体系自建或与第三方资本开展合作，实现轻资产高速扩张；平台推广型运营商通过中石化/中石油等能源央企的补能网络以及上汽等主机厂的最新换电技术相结合打造换电生态，旨在提供标准通用的平台化换电网络。具体情况见表3。

表3　不同类型运营商的商业模式对比

运营商类型	代表企业	商业模式	主营业务
车企主导型	蔚来、广汽、易易等	车电分离模式 换电基础设施建设运营	提供换电、电池租赁、车辆金融等一系列服务
电池企业主导型	时代电服	车电分离模式 换电基础设施建设运营，电池资产持有及租赁	提供换电、电池租赁、车辆金融等一系列服务
资产主导型	启源芯动力、奥动、协鑫等	车电分离模式 换电基础设施建设及运营 电池资产持有及租赁	To C：提供换电、电池租赁、车辆定制等一系列服务 To B：提供建设规划、选址、设备投建和换电设备产品及运维等服务
平台推广型	捷能智电	能源央企提供换电网络建设及运营 标准化换电平台技术研发推广 电池资产持有及租赁	To C：提供换电、电池租赁、车辆定制等一系列服务 To B：提供换电车型定制开发，换电设备产品及运维等服务

资料来源：上海捷能智电新能源科技有限公司市场开发部研究团队调研整理。

2. 换电应用场景

换电模式在乘用车和商用车两大市场均有运用，由于乘用车与商用车的消费逻辑与使用逻辑完全不同，换电在两大市场的运营逻辑也大为不同，运营商重合度也相对较低。目前来看，私家车、出租车、公交车、短途重卡均可作为换电的应用场景，大多场景已开始逐步落地。未来随着政策端支持和技术端推动，预计换电模式将进一步渗透进私家车领域，换电应用场景也将持续丰富。乘用车与商用车商业模式对比如表4所示。

表4　乘用车与商用车商业模式对比

项目	乘用车	商用车		
		重卡	轻卡	客车
用户需求	更重视体验，且需求较为多元	以盈利为导向，对成本敏感度高，对运营时间要求高，规范化运营		
运营时间	较短，且集中于日间	较长，多数全天候运行	较长，时间不固定	较长，且集中于日间
运营过程	不固定	多为生产资料运输，货物较重，多为点对点运输，起止点较为固定	多为消费品类运输；存在相当情况的多点运输	多为点对点运输
购买方式	零售为主	批量购买为主	批量购买为主	批量购买为主

资料来源：上海捷能智电新能源科技有限公司市场开发部研究团队调研整理。

（三）换电模式成本经济性分析

1. 车电分离模式应用价值

从用户角度来看，车电分离模式作为一种创新商业服务，可以大幅减小用户的购车成本，降低用户的补能时间成本，此外，车电分离模式下，电池的维护、维修成本均不需要用户负担，用户也无须承担电池容量衰减所造成的车辆贬值。由于车电分离服务将车辆和电池资产分开，车辆因电池衰减而造成的残值降低的情况将显著改善，并且可以享受电池升级换代带来的福利，享受最新电池技术带来的续航提升体验和安全性保障。随着购置税减免政策的调整，车主购买支持车电分离的车型也将得到更经济实在的优惠，具体情况见表5。

表5 车电分离模式应用价值（以乘用车为例）

某20万级别车型	假设	500km 续航 （64kWh LFP 电池）	某30万级别车型	假设	700km 续航 （90kWh NCM 电池）
	整车购买方案（元）	车电分离方案（元）		整车购买方案（元）	车电分离方案（元）
售价（假设）	209900	145900 （假定电池转移价64000元）	售价（假设）	309900	209900 （假定电池转移价100000元）
2026 年购置税	9288	6456	2026 年购置税	13712	9288
2026 年首付总支出	40773	28341	2026 年首付总支出	60197	40773
2028 年购置税	18575	12912	2028 年购置税	27425	18575
2028 年首付总支出	50060	34797	2028 年首付总支出	73910	50060

资料来源：上海捷能智电新能源科技有限公司市场开发部研究团队调研整理。

2. 换电站收入模式

与充电不同，车电分离模式的应用，使换电站除了收取度电服务费用以外，还需向用户收取电池资产的租赁费用，这部分费用主要体现为月租金的形式，在运营车市场也有把电池成本摊销到度电价格或里程价格来一起收取的模式。相比之下，月租金的形式更利于保障运营商或电池银行的现金流；打包度电/里程价格的形式在运营车领域更利于换电的快速推广，但也存在用电量不够理想、有损电池资产管理公司利益的弊端。当前换电行业度电服务费普遍在 0.4~0.7 元/kWh，和普通公桩快充的充电服务费相差已经不大，与超充桩相比还有价格优势。

如表6所示，当前主要存在以下四种收费模式。

A. 电池租赁模式：换电站收费=电池租金+换电服务费+基础电费

电池租赁模式下，又分为固定月租金和套餐型浮动租金两种收租模式，固定租金主要应用于乘用车的私家车领域，该模式私家车主的客户接受度更高，还款率也相对理想。套餐模式主要面向运营车市场，该模式下运营车用户可根据自身的实际用电量情况灵活选取最经济的套餐。

表6　乘用车与商用车收费模式对比

	乘用车		商用车	
	私家车	运营车	轻卡	重卡
主流收费模式	A1	A2/B/C	A2/B	A2/B
电池租金（若有）	A1模式下根据电池容量不同500~1000元不等	A2模式下根据租期、月用电量、电池容量400~800元不等	A2模式下根据租期、月用电量、电池容量400~800元不等	A2模式下根据套餐租期及月用电量5000~10000元不等
度电服务费（不含基础电价）	平均0.6元/kWh	0.4~0.6元/kWh（不含电池摊销）	平均0.5元/kWh（不含电池摊销）	0.4~0.8元/kWh（不含电池摊销）
里程服务费（不含基础电价）	N/A	0.06~0.09元/km	根据车型不同费用差异较大	根据车型不同费用差异较大

资料来源：上海捷能智电新能源科技有限公司市场开发部研究团队调研整理。

A1. 固定月租金模式：换电站收费=电池租金+换电服务费+基础电费

A2. 套餐月租金模式：换电站收费=套餐电池租金+换电服务费+套餐外超额费用+基础电费

例如，如果某换电重卡电池采用某租金套餐收取：5500~7500元/（块·月）固定租金（约定月放电量上限为6500~9500kWh），若客户单月用电量超过单月放电量上限，超出部分按0.65~0.95元/kWh的价格再收取超额费用，客户可根据自身运力情况灵活选取最经济的套餐。

B. 打包度电服务费模式：换电站收费=电池租金度电摊销+换电服务费+基础电费

C. 打包里程服务费模式：换电站收费=电池租金里程摊销+里程服务费+基础电费

D. 部分打包模式：部分电池固定租金+部分电池租金度电/里程摊销+换电/里程服务费+基础电费

3. 换电站成本及投入

当前单个乘用车换电站的建站成本在300万元出头，重卡换电站由于设备及电池成本更高，建站成本约为500万元，其中，站体投资成本相对固

定，根据场景需求来灵活调配备用电池数量是最主要的降本方式。

运营投入方面，乘用车和商用车相差不大，在不计电力损耗的情况下，年运营成本皆为 50 万左右，削峰填谷降低电力成本以及减少值守人员降低人力成本是最主要的降本方式，具体情况见下表 7。

表 7 乘用车与商用车换电站投入与成本对比

类别	项目	乘用车（单仓）		重卡（7+1 单站）	
		成本（万元）	占比（%）	成本（万元）	占比（%）
建设	建站投资	约 60	18	约 60	11
	换电站设备	约 150	45	约 200	36
	线路及箱变	约 30	8	约 50	9
	备用电池	约 100	29	约 245	44
运营	土地租金	约 25/年	50（不计电损）	约 20/年	36（不计电损）
	人力（运营 & 值守）	约 15/年	30（不计电损）	约 25/年	46（不计电损）
	维护成本	约 10/年	20（不计电损）	约 10/年	18（不计电损）
	电力损耗	约 10%		约 11%	

资料来源：上海捷能智电新能源科技有限公司市场开发部研究团队调研整理，整理时间为 2023 年 10 月。

（四）换电运营挑战

应用过程中，换电模式仍存在如下挑战。

1. 建设运营经济性

建设投入成本较大，包括场地需求、电池储备、换电站设施建设、人员成本等。

2. 电池标准统一性

目前汽车行业，国家换电标准仅有一项安全性推荐性标准，关于电池模块标准化的国家标准仍在推进中，不同品牌车型间互换仍难以实现。

3. 运维管理安全性

电池集中充电、集中管理存在安全隐患；同时，安全监管需要基于平台数据的监控。

二 乘用车换电商业模式

（一）乘用车换电商业模式与价值点分析

1.乘用车换电商业模式分析

换电站运营商通过充换一体站向用户提供换电服务、充电服务，并协同电池资产管理公司向用户提供电池运营服务。具体来说，电池厂商将电池销售给电池资产管理公司，电池资产管理公司和车企签订合作协议，在购车时采用购置无动力电池整车结合租赁电池的组合方式，降低用户一次性购置成本。由电池资产管理公司拥有电池产权，向用户提供电池租赁服务，收取电池租赁费。同时委托换电运营商对电池集中化管理，延长电池使用寿命。在电池退役后，通过梯次利用及拆解回收，获得残余价值，实现换电产业动力电池全生命周期管理闭环。在电池服役期间，电池资产管理公司利用区块链等技术共享电池运行数据，建立评估模型及现金流预测，实现资产证券化。运营商受电池资产管理公司委托，负责充换一体站的投资建设与运营管理，向用户提供充换电服务，收取服务费。此外，换电站还可以参与电网互动，向电网提供相应服务（见图3）。

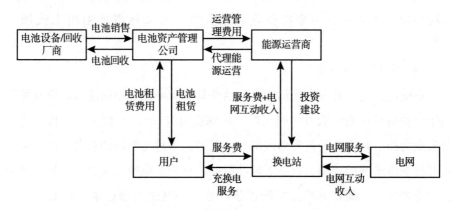

图3 换电站运营商与电池资管公司业务模式架构

资料来源：上海蔚来汽车有限公司研究团队结合各企业公开数据整理。

2. 换电核心价值创造点

（1）提供换电服务

换电可以让电动汽车补能时长缩短至 5 分钟以内，这在高速以及城区快速补能场景中有巨大的需求。对于出租车等营运车辆来说，运营时间是影响司机收入的关键因素，换电可以大大减少补能时间的浪费，提高司机的每日收益。换电正在以与充电相似的价格提供更佳的补能体验。超充桩的度电服务费定价（不含电费）平均为 0.48 元/kWh，蔚来换电站的服务费约为 30 元/次，而换电与充电向用户收取的电价是相等的。也就是说，当单次换电电量超过 60kWh 时，换电的价格将低于充电。

（2）提供充电服务

充换一体站可以实现充电与换电兼得。充换一体站的电容利用率和土地利用率都远高于充电站，可以以更低的成本和更低的场址条件要求提供充电服务。充换一体站使充电可以与换电共用逆变器与储能设施，大大缩减建设成本和运营成本。

（3）提供电池服务

以蔚来为例，蔚来能源通过换电站向用户提供电池升级及电池租赁（BaaS）服务。电池续航升级，是通过换电站永久或临时给标准续航电池包（75kWh）用户提供长续航（100kWh）电池的服务，用户可以按日/按月/按年租用，蔚来能源收取服务费。长续航电池由蔚来或用户共享。

（4）提供电网服务

换电站作为一种分布式储能，天然就具备与电网互动的能力。换电可以基于电价信号在电价低谷时间充电，高峰换电/放电，从而获取差价，这部分会成为换电站收入的重要组成部分。同时，通过与电网的双向互动，可以更好地支撑电网的调峰、调频等辅助服务，有助于电网平衡稳定，是将来潜在的重要收入。随着电力市场的逐步开放，换电站可通过规模化的电网互动，与充电行业融合，积极参与碳交易市场，组织开展充电行业碳足迹研究，大力推动减碳行动。

（5）提升电池回收效率

在电池梯次利用和回收阶段，通过换电集约化运营的电池可实现99%以上的再利用率，实现规模化的运输、拆解、二次集成，形成生产、使用、回收、再制造的产业闭环。这将会给换电站带来额外收入。

3. 换电运营效率

相较于充电站，换电站的电容量利用率、土地利用率都更高，智能化运营让换电站可以实现无人值守降低换电站运营成本，综合以上因素考虑，相同场址条件下，换电站比充电站更容易实现盈利，且用户体验更好。

根据蔚来内部估算数据，换电站电力容量的利用率是充电站的2~3倍，只要换电站内有未满电电池就可以充电，可充分利用闲时的电力容量，且充换一体站可根据桩端的充电情况灵活分配站与桩的电力容量。而充电场站的电容利用只能依赖用户来充电的时间，充电高峰期多辆车同时来充电的情况下，势必容易造成单枪分得的电容量不足，导致实际充电功率无法达到预期的情况，而在充电闲时，若没有车辆充电，也会有场站电容量的浪费。在当前电力总体容量有待提高的情况下，换电站的高电容量利用率是优势。

换电站的土地利用率显著高于充电。一座蔚来换电站约占4个车位，同等面积的充电站最多可容纳4台充电桩。以一座电容量为630kVA的场址为例，4台桩的充电站每桩功率约158kW。假设一辆车单次补能60kWh，每辆车的充电时间约40分钟。则充电站一小时最多服务6辆车。而一座换电站由于电池事先已被充满了电，每5分钟就可以完成一次换电，一小时可以服务12辆车。在相同的土地占用面积下，换电站的服务能力是充电站的2倍，这对于土地租金较贵的地区尤为重要。

通过智能化运营，换电站可实现全无人值守，大大降低运营成本。蔚来自研的高性能物联系统，可远程实时读取换电站运营状况，运维人员可以通过平台上的基础信息、实时动画、视频监控、故障告警、运维百科、远程控制等功能，对换电实施管理和监控，大大提高运维人员的管理效率，降低运维成本。

换电与超充的对比情况如表8所示。

表8　换电与超充对比

项目	对比维度	超充	换电
用户消费侧	补能速度	单次补能0.5～2小时	单次补能<5分钟
	补能定价	单次补能60kWh 约82元	单次补能60kWh 约83元
场站成本侧	电容利用率	较低	高
	土地利用率	较低	高
	值守运维人力	较低	较高,但已大幅降低
额外价值	电池寿命	输出功率不稳定、电流过大都会对电池造成损伤,影响电池寿命	对电池损伤小,电池寿命长
	对电网的影响	对电网压力大	对电网压力小,且电网互动可助力削峰填谷

资料来源：上海捷能智电新能源科技有限公司市场开发部研究团队调研整理。

（二）乘用车换电运营市场部分代表企业介绍

乘用车换电方面，目前应用有C端私家车和B端运营车两大细分市场，两个市场的用户群体差异较大，购车及运营的逻辑完全不同，运营商重合度同样相对较低，C端以车企主导型运营商为主，B端以资产主导型及电池企业主导型企业为主（具体运营商与车企合作及布局情况如表9所示）。

中高端私家车换电市场用户对补能服务费价格敏感度不高，容易建立用户使用粘性和培养品牌忠诚度，补能体验是这类型用户使用换电的决定性因素。换电站规模化后，随着车型保有量的提高，换电站利用率也将稳步提升。根据测算，目前大多数乘用车换电运营商，日换电次数在50次以上即可实现盈亏平衡。

运营车换电市场用户对补能服务费价格敏感度极高，属于墙头草型用户。当前B端市场多为前期与用户建立强行绑定关系的模式，并通过商业或技术手段，对用户补能路径进行限定，以最大化保障自身的盈利模式，但也易引起用户抱怨。B端市场运营商前期均为自建自营的模式，资金投入巨大，为减轻资产压力，当前各运营商均在大力推广"加盟模式"，走技术输出的轻资产路线。当前奥动和易易也已在部分城市实现了加盟模式的落地。

表 9　乘用车 B 端市场运营商情况

运营商	车企合作	市场布局
奥动	奥动已与一汽、东风、长安、上汽、北汽、广汽、东风日产、合众等超过 16 家主流整车企业开展合作，并共同开发近 30 款换电车型，为其提供多品牌车型共享换电服务	已覆盖北京、上海、广州、厦门、海口、三亚、重庆、合肥、郑州、南京、武汉、杭州、兰州等全国 60 座城市，投运超过 800 座换电站
易易	易易作为吉利旗下企业，主要为睿蓝品牌车型提供换电服务，并依托吉利旗下网约车品牌曹操等渠道进行渗透	已覆盖 33 座城市，易易采用深挖重点城市集中规模化布置的策略，仅在重庆一地就拥有超过 50 座换电站，在成都、天津等城市，也保持着平均每座城市超过 15 座换电站的规模
时代电服	时代电服已与一汽、东风、江淮等超过 6 家主流整车企业开展合作，并共同开发超 10 款换电车型，提供多品牌车型共享换电服务	已覆盖厦门、合肥、深圳、宁德、海口等城市，已投运超过 10 座换电站
泽清	主要与江淮、奇瑞等车企开展合作	主要面向安徽区域市场
协鑫	主要与吉利、东风、北汽等车企开展合作	全国性布局，内蒙古市场较多
安易行	主要与东风等车企开展合作	已覆盖柳州、温州、来宾等城市

资料来源：上海捷能智电新能源科技有限公司市场开发部研究团队调研整理，整理时间为 2023 年 10 月。

根据共享开放程度，可以将换电运营商主要分为公共服务、专有服务两大类。公共服务主要为出租车、网约车等提供运营服务的场景；专有服务主要以私家车为主的场景。面向公共服务的有奥动新能源、伯坦、易易换电、蓝谷智慧能源等；面向专有服务的有蔚来、上汽、北汽等；目前上汽、吉利、广汽等车企，既在公共服务领域也在专有服务领域推广的换电平台车型，计划换电平台开发的车型，覆盖多场景、多业务[①]。部分主机厂推出的乘用车换电车型及换电运营商，如表 10 所示。

---

① 《新能源汽车换电试点城市标准化建设情况调研报告》，能源行业电动汽车充电设施标准化技术委员会，2023 年 3 月。

汽车蓝皮书

表 10　部分主机厂推出的乘用车换电车型及换电运营商

序号	主机厂	车型	换电站服务商	服务领域
1	北汽新能源	EU 系列	奥动新能源/蓝谷智慧能源	公共/专有服务领域
2	上汽集团	荣威 Ei 5	奥动新能源	公共服务领域
3	广汽集团	埃安 S	奥动新能源	公共/专有服务领域
4	蔚来汽车	ES8、ES6、EC6、ET7、ET5	蔚来能源	专有服务领域
5	中国一汽	奔腾 NAT、红旗 E111	奥动新能源、时代电报	公共服务领域
6	长安汽车	逸动 EV460	奥动新能源	公共服务领域
7	东风风神	风神 E70、E17、E11K	奥动新能源/自营/伯坦	公共服务领域
8	东风启辰	D60EV	奥动新能源	公共服务领域
9	吉利汽车	枫叶 80V、80S	易易换电	公共服务领域
10	力帆汽车	820EV	伯坦科技	公共服务领域
11	东风柳州汽车	风行 S50	加能电科	公共服务领域
12	飞凡汽车	飞凡 R7、F7	捷能智电	公共/专有服务领域
13	上汽大通	大家 7、大家 9	捷能智电	公共/专有服务领域

资料来源：上海捷能智电新能源科技有限公司市场开发部研究团队调研整理。

1. 蔚来汽车

自 2018 年建成第一座换电站后，蔚来在换电站建设领域持续加码，到 2023 年底已累计建成超过 2300 座换电站，完成了 2023 年的千站计划，并规划 2024 年继续新增 1000 座换电站，其全国性的换电网络已初具雏形，成为国内最大的换电运营商。蔚来同时也在积极对外开放换电生态，2023 年 11 月中旬，蔚来先后与长安汽车、吉利控股达成换电合作。未来将联合推动建立换电电池标准，在统一的电池包标准基础上，联合研发可换电车型，由此"换电联盟"初步达成。

2. 捷能智电

2022 年 9 月 22 日，由中国石化、中国石油、上汽集团、宁德时代、上海国际汽车城共同投资的上海捷能智电新能源科技有限公司正式成立，注

156

册资本达 40 亿元人民币。捷能智电将以动力电池租赁业务为核心，开展换电技术研发推广、电池运营管理、大数据服务等，构建车电分离完整生态，打造标准化平台，为新能源车主带来安全、可靠、方便、快捷的优质出行体验。在网络方面，捷能智电将依托中国石化、中国石油遍布全国的 5 万余座加油站网络，升级打造"可换电、可充电"的综合能源服务站。以普及换电模式为目标，推动标准统一，加速网点布局，提升用户体验。通过能源及汽车行业的产业巨头联手，为行业提供标准化、通用化的普适性解决方案。

3. 奥动新能源

奥动新能源汽车科技有限公司聚焦乘用车换电场景，是国内换电模式的开创者，从 2000 年起上海电巴（奥动新能源集团全资子公司）开始探索换电。奥动在技术储备方面拥有超 3000 项全球换电专利技术及专利申请，并积极参与超 104 项国内外行业标准制定[①]。在商业模式方面奥动已形成换电核心技术研发、换电站商业化运营、电池银行、电池全生命周期管理、换储一体、电力交易、碳交易等多位一体的换电商业闭环。据奥动公开数据，其当前已投运 800 余座换电站，形成规模化商业换电运营解决方案。

4. 时代电服

2022 年 1 月 18 日，时代电服在线上举行首场发布会，发布换电服务品牌 EVOGO 及组合换电整体解决方案。时代电服是宁德时代全资子公司，致力于为用户提供便捷可靠的移动电能解决方案和服务。组合换电整体解决方案由"换电块、快换站、APP"三大产品共同构成。同时，时代电服总经理陈伟峰表示，将在 10 个城市首批启动 EVOGO 换电服务。时代电服采用宁德时代自研的"巧克力换电块"，是专门为实现共享换电而开发量产的电池，具有小而高能，自由组合，极简设计三大特点。

5. 易易互联

2021 年 12 月 14 日，吉利整合力帆科技，成立新的合资公司"睿蓝汽

---

① 数据来源于奥动新能源汽车科技有限公司内部统计。

车"，通过引入吉利现有产品线，使力帆科技新能源产业重新启动，发展重点将聚焦换电产品和换电服务的落地。睿蓝汽车 2022 年销量达到了 56140台，在成立不到 1 年的时间内表现十分亮眼。预计到 2025 年，睿蓝品牌旗下将形成 5~6 款换电车型，瞄准换电市场、在 B 端和 C 端同时发力，与曹操出行等吉利体系内出行平台协作共赢。睿蓝汽车、曹操出行配套换电站主要通过易易互联建设营运，易易互联科技有限公司作为吉利部署的换电运营公司，协同集团资源，已在全国布局 400 余座换电站。

（三）乘用车换电运营未来发展趋势

1. 超充换电一体化发展

当前，各主机厂纷纷布局 800V 超充技术，而得益于大功率柔性充电堆技术的发展，超充与换电一体化建设已经具备了更好的经济性，换电站可利用自身储能属性为超充提供配套储能的功能，也可在必要时利用超充桩为站内电池充电，提高换电站内电池的补能效率，既节约了设备投入成本与土地资源，又能实现规模效应和流量效应。而在同电容量、同面积的前提下，充换一体站的补能效率远高于超充站。对于能源服务商来说，电容的利用率越高，收益就会越高。2023 年以来，广汽埃安在国内已投建超充换电一体的超级充换电中心，同时支持换电和 480kW 超充，蔚来的三代站也同样升级了 800V 高压架构可实现超充与换电一体化的应用思路，可以预见今后将有越来越多的一体化综合能源站点。

2. 无人值守

当前，大部分换电站都需要人工值守，部分繁忙站点甚至需要值守人员3 班轮倒，换电运营企业在人力成本方面就需要耗费大量资金，随着换电站自动化及智能化技术的发展，传统换电站模式将被逐渐取代，换电站也会逐渐进入无人值守的智能化时代，借助"互联网+智能化"的换电解决方案，面向于各种出行场景，实现智能化的换电和平台化的服务。

3. 绿色金融

车电分离模式采用电池租赁的方式为购车客户提供与电池相关的服务，

在该业务模式下，购车用户偿还电池租赁服务费的过程中亦形成了稳健、可预测的现金流资产，使得与之相关的资产证券化创新成为可能。目前市场上已经有武汉蔚能等企业实现了电池租赁服务费资产证券化；另有以新能源汽车融资租赁债权为基础资产的产品正在陆续发行。可以预见，随着换电及车电分离模式的推广，也会诞生更多的创新金融模式，换电运营及电池资产管理企业也需要借助金融产品的力量实现业务创新。

4. 换电共享化

未来换电将朝着共享化的趋势发展。共享换电不仅是共用换电站，其本质上还是需要共用电池包。从行业发展情况来看，换电站更多的是以分布式布站的方式进行推广应用，因此单个换电站所需要的占地面积实际上可以做的很小，从蔚来、北汽、宁德时代 EVOGO 的换电站分析，小型换电站不仅布置灵活，对场地及电力资源要求很低，同时又有很强的服务能力，覆盖周边 3~5km 的区域。因此换电站所配置的电池普遍不会太多，如果一个换电站内有非常多的电池包，整个运营体系异常复杂且低效。

近年来多项政策密集颁布推动换电及电池标准化，《2022 年汽车标准化工作要点》中提到加快构建完善电动汽车充换电标准体系，国家发展改革委等 13 部门印发《关于促进汽车消费的若干措施》的通知，及《关于进一步构建高质量充电基础设施体系的指导意见》中皆提到将加快推动换电基础设施相关标准制定，增强其兼容性、通用性。

行业内权威组织也在积极行动确保电池标准化政策落地。中国动力电池创新联盟联合 30 多家企业计划推出动力电池推荐规格尺寸；中电联标准化管理中心组织修订 4 项电动汽车换电国家标准，鼓励共享换电技术方案，强调互换性、兼容性。

5. 产品安全化

国家政策上，对充换电安全性的要求越来越高。2023 年发布的《关于进一步构建高质量充电基础设施体系的指导意见》，以及工业和信息化部装备工业发展中心发布的《关于开展 2023 年新能源汽车安全隐患排查工作的通知》，都强调坚持安全第一，加强充换电基础设施全生命周期安全管理，

要求企业开展动力电池系统等产品安全隐患排查工作。为了达到更高的安全标准，在换电锁止及电池包方面，需要满足更高的碰撞要求，电池包设计需要配合整车具备相关碰撞的属性要求，以满足不同车型的安全性能要求。

6. 运营智能化

当前换电运维降本空间较大。以蔚来三代换电站为例，通过加装两块 Orin-X 芯片和两个激光雷达，已可实现召唤换电和自动泊入的功能，另外自研高性能加电网络物联系统，可远程实时读取换电站运营状况，运维人员可以通过平台上的基础信息、实时动画、视频监控、故障告警、运维百科、远程控制等功能，对换电实施管理和监控，大大增加运维人员的管理效率，降低运维成本。未来，换电站设备以及运维管理云服务还将继续朝着智能化的方向发展，进一步释放换电站的运维和值守人力，降低换电站值守运维人力成本，提高换电站的服务效率。

三　商用车换电商业模式

（一）商用车换电代表性商业模式

商用车换电主要受"双碳"目标影响，在矿区、港口、高能耗企业（钢铁、水泥等）短倒等场景得到迅猛的发展。主要客户都集中在企业或车队。基于车辆、动力电池及换电站，换电核心参与模式可划分为四大类，如表 11 所示。围绕参与模式深度挖掘整车尤其是电池全生命周期价值，通过全产业利益的再分配，实现多方共赢。

表 11　换电业务参与模式

模式	底盘(无电)	动力电池	换电站	运营方式
无电底盘+电池租赁和换电站	主机厂	电池银行	电池银行	用户：购买底盘，缴纳换电服务费 三方：提供电池，负责换电站运营

模式	底盘(无电)	动力电池	换电站	运营方式
无电底盘＋电池租赁＋换电站	主机厂	电池银行	运营公司	用户:购买底盘 电池银行:提供电池 三方:建设及运营换电站
整车＋换电站	主机厂	主机厂	运营公司	用户:购买整车及备用电池 三方:建设运营换电站
无电底盘和换电站＋电池租赁	主机厂	电池银行	主机厂	用户:购买整车并自建换电站 电池银行:提供电池

资料来源:杭州鸿途智慧能源技术有限公司研究院根据市场调研整理。

(二)商用车换电代表企业

1. 启源芯动力

商用车换电领域,近几年涌现出多家运营企业,其中以国家电投下属上海启源芯动力科技有限公司为代表,上海启源芯动力科技有限公司是国家电力投资集团有限公司旗下专注"绿电交通"领域的综合智慧能源服务商。作为零碳绿能交通综合服务商,在"让交通更绿色,让生活更美好"的企业使命引领下,启源芯动力积极推广换电重卡及电动工程机械、打造换电服务网络、提供动力电池全生命周期管理、智能数字化运营管理、定制化金融服务等,打造重卡换电专利技术,根据公开数据,启源芯动力已在全国31省市区全面布局超100座重卡充换电站,适配市面上200余款换电重卡,累计签约推广车辆超过15000辆,实现钢厂、矿山、港口,电厂、城市、干线等业务场景全覆盖。

2. 阳光铭岛

阳光铭岛能源科技有限公司成立于2020年,是吉利商用车集团旗下企业,定位为商用车新能源综合服务商。公司以商用车新能源补给为切入点,依托物联网、大数据、人工智能、能源互联网等新技术,构建城市级的新能源物联网平台,为城市打赢蓝天保卫战,创建绿色物流体系,打造绿色产业提供服务。当前已在全国布局70余座换电站,主要服务远程、汉马品牌。

（三）商用车换电商业模式发展趋势

2023年6月财政部、税务总局、工业和信息化部公告2023年第10号《关于延续和优化新能源汽车车辆购置税减免政策的公告》，正式对于换电模式车辆"车、电两张发票"的认定。电池不再作为车辆部件进行唯一绑定销售。用户在购置车辆时可以单独购买电池，也可以向换电企业合法化的租赁电池使用。市场在车、电分离的模式下向以下方向发展。

1. 产品技术与商业模式的组合创新

当前车电分离产品建立在车与电池独立存在的基础上，商用车有其独特的使用场景和作业时间，带电量大，部分车辆停车时间长，通过业务调度，电池在换电站可作为储能电池进行车网互动，实现换储结合，车网互动，提高商用车换电电池综合利用率及营收利润率。

2. 跨界产品的出现

车电分离的产品使大电量电池不再是车辆的唯一选择，为了车辆可以短距离行驶移动，小电量电池即电增程式换电车辆将会出现，这类产品能解决车辆没有安装换电电池时短距离的移动问题，也能根据自己需求装配所需电量的换电电池，使换电服务更加市场化。

3. 逐步形成新能源电力"前站后厂"新模式

不同于乘用车主要运用于城市场景，商用车的用户方大多为天然的绿电生产和消纳方，随着近年来换电重卡和储能耦合模式、分布式能源与换电站直连技术、分布式换电站集中管控系统技术等的创新研究，分布式光伏输出直流电与换电重卡直流充电的结合也已经在技术上取得突破。借助运输车辆全方位数字化智能管控，再结合分布式光伏、梯级电池储能利用、换电站充放电实现"光储充用"一体化，形成新能源车辆充换电模式互补的良性发展生态。

4. 干线物流成为下一个发力点

目前换电重卡主要应用在封闭场景及短倒运输场景，干线中长途物流场景有望成为下一个发展方向。电动重卡拥有"高负荷率+高能耗"特点，需要补能次数多、速度快，因此换电可以有效解决其补能痛点。短倒运输线路由于固定且单程距离短，对前期换电站布局友好，运营商可以根据确定路线部署建设换电站。而干线物流由于其同样存在"高负荷率和高能耗"特点，同样也适合以换电形式进行补能。随着换电站的普及以及电动重卡续航的提升，长途运输将成为可能，有望解决电动重卡在高速公路运输的痛点。

5. 跑通小散市场商业模式

当前换电商用车主要服务于大型企业的中大型车队，这部分用户也帮助换电商用车实现了从0到1的积累。而根据统计数据，我国个人及挂靠型物流车占商用车总保有量的70%，小散型物流才是换电商用车的长尾市场，新能源商用车及换电模式要快速渗透，实现从1到N的发展，离不开这部分小散型物流车主的支持，而换电如何在小散物流得到应用，当前尚未有已经跑通的成熟商业模式，换电企业也应深入研究这部分用户群体的补能痛点，联合物流企业一起实现商业模式创新，让换电模式真正地开花落地。

市场需求篇

B.10
中国新能源汽车消费者充电
特征分析（2023）

冼碧娟　房雅楠　翟宇博　曹增光*

摘　要： 在新能源汽车市场迅猛发展的背景下，充电问题逐渐成为消费者关注的重要议题，充电设施的完善与否直接关系到消费者的用车体验，因此，深入了解消费者的充电习惯、需求、偏好以及满意度，对于推动新能源汽车市场的健康发展具有重要意义，本研究通过收集和分析大量消费者充电行为数据，发现电动汽车用户在充电时间、充电量、充电费用以及充电满意度等方面存在特定的偏好和行为模式。同时，本研究亦针对公共充电设施使用过程中的五大核心问题进行了详尽调研，发现不同年龄、地域的用户对充电平台、充电费用合理性等方面的满意度存在显著差异，并基于此提出政府、运营商和主机厂三方协同共建的建议，以期为充电基础设施的规划、建

---

* 冼碧娟，汽车之家研究院副院长，主要研究方向为新能源汽车充电行业研究；房雅楠，能链品牌传播中心公关策划经理，主要研究方向为电动汽车充电行业研究与品牌传播；翟宇博，能链碳中和事业部总经理，主要研究方向为新能源汽车碳中和与充电行为研究；曹增光，能链品牌传播中心能链研究院研究员，主要研究方向为新能源汽车充电市场研究与品牌传播。

设与运营提供决策支持。

关键词： 充电特征　充电设施　充电满意度　充电费用合理性　充电平台

一　消费者充电特征概况①

（一）充电时段特征

1. 单日充电高峰时段

电动汽车用户单日充电高峰包括三个时段：5：00~7：00、12：00~16：00、23：00~1：00。对比 2021 年 6 月 1 日~2022 年 5 月 31 日（以下简称"2022 年"）和 2022 年 6 月 1 日~2023 年 5 月 31 日（以下简称"2023年"，以下未说明其他时间的，数据统计均为本时间区间），2023 年早上时段充电占比提升，下午和夜间时段充电占比略有降低（见图 1）。

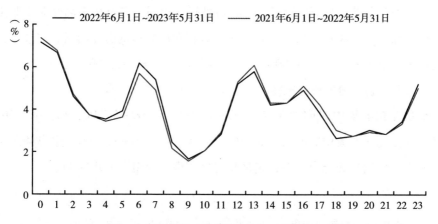

图 1　2022 年与 2023 年分时段充电量占比

---

① 本篇聚焦公用充电桩用户，涉及运营服务统计数据主要来自第三方充电运营服务商快电，接入公共充电桩规模与中国充电联盟公布的全国整体规模相近，服务用户涵盖出租车、网约车、商用车（物流城市配送车辆）、私家车等多种类型。城市范围：选取第三方充电运营服务商业务覆盖区域，包括除港、澳、台、西藏外的全国 30 个省级行政区，212 个地级市。

受下午时段电价影响，相较于2022年，2023年14∶00~18∶00的价格每度电上涨0.07元左右（见图2）。

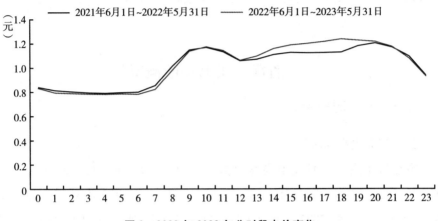

图2　2022与2023年分时段电价变化

2. 节假日与非节假日分时段充电特征

节假日与非节假日①的充电时段趋势基本相同，充电量最高峰时段基本一致，都为23∶00~1∶00。二者的主要区别在次高峰的分布时段，非节假日与端午、中秋、十一是5∶00~7∶00，春节是12∶00~13∶00（见图3）。

3. 快、慢充分时段充电特征

快充充电集中时间段为23∶00~1∶00；5∶00~7∶00；12∶00~16∶00。而慢充充电集中时间段为3∶00~6∶00；12∶00~17∶00。用户倾向早上和下午使用快充充电，在夜晚休息时使用慢充充电②（见图4）。

---

① 季节划分：春季：3个月，3、4、5月；夏季：3个月，6、7、8月；秋季：3个月，9、10、11月；冬季：3个月，12、1、2月。

② 慢充：交流慢充充电桩，固定安装在电动汽车外，需要通过车载充电机，将交流电转换为直流电，为电动汽车动力电池进行充电；通常输出功率小于或等于7kW，充电时间较长；快充：直流快充充电桩，固定安装在电动汽车外，将交流电转换为可调直流电，直接为电动汽车动力电池充电，通常输出功率大于或等于40kW，能够实现快速充电；交流快充充电桩，固定安装在电动汽车外，需要通过车载充电机，将交流电转换为直流电，为电动汽车动力电池充电，通常输出功率在7kW~42kW区间，能够实现快速充电。

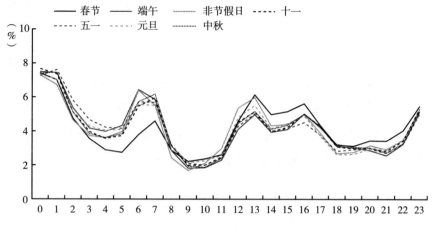

图3　节假日与非节假日分时段充电量占比

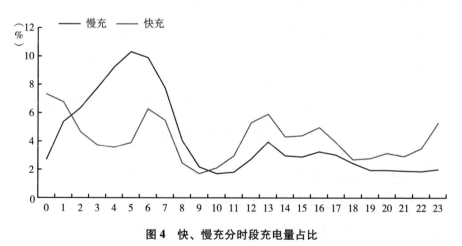

图4　快、慢充分时段充电量占比

4. 不同类型用户分时段充电特征

出租车用户充电高峰时段主要受大小班交换班影响，充电主、次高峰时段分别出现在 0：00~6：00 和 15：00~17：00。小班白班司机通常在 15：00~17：00 进行充电，晚高峰前将车辆交接给晚班司机；大班司机交换班时间略有不同，通常在 0：00~6：00 充电后进行交换班。

私家车用户充电主要集中在上班时段及午晚间休息等非用车时段，符合

工作及出行规律，5：00~7：00、12：00~14：00、23：00~1：00 均为充电高峰时段。

商用车用户充电时段相对分散，通常"有空就充，随时补电"，充电最高峰为 6：00~8：00 及 23：00~24：00，非工作时段充电需求较高。

网约车①用户对充电价格较为敏感，其充电时段分布特征与电价定价机制、出行高峰两个因素高度相关，充电最高峰为 23：00~1：00，5：00~7：00 与 12：00~14：00，此时充电需求较高（见图5）。

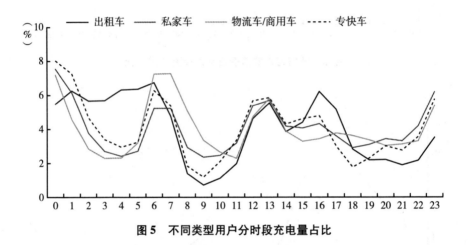

图5　不同类型用户分时段充电量占比

5. 不同季节分时段充电特征

各季节充电走势基本一致，冬季在 5：00~7：00 区间充电量要低于其他季节，在 12：00~15：00 要高于其他季节（见图6）。

6. 不同区域分时段充电特征

南、北方充电高峰时段趋势基本一致，但北方在不同时段充电需求变化更大。12：00~17：00 北方较南方充电需求更为集中，而南方在 19：00~23：00 时段充电量明显高于北方，主要原因与当地气候、整体社会经济环境有关（见图7）。

① 本处所提及的网约车与专快车，均指代通过互联网平台预约并提供出行服务的非巡游出租汽车，二者在服务性质与运营方式上具有一致性。

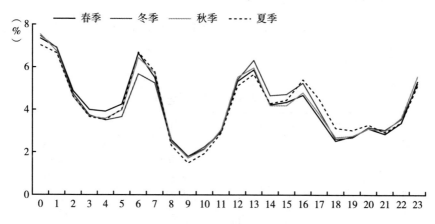

图6 不同季节充电时段充电量占比

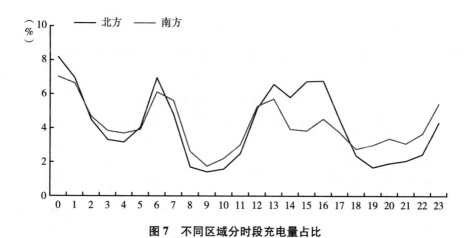

图7 不同区域分时段充电量占比

（二）单次充电特征

1.用户整体单次充电特征

用户平均单次充电量25.2kWh，平均单次充电时长47.1分钟，平均单次充电金额24.7元，与2022年同时段对比，2023年平均单次充电量有微增，平均单次充电时间微降。

2. 节假日与非节假日单次充电特征

非节假日[①]中，周一和周日的平均单次充电量和平均单次充电时长均高于其他日期（见表1）。

表1   非节假日单次充电特征

类型	单次充电量(kWh)	单次充电时长(分)	单次充电金额(元)
周一	25.64	47.82	24.98
周二	25.14	46.76	24.74
周三	25.05	46.30	24.61
周四	25.11	46.79	24.64
周五	25.13	47.28	24.68
周六	25.08	47.02	24.70
周日	25.69	47.81	24.99

节假日中，春节期间的平均单次充电量和平均单次充电时长高于其他节假日。日充电频次方面，春节和元旦的日充电频次略高于其他节假日（见表2）。

表2   节假日单次充电特征

类型	单次充电量(kWh)	单次充电时长(分)	单次充电金额(元)	日充电频次(次)
元旦	25.97	51.67	25.36	1.40
春节	26.32	53.11	26.58	1.45
五一	25.46	45.28	24.41	1.37
端午	26.15	46.98	25.24	1.38
中秋	25.41	45.73	25.72	1.37
十一	25.36	46.56	25.47	1.39
其他	25.23	47.04	24.71	1.38

3. 快、慢充单次充电特征[②]

用户使用直流充电桩平均单次充电时长45.7分钟，2023年较2022年

---

① 节假日与非节假日划分：节假日包含春节、十一国庆节、五一劳动节和三天假期。其中三天假期包含元旦、端午节、中秋节，因2023年清明节仅放假一天，故未包含在三天假期之内。非节假日包含工作日与周末。

② 因篇幅有限，本文中未将2022年表格列出，2023年与2022年对比结果均为计算后数据。

下降约 3 分钟；平均单次充电量 25.2kWh；平均单次充电金额 24.8 元。

用户使用交流充电桩平均单次充电时长 194.4 分钟，2023 年较 2022 年提升约 21 分钟；平均单次充电量 22.5kWh，2023 年较 2022 年提升约 8kWh；平均单次充电金额 23.4 元。

充电频次方面，直流充电桩周充电频次达 4.51 次，远高于交流充电桩周充电频次 1.9 次（见表 3）。

表 3　快、慢充单次充电特征

类型	单次充电量 （kWh）	单次充电时长 （分）	单次充电金额 （元）	日充电频次 （次）	周充电频次 （次）
交流充电	22.56	194.45	23.42	1.09	1.98
直流充电	25.28	45.72	24.77	1.38	4.51

4. 不同类型用户单次充电特征

由于出租车、商用车、网约车的营运和作业属性，中途补电场景多使用快充桩，相比私家车平均单次充电时长更短，日充电频次和周充电频次更高。

私家车充电场景多为目的地充电，相比营运类车辆使用慢充桩充电相对较多，且有充足时间进行充电补能，因此平均单次充电时长较长，见表 4。

表 4　不同类型用户单次充电特征

类型	单次充电量 （kWh）	单次充电时长 （分）	单次充电金额 （元）	日充电频次 （次）	周充电频次 （次）
出租车	25.35	45.18	24.16	1.40	5.94
私家车	25.56	49.46	25.58	1.31	3.45
商用车	24.75	42.68	24.29	1.50	5.96
网约车	25.66	48.44	24.92	1.44	5.76

5. 不同季节单次充电特征

受到温度对电池的影响，冬季平均单次充电时长明显高于春、夏、秋

季，从低到高排序为夏季<春季<秋季<冬季。平均单次充电量的排序为秋季<春季<冬季<夏季。

从周充电频次来看，春季充电需求相对较少，从低到高排序为春季<冬季<秋季<夏季，见表5。

表5　不同季节单次充电特征

类型	单次充电量 （kWh）	单次充电时长 （分）	单次充电金额 （元）	日充电频次 （次）	周充电频次 （次）
春季	24.96	45.91	23.98	1.34	4.10
夏季	25.71	45.47	25.38	1.42	4.67
秋季	24.82	46.07	24.65	1.36	4.23
冬季	25.63	50.95	25.27	1.41	4.19

6. 不同区域单次充电特征

受较低的环境温度影响车辆充电效率以及南方快充桩多于北方[①]的原因，南北方在单次充电量相差不大的情况下，北方单次充电时长明显高于南方。从充电频次看，北方整体充电需求较南方略弱，见表6。

表6　不同区域单次充电特征

类型	单次充电量 （kWh）	单次充电时长 （分）	单次充电金额 （元）	日充电频次 （次）	周充电频次 （次）
北方	25.05	50.01	24.43	1.32	3.99
南方	25.31	46.45	24.83	1.40	4.63

（三）快、慢充使用特征

1. 用户整体快、慢充使用特征

由于大部分用户对充电时间较为敏感，2023年数据与2022年趋势保持

---

① 本篇以秦岭—淮河地理分界线为标准，分界线以南省份为南方，分界线以北省份为北方。

一致。2023 年有 95.4% 用户选择快充桩充电，选择慢充桩的用户较低为
4.6%。而在充电订单中快充占比为 99%，慢充仅为 1%，2023 年慢充用户
整体占比与 2022 年持平。

2. 节假日与非节假日快、慢充使用特征

节假日期间，基于出行时间成本的考虑，选择快充的用户占比高于非节
假日，见表 7。

表 7　节假日与非节假日快、慢充使用特征

单位：（%）

类型	枪分类	订单占比	用户占比
元旦	慢充	0.9	1.6
	快充	99.1	98.4
春节	慢充	1.0	2.2
	快充	99.0	97.8
五一	慢充	0.9	1.9
	快充	99.1	98.1
端午	慢充	1.2	2.0
	快充	98.8	98.0
中秋	慢充	1.1	1.9
	快充	98.9	98.1
十一	慢充	1.0	2.3
	快充	99.0	97.7
其他	慢充	1.0	4.7
	快充	99.0	95.3

3. 不同类型用户快、慢充使用特征

网约车、商用车因其营运和作业属性，此类用户对充电时间高度敏感，
在非工作时段几乎全部使用快充桩充电；出租车考虑到大小班和换班时间段，
选择慢充桩用户占比相对于网约车和商用车较高，达到 8.4%；而私家车用户
在特定时段（夜晚或上班时段）选择慢充桩充电，因此慢充桩的使用频率也
略高，用户占比达到 9.2%，2023 年相比 2022 年提升 2.2%，见表 8。

表8 不同类型用户快、慢充使用特征

单位：（%）

类型	枪分类	订单占比	用户占比
出租车	慢充	0.9	8.4
	快充	99.1	91.6
私家车	慢充	1.9	9.2
	快充	98.1	90.8
商用车	慢充	0.4	5.3
	快充	99.6	94.7
网约车	慢充	0.6	7.5
	快充	99.4	92.5
其他	慢充	1.0	4.0
	快充	99.0	96.0

4. 不同季节快、慢充使用特征

不同季节充电用户选择快充和慢充的比例基本一致，见表9。

表9 不同季节快、慢充使用特征

单位：（%）

类型	枪分类	订单占比	用户占比
春季	慢充	0.9	3.7
	快充	99.1	96.3
夏季	慢充	1.0	4.0
	快充	99.0	96.0
秋季	慢充	1.0	4.1
	快充	99.0	95.9
冬季	慢充	0.9	3.8
	快充	99.1	96.2

5. 不同区域快、慢充使用特征

由于南方的快充桩数量占比高于北方，南方用户选择快充桩的用户占比和订单占比均高于北方，见表10。

表 10　不同区域快、慢充使用特征

单位：（%）

类型	枪分类	订单占比	用户占比
北方	慢充	1.3	4.9
	快充	98.7	95.1
南方	慢充	0.9	4.7
	快充	99.1	95.3

（四）充电设施功率使用特征

1. 用户整体充电设施功率使用特征

相比 2022 年，2023 年 120kW 以下充电桩建设占比提升 14.5%。其中，2023 年 30kW 以下充电设施建设占比为 28.9%，比 2022 年提升 4.9%。2023 年 120kW~210kW 充电设施建设占比为 37.5%，比 2022 年下降 14.5%。

虽然大功率充电设施建设占比略有下降，但综合考虑充电时长、停车收费等因素，大功率充电设施仍是用户的主流选择。选择 120kW 以上充电设施用户占比达 74.7%，比 2022 年提升 2.7%，见表 11。

表 11　不同功率充电设施建设与使用占比

单位：（%）

功率	建设占比	用户占比
<30kW	28.9	3.2
30~60kW	7.8	2.7
60~90kW	17.5	14.7
90~120kW	3.3	4.6
120~150kW	24.8	34.4
150~180kW	7.9	17.7
180~210kW	4.8	11.0
210~240kW	0.1	0.3

功率	建设占比	用户占比
240~270kW	2.1	4.9
≥270kW	3.0	6.4

2. 不同类型用户充电设施功率使用特征

不同类型用户对充电设施功率选择趋势基本一致，用户选择 120kW 及以上功率的充电设施占比超过 70%，其中 120kW~210kW 为用户主流选择。对比 2022 年，用户选择小于 120kW 充电设施比例与 2022 年基本持平，240kW 以上的充电设施使用率占比有较大提升，见表 12。

表 12　不同类型用户充电设施功率使用特征

单位：（kW，%）

功率	出租车	私家车	商用车	网约车
<30	2.9	4.5	3.2	3.7
30~60	4.5	3.0	4.0	3.3
60~90	15.0	14.7	15.3	15.1
90~120	5.3	4.5	5.4	5.9
120~150	24.3	30.5	25.3	23.7
150-180	17.4	18.3	17.8	17.9
180~210	13.6	12.5	13.4	13.9
210~240	0.8	0.3	0.3	0.5
240~270	6.2	4.5	6.5	6.1
≥270	10.0	7.2	8.6	9.9

3. 不同区域快、慢充使用特征

整体来看，南北方充电桩使用功率差别不大，大于 120kW 充电设施占比均超过 70%。相比 2022 年，北方充电功率大于 60kW 充电设施建设提速，比例已经赶上南方，特别是大于 150kW 充电设施使用情况，北方比南方高 1.9%。使用 60kW~90kW 充电设施数量占比南方比北方高 3.3%，使用 180kW~210kW 充电设施数量占比北方比南方高 2.7%，见表 13。

表13　不同区域充电设施功率使用特征

单位：（kW，%）

功率	北方	南方
<30	3.3	3.1
30~60	4.0	2.4
60~90	12.1	15.4
90~120	4.6	4.6
120~150	34.2	34.5
150~180	18.0	17.6
180~210	13.1	10.4
210~240	0.0	0.4
240~270	4.2	5.1
≥270	6.5	6.4

（五）充电设施单枪使用特征

1. 用户整体充电设施单枪使用特征

从整体充电设施单枪使用特征看，用户更加偏好使用快充桩。单枪日均充电度数快充桩是慢充桩的2.8倍，单枪日均功率快充桩是慢充桩的4.9倍（见表14）。

表14　快、慢充单枪使用特征

类型	单枪日均充电度数（kWh）	单枪日均充电时长（分）	单枪日均功率（kW）
整体	81.5	152.5	32.1
慢充	29.6	262.7	6.8
快充	82.7	149.9	33.1

2. 不同类型用户充电设施单枪使用特征

由于出租车、网约车的营运属性较强，单枪日均充电度数和日均充电时长均高于私家车和商用车。其中，网约车单枪日均充电度数达39.0kWh，

单枪日均充电时长达 73.6 分钟。出租车和商用车受作业时限因素影响，对充电时间高度敏感，因此需要更快的充电效率，两者单枪日均功率高于私家车和网约车，见表15。

表15 不同类型用户单枪使用特征

类型	单枪日均充电度数（kWh）	单枪日均充电时长（分）	单枪日均功率（千瓦）
出租车	37.7	67.2	33.7
私家车	30.5	59.1	31.0
商用车	32.1	55.4	34.8
网约车	39.0	73.6	31.8

3. 不同区域充电设施单枪使用特征

北方与南方单枪日均充电时长基本一致。相比北方，南方经济较为活跃，新能源汽车渗透率较高，新能源汽车保有量增长较快，南方单枪日均充电度数比北方多6度，见表16。

表16 不同区域单枪使用特征

类型	单枪日均充电时长（分）	单枪日均充电度数（kWh）	单枪日均功率（kW）
北方	147.8	74.0	30.1
南方	146.9	80.0	32.7

（六）充电场所选择特征

1. 主要停车充电场所选择特征

由于充电设施进一步完善，约61%用户选择前往公共停车场或大型建筑配建停车场充电场站进行充电，该类型场景充电场站建设占比相对较高，且车位充足。

相比2022年，居民区、路边停车位、城际高速服务区充电设施建设占比明显提升，与国家构建高质量充电基础设施体系的政策重点保持一致，分别较 2022 年提升 10%、3% 和 2%，见图 8。

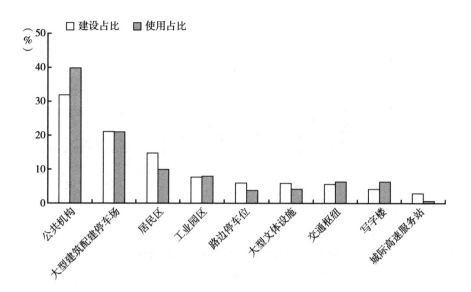

图 8 不同场所公共充电设施建设和使用占比

受建设占比影响，不同类型用户充电场所选择趋势与 2022 年相比基本保持一致，约 40% 用户优先选择公共机构充电场站，20% 左右用户选择大型建筑配建停车场充电场站，且这两类充电场站周边配套设施相对完善。商用车由于作业范围所限，在工业园区充电用户占比达 12.7%，高于其他类型充电用户，见图 9。

2. 不同充电枪规模充电场站选择特征

接近 85% 的充电场站建设充电枪数量少于 20 把，用户使用占比达到 58%，见图 10。

建设规模方面，1~10 把充电枪规模的场站建设占比 61.5%，比 2022 年大幅提升 34%；11~30 把充电枪规模的场站建设占比 31%，比 2022 年下降将近 29%。充电站建设呈现出小型化、分散化的建站趋势。

使用特征方面，少于 10 把枪的充电场站使用占比仅为 22%，相较建设

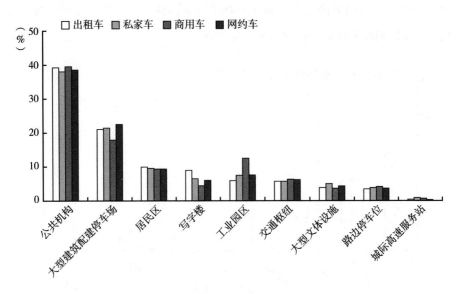

图9 不同类型用户的充电场所选择分布

占比，用户选择率偏低。多数用户选择 10 把枪以上的充电场站，64.4% 的用户偏向选择充电枪在 11~40 把的场站，但此区间充电场站建设占比为 34.7%，可见中型充电场站亟须进一步建设。

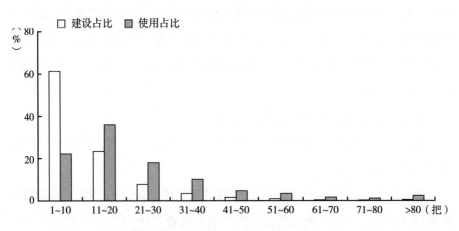

图10 不同枪数的充电场站建设和使用占比

3. 不同停车收费类型充电场站选择特征

96%用户倾向选择免费停车场（限时免费、免费及部分减免三类）。其中，62%用户选择限时免费停车充电场站，比2022年提升20%，选择率居首位。此类场站用户在充满电后会及时将车辆挪走，充电设施利用率较高。

免费停车充电场站车辆充满电后占用车位情况较为严重，导致用户选择率下降12%，该类型场站的充电设施利用率相比其他类型场站较低，见图11。

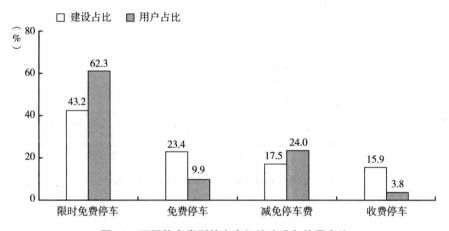

图11　不同停车类型的充电场站建设和使用占比

4. 有无配套设施充电场站选择特征

有15.3%的充电场站配备卫生间、餐饮、休息室、便利店等配套设施，选择有配套设施的充电场站用户占比达到68.7%，相比2022年提升2%。2023年，有配套设施的充电场站占比下降，选择有配套设施场站的用户占比却持续提升。

在同等建设基数下，选择有配套设施的充电场站用户数量明显多于无配套设施的场站，用户更倾向选择有配套设施的充电场站。增加充电场站配套设施可以缓解用户在充电过程中的"长时等待"焦虑，见表17。

有配套设施的场站中，休息室、便利店、餐饮的建设占比达25%，且成为电动汽车用户Top3需求，用户使用占比超过54%，见图12。

表 17　有无配套设施充电场站建设及使用特征

单位：（%）

是否有配套设施	建设占比	用户占比
无	84.7	31.3
有	15.3	68.7

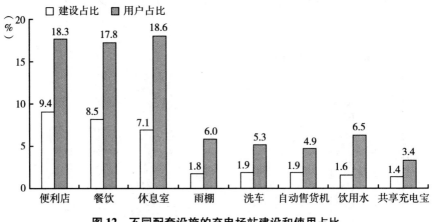

图 12　不同配套设施的充电场站建设和使用占比

（七）跨运营商充电特征

1. 用户整体跨运营商充电特征

超 90% 用户具有跨运营商充电行为，平均跨 7 家运营商，最多跨运营商数量达 71 家，比 2022 年提升 19 家，见表 18。

表 18　跨运营商充电特征

单位：（%，个）

分类	跨运营商用户占比	平均跨运营商	最多跨运营商
整体	90.4	7.28	71

从跨运营商数量看，跨 9 家以下运营商用户占比达 70%，跨 10 家以上运营商用户占比超 29%，见图 13。

用户跨运营商充电行为主要由于目前市场供给端较为分散，单一运营商服务半径无法完全满足用户充电需求；同时，充电价格、配套设施、市场口碑等也是影响用户跨运营商充电行为的重要因素。实现运营商间互联互通、发展聚合型充电运营平台，有助于提高用户充电便利性，提升用户充电体验。

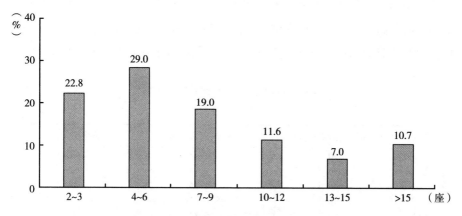

图13 用户整体跨充电运营商分布情况

2. 节假日与非节假日跨运营商充电特征

节假日中，五一假期和春节的跨运营商充电用户占比稍高，春节和十一长假用户驾驶新能源汽车远途出行较多，最多跨运营商数量相比其他日期较多，分别为17个和15个，见表19。

表19 节假日与非节假日跨运营商充电特征

单位：（％，个）

类型	跨运营商用户占比	平均跨运营商	最多跨运营商
元旦	88.4	3.60	10
春节	90.7	4.06	17
五一	92.7	4.10	13
端午	84.1	3.10	11
中秋	84.9	3.15	10
十一	89.4	3.83	15
其他	90.3	7.19	68

3. 不同类型用户跨运营商充电特征

营运类车辆用户跨运营商充电特征较为明显，网约车、出租车及商用车跨运营商用户占比均超96%，比2022年提升4%，平均需使用6~10个运营商，见表20。

平均跨运营商数量和最多跨运营商数量比2022年均有明显提升。其中，平均跨运营商最多的为商用车用户，数量超过10个。虽然私家车跨运营商用户占比低于营运车辆，但仍至少使用6个运营商才能满足其日常充电需求。

表20 不同类型用户跨运营商充电特征

单位：（%，个）

分类	跨运营商用户占比	平均跨运营商	最多跨运营商
整体	90.4	7.28	71
出租车	96.7	9.15	65
私家车	90.6	6.66	68
商用车	96.3	10.25	63
网约车	97.4	9.87	63

4. 不同区域跨运营商充电特征

由于南方的运营商数量相对北方较多，南方的跨运营商用户占比91.4%高于北方的86.2%，最多跨运营商数量71个也高于北方的38个，见表21。

表21 不同区域跨运营商充电特征

单位：（%，个）

区域	跨运营商用户占比	平均跨运营商	最多跨运营商
北方	86.2	5.97	38
南方	91.4	7.59	71

（八）跨场站充电特征

1. 用户整体跨场站充电特征

超93%用户具有跨站充电行为，平均跨站19.3个，相比2022年增加4座，最多跨站数量达434个，相比2022年增加44个，见表22。

表 22　用户跨场站充电特征

单位：（%，个）

分类	跨站用户占比	平均跨站数	最多跨站数
整体	93.4	19.03	434

从跨站率看，跨 10 座以上充电场站用户占比超过 50%，高于 2022 年的 46%，跨 50 座以上充电场站用户占比近 10%，高于 2022 年的 6%。因电动汽车续航里程逐步提升，以及充电基础设施愈加完善，电动汽车行驶半径逐渐加大，用户跨站充电需求随之增加。充电价格、充电枪占用情况、快充枪数量、充电场站配套设施等因素，均会影响用户跨站充电行为，见图 14。

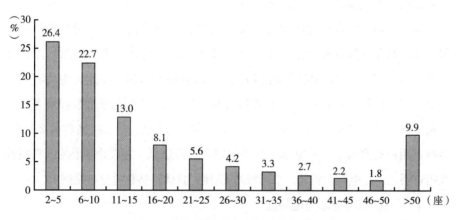

图 14　用户整体跨充电场站分布情况

2. 节假日与非节假日跨场站充电特征

由于节假日统计时间跨度较短，充电用户平均跨站数明显低于整体水平。随着节假日时间的长度增加，跨站用户占比也在逐步增加。春节和十一期间，新能源汽车远途出行需求旺盛，跨站数量明显提升，最多跨站数量是其他假期的 1.5 倍以上，见表 23。

表23 节假日与非节假日跨场站充电特征

单位：（%，个）

类型	跨站用户占比	平均跨站数	最多跨站数
元旦	91.6	5.02	15
春节	94.4	6.14	30
五一	95.0	5.96	20
端午	88.3	4.39	20
中秋	88.7	4.37	13
十一	93.3	5.69	36
其他	93.3	18.61	421

3. 不同类型用户跨场站充电特征

由于网约车的营运属性，充电场站选择范围较广，相比其他类型用户，其跨站用户占比最高，平均跨站数量达31.7座，较2022年增加10座。作为公共领域车辆全面电动化的重要分支，城配物流领域新能源商用车渗透率逐步提升，其保有量规模和作业半径进一步扩大，平均跨站数量与网约车基本持平，达31.3座，较2022年增加11座，最多跨站数量434座，为所有用户类型之首。出租车用户由于交换班位置相对固定，其平均跨站数和最多跨站数相比网约车和商用车用户较少，平均跨站数量25座，最多跨站数量279个，为所有用户类型最少。私家车用户跨站用户占比最低，主要由于私家车行驶路线相对固定，充电频次较低，平均跨站17座，具体跨站数量分布见图15。

4. 不同区域跨场站充电特征

由于南方的充电场站数量和充电需求均高于北方，南方的跨站用户占比94.0%高于北方的91.0%，平均跨站数南方是北方的1.4倍，最多跨站数南方是北方的2倍，见表24。

表24 不同区域跨场站充电特征

单位：（%，个）

区域	跨站用户占比	平均跨站数	最多跨站数
北方	91.0	14.39	213
南方	94.0	20.17	434

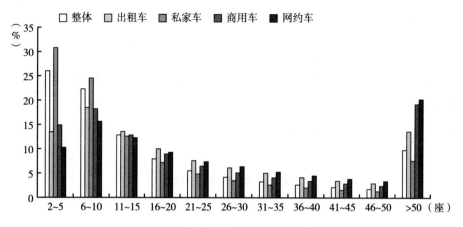

图 15　不同类型用户跨充电场站分布情况

从不同区域跨站用户占比看，南方整体跨站用户数量多于北方。北方跨15 座以下场站用户占比达 68.5%，其中跨 2~5 座场站用户占比相较南方多7%。而跨 11 座以上场站用户占比南方逐渐高出北方，其中跨 50 座以上场站用户占比南方比北方高 5%，见图 16。

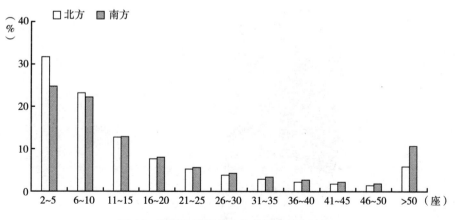

图 16　不同区域用户跨充电场站分布情况

（九）跨城市充电特征

1. 用户整体跨城市充电特征

38.5%用户具有跨城市充电行为，随着电动汽车续航里程逐步提升，以及充电基础设施愈加完善，用户跨城需求日益增加。跨城用户平均跨城1.94个，最多跨城数达65个，见表25。

表 25　跨城市充电特征

单位：（%，个）

分类	跨城用户占比	平均跨城数	最多跨城数
整体	38.5	1.94	65

从跨城率看，跨2个城市用户占比48.7%，比2022年降低14%；跨4~5个城市用户占比相较2022年提升3%；跨6个以上城市用户占比达12.6%，比2022年提升6%。由此可见，电动汽车远途出行需求进一步旺盛，跨4个以上城市成为常态，仍需强大的能源补给网络作为基础保障，见图17。

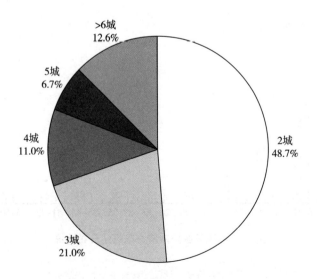

图 17　用户整体跨城市充电分布情况

2. 节假日与非节假日跨城市充电特征

非节假日中，工作日与周末的跨城用户占比和平均跨城数无明显差异，仅从数据来看，最多跨城数量周二相比其他日期略多，见表26。

表26　非节假日跨城市充电特征

单位：（%，个）

类型	跨城用户占比	平均跨城数	最多跨城数
周一	24.6	1.44	27
周二	24.4	1.44	32
周三	24.6	1.45	29
周四	24.1	1.44	28
周五	24.9	1.45	28
周六	24.8	1.45	24
周日	24.5	1.43	28

从节假日来看，跨城用户占比最高为五一期间，且平均跨城数最多。受季节因素影响，五一期间利用自驾新能源车旅行的人数较多，跨城旅游需求最为旺盛，见表27。

表27　节假日跨城市充电特征

单位：（%，个）

类型	跨城用户占比	平均跨城数	最多跨城数
元旦	14.1	1.22	8
春节	18.4	1.28	13
五一	23.5	1.38	12
端午	13.1	1.16	8
中秋	16.5	1.23	8
十一	13.9	1.21	10
其他	37.0	1.89	63

3. 不同类型用户跨城市充电特征

商用车用户因城际快运及货运业务需要，跨城用户占比高于其他类型用

户，达 65.4%，比 2022 年多 13%，平均跨站数 3.58 个，位居所有类型用户之首；私家车用户在休息日、节假日有出城旅游需求，跨城用户占比为 32.8%，平均跨站数和最多跨站数仅次于商用车；网约车用户由于营运范围较广，城际间送客场景相比出租车多，因此跨城用户占比比出租车用户多 13.8%，见表 28。

表 28 不同类型用户跨城市充电特征

单位：（%，个）

分类	跨城用户占比	平均跨城数	最多跨城数
整体	38.5	1.94	65
出租车	32.8	1.61	52
私家车	44.4	2.22	59
商用车	65.4	3.58	65
网约车	46.6	2.10	57

从跨城数量看，出租车和网约车超 70% 用户跨 2~3 座城市；商用车 41% 用户跨 5 座以上城市，其中跨 6 座以上城市用户占比达 31%，是其他类型用户的 3 倍，这是由于出租车和网约车运营范围有限，商用车多属于长途物流运输，跨城数量相对较多，见图 18。

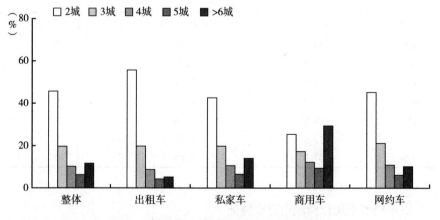

图 18 不同类型用户跨城市充电分布情况

4. 不同区域跨城市充电特征

由于南方城市交通网络及充电基础设施较为发达，南方的跨城用户占比高于北方，南方的平均跨城数和最大跨城数也明显高于北方，见表29。

表29 不同区域跨城市充电分布情况

单位：（%，个）

区域	跨城用户占比	平均跨城数	最多跨城数
北方	20.4	1.30	28
南方	42.8	2.09	62

从不同区域跨城用户占比看，北方跨 2 城用户占比大幅超过南方27.5%。南方跨 3 城以上用户占比则超过北方，其中南方跨 4 城以上用户占比超过 30%，北方不足 10%；南方跨 6 城以上用户占比大幅超越北方11.3%，见图 19。

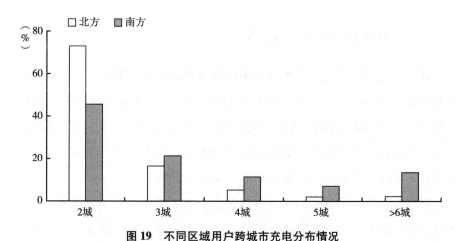

图19 不同区域用户跨城市充电分布情况

5. 不同城市群跨城市充电特征

从城市群来看，2023 年跨城充电次数最高的是粤港澳大湾区城市群，长三角城市群下降至第二，成渝城市群与 2022 年持平。

跨城市充电交易次数全面超过 2022 年，粤港澳大湾区城市群发生跨城

充电交易次数一年内超过 141 万次，是 2022 年的 6 倍；长三角城市群跨城充电交易次数是 2022 年的 4 倍；成渝城市群跨城充电交易次数是 2022 年的 2.7 倍，见图 20。

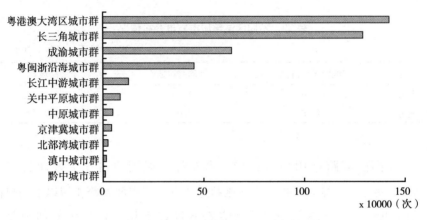

图 20　2023 年用户跨城市群充电交易次数

（十）充电前后车辆 SOC 特征

2023 年电动汽车充电开始和结束的负荷状态 SOC 的数据与 2022 年相比稍有变化。2023 年，37.1% 的用户选择在电池 SOC 低于 30% 时开始充电，相较于 2022 年 62% 的用户占比，数据大幅下降，表明随着充电基础设施网络进一步完善，以及设施点位布局的加密优化，用户的"里程焦虑"有所缓解；53% 的用户选择在电池 SOC 低于 40% 时开始充电。

75.2% 的用户在 SOC 高于 80% 时停止充电，相比 2022 年的 91%，出现明显下降，而其中将电池充满的用户占比为 47.1%，不同季节、不同城市、不同类型用户对车辆充电起始 SOC 和结束 SOC 无明显影响。

（十一）采用分时电价机制的典型城市用户充电行为特征

采用分时电价机制的典型城市：北京市、深圳市、广州市、上海市、深圳市、武汉市、西安市。

1. 0~24时充电时段特征

采用分时电价机制的城市充电量分布略有不同。深圳市0：00~7：00为充电高峰区间，大幅度高于其他城市。除武汉市外，其他城市7：00~11：00整体趋势接近，为充电低谷时段。武汉市8：00~14：00为充电低谷时段。11：00~13：00北京市、武汉市充电量缓慢回升，其他城市充电量快速回升。12：00~16：00是上海市、西安市充电高峰时段，14：00~16：00是武汉市充电高峰时段，13：00~15：00广州市、深圳市、成都市充电量逐步下降。17：00~19：00各城市充电需求逐步下降，19：00以后趋于平稳。22：00以后，由于电价下降，用户充电量再一次攀升直到1：00，深圳市、广州市从0：00以后充电量开始回升，北京市0：00达到充电量最高峰，见图21。

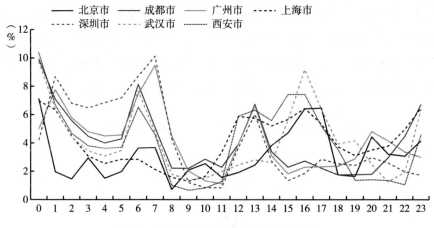

图21 分时电价城市分时段充电量分布

2. 快、慢充使用特征

采用分时电价机制的各城市中，整体来看，除武汉市外，用户使用直流桩比例基本高于90%，其中西安市最高，达到98.5%。武汉市用户选择交流桩占比略高，达到11%。深圳市用户选择交流桩占比，较2022年降低4%，见表30。

表30 分时电价城市快、慢充使用特征

单位：（%）

城市	交流桩选择率	直流桩选择率
北京市	5.8	94.2
成都市	3.2	96.8
广州市	1.9	98.1
上海市	2.7	97.3
深圳市	5.9	94.1
武汉市	11.1	88.9
西安市	1.5	98.5

3. 充电设施功率使用特征

在采用分时电价机制的城市中，120kW~150kW为充电设施建设和用户使用主流功率。其中，成都和西安依旧突出，占比分别为66.2%和58.9%，较2022年略有提升。而对于北京、上海、武汉等新能源基础设施建设规划较为完善的城市，除了快充桩以外，小于30kW的充电设施建设比例也较高，分别为30.7%、18.2%、22.1%，但较2022年有所下降，见图22。

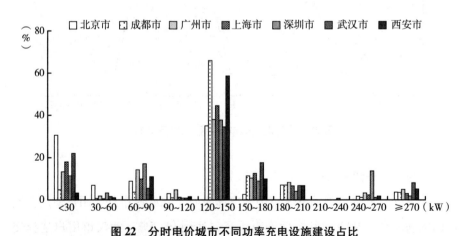

图22 分时电价城市不同功率充电设施建设占比

分时电价城市不同功率充电设施使用占比情况见图23。

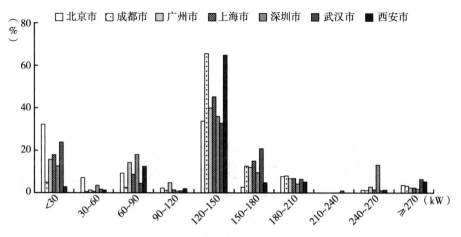

图23　分时电价城市不同功率充电设施使用占比

4. 充电场所使用特征

分时电价特征对于城市建设充电设施没有显著影响，但从调研城市来看，充电设施建设和使用主要集中于公共机构和大型建筑配建停车场。

武汉市在大型建筑配建停车场建设充电设施比例达到50%；成都市在公共机构的充电设施建设和使用占比分别为39.8%和51.1%；北京市在居民区和写字楼的充电设施建设比例高于其他城市，占比分别为24.8%和13.4%，写字楼充电设施使用占比达31.7%；西安市在交通枢纽和企事业单位的充电设施建设比例高于其他城市，占比分别为7.7%和11.1%，见图24。

分时电价城市不同场所充电桩使用占比情况见图25。

（十二）未采用分时电价机制典型城市

未采用分时电价机制的典型城市：沈阳市、海口市、杭州市、柳州市、南京市。

1. 0~24时充电时段特征

未采用分时电价的典型城市由于环境、经济、生活规律的不同，充电趋势差异明显。0：00~2：00时间段为海口市的充电最高峰区间，2：00~

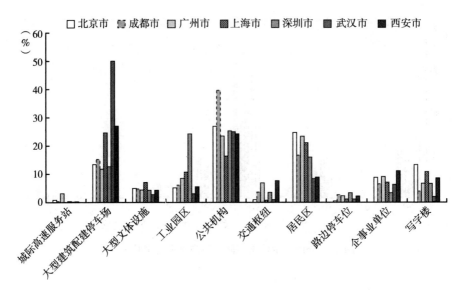

图 24 分时电价城市不同场所充电桩建设占比

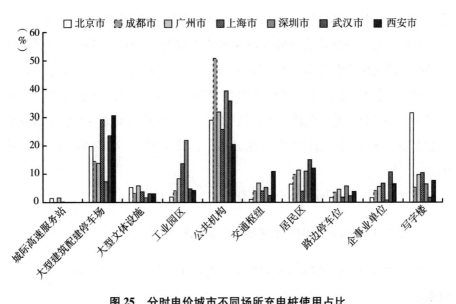

图 25 分时电价城市不同场所充电桩使用占比

5∶00 时间段，海口市的充电量也明显高于其他城市。5∶00~9∶00 时间段，海口市和柳州市形成明显的充电高峰；9∶00~12∶00 时间段各城市在充电需求上均逐步上升，其中杭州市在 12：00 达到充电最高峰。12：00～16：00时间段，各城市充电需求趋于稳定，见图 26。

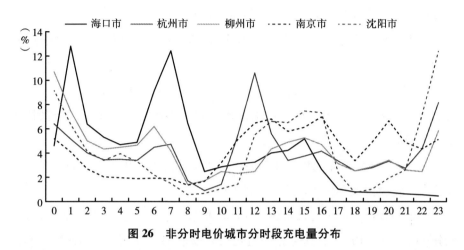

图 26 非分时电价城市分时段充电量分布

16：00 以后，海口市和沈阳市充电需求出现大幅回落，其中海口市在17：00 回落至波谷并持续到 23：00。沈阳市在 21：00 以后充电需求快速上升并在 23：00 达到充电最高峰。杭州市和柳州市在 16：00 以后充电需求趋于平稳，直到 22：00 有所上升。南京市在 20：00 达到充电最高峰。

2. 快、慢充使用特征

整体来看，未采用分时电价机制的各城市中，交、直流充电桩选择率差异不大。杭州市用户选择使用交流桩比例高于其他城市。沈阳市用户选择使用直流桩比例相较 2022 年低 2%（见表 31）。

表 31 非分时电价城市快、慢充使用特征

单位：（%）

城市	交流桩选择率	直流桩选择率
海口市	3.3	96.7
柳州市	4.2	95.8
杭州市	13.3	86.7
南京市	3.3	96.7
沈阳市	3.2	96.8

3. 充电设施功率使用特征

未采用分时电价机制的各城市中，不同功率的充电设施建设差异明显，导致用户对于不同功率充电设施的使用率也有变化。

小于30kW充电桩，柳州市保持较高的建设和使用水平，分别达到24.4%和26.7%，见图27。

60kW~90kW充电桩，南京市建设占比和使用占比较高，见图28，分别为26.3%和28.5%，海口市和沈阳市建设和使用保持较低水平，与其他城市差距明显。

120kW~150kW充电桩，在各城市中建设占比和使用占比最高。海口市和杭州市建设占比和使用占比均超过50%。

对于180kW~210kW和240kW~270kW大功率充电设施，沈阳市充电建设占比分别达37%和10.7%，其使用占比达到36.3%和12.1%，位居调研城市首位。

大于270kW充电桩，海口市和柳州市建设占比和使用占比位居前列。

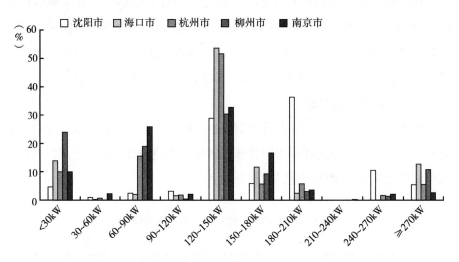

图27 非分时电价城市不同功率充电设施建设占比

4. 充电场所使用特征

未采用分时电价城市的充电设施建设主要集中于公共机构和大型建筑配建停车场。其中，沈阳市和海口市的公共机构充电设施建设占比分别为

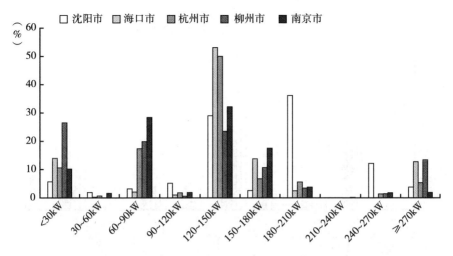

图28　非分时电价城市不同功率充电设施使用占比

53.4%和42.3%，用户在公共机构使用充电设施占比均为55.4%，见图30。柳州市的企事业单位充电设施建设占比达35.1%，用户使用企事业单位充电设施占比达36.3%。杭州市的写字楼充电设施建设占比7.2%，用户使用写字楼充电设施占比达11.7%，见图29。

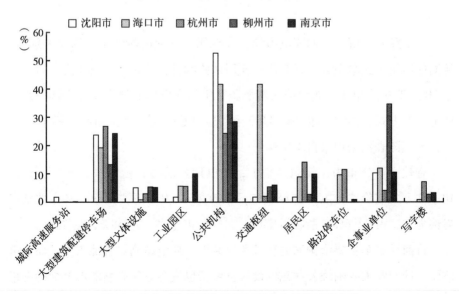

图29　非分时电价城市不同场所充电设施建设占比

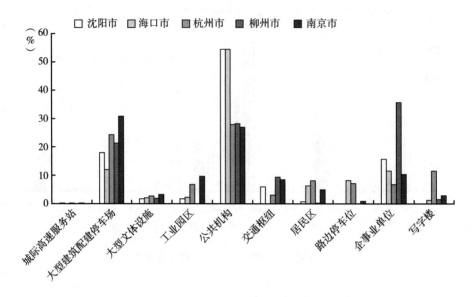

图30 非分时电价城市不同场所充电设施使用占比

二 消费者充电满意程度

为了深入了解用户的充电习惯，发现用户在充电场景下的需求和痛点，从而提出优化充电服务，提升用户使用体验的可行性建议，汽车之家研究院于2023年6月开展了面向中国新能源车主的充电体验调研。此次调研采用线上问卷方式，回收样本共计4450个，通过数据清洗后保留有效样本1179个，本篇图表数据均来自本次调研。

有效样本分布为：能源类型上，纯电用户居多，占76%；购车价位以10~30万中端价位为主，占68.8%；年龄在40岁以下，占66.2%；性别以男性为主，占92.6%；所在城市以一二线城市居多，占58%，见图31。

目前私家车主要依赖家庭私桩和公共桩、换电站满足补能需求，而充电体验不佳问题主要围绕公共充电设施发生，也成为近年来新能源补能的网络热议话题。因此本次调研聚焦公共充电设施使用过程中最为突出的五大类问

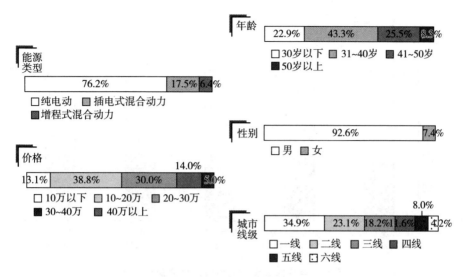

图31　充电体验调研问卷样本分布

题进行，包括充电费用合理性、公共充电设施使用及管理、充电消耗时长、充电网点分布及数量、充电平台/APP 使用五大方面。

　　本次调研结果显示，用户对于充电费用合理性满意度最低，仅有 36%用户对其满意，当下充电收费贵、价格不统一、多地充电价格上涨等问题不断引发热议，加深用户困惑与不满。用户对公共充电设施使用及管理方面满意度也较低，仅 36.3%用户对其满意，与充电费用合理性方面满意度相当；公共充电设施包括充电桩故障多、充电枪被乱丢、充电车位被占、充电桩线路老化漏电等乱象问题，是很多车主都曾遭遇的尴尬经历，这些乱象甚至被成为难以整治的"牛皮癣"。此外用户对充电消耗时长方面也较为不满，满意用户不足四成，充电时间长、充电排队时间更长等正逐步加深用户补能焦虑，也成为用户购买新能源车的一大隐忧。

　　用户对充电平台及 APP 的使用满意度最高，仅有 12.1%用户对其不满。用户对充电网点分布及数量方面满意度也较高，仅 19.3%用户对其不满，见图32。

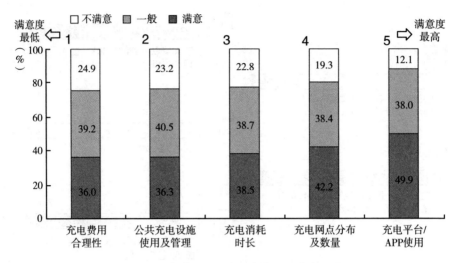

图 32　用户对 5 大方面充电体验满意度评价

（一）充电费用合理性

用户对充电费用合理性问题最为不满。年龄越大对价格越在意，40 岁以上用户满意度低于整体用户平均满意度；居住城市线级越低对价格越在意，四五六线城市用户满意度低于整体用户平均满意度；购车价位越低对价格越在意，购车价位低于 10 万用户满意度低于整体用户平均满意度，见图 33。

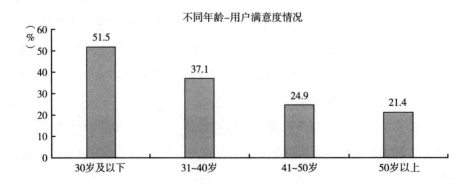

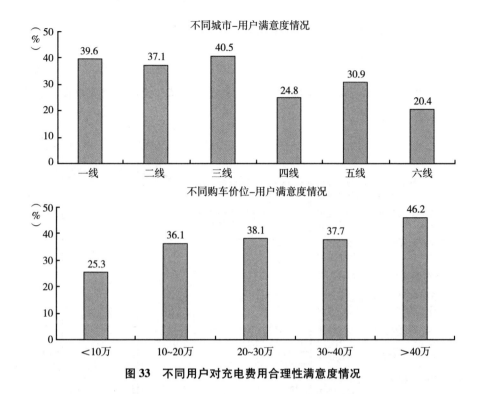

图33 不同用户对充电费用合理性满意度情况

用户对充电费用合理性方面不满意点主要为公共充电桩收费标准不统一和品牌充电桩充电费用高。近6成用户对公共充电桩收费标准不统一，缺乏透明度不满意，也有近一半用户对品牌充电桩充电费用高不满，见图34。

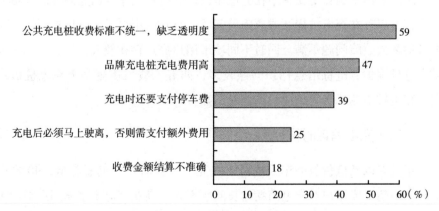

图34 用户对充电费用合理性问题不满意点

（二）公共充电设施使用及管理

低线级城市用户对公共充电设施使用及管理方面更为不满，四五六线用户满意度低于整体用户平均满意度，六线城市有超 7 成用户对充电设施管理问题不满，见图 35。

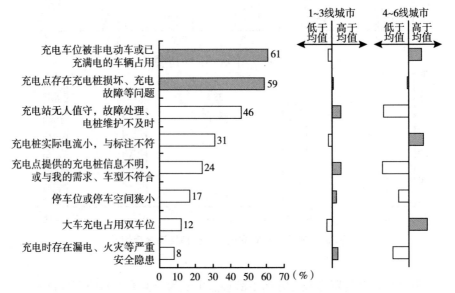

图 35　用户对公共充电设施使用及管理问题不满意点

用户具体不满点主要集中在充电车位被非电动汽车或已充满电的车辆占用和充电点存在充电桩损坏或故障等问题，有 6 成用户对充电桩被占用及充电桩损坏或故障问题不满。同时不同城市用户痛点存在较大差异，一二三线城市电桩维护、电桩信息标识问题较多，四五六线城市更多为充电桩被占用、充电桩不达标等管理建设类问题凸显。

（三）充电消耗时长

年长者以及低价位购车人群对于"充电消耗时长"满意度低，40 岁以上用户中超 7 成用户对充电消耗时长问题不满，满意度低于整体用户平均水平。年龄越大对于时间要求越高，更加追求充电效率。同时 20 万以下低价位购车人群中有部分网约车司机，他们对于时间效率的要求也高于普通用户，这些人群中仅有 3 成左右用户对充电消耗时长问题满意，见图 36。

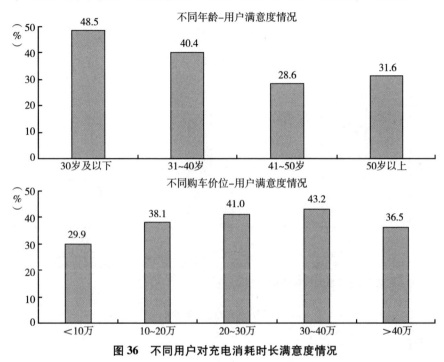

图 36 不同用户对充电消耗时长满意度情况

充电消耗时长问题主要包括充电排队时间长及充电时间长，超 6 成用户对充电点排队时间长不满，超 5 成用户对充电时间长不满，见图 37。

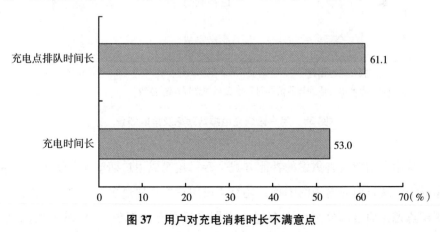

图 37 用户对充电消耗时长不满意点

汽车之家研究院对用户充电排队情况也进行了调研，发现近一半用户在 10 次充电中就有 4 ~ 5 次排队，主要受节假日及周末出行排队困扰，见图 38。

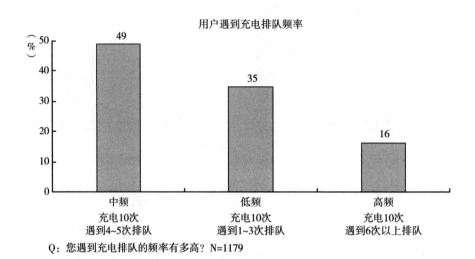

Q：您遇到充电排队的频率有多高？N=1179

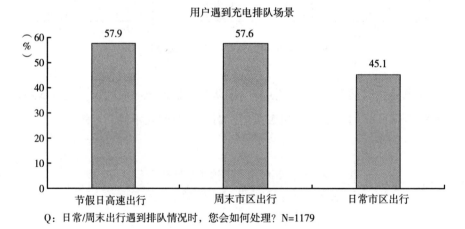

Q：日常/周末出行遇到排队情况时，您会如何处理？N=1179

图 38   用户遇到充电排队频率及排队场景

从用户期望改善焦虑的补能方式来看，超 8 成用户期望完善快充充电桩布局来缓解目前充电慢的困扰，还有 4 成用户希望通过多充电口快充形式来缓解焦虑，而这部分用户中有超 7 成用户正受充电车位/车桩被占用困扰，用户"双标"明显，在期望补能方式选择时并未考虑车位/车桩被占用问题，见图 39。

图 39 用户期望改善补能方式

（四）充电网点分布及数量

由于公共充电设施集中在一线城市中心，低线、县乡及城市郊区布局有待提高，城市级别越低，用户满意度越差，四五六线城市超 3 成用户对充电网点分布问题不满，满意度低于整体用户平均水平。分区域来看，东北地区用户体验最差，满意度仅 26.5%，由于受气候、经济等多重因素影响东北新能源汽车普及率低，充电桩发展也有待提高，见图 40。

用户对充电网点分布及数量问题主要包括高速充电桩少、城市充电桩分布不均。超一半用户对高速路段充电桩少问题不满，高速场景受节假日影响显著，出现非节假日"桩闲车少"，节假日"桩忙车多"现象。有近 4 成用户对城市充电桩覆盖不均不满，根据"日常市区用车用户可接受的充电距离"问题调研，近 80% 用户希望充电桩距离控制在充电半径 3 公里以内，见图 41。

（五）充电平台/APP 使用

用户对充电平台/APP 使用满意度最高。居住城市线级越高对充电平台使用满意度越高，低线级城市用户对充电平台使用满意度较低，三四五六线

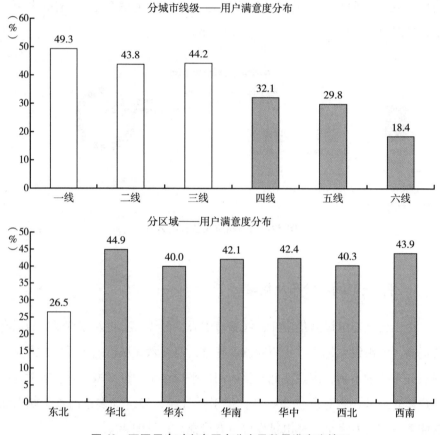

图40 不同用户对充电网点分布及数量满意度情况

城市近一半用户对充电平台使用不满，低于整体水平；30 岁以下的用户满意度最高，41~50 岁中年用户满意度较低，见图 42。

充电平台不互通，充电 APP 功能不完善，如不能预约、信息显示不准确是用户目前较为突出的痛点，近 6 成用户对充电平台不互通问题不满；另外也有约 4 成用户受充电 APP 功能不完善困扰，会遇到需要充电时发现不能预约车位、到达后发现没有充电桩、APP 信息显示不全/不准确等问题，见图 43。

从用户对充电平台/APP 使用数量情况看，有近 4 成用户需要使用 3 个及以上 APP，除了需要下载多个充电 APP 之外，还需要办理多张充电卡才

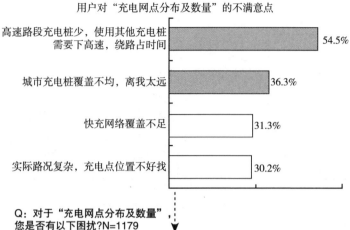

Q：对于"充电网点分布及数量"，
您是否有以下困扰？N=1179
数据来源:汽车之家研究院调研

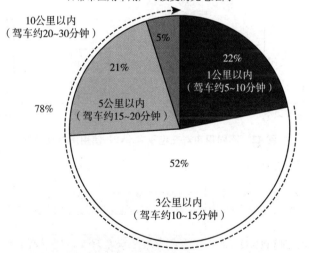

Q：当车辆需要充电时，从出发地到充电地点，
您可以接受的行驶距离是多少公里？
(日常市区内用车)N=1179

图41　用户对充电网点分布及数量问题不满意点

能满足日常充电需求。充电运营商相互竞争却让用户为信息差买单，用户负担加重，见图44。

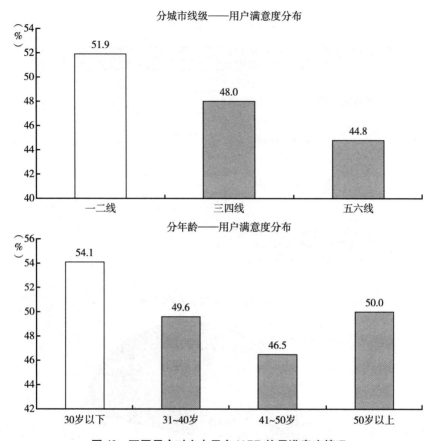

图42　不同用户对充电平台/APP 使用满意度情况

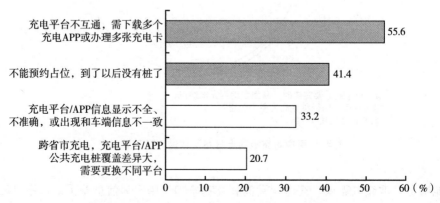

图43　用户对"充电平台/APP 使用"的不满意点

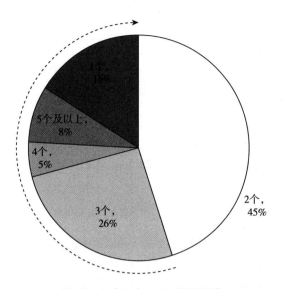

图 44 充电平台/APP 使用数量

不同年龄用户对"充电平台/APP 使用"的不满意点也存在较大差异，年轻用户对信息显示不准确等功能方面不满意，50 岁以上用户则被困于多平台跳转、跨省更换平台等问题，见图 45。

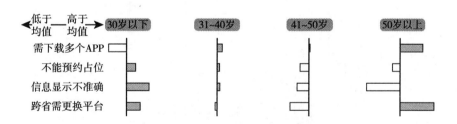

图 45 不同年龄用户对"充电平台/APP 使用"不满意点

从用户使用充电平台类型偏好看，超 7 成用户会使用充电运营商 APP，使用率大幅领先；其次是移动出行平台 APP，有 31.6% 用户会使用。不同年龄用户使用充电平台类型偏好也大有不同，30 岁以下年轻用户更偏向充电聚合 APP 及汽车垂直媒体平台，40 岁以上年长用户则更倾向于传统的充电运营商 APP，见图 46。

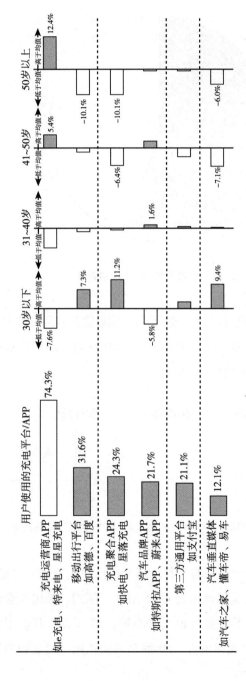

图46 用户使用充电平台/APP 类型偏好

212

不同品牌的用户在 APP 平台类型偏好的选择上也存在差异。其中，蔚小理、极氪、特斯拉等新势力车企用户更偏好汽车品牌 APP，其中小鹏车主使用本品牌 APP 比例最高，达到 75%。

充电桩市场目前处在相对分散的市场环境中，不同充电运营商之前存在充电网络不互联，信息不互通状态，对于用户来说，往往需要下载多个 App 才能勉强满足日常充电所需；同时部分运营商都在设施管理、维护运营和服务上的能力较弱，导致充电桩存在信息不透明、维护不及时、操作流程复杂等问题，用户无法及时了解充电桩当前状态，不能方便快捷的查询和使用充电桩，从而增加用户困扰。

针对公共充电网络服务不互通，信息不互联问题，下一步如何打破充电运营网络信息孤岛，加快充电服务设备的"互联互通"，将是充电服务体系建设提升的方向。

三　消费者充电服务建议

针对充电行业发展过程中用户充电痛点，需要政府、运营商和主机厂三方协同共建，共同推进行业高质发展。一方面政府需加强行业监管及完善管理指导措施来维稳市场秩序，促进市场良性竞争环境；另一方面运营商和主机厂可协同合作完善充电服务，以实现资源共享、成本共摊，为用户提供更好的充电体验。

（一）在政府监管方面，加强对充电设施的政策指导和市场监督

1. 指导充电设施管理

充电费用方面，指导充电桩电费定价，要求运营商明确定价依据。在充电设施管理方面，建立统一的充电设施管理标准体系，如制定充电设施建设管理指南，以便居住区充电基础设施建设和管理能够有序进行；规范充电设施技术标准，如统一充电接口、规范功能和技术指标，增强充电设施的通用性和开放性，保障便捷高效服务。同时做好市场安全监督，加强国家标准的

执行约束力和强制性，将符合国家标准作为充电设施市场准入的条件。

2. 维稳市场秩序

在市场尚未成熟的建设初期，对运营商进行区域化管理，形成良性竞争环境，避免价格的不合理波动。指导运营商加强和完善充电设备运维与充电秩序维护，鼓励通过智能化和数字化手段，提升充电设备可用率和故障处理能力，为用户提供更高效的服务。

3. 推动充电网点有序建设

推动充电基础网络设施在低线城市、城郊等地区的覆盖，优化公共充电桩结构布局，提升充电设施点位密度，加快补齐不同城市之间路网充电设施及高速公路充电设施覆盖广度，加快适宜使用新能源汽车的农村地区充电设施建设，有效满足用户出行充电需求。支持打造充电设施运营数据平台，建设用户充电服务网和充电管理数据库，利用物联网、车联网、人工智能、大数据、5G 等技术，结合云计算、移动支付等方法，支持可分析、可共享、可接入等功能，实现充电设施的有效监控、维护，智能管理、智能运营。

（二）在充电服务方面，强化充电运营商与汽车厂商的充电服务协作，共同探索适合长效发展的合作模式

1. 平台收费透明化

目前充电运营平台收费标准不够统一，规则不够明确，容易让消费者产生使用顾虑，建议充电运营商在平台上明确电费、服务费等收费标准，并在用户结算时，清晰展示付费金额构成，如是否包含服务费、停车费等，使充电收费更透明，形成市场公开公平的良性竞争。

2. 强化充电服务质量管理

建立内部完善的充电桩采购质控体系，从原材料采购、生产制造到产品交付，每一个环节都进行严格的把控和检验，以确保产品质量。建立统一的标准化检查维修机制，如针对设备故障率高的情况，应加大设施的定期检修频次，并增设移动服务专员协助解决应急补能问题，并及时对发生故障的充电桩设施进行维修，保证用户正常使用。推进管理服务智能化，强化车 &

站联动，如设置新能源车入场管理，自动识别并禁止燃油车驶入；实施充电桩预约制服务，减少用户排队情况，实现充电设施资源合理调配；上线满电提醒服务，配合汽车智驾功能加入自动移车功能，让用户实时了解充电状态并及时驶离充电桩，避免额外费用产生。

3. 拓展更多创新合作模式

充电运营商与汽车厂商可加强紧密合作，实现资源共享、成本共摊。通过差异化服务形成竞争优势，探索新盈利模式，如充电会员制、提供洗车等周边服务，发放优惠券，建立充电服务生态（超市、咖啡厅）等。

（三）在补能效率方面，探索更高效率的补能技术路线

1. 重视电池技术研发

重视推进电池新技术研发，持续优化电动汽车电池技术性能，提高新体系动力电池、电池梯次利用等技术研究能力，进而提高电池容量、降低能耗，最终降低充电频率，改善补能效率，缓解用户里程焦虑。

2. 加大超充技术研发投入

在充电技术方面，超充电桩的普及和发展预计成为主流，应加大超充技术的研发投入，积极推动超充技术的创新和突破，完善超充设施建设及网络覆盖，打造极速充电服务生态；同时还要规范高压超充标准并与国际标准进行互通，让国内车企、充电设施及第三方运营企业在"统一标准"的保驾护航下，统一升级整车技术，为车主提供更好的充电体验。

（四）在用户核心反馈问题方面，借助智能基建可优化充电服务

未来智慧基建将是充电设施平台建设开展、充电服务优化的重要手段。比如，针对车位被占用的问题，可以利用新能源绿牌自动开锁，或是支付订金预约锁桩、识别车牌号或密码进行开锁等技术缓解。针对充电桩损坏的问题，可以建立"智能桩"，锁定损坏桩并提示，甚至可以进行定时故障自检并锁定上报等操作解决。针对充电排队等问题，除充电桩线上预约制服务之外，可以在充电场所增设摄像头、根据排队数量提

示排队时长,并通过车流量和历史使用情况进行智能分时段空闲预测等方法来缓解。

(五)在充电设施安全方面,设备使用安全和网络安全问题都需要重视

在充电设施智能化发展过程中,充电设施设备使用安全和网络安全问题也不容忽视。对于充电设备使用安全问题,在发挥安全监管责任同时,也需加大宣传健康使用电池及充电设备的安全使用指南,如联合社群活动或与消防相关部门合作宣传,提升安全充电宣传力度和影响力,增强用户充电安全意识,培育用户健康充电习惯。在充电网络安全方面,健全企业平台数据接入、安全监测等标准,除完善车辆充电安全状态实时感知、安全状态预警等功能之外,也要建立数据采集、分析、应用、存储的全流程信息安全监管机制,在保护用户安全充电同时,也要做到用户信息安全保护,真正为用户安全出行保驾护航。

B.11

中国新能源充电基础设施市场需求
预测与展望

刘春辉 张 珺 刘晓亚*

摘 要: 在"双碳战略"目标下,政策端、供需端竞相发力,为我国新能源汽车以及充换电基础设施市场发展提供了强大支撑。本研究立足现阶段新能源汽车及充电基础设施发展现状,对2024~2030年市场规模进行预测,经过深入分析和精细计算,预计至2030年,我国新能源汽车销量将会达到2005万辆,渗透率65.4%;新能源乘用车销量将达到1899万辆,渗透率70.3%。其中,PHEV在未来5年市场增速将高于BEV市场,继续处于窗口发展期。充电基础设施方面,预计未来国内充电基础设施市场将持续呈现扩张趋势,2025年充电基础设施总保有量约1600万台,2030年充电基础设施总保有量约4600万台,2035年充电基础设施总保有量约9200万台;未来国内车桩比预计整体呈现降幅趋势,预计2035年车桩比将达到2.2,车公桩比水平预计短期内将随公共桩建设规模提升有所下降。

关键词: 新能源汽车保有量 新能源汽车市场销量 充电基础设施

---

* 刘春辉,中汽数据有限公司产品与技术战略部乘用车研究室业务总监,高级工程师,主要研究方向为宏观经济与汽车产业发展预测;张珺,中汽数据有限公司清洁能源研究部补能战略室研究员,研究方向为电动汽车充电产业与充电基础设施市场预测;刘晓亚,中汽数据有限公司产品与技术战略部咨询研究员,主要研究方向为宏观经济与汽车市场分析与预测。

一 中国新能源汽车市场需求预测

（一）中国新能源汽车市场发展历程回顾与现状

随着我国新能源汽车产业蓬勃发展，新能源汽车保有量也实现了快速攀升。截至 2023 年底，全国新能源汽车保有量达到 2009 万辆[①]，占国内汽车总保有量的 6.4%，同比增长 57.4%，2013～2023 年年均复合增幅达 89.3%，见图 1。

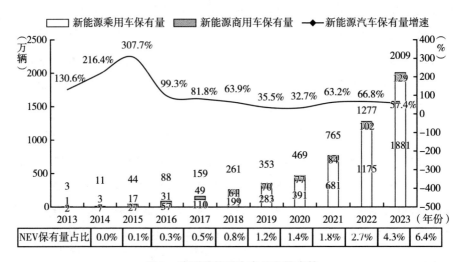

图 1　我国新能源汽车保有量走势

资料来源：中汽数据有限公司保有量数据。

与此同时，我国新能源汽车市场也呈现以下主要发展特征：一是我国新能源汽车产销量和保有量均以乘用车为主，特别是随着新能源汽车市场化发展进程不断推进，乘用车在新能源中的占比显著提高，2022 年、2023 年新能源乘用车销量分别为 527 万辆和 732 万辆，占比分别为 95.8% 和 96.0%

[①] 本篇中新能源汽车保有量与中汽数据有限公司终端零售销量口径一致。文中仅预测充电基础设施规模。

（见图2）。二是我国新能源汽车产销量和保有量均以纯电动为主，但插电式混动近两年呈现出较强的增长势头。以乘用车为例，2022年、2023年BEV销量为399万辆和495万辆，同比增速分别为66.6%和24.2%，在新能源乘用车中的占比为75.7%和67.6%；PHEV销量则为128万辆和237万辆，同比增速分别为133.8%和85.1%，在新能源乘用车中的占比为24.3%和32.4%，涨势明显。

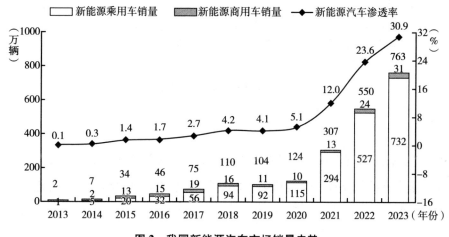

图2 我国新能源汽车市场销量走势

资料来源：中汽数据有限公司终端零售数据。

从新能源厂商销售情况来看，以比亚迪、吉利、长安等为代表的传统车企，依然处于领军位置，我国自主品牌表现优秀，市场份额占比持续位居70%以上。2023年，在中国市场新能源车企销量TOP10排行榜上，除特斯拉之外，其余均为国产品牌（见图3）。

经过几年的发展与积累，中国新能源车企创新与竞争力大幅提升，产品类型日益丰富，已实现高、中、低端市场全覆盖，市场认可度和消费需求不断提升，国产品牌的向上攻势愈发猛烈。

（二）中国新能源汽车市场中长期发展环境展望

我国新能源汽车产业正处于蓬勃发展期，而"双碳战略"又为其奠定

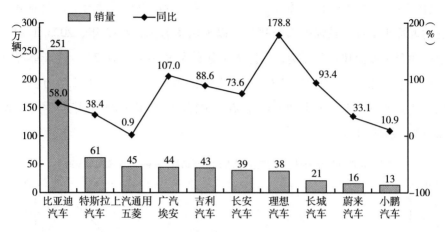

图3 2023年新能源车企零售销量排行榜

资料来源：中汽数据有限公司终端零售数据。

了长期发展的基石。从保有量看，当前，我国新能源汽车保有量占比尚不及7%，未来在政策支撑、市场供需、配套设施等多重因素利好下，将进一步稳定渗透①。

1. 政策环境

新能源汽车发展规划目标明确，同时补贴促销政策持续支撑新能源汽车渗透。根据国务院办公厅发布的《新能源汽车产业发展规划（2021~2035年）》，2025年国内新能源汽车新车销售量将达到汽车新车销售总量的20%左右（2022年已提前完成）；2035年，纯电动汽车成为新销售车辆的主流，公共领域用车全面电动化，燃料电池汽车实现商业化应用。根据中国汽车工程学会编著的《节能与新能源汽车技术路线图2.0》，至2035年，新能源汽车与节能汽车销量各占50%，新能源汽车领域纯电动车销量占比95%以上，节能汽车领域混合动力汽车销量占比100%，汽车产业实现电动化转型；2025年和2035年氢燃料电池汽车保有量分别达到10万辆和100万辆左右。

---

① 刘春辉、刘晓亚：《基于竞争与替代的视角，看双碳战略下不同技术路线乘用车市场的前景》，《汽车与配件》2023年第22期，第32~37页。

根据 2022 年 3 月国家发展改革委、国家能源局印发的《氢能产业发展中长期规划（2021-2035 年）》，2025 年国内燃料电池汽车保有量约 5 万辆。在以上政策文件的明确规划下，我国新能源汽车目前已经基本形成了较为清晰的发展路径，乘用车和客车、微/轻型货车等商用车以发展电动化（含 PHEV）为主，中/重型货车则由于车价高、耗能大、试错成本高等因素同时探索充电、换电和加氢等多元化发展路径。

2. 市场环境

供给、需求、配套设施三驱发力，助力新能源汽车市场持续向好发展。

市场需求方面：新能源认可度提升的既定背景下，购车人群为新能源市场提供稳定支撑。随着新能源汽车产品矩阵日益丰富、配套设施日益完善，用户对新能源汽车的认可度和接受度也日益提升，为新能源汽车市场长期向好发展奠定了良好的人群基础。进一步从保有量来看，截至 2023 年底，我国汽车保有量达 3.1 亿辆，千人汽车保有量为 222 辆，相较美国（837 辆）、日本（639 辆）等发达国家尚处于较低水平。在此现实背景下，大力推广新能源汽车将成为我国汽车产业发展的必然选择，而首购群体和增换购群体对新能源汽车认可度的提升进一步为其奠定了基础。

市场供给方面：车企 2030 年销量目标出炉，产品丰富和技术提升为市场提供多元选择。在政策引领下，车企加速布局新能源汽转型道路，并陆续发布中长期新能源发展规划。如广汽集团规划争取在 2030 年全集团整车销量超 475 万辆，新能源汽车占比超过 60%；长安汽车坚定推进"新汽车 新生态"战略，计划到 2030 年累计投入 2000 亿元，实现集团销售 500 万辆，其中长安品牌 400 万辆，新能源销售占比 60% 以上，海外销售占比 30%；吉利旗下新能源商用车品牌远程汽车的规划则是，到 2025 年实现新能源车型销量 25 万辆，到 2030 年实现新能源车型销量 57 万辆，市场占有率 20% 等。除自主品牌外，合资品牌也纷纷规划电动化转型目标，部分车企甚至特别制定了针对中国新能源汽车市场的发展目标，如奥迪发布全新 Vorsprung 2030 战略，表示将从 2026 年起，面向全球市场推出的新车型将全面切换为纯电动产品，至 2033 年将逐步停止内燃发动机的生产；面向中国市场，奥

迪规划到 2030 年，中国高端汽车市场年销量将达到约 450 万辆（2020 年的水平为 310 万辆），电动车型在高端汽车市场的份额将从当今的约 10% 增长至约 40%。可见，各大车企正积极加注中国新能源汽车市场的未来，在特定的销量目标下，各车企预计将加快产品开发，丰富新能源汽车产品矩阵，助力新能源汽车市场需求释放。

配套环境方面：充换电基础设施日益完善，为市场发展提供补能保障。根据中国充电联盟等机构统计，2023 年底国内投运充电桩达到 860 万台，换电站 3567 座，加氢站 428 座，分别较 2022 年增加 339 万台、1594 座和 118 座，同比增幅分别为 65.1%、80.8% 和 38.1%，我国充换电基础设施快速发展，已建成世界上数量最多、服务范围最广、品种类型最全的充换电基础设施体系。但是，目前充换电基础设施仍存在规模不充分、布局不均衡、老旧充电桩技术落后等问题，这也是众多消费者拒绝新能源汽车的重要原因之一。

事实上，近年来，政府高度重视新能源汽车基础设施建设，早在《新能源汽车产业发展规划（2021-2035 年）》中就已经提到，2025 年要实现新能源汽车充换电服务便利性显著提高，2035 年实现充换电服务网络便捷高效。2023 年 6 月，国务院办公厅印发《关于进一步构建高质量充电基础设施体系的指导意见》，提出 2030 年充换电基础设施体系建设目标，明确提出要建设结构完善的城市充电网络，重点覆盖"两区"（居住区、办公区）和"三中心"（商业中心、工业中心、休闲中心），以及建设有效覆盖的农村地区充电网络。与此同时，各地方政府也相继出台了充换电基础设施建设规划，我国新能源基础设施保障和布局在未来将日益完善。随着车、站、桩等逐渐配套，新能源汽车的补能需求将得到有效保障，从而大大刺激新能源汽车消费。

（三）2030 年中国新能源汽车市场需求预测结果

基于我国新能源汽车市场发展规模和渗透率走势，并综合考虑行业发展规划目标以及政策、环境、需求和供给等因素，2026 年我国新能源汽车销量将会达到 1395 万辆，渗透率突破 50% 达到 50.6%；2030 年我国新能源汽车销量将会达到 2005 万辆，渗透率 65.4%（见图 4）。

具体到占据新能源汽车主导地位的乘用车市场，预计 2026 年、2030 年我国新能源乘用车销量将分别达到 1336 万辆和 1899 万辆。

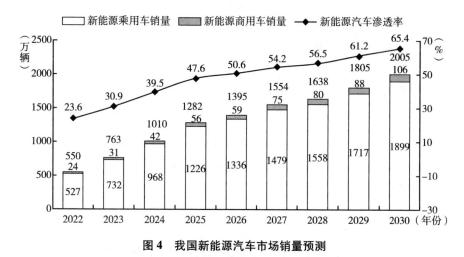

图 4　我国新能源汽车市场销量预测

资料来源：中汽数据有限公司预测数据（截至 2024 年 10 月）。

进一步到新能源乘用车市场内部能源结构，PHEV 受益于可油可电的双重经济性优势，在中短期充电站大面积普及、充电时间大幅度缩短之前，PHEV 作为传统燃油车与纯电车之间的过渡产品将继续存在下去，并随着比亚迪、长城、吉利、理想等自主品牌持续进行技术迭代和产品出新，PHEV 在未来 5 年市场增速将高于 BEV 市场，持续处于发展窗口期。但进入 2029 年，随着新能源优惠政策退出，并综合考虑发动机、电池、能耗、车险等技术趋势变化，PHEV 的经济性优势将逐步被 BEV 替代，叠加在技术创新和补能设施完善驱动下，用户对 BEV 的认知也将积累至新的高度，BEV 增速有望再度超越 PHEV。综合考虑，BEV 市场份额在 2026 年、2027 年和 2030 年分别有望达到 32.0%、34.0% 和 41.6%，逐步成为我国乘用车市场的主导力量（见图 5）。

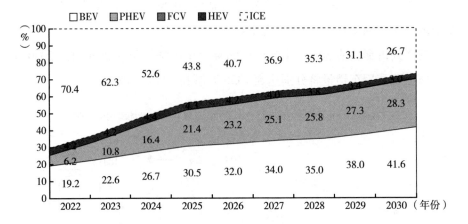

图5 我国新能源乘用车市场分技术路线份额预测

资料来源：中汽数据有限公司预测数据（截至2024年10月）。

二 中国充电基础设施市场需求预测

（一）充电基础设施市场需求预测方法

在新能源汽车续航里程不断增加，"里程焦虑"得到缓解的当下，"补能焦虑"依然持续困扰用户，充电基础设施网络建设的重要性逐步提高，政府层面已经明确了我国高质量充电基础设施体系建设路线，车企、运营商也纷纷入局，以期通过品牌充电网络的建设提高产品竞争力，充电基础设施市场已成为行业各参与方重点关注的市场，未来该市场的发展规模也将是各企业进行业务决策布局的重要参考依据，因此对我国充电基础设施市场规模进行科学、合理的预测具有重要意义。

1. 充电基础设施市场需求预测方法

在早期的研究中，应用统计分析进行预测的研究方法较多，这类方法可直接通过分析历史充电桩数据趋势来预测未来需求，也可通过考量各种相关因素的发展趋势研判充电基础设施市场发展趋势①，如使用人口、电动汽车保有量等相关因素。此类方法相对直观易于理解，然而存在一定局限性，我国充电基础设施市场发展迅速，难以采用前者方法直接利用充电桩历史趋势进行预测，而后者应用相关因素进行统计分析的方法则在处理非线性关系方面存在一定局限性。

深度学习算法可用于预测时间序列数据，应用该方法是进行充电基础设施市场需求预测的新兴的研究方向，模型可输入多维度相关因素，如历史充电需求、市场、政策、地理信息等，从而对充电基础设施发展规模进行预测②，但深度学习算法需要大量的历史数据支撑模型训练，我国充电基础设施市场发展时间较短，历史数据有限，加之市场变化迅速，在充电基础设施市场长期预测的场景中，深度学习的算法优势相对较弱。

仿真模拟类的方法是预测充电基础设施需求的一类重要方法，在充电基础设施需求预测中，仿真建模通常立足于电动汽车的视角，通过车辆的行程、充电行为的统计数据或基于轨迹数据进行分析，模拟电动汽车的充电行为，进而推算充电需求与充电基础设施的需求数量③。这类方法根据仿真输入参数的维度与颗粒度不同，可衍生出多种仿真算法，适用于宏观到微观不同分析场景，在充电基础设施市场预测中更为常用。

2. 基于蒙特卡洛的充电基础设施需求预测模型

根据前述中对该领域各种研究方法的比较分析，本节采用基于蒙特卡洛的仿真模拟类方法，应用用户行为分布统计结果，构建仿真模型对我国电动汽车行程和充电行为进行仿真，进而对我国未来充电基础设施的需求数量进行预测，如图6所示。

预测模型基于充电能量供需平衡的原则，通过车端预测值、车辆行为特

① KOU L, LIU Z, ZHOU H. Modeling algorithm of charging station planning for regional electric vehicle [J]. Modern Electric Power, 2010.
② 奚圣宽：《基于深度学习的电动汽车充电桩负荷预测方法研究》，《华北电力大学（北京）》2023. DOI：10. 27140/d. cnki. ghbbu. 2023. 001903。
③ Zhang J, Peng X, Lv W, et al. Monte Carlo-based Charging Demand Forecasting Model and Market Space Study [J]. International Journal of Energy, 2023, 3 (3): 40-46.

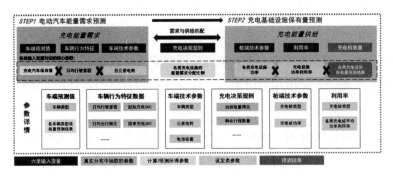

图6 充电基础设施市场需求预测模型架构

资料来源：中汽数据有限公司补能战略团队绘制。

征、车端技术参数、充电决策规则、桩端技术参数以及利用率六类输入参数对未来充电基础设施发展规模进行预测，预测的流程可分为两个步骤，分别为：电动汽车充电能量需求预测以及电动汽车充电基础设施保有量预测，各步骤具体内容如下。

基于真实分布中抽样得到的以日行驶里程分布为主的车辆行为特征数据，在预计的电动汽车的保有量水平下，逐车抽取日行驶里程，结合各类车辆的车端技术参数，计算对应日行驶里程下的日总能量需求，形成各类车辆群体一日的总能量需求分布。

结合未来充电技术发展趋势，为未来设定多类"标准桩"用于模型预测，并根据充电决策规则，仿真用户的充电桩决策选择行为，将预测的总能量需求分配到设定的各类标准桩上，随后根据设定的功率利用率计算各类充电设施日供能水平，与各类标准桩上分配的日能量需求计算即可得到各类充电基础设施的保有量预测结果。

（二）充电基础设施需求预测结果

1. 全国充电基础设施预测结果

应用上一节提出的充电基础设施需求预测模型，对国内充电基础设施市场发展水平进行预测。如图7所示，全国充电基础设施市场未来保持增长态势，预计 2025 年充电基础设施总保有量约 1574 万台，2030 年充电基础设施总保有量约 4564 万台，2035 年充电基础设施总保有量约 9192 万台。

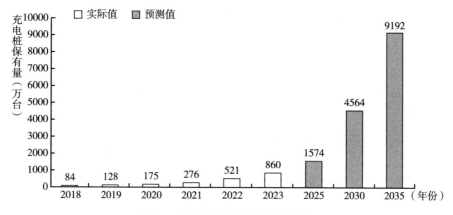

图 7　全国充电基础设施预测结果

资料来源：中汽数据有限公司补能战略团队预测。

从车桩比来看，未来国内车桩比预计整体呈现下降趋势，预计 2035 年车桩比将达到 2.2，车公桩比数值预计短期内将随公共桩建设规模提升有所下降，中长期来看，充电桩功率、运营水平将持续提升，单桩服务能力随之提升，高质量充电基础设施体系逐步发展成熟，车公桩比数值将呈现上涨趋势。相较于车桩比与车公桩比，车均功率水平更能直观反映单个车辆未来获得的充电服务能力提升情况，未来新能源汽车的车均充电功率水平持续提升，预计 2025 年达 13.3kW/车，2030 年达 15.6kW/车，2035 年达 17.5kW/车（见图 8）。

相较于历史发展趋势，未来十余年全国车桩比变化程度较小，这并非意味着我国充电基础设施市场已经发展成熟。充电基础设施市场空间依然存在，前述变化趋势主要与以下原因有关。

（1）我国早期充电基础设施建设以交流桩为主

交流桩服务能力相对较弱，交流桩的大量建设也使得早期车桩比下降较快，不过随着直流充电技术的成熟以及用户对充电效率的追求，未来部分存量公共交流充电设施将被直流设施所替代，因此未来充电基础设施市场将经历结构性升级和全量扩张，市场空间体现在存量设施的升级和新增设施的建设上。

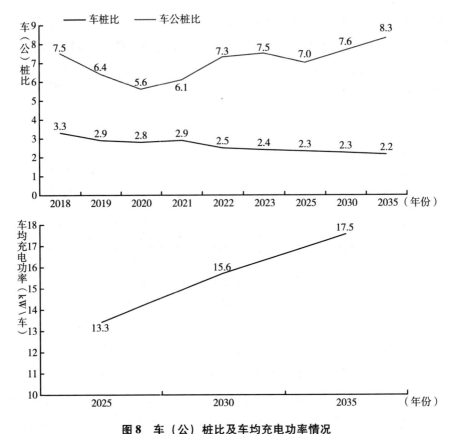

图8 车（公）桩比及车均充电功率情况

资料来源：中汽数据有限公司补能战略团队预测。

（2）充电基础设施市场经历了各运营商的"跑马圈地"阶段

在该阶段下，国内充电基础设施保有量虽得到了迅速扩张，使得当前车桩比到达相对较低的数值，但部分场站利用率低下，盈利存在困难。充电运营商正在放缓扩张的脚步，从"重数量"向"重运营质量"的模式转变。因此，未来市场规模扩张的速度相比以往虽有所下降，但随着运营商对设施布局及运营质量重视程度的提高，场站的利用率将有所提高，盈利情况亦将同步改善。

（3）高质量充电基础设施体系逐步成熟

充电桩分布和使用将随着未来行业发展更加科学合理，随着国家政策的进一步明确，我国充电基础设施网络建设将逐步向着高质量发展迈进，预计

2030~2035 年我国高质量充电基础设施体系将逐步趋于成熟。

未来随着电动化程度加深，电动商用车应用规模将逐步提高，商用车充电基础设施市场也将得到扩张，在上述全国预测结果中，商用车充电基础设施规模预计 2025 年达到 26.0 万台，2030 年达到 84.4 万台，2035 年达到 207.6 万台，如图 9 所示。由于商用车电池容量较大、对充电效率要求较高，大功率充电桩（超充桩、兆瓦级充电桩）在商用车充电场景中的应用逐步加深，其在商用车充电桩中的占比水平在 2025 年、2030 年、2035 年将分别达到 13.7%、19.3%、28.3%。

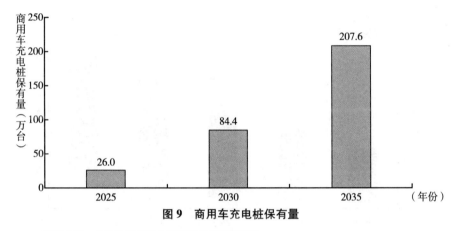

图 9　商用车充电桩保有量

资料来源：中汽数据有限公司补能战略团队预测。

2. 重点城市公共基础设施市场空间分析

我国充电基础设施发展水平具备明显的地域差异性，从环境影响、气候条件、市场基础、政策基础、城市规模等因素综合分析我国各城市新能源汽车产业发展水平后，本节选取发展水平较高的一、二线城市作为重点预测分析对象，分析这些重点城市的公共充电基础设施市场竞争现状以及未来的市场空间，为行业各相关方提供参考，共同助力我国高质量充电基础设施体系的建设。

（1）上海市

分析上海市公共充电基础设施市场竞争现状，上海市呈现三分天下的格

局。如图 10 所示，特来电、星星充电和本地运营商上汽安悦占据超过 60%
的市场空间，2022 年三家运营商基本各占有 20% 的市场空间。上汽安悦作
为上汽集团下属的从事新能源汽车配套充电设施投资、建设、运营的一站式
综合服务商，其近 90% 的业务集中在上海地区，但其扩张速度远不及上海
未来的需求增长，更不及特来电、星星充电的扩张速度，这给新进入的行业
竞争者提供了市场空间，如小桔充电（近年市场占有率变化：0%～2.5%）、
云快充（近年市场占有率变化：2.2%～8.9%）等近年来快速抢占了部分
空间。

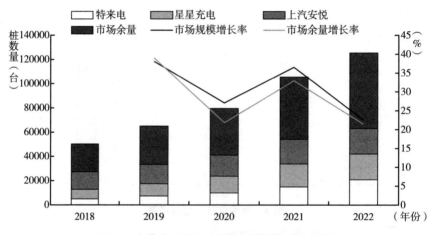

图 10　上海市公共充电基础设施市场竞争现状

资料来源：中汽数据有限公司补能战略团队根据市场调研结果整理。

从预测结果可以看出，如图 11 所示，上海市当前的公共基础设施供给
总量是略过剩的，这与头部运营商的竞争强相关，未来上海市市场空间缓步
扩大，到 2035 年预计头部三家运营商市场规模缩减到 40% 左右，市场仍存
在较大的竞争空间。

（2）广州市

从当前的公共充电基础设施市场竞争格局来看，广州市公共基础设施市
场头部竞争较为激烈（见图 12）。近几年，平台运营商蔚景云持续发力，稳
定在市场前两位，星星充电、特来电虽也在扩张，但其市场空间逐步被挤

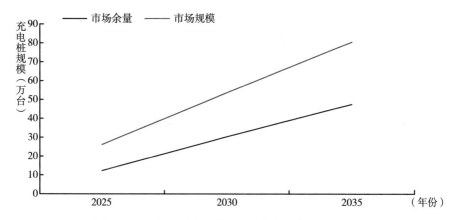

图 11 上海市公共充电基础设施市场余量及规模预测

资料来源：中汽数据有限公司补能战略团队预测。

占，南方电网保持较为稳定的市场占有率，平台运营商小桔充电、地方运营商万城万充后来居上，近5年实现从0到跻身市场前列的突破。

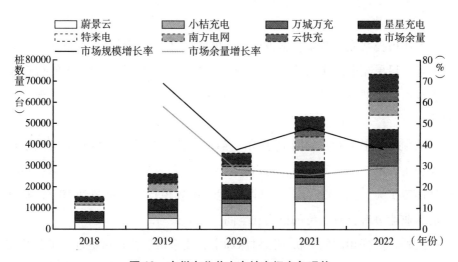

图 12 广州市公共充电桩市场竞争现状

资料来源：中汽数据有限公司补能战略团队根据市场调研结果整理。

从预测结果来看，如图13所示，当前广州市公共基础设施市场头部的激烈竞争导致市场供给过剩，现有头部运营商的激烈竞争会给新进入者造成

巨大的压力，预计市场余量规模不足 15%，新进入者必须考虑地方市场内现有运营商的运营情况和效果，谨慎制定自身进入该市场的战略。

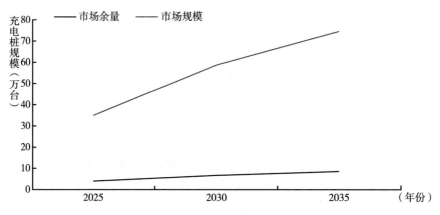

图 13 广州市公共充电桩市场余量及规模预测

资料来源：中汽数据有限公司补能战略团队预测。

（3）天津市

天津市公共充电基础设施市场具有更加明显的头部效应，如图 14 所示，特来电、星星充电的市占率从超过 90% 缩减到 70%，说明新进入的行业竞争者抢占了一部分市场空间，如小桔充电、云快充等，市场余量呈现扩张趋势。

从预测结果来看，如图 15 所示，当前天津市公共基础设施市场供给仍未能满足需求，随着天津市充电需求的不断扩大，头部企业稳步扩张，市场余量逐步扩大，到 2035 年，头部两家运营商规模预计会缩减到 50%，新进入的行业竞争者仍有占位的机会和空间。

此外，依据相同的分析方法对深圳市、北京市、杭州市也进行了公共充电基础设施市场竞争现状以及未来市场余量及规模分析，根据重点城市的市场进入难度将上述重点城市分为三类，其进入难度依次下降，具体结果见表 1。整体而言，未来重点城市公共基础设施运营市场仍有巨大的市场潜力，新进入者不仅要考虑外部竞争环境，更要基于自身资源优势谨慎制定竞争战略。

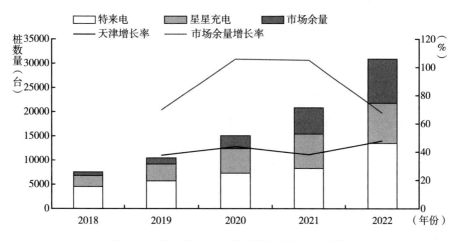

图 14　天津市公共充电基础设施市场竞争现状

资料来源：中汽数据有限公司补能战略团队根据市场调研结果整理。

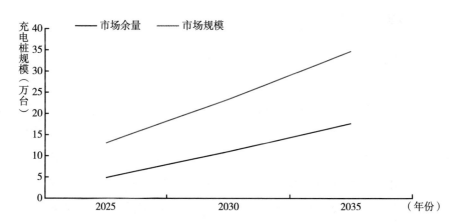

图 15　天津市公共充电基础设施市场余量及规模预测

资料来源：中汽数据有限公司补能战略团队预测。

表 1　重点城市公共充电基础设施市场进入难度分析

市场进入难度	涵盖城市	市场特点
难	深圳、广州	供给过剩、竞争激烈
较难	北京、上海	供给稍剩、头部聚集、中小均散
一般	天津、杭州	竞争格局构建、市场加速发展

资料来源：中汽数据有限公司补能战略团队研究整理。

技术与应用篇 ⟩⟩

B.12
大功率充电技术现状
与发展趋势

王雷　别睿*

摘　要： "补能焦虑"持续困扰电动汽车用户，用户对充电效率愈发重视，大功率充电是解决"补能焦虑"的一个重要手段。本文综述了大功率充电相关的标准政策、发展现状、产业化应用现状情况，并分析了大功率充电技术未来的应用趋势。目前，国家、地方纷纷出台政策支撑大功率充电发展，相应标准也已发布，诸多车企推出了高电压平台车型以及自营或合作共建的大功率充电场站布局，从技术路线上来看，高电压是行业内多数车企选择的大功率充电技术路线。液冷技术、功率池技术、安全技术是大功率充电设施的核心技术，这些技术可以保障大功率充电设施的散热能力、避免过重的充电枪线、避免电力容量资源浪费以及使用安全性。未来大功率充电将向着高压化、高功率化、智能化、标准化的方向持续

---

*　王雷，北京汽车研究总院三电中心充电开发部高级工程师，主要研究方向为汽车充电技术；别睿，北京理想汽车充电网络产品运营高级经理，主要研究方向为新能源车充电产品、大功率充电技术、V2G 充电技术等。

发展。

关键词： 大功率充电 800V 高压平台 液冷超充

一 大功率充电标准及政策

（一）国家政策支持充电设施铺开

自国务院《2020 年政府工作报告》将电动汽车充电桩列入"新基建"七大重点领域之一以来，商务部、国家发展改革委、交通运输部、工业和信息化部等国家部门相继颁布支持充电基础设施网络建设的一系列促进政策。大功率充电作为新型充电技术之一在《新能源汽车产业发展规划（2021-2035 年）》《关于进一步构建高质量充电基础设施体系的指导意见》等多项国家政策中有所提及，以鼓励大功率充电技术的研究与应用。

（二）新国标的推出适配了大功率充电发展需求

面对越来越高的电动汽车销量和用户日益增长的补能效率需求，2023年我国修订推出了新的大功率充电标准，在保证兼容性、安全性的同时，为大功率充电、液冷温控、硬线控制、预约充电等新的充电功能预留了发展空间。

（三）地方政策引导大功率充电桩建设

2022 年 9 月 27 日，广州市工业和信息化局官网发布《广州市加快推进电动汽车充电基础设施建设三年行动方案（2022-2024 年）》（以下称《方案》），《方案》中明确提出，2024 年，广州市要基本建成"一快一慢、有序充电"的充换电服务体系和"超充之都"。

2023 年 9 月 15 日，深圳市发展改革委印发《深圳市关于促进消费的若

干措施》（以下称《措施》）。《措施》提到要加快建设"超充之城"，推动新能源汽车充电基础设施规划与加油站、电力、交通等规划一体衔接、科学统筹、全面升级。到 2024 年底累计建成充电桩 45 万个、超级快充站 175 座、V2G 示范站 85 座、综合能源补给站 30 座。此前的《深圳市新能源汽车超充设施专项规划》提出，2025 年，深圳将建设超充站 300 座，"超充/加油"数量比达 1∶1。

广州和深圳分别提出的超充桩建规划，均明确了超充需求的差异化地位，未来有望在相关的地方补贴政策中对超充桩进行专项配套补贴。

二　大功率充电技术发展现状

里程焦虑一直是困扰新能源车用户早期的痛点之一。随着新能源车技术革新，电池能量密度不断提升、电耗降低，续航里程焦虑已经被极大缓解，但整体仍面临着补能焦虑的问题，较长的充电时间、高峰期较长的等候时间以及节假日期间高速公路服务区扎堆充电排队的现象均困扰用户，大功率充电是目前多数车企缓解用户上述补能焦虑的技术路径之一。

（一）大功率充电方案

充电时间的长短由充电电压和充电电流共同决定。对于充电桩而言，充电时间=电池容量/充电功率，电池容量直接决定电动车的续航能力，因而要缩短充电时间，增大充电功率是最直接的解决方案之一。

1. 车端大功率充电实现方案

根据功率与电流、电压关系，提升快充功率有 2 种方案：高电压、大电流，如图 1 所示。高电压，以保时捷 Taycan 的 800V 方案为例，其充电峰值功率可达 270kW。大电流，以特斯拉超级快充方案为代表，对热管理有巨大挑战，600A 电流，可实现 250kW 的充电功率。

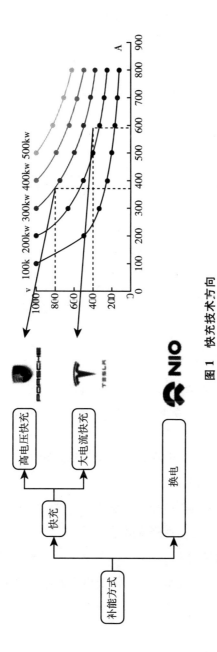

图 1　快充技术方向

资料来源：中信证券 - 电动汽车 800V 产业链专题研究。

根据热功率公式，由于电阻是固定的，充电过程中的发热仅与电流水平相关，为了减少热量损失、降低热失控风险的同时提升充电功率，需要通过提升电压水平实现。因此，较多的车企品牌选择高电压方案。影响充电速度的因素和边界条件如图2所示，高电压路线的优势体现在：在提升大充电功率增加充电速度的同时，又能降低电流，减少热损耗[①]。

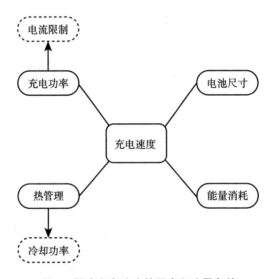

图2　影响充电速度的因素和边界条件

资料来源：中信证券-电动汽车800V产业链专题研究。

总结来看，由400V升级至800V，有下述诸多益处。

（1）可降低高压线束规格

在电压翻倍、充电功率增幅不翻倍的情形下，串联增加，高压线束电流变小，高压线束用量减少，可实现降本减重。

（2）可降低热管理系统成本

在较低电压平台下实现大功率充电，需要更高的电流水平，导致电池发热更大，所需热管理系统成本较高、电压平台更高。

---

① 中信证券：《电动汽车800V产业链专题研究：掘金技术升级，优选受益龙头》，2021。

（3）可控制电流水平

电机电压翻倍，相同功率下电流减半，若需提升功率，额定电流仅需从400V电机额定电流的一半开始增加。

2. 桩端大功率充电技术发展现状

大功率充电站产品形式以充电堆为主，一般由主机加若干台充电终端构成。充电堆将电动汽车充电站全部或部分充电模块集中在一起，通过功率分配单元按电动汽车实际需要充电功率对充电模块进行动态分配，通过集成站级监控系统，对充电设备、配电设备及辅助设备进行集中控制。系统构成如图3所示。

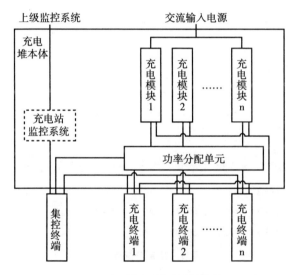

图3 大功率充电站系统构成

资料来源：北京新能源汽车股份有限公司研究团队整理。

（1）功率池技术

单一充电接口的充电系统，其功率是固定的，功率池过大，会造成资源浪费，功率利用率较低；功率池过小，虽然提升了功率利用率，但是充电速度慢、充电时间长、用户体验差。当前主流电动汽车动力电池能量在60~100kWh，大功率充电车型如极狐阿尔法 S Hi 版、小鹏 G9、小鹏 G6、

阿维塔、特斯拉 Model Y、极氪 001 等车型峰值充电功率在 180kW ~ 430kW，对于大功率充电的需求跨度较大。固定功率易造成充电服务能力的浪费，但是通过集成多个电源模块组成大功率充电系统的功率池，匹配多个充电接口，并对大功率充电系统功率池进行划分，区分固定功率区和动态功率区，可实现对功率进行灵活的调取和分配，如图4所示，既能满足单个大功率充电车型的充电需求，又能同时为多辆电动车进行充电，提升功率池的利用率。

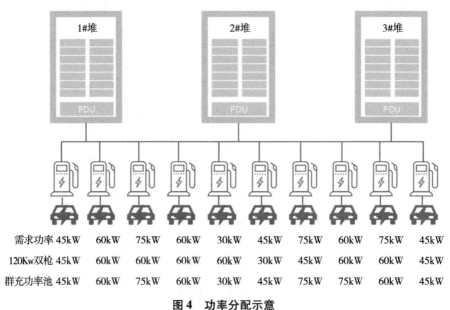

图 4　功率分配示意

资料来源：北京新能源汽车股份有限公司研究团队整理。

（2）液冷枪线技术

根据 GB/T 20234.1 和 GB/T 20234.3 两项标准要求，自然冷却条件下直流充电接口额定电流上限为 300A，要实现大功率充电 800A 的电流输出，则需充分考虑充电设备的散热问题，通过液冷模块和液冷线缆构建液冷系统技术，可解决设备端大电流引起的散热问题，支撑设备的大电流输出。

传统的充电电缆靠自然冷却的散热方式，电缆的发热与电流的平方值成正比，充电电流越大，线缆发热也就越大，为避免过热则需要增加导线的截面积，枪线重量也随之增加。枪线线径与电流之间的关系如图 5 所示，自然冷却的 250A 国标充电枪（符合 GB/T 20234.1-2023 和 GB/T 20234.3-2023 的直流充电枪）一般采用 75~95mm² 的电缆，充电枪整体很重，且不容易弯曲，用户使用体验差[①]。

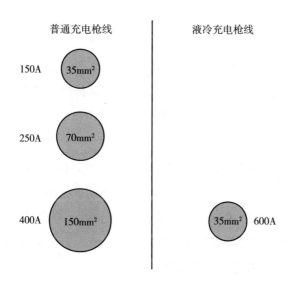

普通充电枪线　　　　　液冷充电枪线

150A　　35mm²

250A　　70mm²

400A　　150mm²　　　　35mm²　600A

图 5　风冷及液冷充电枪线所需截面积对比

资料来源：北京理想汽车充电网络研究团队根据部分充电桩企业官网、光大证券资料整理。

　　液冷充电电缆是在电缆内部加入液冷循环系统，通过充电枪内部的密封循环流动来带走热量，提升散热水平。液冷充电枪要比常规的充电枪轻 30%~40%；液冷枪线的构成包括液冷枪头、液冷线缆和冷却单元，与液冷充电枪配套的冷却单元由水箱、水泵、散热器和风扇构成，水泵驱动冷却液在枪线里循环流动，将热量带到散热器，再由风扇吹走，从而实现比常规自然冷却充电枪更大的载流量。

---

① 光大证券：《充电桩行业 2023 年深圳充换电展 CPSE 见闻：充电桩行业正在发生的七大发展趋势》，2023。

（3）液冷模块技术

充电桩使用的充电模块散热形式分两种：风冷散热和液冷散热。其中风冷散热模块是通过内置风扇来增加空气流动速度来达到散热效果，一般利用前排进风后排出风方式直吹器件表面散热。风冷散热方式具有技术成熟、成本低、安装简单、能耗低等优点，但由于空气会夹杂着灰尘、盐雾及水气并吸附在内部器件表面，系统绝缘变差、散热变差、充电效率低、设备寿命减少。

液冷散热技术通过在充电模块内部设置一个专门的循环通道，通过动力泵推动冷却液体循环从而把热量带出，可采用多种热管理技术，例如冷媒热交换和水冷空调散热，具备散热能力好、噪声低、高防护、易位维护的优势。

风冷模块与液冷模块性能指标如表 1 所示，液冷模块存在以下技术优势。

①高防护：传统风冷充电桩一般做 IP54 设计，在多尘的工地、高温高湿高盐雾的海边等应用场景故障率居高不下，液冷充电系统则可以很容易实现 IP65 设计，满足各类严苛场景的应用。

②低噪声：液冷充电模块可以实现 30dB 以下的噪声。

③散热好：液冷模块的散热效果远优于传统的风冷模块，内部关键器件较风冷模块低 10℃ 左右。更低的温度能量转换的效率更高，且电子元器件的寿命更长。同时高效的散热可以提高模块的功率密度，应用更大功率的充电模块。

④易维护：传统的风冷式充电系统需要定期清理或更换桩体的过滤网、定期给桩体风扇除尘、给模块风扇除尘、更换模块风扇或是清理模块内部的灰尘，视不同的应用场景，每年需维护 6~12 次，人力成本较高。而液冷式充电系统仅需定期检测冷却液并清理散热器灰尘即可，大大简化运维工作。

⑤低 TCO（全生命周期成本）：当前已有部分厂商逐步开始应用液冷充电系统；当下液冷系统较风冷系统成本稍高，但从设备使用生命周期来看，液冷系统的全生命周期成本是低于风冷系统的。

表1 风冷模块与液冷模块各指标对比

项目	风冷模块	液冷模块
散热能力	—	相比风冷低 10~20℃
噪音	60dB 以上	30dB 以下
使用寿命	3~5 年	10 年以上
防护等级	IP20	IP54
运营维护	3~6 次/每年	—
适用充电模块	适用 30kW 以下的充电模块	适用 30kW 以上的充电模块

资料来源：英飞源官网。

液冷模块技术的应用，将显著改善模块内元器件失效问题（高温、高湿、盐雾腐蚀等），提高整站系统的可靠性，延长模块的使用寿命，并且降低全生命周期内 TCO 成本。随着大功率充电应用需求的释放，充电行业高质量发展的重视，液冷模块将成为改善大功率充电可靠性的有效措施。

（4）安全防护技术

充电过程是电动汽车与充电设备协同配合并实现电能传递的过程，充电失控易引发动力电池的安全事故，尤其高倍率快充，需要更完善的安全防护技术确保充电过程的安全性能和风险管理。

①主动安全防护技术

通过充电设备的充电控制系统主动安全保护的功能设计，在充电过程中校验电动汽车 BMS 数据，对动力电池的关键参数，如电池总电压、单体电压、温度极值及 SOC 等信息进行实时监测，对充电模式与充电状态进行校验，并对异常状况实时监测、诊断、差错辨识及故障预警控制，当发现预警提示时，主动采取降低输出电流的措施；当发生可能导致超出安全风险严重等级时，立即主动停止充电并启动维护措施。

②功能失效安全防控技术

组成充电系统的软硬件系统及功能组件性能衰退，电磁干扰产生的通信差错，易导致充电过程中出现充电管理功能失效，电能传递偏离预期要求，由此可能引发过压过流及过充事故发生风险。

在充电设备端控制单元的功能安全设计上，通过防死机、呆滞和 CPU 处理恢复能力，确保电动汽车 BMS 与充电设备控制单元间的通信可靠，并在通信连接上设计心跳侦测、数据纠错及必要的容错能力，避免充电过程中发生控制单元故障导致的假报文传输、关键参数畸变等风险，有效控制充电功能失效或失控风险。

③充电接口安全技术

充电接口是实现电能量从充电设备传导到电动汽车动力电池的关键部件，充电接口的安全，直接影响充电安全。充电接口安全应从载流安全、温度监测、防止带电插拔、IP 防护等级、接触电阻和压接电阻、接口强度、电缆连接强度和电缆结构等方面进行安全设计。液冷枪线由液冷线缆和车辆插头组成，车辆插头符合 GB/T 20234.1 和 GB/T 20234.3 的标准要求，其温度监测、防止带电插拔、IP 防护等级、接触电阻和压接电阻、接口强度均满足国标安全性设计要求，液冷线缆的强度和电缆结构的安全则成为关键。液冷线缆由冷却管、铜导体、控制线芯和护套组成，相较于常规充电线缆，冷却管是影响液冷线缆强度和安全性能的关键。

三　大功率充电技术产业化应用

当前，新势力主机厂与传统主机厂均在能源服务领域发力，加快抢占核心城市的电力和优质土地资源，打造资源壁垒。以特斯拉、理想、小鹏和蔚来为代表的新势力主机厂加快专属能源服务的全国布局速度。以特斯拉为例，2014 年至 2023 年，特斯拉共在中国投建 1600 余座大功率充电站；小鹏通过自建及第三方合作的方式，共计配建超 1000 座自营充电站，覆盖超过 337 座城市；蔚来打造超充站及换电站专属服务，已上线 2345 座换电站，3654 座超充站（含目的地站），并与小鹏超充站互联互通；理想通过打造高速超充充电网络，截至 2024 年 1 月 7 日，已经累积建成 312 座高速超充站，强化高速充电服务体验。

广汽 2021 年宣布计划布局 100 余座超充站，2025 年计划部署 2500 余座超充站，搭配 3C 倍率 500km 续航和 6C 倍率 500km 续航的埃安车型，配建输出电压 1000V，输出电流 600A 的大功率充电产品；上汽 2021 年宣布计划布局 100 座超充站，吉利宣布 2023 年计划布局 2200 座超充站。传统主机厂入局专属能源服务领域，布局大功率充电产品，为专属车辆提供专属大功率能源服务。

四　大功率充电技术应用趋势

随着电动汽车的普及和市场需求的不断增长，大功率充电桩作为充电基础设施的重要组成部分，也在不断发展和完善中。本文将从以下几个方面探讨大功率充电桩的未来发展趋势。

（一）高倍率电池技术的普及将提升对大功率充电的需求

电动汽车电池的发展，早期主要解决续航里程的问题。动力电池续航里程从早期的 300km 左右，到目前在售车型 WLTC（世界轻型汽车测试循环工况）续航里程普遍突破 600km，续航里程焦虑已经逐步缓解，但是对充电补能速度，尤其是高速上加油站级的补能体验，有明显的需求。

目前来看，电动汽车大功率充电技术已经进入百花齐放阶段，如图 6 所示，宁德时代陆续发布 4C、5C 麒麟电池，中创新航发布 3C 快充电池技术，蜂巢能源的 3C/4C 电池技术在研发中，主流电池企业纷纷推出快充电池解决方案。

高倍率电池技术的普及将提升对大功率充电的需求，需求侧的高质量发展将促进充电设施的升级换代。

（二）车端应用 800V 高压平台是补能升级的趋势

目前已有一定车企发布了 800V 高压平台车型，如图 7 所示，2020 年保时捷首次推出支持 800V 高压快充的 Taycan 后，全球车企加快研发高压快充车型。中高端车企未来两年上市车型搭载的主流平台将升级为 800V 高压平

2022年6月	2023年6月
宁德时代4C麒麟电池	**宁德时代5C麒麟电池**
·发布CTP3.0麒麟电池，具备4C能力 ·搭载在极氪009上	·宁德时代5C麒麟电池搭载于理想首个纯电动平台

2023年6月	2023年7月
中创航新3C倍率电池	**孚能科技3C电池**
·中创新航基于800V高压平台的3C倍率超充电池搭载于小鹏G6全系 ·直流充电峰值功率280kW	·广汽埃安昊铂GT超充版搭载孚能科技3C快充电池

图6 高倍率电池发展时间轴

资料来源：北京理想汽车充电网络研究团队根据网通社、车家号、各车企官网、华金证券研究所据公开资料整理。

台，搭载高压平台的车型销量将提升迅速。800V 高压平台电池能够支持大功率充电性能达到"充电 5 分钟，续航 200km"的燃油车级别补能体验。高压快充方案成为车企增加产品亮点的重要举措[①]。

结合车企的 800V 高压平台推出情况，车端应用 800V 高压平台与大功率充电之间的需求呈现以下趋势。

第一，2022 年及以前的主流产品是 450V 电压平台的纯电动汽车，依靠现有补能基础设施已能基本满足城市内中短途、城际代步出行等用车场景。

第二，随着 800V 高压平台技术的突破和更多产品上市交付，以超级快充为首的补能体系将引领形成市内及高速公路沿线全场景的低成本纯电出行体验。

第三，未来 1000V 高压平台将引领新一轮的技术创新和产品迭代。

---

① 华金证券：《充电桩行业深度报告：新能源汽车后市场补短板，充电桩建设加速》，2023。

车企品牌	800V平台车型	超充产品	充电表现	超充站规划
蔚来	阿尔卑斯平台	三代换电站500kW超充 	充电12分钟续航400km	九纵九横19大城市群高速换电+500kW超充
小鹏	G9、G6	S4超充站最高480kW 	充电5分钟续航200km	25年2000+ S4
广汽	合创V09	充换电一体站480kW超充 	充电5分钟续航200km	25年2000+超充500+换电
华为	极狐阿尔法S HI版本	最高600kW合作方：国网 	充电5分钟续航200km	已建成20+站
阿维塔	阿维塔11	最高480kW合作方：bp 	充电10分钟续航200km	23年19城100+站
路特斯	路特斯Eletre	最高480kW 	充电5分钟续航150km	23年200+站
大众保时捷	保时捷Taycan	最高350kW 	充电5分钟续航100km	建于城市高端商圈，交通枢纽、保时捷中心

图7 新能源车800V高压平台应用现状

资料来源：北京理想汽车充电网络研究团队根据第一电动网、车家号、华金证券研究所资料整理。

247

（三）大功率充电设施高功率化和通用化发展

随着电动汽车电池容量的不断增加和充电速度的提高，大功率充电机也将朝着高功率和多端口化方向发展。目前，大部分充电设备的功率集中在 50kW~150kW，但是随着电动汽车电池容量的不断提高，需求也越来越高，未来主流大功率充电设施的功率或将超过 480kW。

随着充电技术的快速发展，大功率充电车型越来越多，充电设备要能够满足各种电压平台的车辆充电需求，做到不挑车型，做到一套设备通过不同的搭配组合来满足多种车辆的充电体验。

（四）大功率充电设施智能化和互联网化趋势明显

未来大功率充电设施的发展方向也将朝着智能化和互联网化方向发展。充电站的智能化程度越高，对用户的服务体验也就越好。智能化的大功率充电设施不仅可以自动化地完成充电过程，还可以根据用户的需求和用电情况，实现个性化的服务。未来大功率充电设施将更多地采用云计算、大数据和人工智能等技术，实现充电站的自主管理和运营，提高服务效率和用户满意度。

（五）新型充电技术助力大功率发展

新型充电技术的不断涌现也为大功率充电设施的发展带来了更多的机遇。例如，直流母线架构、直流叠光叠储、效率寻优算法等技术创新，提升充电基础设施效率，加大绿色能源占比是未来的必然趋势。

（六）全球化和标准化是未来的重要方向

随着电动汽车市场的全球化，大功率充电设施的标准化和规范化也将成为未来发展的重要方向。为了满足不同地区和国家的充电需求，大功率充电设施需要满足不同的标准和规范，同时也需要满足国际间的互通性和兼容性。因此，未来大功率充电设施的标准化和规范化将成为行业共识和趋势，为电动汽车市场的全球化提供有力支持。

五　结语

新能源汽车的高质量发展，提供了丰富的产品供给，充分调动了用户对极致用户体验的需求。随着大功率充电技术、800V 高压平台技术、高倍率快充电池技术的突破和更多产品上市交付，以超级快充为首的补能体系，将逐步引领全行业进入千伏、兆瓦时代，并带动市内及高速公路沿线全场景的低成本纯电出行发展。

大功率充电体系的落地应用，使电动汽车车主在应用端的需求被快速建构起来，充电站如何在软硬件系统层面分配有限的充电功率并提高利用率成为新的竞争高地，相关商业模式也将迎来新的发展创新机会。

B.13
自动充电技术现状与发展趋势

房雅楠　曹增光*

摘　要：　随着电动汽车的爆发式增长，在汽车安全和制造技术趋向标准化的基础构架下，电动汽车朝智能化的方向优化，这一发展趋势渗透到整个用车过程，自动充电技术是充电环节智能化的重要体现。本文综述了自动充电机器人的发展条件、分类、国内外产品案例，并简析了未来的发展前景。目前，随着 AVP 技术商业化落地、Robotaxi 示范运营等自动驾驶商业化进程的发展，自动化无人充电的需求也愈发凸显，自动充电技术具备了发展的客观条件。国内外企业已发布了多种自动充电机器人产品，但目前主要受成本影响，暂无规模化应用。未来自动充电技术将以固定式和移动式两种形态应用于停车后无人化充电场景，预计固定式充电机器人将以公共停车场和家用两个场景为主，移动式充电机器人将主要应用在公共停车场。

关键词：　自动充电技术　自动充电机器人　移动式自动充电车

一　自动充电机器人发展具备的客观条件

目前电动汽车的充电方式主要以人工操作的传导式充电为主，未来随着自动泊车功能和 AVP 自主代客泊车功能逐渐成为电动车标配，自动充电技术的基础条件将愈加成熟。自动驾驶技术一旦商用，自动化无人充电将是电

---

*　房雅楠，能链品牌传播中心公关策划经理，主要研究方向为电动汽车充电行业研究与品牌传播；曹增光，能链品牌传播中心能链研究院研究员，主要研究方向为新能源汽车充电市场。

动汽车生态链中的重要一环，未来也将是亿万级产业，目前也具备了发展的基本条件。

（一）AVP（自主代客泊车）技术的商业化落地

2018 年，博世与奔驰联合开发的自主代客泊车在斯图加特的梅赛德斯-奔驰博物馆正式运营，成为 AVP 在世界上的首个落地应用，无论是国外的宝马、大众，还是国内的一汽、上汽、吉利、长城等自主品牌都在加紧 AVP 的量产研发。在 AVP 这样提升用户便捷性的场景下，自动充电技术拥有较好的应用空间。

（二）无人驾驶出租车的示范运营

随着自动驾驶技术的进步，原来只有在一些高端车型上搭载的自动驾驶技术逐渐下沉到普通车型。目前，L2 自动驾驶技术已基本成为电动汽车的标配，L3 和 L4 级已进入快速落地阶段。2020 年 10 月 11 日，百度 Apollo 的无人出租车服务正式对北京民众开放了试乘体验，未来随着无人驾驶出租车进行商业化运营推进，Robotaxi 停车楼等场景下的车辆充电将更需要自动充电技术的支持。

（三）相对封闭场景自动驾驶技术的商业化运营

以港口、矿山、观光为代表的自动驾驶载物场景，相对简单与封闭，自动驾驶车辆作为生产作业工具已投入商业化运营，可节约部分人工成本。2017 年 5 月 11 日，亚洲首个全自动化集装箱码头在山东港口青岛港诞生至今，不仅开了全球低成本、短周期、全智能、高效率、更安全、零排放的全自动化码头建设先河，还超越了全球同类码头单机平均效率 50%，装卸效率刷新世界纪录。

（四）充电桩的定义得到了重新优化

相较于传统燃油车，电动汽车不仅是交通工具，也是具备智能化、娱乐

化以及拟人化的机器人。因此，作为一个具备移动性能的机器人充电桩在未来就有可能被赋予更广泛的内涵，在这种条件下，交互体验就非常重要，无人化自动充电桩在自动化与智能化方面具有较为显著的优势。

二 自动充电机器人的分类

自动充电机器人大体上可分为四类：固定式充电机器人、移动储能式自动充电机器人、抓枪式自动充电机器人、蛇形自动充电机器人。

（一）固定式充电机器人

固定式充电机器人固定在车位上的某一指定位置，可分为固定式交流慢充机器人和固定式直流快充机器人。固定式交流慢充机器人通常占用车位空间不超过 0.5m×0.3m，适合私家车配合 AVP 自主代客泊车场景使用。固定式直流快充机器人一般占用车位空间不超过 0.5m×0.4m，通常适合公共停车场配合 AVP 自主代客泊车场景使用，也适合出租车、网约车等规模车队和港口、矿山、物流车等场景使用。

（二）移动储能式自动充电机器人

移动储能式自动充电机器人停在公共停车场的某一指定位置，当有车辆需要充电时，车主可以运用手机 APP 通过云端调度系统召唤自动充电机器人，机器人将根据车辆停放的目标定位位置，自动移动到目标车位。该设备适合公共停车场配合 AVP 使用。

（三）抓枪式自动充电机器人

对于公共停车场而言，一个车位部署一套自动充电机器人的投资成本较高，进而诞生了采用一套自动充电机器人服务多辆车充电的抓枪式自动充电机器人，该方案让分摊到单车位的成本大幅降低。

（四）蛇形自动充电机器人

蛇形自动充电机器人既可以固定在车位，也可以采取移动方式。2015年，特斯拉公布了一款基于蛇形臂的自动充电机器人，可以自行感应到汽车的充电口，随后自动插入充电。该机械臂为串联形式，关节数量约为二十，属于超冗余机器人，运动速度较慢，且枪头负载小，目前，该款机器人尚未在工程上应用。

三　自动充电技术国内外案例

自动充电技术特斯拉为较早的实践者，除此之外大众、库卡、爱驰和上海电气等公司相继推出了自己的自动充电机器人。

（一）基于传统关节机械臂的固定式自动充电系统

2017年，大众推出了一款名为 Gen. E 的概念车，并展示了包括智能充电机器人在内的多项研究成果，这款概念车无须车主手动进行充电插拔连接等操作，可由充电机器人自动完成。

2020年，上海电气旗下中央研究院成功研发了 C-POD 智能充电机器人。C-POD 智能充电机器人是电动汽车充电桩的智能辅助设备。每个全自动充电机器人都有一个装有充电插头以及视觉模块的机械臂。机器人通过视觉模块识别出电动汽车充电口的位置，并引导机械臂将充电头插入充电口，整个充电过程无人化操作。

（二）带有 AGV 小车的移动式自动充电系统

2018年，三星电子发布了一款名为 EVAR（Electric Vehicle Automatic Recharging）的新能源汽车自动充电设备，采用三星自主研发的人工智能、自动驾驶和精确控制算法技术。当新能源汽车需要充电时，车主通过智能手机标记到壁挂式设备，以传输充电位置信息。EVAR 根据充电位置信息自动

移动至新能源汽车处，并自动连接充电器。不过，此设备需要人工将特殊的 EVSE 适配器连接在汽车牌照上。

2020 年，爱驰汽车公布了一款名为 CARL 的移动式自动充电机器人。该充电机器人会自动移动至用户 APP 中输入的车辆位置处，自动进行充电口识别，进行自动充电。它采用内置电池模式，类似于一个移动充电宝，在没有车辆需要充电的时候会停放在有充电设施的位置，当有车辆需要充电时，会移动过来为车辆充电，完成充电后会自动返航回到充电设施位置补充电量。

2023 年 5 月，能链智电推出充电机器人，其基于深度学习、5G 与 V2X、SLAM 等底层技术，拥有多种电池容量和功率，具备一键下单、自动寻车、精准停靠、机械臂自动插枪充电、自动驶离、自动归位补能、防水防震等功能和服务，同时充电机器人还可以与各大主机厂打通协议，实现互联互通。自动充电机器人平台可以通过协议与车载系统实现底层数据全面打通，实时监测车辆的电量使用情况，当发现电量不足时，充电机器人会开启自动寻车功能，靠近车辆后，自主研发的机械臂自动充电系统将精确检测充电口位置并完成充电枪的自动插拔，实现全过程无人化。

四　自动充电机器人的应用前景

充电机器人主要面向电动汽车私家车车主、电动汽车整车厂、分时租赁运营商、充电站运营商等。其全自动充电应用场景包括智慧立体车库、无人泊车、封闭园区内的无人驾驶场景等，以及主机厂的 4S 店和用户体验中心等。与充电桩相比，移动充电机器人有着众多优势。

首先，部分带储能功能的充电机器人使汽车充电与电网供电分离的模式，成为一种有效分散高峰期用电压力的途径。其次，在老旧小区、无私家车车位等有限场景下，难以安装充电桩，充电机器人可以辅助解决该场景下的充电需求。最后，充电机器人可以移动，有效避免车辆充满电后无法及时开走的情况，提高了充电资源利用效率。

　　自动充电机器人产品最终将以固定式和移动式两种形态应用于停车后无人化充电场景，在满足充电需求和安全的基础上，成本将是决定自动充电机器人能否规模化应用的关键。预计固定式充电机器人将在公共停车场和家用两个场景获得批量应用，移动式充电机器人将主要应用在公共停车场场景。

B.14
无线充电技术现状与发展趋势

胡超　范春鹏*

摘　要： 随着充电技术的发展、新的充电方式涌现，无线充电技术区别于传统传导式充电，其应用提高了用户的充电体验，目前主要应用于高端车型。本文综述了无线充电相关的标准政策、关键技术概况及成本构成、国内外产业化进展，并分析了无线充电未来的技术、应用路径、运营模式发展趋势。目前，无线充电在技术方案、标准化程度、产业链等方面已日渐成熟，国内外已有部分具有无线充电功能的量产车型，然而，由于当下电动汽车无线充电的市场系统成本高、市场痛点不明显，当前无线充电市场规模仍相对较小，无线充电技术主要应用在高端车型中。未来随着技术发展成熟、成本降低，其应用范围也会向大部分车型渗透，并随着自动驾驶技术的发展成熟，也将在 AVP、自动驾驶场景下形成无人化慢充的新商业模式。

关键词： 无线充电　非传导式充电　无人化慢充

一　政策及标准化进展

（一）无线充电简述

无线充电（Wireless Power Transfer，WPT）技术是一种新兴的充电技术，通过磁耦合原理将电能从发射装置（也称原边装置）传输到接收装置

---

* 胡超，博士，中兴新能源科技有限公司副总经理，主要研究方向为电动汽车充电行业；范春鹏，北京新能源汽车有限公司充电开发部专业副总师，工程师，主要研究方向为电动汽车充电技术。

（也称为副边装置）中，再通过功率变换装置给负载进行充电，从而实现非接触式充电。

无线充电控制及通信节点多，可实现车辆与电网非物理接触充电，易实现台区功率分配，在车网互动方面存在易控、安全、便捷的优势，此外，无线充电具有自动充电属性，可极大提升用户的充电体验，是用户捆绑式充电服务、自动驾驶车辆、无人化车库等场景下无人化充电的优选技术方案。

（二）现有政策梳理

从 2015 年开始，我国从国务院、部委到地方政府均对电动汽车无线充电印发了相应的鼓励和支持政策，但大多数政策均为技术开发、法规制定、标准编制等指导政策。表 1 为我国历年无线充电主要政策。

表 1　我国历年无线充电主要政策

时间	发文机构	相关政策
2015 年	国务院办公厅	《国务院办公厅关于加快电动汽车充电基础设施建设的指导意见》（国办发〔2015〕73 号）中第十条"完善充电设施标准规范"明确提出要"制定无线充电等新型充电技术标准"
2016 年	国家发展改革委、国家能源局等	《能源技术革命创新行动计划（2016—2030 年）》，要求到 2020 年突破电动汽车无线充电技术，实现即停即充，形成标准体系，研究无线充电场站负荷管理并建设无线充电场站示范工程
2018 年	国家发展改革委、国家能源局、工业和信息化部、财政部四部委	《提升新能源汽车充电保障能力行动计划》，其中提及"探索充电方式无线化""加快无线充电、智能充电等技术的研发应用""制定电动汽车无线充电互操作标准，启动无线充电互操作测试"
2019 年	国家发展改革委	4 月 8 日国家发展改革委发布《产业结构调整指导目录（2019 年本，征求意见稿）》，其中鼓励类目录里增加了对无线充电设施的项目
	国家发展改革委	《关于印发〈推动重点消费品更新升级 畅通资源循环利用实施方案（2019—2020 年）的通知》（发改产业〔2019〕967 号），在"（二）加快发展使用便利的新能源汽车"部分，增加了推进无线充电等技术装备研发应用相关内容

时间	发文机构	相关政策
2020 年	国务院办公厅	《新能源汽车产业发展规划(2021—2035 年)》中第六章完善基础设施体系提及"加强智能有序充电、大功率充电、无线充电等新型充电技术研发,提高充电便利性和产品可靠性。"
	国家发展改革委、商务部	《鼓励外商投资目录》2020 版,第 270 条提及"车载充电机(满载输出工况下效率≥95%)、双向车载充电机、非车载充电设备(输出电压250V~950V,电压范围内效率≥88%)和高功率密度、高转换效率、高适用性无线充电、移动充电技术开发及装备制造"
2022 年	国家发展改革委	《关于进一步提升电动汽车充电基础设施服务保障能力的实施意见》中提及"加快大功率充电标准制定与应用推广,加强跨行业协作,推动产业各方协同升级。推进无线充电、自动无人充电等新技术研发"
2023 年	国务院办公厅	《关于进一步构建高质量充电基础设施体系的指导意见》中提及"加快推进快速充换电、大功率充电、智能有序充电、无线充电、光储充协同控制等技术研究,示范建设无线充电线路及车位"
	工业和信息化部	《无线充电(电力传输)设备无线电管理暂行规定》中明确了电动汽车无线充电的使用频率、使用范围、频率管理办法以及磁场强度发射限值、杂散发射限值

资料来源:研究团队根据政府网站公开资料整理。

近年来,国家、部委及地方政府部门均对电动汽车无线充电的技术研究、设施建设提出了指导性的鼓励政策,明确了无线充电是充电基础设施的重要环节。但无线充电与电网、车辆强关联,新技术应用开发周期较长,目前未形成大规模化行业应用,因此财政支持和补贴类政策较少。无线充电技术作为电动汽车充电的发展趋势之一,可满足消费者的便捷化、智能化程度需求,未来结合自动驾驶、智能网联汽车、智能化城市、车网互动等新技术的发展,其应用必将越来越广泛。

(三)标准化进展

国内外的标准化组织均开展了电动汽车无线充电标准化研制工作,自2013 年开始相关的标准化编制工作,至今,在全球各区域范围均形成了较完善的标准体系。以下为国际标准进展情况(见表2)。

表 2　国际标准进展情况

标准号	标准名称	发布时间
IEC 61980-1	Electric vehicle wireless power transfer（WPT）systems -Part 1：General requirements	2020-11
IEC 61980-2	Electric vehicle wireless power transfer（WPT）systems -Part 2：Specific requirements for communication between electric road vehicle（EV）and infrastructure with respect to wireless power transfer（WPT）systems	2023
IEC 61980-3	Electric vehicle wireless power transfer（WPT）systems -Part 3：Specific requirements for the magnetic field wireless power transfer systems	2023
ISO 19363	Electrically propelled road vehicles -Magnetic field wireless power transfer	2020-04
ISO 15118-8	Road vehicles—Vehicle to grid communication interface —Part 8：Physical layer and data link layer requirements for wireless communication	2020-09
IEC	CISPR 11—Industrial, scientific and medical equipment – Radiofrequency disturbance characteristics – Limits and methods of measurement – Requirements for air-gap wireless power transfer（WPT）	待定
SAE J2954	Wireless Power Transfer for Light-Duty Plug-In/Electric Vehicles and Alignment Methodology	2019-04
SAE J2847/6	Communication between wireless charged vehicles and wireless EV chargers.	2020
SM. 2110 建议书	Guidance on frequency ranges for operation of non-beam wireless power transmission for electric vehicles	2023-11
SM. 2303 报告书	Wireless power transmission using technologies other than radio frequency beam	2023-11
SM. 2451 报告书	Assessment of impact study on radiocommunication services from wireless power transmission for electric vehicle operating below 30 MHz	2023-11

资料来源：研究团队根据各国标准公开资料整理。

以下为国家标准进展情况（见表3）。

表3 国家标准进展情况

标准号	标准名称	标准状态	发布时间
GB/T 38775.1—2020	《电动汽车无线充电系统 第1部分:通用要求》	发布	2020-4
GB/T 38775.2—2020	《电动汽车无线充电系统 第2部分:车载充电机和无线充电设备之间的通信协议》	发布	2020-4
GB/T 38775.3—2020	《汽车无线充电系统 第3部分:特殊要求》	发布	2020-4
GB/T 38775.4—2020	《电动汽车无线充电系统 第4部分:电磁环境限值与测试方法》	发布	2020-4
GB/T 38775.5—2021	《电动汽车无线充电系统 第5部分:电磁兼容性要求和试验方法》	发布	2021-10
GB/T 38775.6—2021	《电动汽车无线充电系统 第6部分:互操作性要求及测试(地面端)》	发布	2021-10
GB/T 38775.7—2021	《电动汽车无线充电系统第7部分:互操作性要求及测试(车辆端)》	发布	2021-10
GB/T 38775.8—2023	《电动汽车无线充电系统第8部分:商用车应用特殊要求》	发布	2023-09
GB/T 42711-2023	《立体停车库无线供电系统技术要求及测试规范》	发布	2023-08
—	《电动汽车无线充电系统第9部分:车载充电机和无线充电设备之间的通信协议(应用层及数据链路层)》	在编	
	《电动汽车无线充电系统第10部分:通信协议一致性测试》	在编	

资料来源:研究团队根据公开资料整理全国标准信息公告服务平台 https://std.samr.gov.cn/。

二 无线充电技术概况

(一)电动汽车无线充电系统组成

一个完整的电动汽车无线充电系统至少应包含以下部分:壁挂设备(WB,将电网交流电转换为GA所需的高频交流电)、地面设备(GA,将电能转换为高频电磁场能量并向VA发射能量)、车载设备(VA,接收高频电磁场能量并转换为电池所需的直流电)。此外,为保障充电的便捷性和安全性,一般增加3项辅助功能,分别为异物检测、生物检测和对位检测。

（二）电动汽车无线充电系统控制架构

电动汽车 WPT 包含私人应用和公共应用两种应用场景，私人场景下的系统电路和控制可由设备厂商或主机厂自行确定，公共应用场景下需满足互操作性要求，即满足 GB/T 38775.6-2020[①]、GB/T 38775.7-2020[②] 标准的要求。

对于公共应用场景下的电动汽车 WPT 系统，应遵循 GB/T 38775.2-2020 的相关要求，其通信系统架构如图 1 所示。

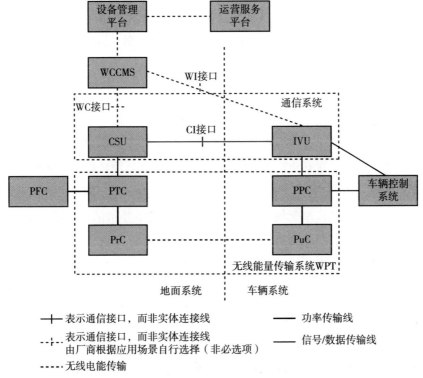

图 1　电动汽车 WPT 通信系统架构

资料来源：GB/T 38775.2-2020《电动汽车无线充电系统 第 2 部分：车载充电机和无线充电设备之间的通信协议》。

[①] 刘超群等：《电动汽车无线充电系统　第 6 部分：互操作性要求及测试地面端：2021》，国家标准，2021。

[②] 胡超等：《电动汽车无线充电系统 第 7 部分：互操作性要求及测试车辆端：2021》，国家标准，2021。

其中地面设备和车载设备的通信物理层应采用 Wi-Fi 进行数据交互,数据报文及一致性要求应满足 GB/T 38775.9(编制中)及 GB/T 38775.10(编制中)的要求。

(三)电动汽车无线充电系统耦合机构

早期电动汽车无线充电系统的耦合机构有两种构型一种是双 D(DD)结构,另外一种是圆形结构。双 D 线圈为原高通公司及高通授权公司采用的技术方案。2019 年 2 月,WiTricity 收购了高通原有技术,整合双方的专利以及技术方案,在标准化组织中主推圆形结构方案。目前,中国业内采用国家标准推荐的圆线圈技术方案。

(四)电动汽车无线充电系统辅助功能

无线充电相较于有线充电有其特殊性,其采用了磁场耦合的方式进行能量的传递,因此系统在进行充电时,进行金属异物、活体检测就显得非常有必要。另外,由于耦合机构受空间位置的影响很大,所以需要进行线圈位置的对齐检测。电动汽车无线充电系统的辅助功能主要指的是上述三个功能,即金属异物检测、活体检测、位置检测。

对于金属异物检测,存在多种技术路线,例如检测线圈的表面温度、利用图像处理技术识别异物、小线圈阵列检测等技术路线。目前,利用小线圈阵列进行金属异物检测的方案相对成熟,韩国 KAIST 大学的技术方案利用系统工作的主频磁场进行异物探测,通过比较平衡线圈的电压差值判断是否存在金属异物。除了平衡线圈的方式也有利用小线圈阵列激励高频信号的方式进行检测,通过判断小线圈上信号的相位、幅值或者频率的变化判断是否存在金属异物。

活体保护采用的技术方案有以下几种:线圈周围布置雷达、利用车身周围的雷达摄像头建立电子围栏、线圈周围布置电容检测进行活体检测等。目前采用线圈周围布置雷达的方案应用的比较多,但是雷达成本较高,因此有部分车企结合整车的雷达、摄像头等部件在车身周围建立电子围栏,进行活体的检测与保护。有部分无线充电设备开发商利用生命体的电容进行检测,为 KAIST 大学活体检测方案，通过在线圈周围方式 PCB（印制电路板）式电容梳，当生命体接近线圈时会造成电容梳周围介电常数发生变化，从而导致容值改变，进而检测出生命体。电容检测的方案相比雷达检测是一种低成本的检测方案，目前也有一定的市场应用。

位置检测技术方案目前有以下几种：利用金属异物检测的线圈阵列进行近距离检测、利用车载增加磁传感器进行位置检测，也有利用射频天线进行位置检测。国标 GB/T 38775.6 资料性附录给出了一种位置检测的参考方案。地面发射线圈上布置 4 个磁场发射天线；车载线圈布置不少于 2 个磁场接收天线，接收天线的工作频率与磁场发射天线的工作频率宜为 104kHz、114kHz、145kHz 中的一个。通过两个接收天线接收到的信号强度，判断两者间的相对位置。

（五）无线充电系统成本构成

参考目前在售的上汽智己和红旗 E-HS9 的无线充电系统的官网售价，全套无线充电的价格在 2.4 万~3.6 万元。高昂的价格使很多用户望而却步，基于目前国家标准的无线充电系统，其物料成本由以下几个方面组成。

1. 功率器件

地面 PFC 电路、DC/DC 电路、逆变电路以及车端的同步整流电路所使用的 MOS 管、SiC、二极管以及辅助电源变压器、谐振电感、PFC 电感、高频隔离变压器、DC/DC 电感等。

2. 耦合机构磁芯

地面端以及车载端所使用的铁氧体磁芯。

3. 耦合机构绕组

地面端以及车载端所使用的利兹线。

4. 辅助功能器件

异物检测（FOD）、活体保护（LOD）、对位检测（PD）所使用的必要的电子元器件以及 PCB 等。

5. 补偿电容

地面端以及车载端谐振网络所使用的补偿电容。

6. 结构件

地面设备的外壳、地面线圈的外壳、以及车载端所用的外壳、必要的内部连接铜排、连接器、灌封胶等。

据《电动汽车无线充电产业发展白皮书》（2023）披露，国内无线充电设备物料成本占比：功率器件约为 22%，辅助功能约为 12%，磁芯约为8%，线圈绕组约为 11%，补偿电容约为 12%，结构件相关约为 35%（见图 2）。

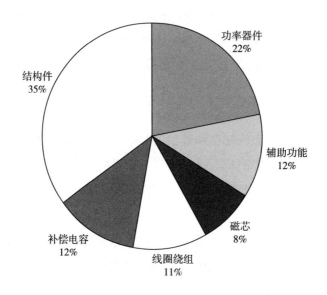

图 2　无线充电成本构成

资料来源：中国电力企业联合会《电动汽车无线充电产业
发展白皮书》（2023）。

三　产业化进展

无线充电具有易操作性、高安全性、强环境适应性以及自动化充电等特点。无线充电可与智能驾驶技术无缝结合，随着新能源汽车向智能化、网联化发展，无线充电也将成为未来智能汽车的标配。近年来，国内外在电动汽车无线充电产业化推进方面做出了多个层面的探索，目前来看，产业化路径已日渐清晰，并且伴随着新能源汽车技术发展和无线充电的标准落地，电动汽车无线充电产业化进程也已全面开启。电动汽车整车无线充电产业化的进展和趋势具有以下几个特点。

技术不断创新。电动汽车整车无线充电技术仍处于不断创新和完善的阶段，包括充电效率、安全性、成本等方面的技术瓶颈需要不断攻克。同时，新的技术路线也在不断涌现，为产业的发展带来新的机遇。

产业链生态系统不断完善。随着电动汽车整车无线充电技术的不断推广，产业链生态系统正在不断完善。整车制造商、充电设备制造商、电子元器件制造商等企业都在布局、开展并加强合作，形成了初步的产业链合作模式。

政策支持不断加强。为促进电动汽车整车无线充电产业化发展，政府也在不断加强政策支持。国内外多个国家和地区已出台相关的政策和规定，鼓励和支持企业在该领域的投入和研发。政府对于环保和可持续发展的倡导也促进了电动汽车无线充电技术的应用。

应用场景不断扩大。电动汽车整车无线充电技术的应用场景正在不断扩大。除了家庭、公共场所、企业停车场等场景外，还有越来越多的新的应用场景涌现，如无人驾驶、智能交通等领域，这将为电动汽车整车无线充电产业带来更多的商业机会和挑战。

国际合作不断加强。电动汽车整车无线充电产业已成为各国之间开展合作的重要领域。目前，各国企业和机构在技术研发、标准制定等方面开展了广泛的合作。

随着电动汽车市场的快速增长，消费者对电动汽车的使用体验也提出了更高的要求，无线充电技术的应用能为车主提供更好的充电体验和服务。

（一）车企进展

1.国外车企进展

国外车企在无线充电的研究方面起步较早，早在 2018 年德国宝马就发

布了行业内首款无线充电车型 530Le，同期戴姆勒、奥迪、大众等车企也开展了相应的产品开发。由于当时技术、标准成熟度及产业链不完善等，仅宝马推出了 3.7kW 的量产车型。

2022 年现代汽车在其量产车型捷尼赛思（Genesis）GV60 纯电 SUV 试点配备了 11kW 无线充电，并将该功能作为新款 GV60 EV 的一个选装配置提供。

沃尔沃正在瑞典哥德堡市测试该无线充电技术的可行性。在未来三年内使用出租车公司 Cabonline 运营的沃尔沃 VC40 Recharge 电动汽车对该系统进行评估。沃尔沃汽车还正与多家合作伙伴共同研发一种新型无线充电技术，并在城市道路进行集成和测试。

2023 年 Tesla 在投资者日展示了布置有一块无线充电的 Model S 的渲染图。特斯拉全球充电基础设施负责人 Rebecca Tinucci 在演讲到充电部分时表示："我们是特斯拉，我们也想确保我们继续专注于提供真正令人难以置信的充电体验。"

此外，Stellantis2023 年初宣布将与供应商合作开发无线充电车型，在克莱斯勒 Pacifica PHEV 上配置 Level 2 级无线充电设备。日本本田规划将于北美市场投放配备无线充电多款车型，目前正在定点推进中，预计 2026 年实现量产。大众、FCA、迈凯伦、宾利等车企也正在进行相关产品预研和量产开发，部分车企已经明确了无线充电系统的前装计划。

2. 国内车企进展

国内车企的无线充电开发及应用起步时间较早，在 2018 年上汽乘用车率先发布了配置 7kW 无线充电功能的量产车型 Mavel X，由于当时技术及标准完善性等，未形成批量销售。2022 年，上汽在智己 L7 车型上配置了 11kW 的无线充电选配装置，并面向市场销售。

一汽集团从 2014 年开始研发无线充电技术，开发了 3.3kW、6.6kW 等功能样机。2022 年，一汽实现了 11kW 无线充电投产，国内自主品牌首款高端纯电红旗 SUV E-HS9 配置了无线充电。同时，一汽红旗还有两款车型目前正在开发无线充电装置，最高功率等级达 22kW，充电平台覆盖

400V、800V。

2019年4月在上海车展上，北汽展示了一款配置了无线充电的样车。北汽新能源的无线充电系统输入为常用的220V交流电，输出功率为6.6kW。2021年，北汽发布的极狐阿尔法S华为HI版还设计搭载7.5kW无线充电系统，支持800V高压充电。

东风集团近年来也开展了无线充电的适配及样机研发工作，其中东风岚图2021年发布了11kW、800V充电平台的无线充电样机；东风猛士M18对11kW无线充电设备进行了适配，并正向开发22kW、800V充电平台的无线充电产品。

此外，比亚迪、吉利汽车、广汽、长安等国内主流车企以及赛力斯、小米等造车新势力也纷纷开展了大功率无线充电的技术研究，对无线充电技术路线、产品成熟度，以及Tier-1供应商的自主研发能力进行了深入的调研和分析。

近期随着国务院办公厅印发《关于进一步构建高质量充电基础设施体系的指导意见》、工业和信息化部发布《无线充电（电力传输）设备无线电管理暂行规定》以及对智能驾驶利好等政策发布，当期无线充电标准化、技术路线、供应链等体系也日渐完善，市场对智能化、便捷化充电技术需求日渐迫切，国内越来越多的车企已紧密关注该技术的商用进程，并纳入当期或近期内重点研究的技术范围。

（二）供应商进展

国外无线充电供应商分为两类，一类为技术方案提供商，一类为设备制造商。其中技术方案提供商代表企业为美国WiTricity公司，在技术开发、标准编制及方案授权方面运营，也进行部分的核心系统部件研制生产；设备供应商大多为WiTricity公司的技术授权厂商，按照其技术方案进行车企量产开发、设备生产制造等。表4为部分国外供应商介绍。

表4 国外供应商

公司名称	国家	开发方式	公司简介	产品状态
WiTricity	美国	技术开发、标准编制、知识产权运营	无线充电技术可以支持从几毫瓦到几千瓦的功率输出,适用于各种应用场景,包括医疗、消费电子、汽车、家庭和工业等领域,WiTricity 也和国外较多汽车制造商合作	3.7~11kW 产品样机
Induct EV	美国	技术开发,设备研制生产	专注大功率无线充电技术开发及设备研制生产,产品应用覆盖自动化工厂物流设备、乘用车、商用车等领域	1~300kW 产品,定制开发
HEVO	美国	技术开发,设备研制生产	专注于为电动汽车提供的无线充电服务,包括乘用车和商用车	11kW、50kW 产品
Plugless	美国	技术开发,设备研制生产	除了无线充电技术,Plugless 公司还提供其他一些产品和服务,包括:充电管理系统、充电站设计和安装等,其无线充电技术已经被应用于不同类型的电动车辆和应用场景	7kW、11kW 后装产品
Brusa	瑞士	被授权、技术开发、设备生产制造	主要从事无线充电、车载功率变换设备、电机的技术开发及设备研制,与欧洲多家车企开展了无线充电的合作,其产品在宝马车型中量产应用	3.7~11kW 产品,有量产车型应用
MAHLE	德国	被授权,设备研制生产	MAHLE 和西门子签署了一份合作意向书,就电动汽车无线充电系统展开合作。未来,两家公司将共同开发和测试完整的基础设施和汽车工程系统,其中一个重点领域是推动感应充电技术的技术标准	产品开发中
西门子	德国	被授权,设备研制生产	2022 年入股 WiTricity,获技术授权,将在地面设备的研制生产、运营等方面开展相关工作	产品开发中
IPT	英国	技术开发,设备研制生产	提供无线充电技术和充电设备,适用于各种类型的电动汽车和混合动力汽车。IPT 集团从庞巴迪收购了 Primove 的电动车无线感应充电技术组合。其产品覆盖乘用车、商用车和城市轨道交通的无线充电应用	3.7~200kW 定制开发产品

公司名称	国家	开发方式	公司简介	产品状态
GreenPower	韩国	被授权,设备研制生产	专注无线充电技术开发及设备研制,其无线充电产品覆盖自动化工厂物流设备、港口设备、电动汽车等领域应用。与韩国车企开展了11kW量产车型开发	3.7~22kW产品,有量产车型应用

资料来源:中兴新能源科技有限公司。

除上表中供应商之外,还有其他的设备制造商或技术开发机构开展了电动汽车无线充电的运营及技术开发工作。美国的 WAVE 专注于商用车无线充电技术开发及推广应用、Mojo Mobility 提供针对电动汽车和混合动力汽车的无线充电技术和产品。德国的 Wiferion 在自动化工厂设备、乘用车无线充电系统的设备开发等方面做了较多的应用推广。德国的 ABT e-Line 与技术开发公司合作,共同拓展无线充电后装市场应用。澳大利亚的 Lumen Freedom 与国外跑车车企开展了 11kW 无线充电系统的量产开发。

国外无线充电供应商涵盖了大型的电子电气设备制造商、车企 Tier1 供应商、初创公司等,近几年随着国外的政策、标准、技术的不断完善以及国外车企的需求逐渐回暖,国外无线充电供应商开始新一轮的量产冲刺准备。

国内电动汽车无线充电供应商的技术研究及产品开发相对滞后几年,但近年来随着标准体系完善及车企正向开发需求数量增加,当前在产品技术、产品开发状态等方面已经领先于国际供应商。与国外技术授权方式不同,国内供应商目前大多数依据国家标准(GB/T 38775 系列)开展产品研制工作,表 5 所示为国内部分无线充电设备供应商介绍。

表5 国内部分无线充电设备供应商

公司名称	公司简介	产品状态
中兴新能源科技有限公司	中兴通讯全资子公司,国内最早从事电动汽车无线充电自主技术研究、设备研制及生产的公司,国家标准核心参与企业,产品覆盖乘用车、商用车应用,与国内外多家车企开展合作	3.7~60kW产品,有量产车型应用

续表

公司名称	公司简介	产品状态
华为技术有限公司	自主技术研究,国家标准核心参与企业,拥有多项自主知识产权技术,主要面向乘用车无线充电系统相关技术开展研究工作	7.7kW、11kW 产品样机
上海万暨电子科技有限公司	由万安科技投资,国家标准主要参与企业,建设有通过 IATF 无线充电设备生产线,产品主要面向乘用车应用,与国内外多家车企开展合作	7.7~22kW 产品,有量产车型应用
深圳威迈斯新能源股份有限公司	致力于电力电子与电力传动产品的研发、生产和销售。主要面向乘用车无线充电设备生产制造,与国内车企开展合作	11kW 产品,有量产车型应用
安洁无线科技(苏州)有限公司	由安洁科技投资,国家标准主要参与企业,建设有通过 IATF 无线充电设备生产线,产品主要面向乘用车应用,与国内多家车企开展合作	7.7~22kW 产品,有量产车型应用
合肥有感科技有限责任公司	国家标准主要参与企业,专门提供无线充电解决方案与产品的汽车电子供应商,建设了无线充电检测测试设备的无线充电实验室,与国内多家车企开展合作	7.7kW、11kW 产品,有量产车型应用

资料来源:中兴新能源科技有限公司。

除以上供应商之外,厦门新页、许继电源、纵目科技等公司也在无线充电技术研究、产品开发、应用推广方面开展了持续的工作。此外,中国电力科学研究院有限公司、中国科学院电工研究所、清华大学、哈尔滨工业大学、重庆大学、东南大学等高校及研究机构也对我国电动汽车无线充电技术路线制定、标准编制产业推广做出了较大贡献。

四 发展趋势

(一)技术发展趋势

无线充电技术发展依赖于车企的需求定义,也取决于技术路线、标准化及上游产业链的发展状态。从以上多个维度考虑,以系统性能、功能及应用为基准,我国电动乘用车无线充电的技术路径将沿下图3所示发展。

		2023年	2025年	2030年
总体目标		满足私人应用场景的量产应用	满足固定公共应用场景的量产应用	满足所有应用场景的量产应用
		成本满足高端车型应用	成本满足中高端车型应用	成本满足大部分车型应用
系统性能指标	电气	功率3.7~11kw@400V、22kW@800V；额定效率≥91%；支撑输出电压250~500V或600~950V	功率3.7~11kw@400V、3.7~22kW@800V；额定效率≥91%；支撑输出电压250~1000V	功率3.7~22kw@400V&800V；额定效率≥92%；支撑输出电压250~1000V
	物理	偏移X±75mm、Y±100mm，车载设备比功率≥0.7kW/kg@400V&1.1kW/kg@800V，壁挂设备比功率≥0.4kW/kg@IP65	偏移X±75mm、Y±100mm，车载设备比功率≥0.75kW/kg@400V&1.2kW/kg@800V，壁挂设备比功率≥0.45kW/kg@IP65	部分高度偏移X±100mm、Y±120mm，车载设备比功率≥0.8kW/kg@400V≥1.3kW/kg@800V，壁挂设备比功率≥0.5kW/kg@IP65
系统功能	辅助功能	FOD检测精度曲别针大小，检测区域GA表面，误检率≤5%；LOD检测精度5cm直径，误检率≤5%；偏移检测精度±2cm	FOD检测精度曲别针大小，检测区域GA表面，误检率≤3%；LOD检测精度5cm直径，误检率≤3%；偏移检测精度±2.5cm	FOD检测精度曲别针大小，检测区域GA、VA之间区域，误检率≤1%；LOD检测精度5cm直径，误检率≤1%；偏移检测精度±1cm
	智能化功能	简单场景自动充电；具备远程终端操作功能；具备单运营商系统运营管理功能；本地升级	复杂场景自动充电；具备远程终端操作功能；具备少数几个运营商系统运营管理功能；远程升级	全场景自动充电；具备远程终端操作功能；具备多运营商系统运营管理功能；远程升级
系统安全	安全机制	具备常规电气、机械、电磁、热安全防护功能；车载设备部分满足功能安全需求；壁挂设备具备信息安全功能；车载设备可故障诊断	具备常规电气、机械、电磁、热安全防护功能；车载设备大部分满足功能安全需求；壁挂设备具备信息安全功能；系统设备可故障诊断	具备常规电气、机械、电磁、热安全防护功能；车载设备满足功能安全需求；壁挂设备以及WiFi具备信息安全功能；系统设备可故障诊断
融合应用	整车技术融合	与整车能量管理系统深度融合，可与自动泊车系统融合	与整车能量管理系统深度融合，与自动泊车系统深度融合实现无人泊车及充电	与整车能量、信息、网络系统深度融合，与整车相关功能协同开发
	互操作性	功率传输部分具备互操作性硬件基础，不具备跨车企、供应商的互操作应用	系统具备互操作性硬件基础，同一车企不同供应商可实现互操作	系统具备全面互操作性基础，可跨车企、不同供应商的互操作应用

图3 电动乘用车无线充电技术发展路径

资料来源：中兴新能源科技有限公司。

无线充电系统技术构成相对复杂，其关键技术构成可分为5类：功率传输（系统性能）、辅助功能、运营服务（智能化功能）、安全机制和融合应用。以国内车企需求及技术发展状态可将其技术发展路径分为3个路标，当前状态（2023年）、近期状态（2025年）及中长期状态（2030年）。

1. 当前状态（2023年）：满足高端车型的私人场景应用

当期无线充电技术已经在部分高端车型量产。功率传输技术的需求明确，目前已形成标准化技术路线，但随着上游功率器件的升级及新技术的成熟，在输出电压范围兼容、系统效率、设备比功率仍存在提升空间。辅助功能技术基本满足需求，但检测精确度、准确率等方面仍可提升。运营服务相对薄弱，随着应用场景扩大及规模增大，该能力将快速提升。安全机制涉及传统的电源类设备基础安全要求及车规要求的功能安全、运营所需的信息安全等，目前在功能安全、信息安全及故障诊断方面将随着应用中出现问题后的反馈进一步完善。融合应用方面目前处于相对初期，一般仅与整车的能量管理系统融合，在互操作性、自动泊车、整车网络、故障诊断等方面技术仍待提升。

2. 近期状态（2025年）：满足中高端车型的特定公共场景应用

2025年国内将有更多的量产车型发布，上游电子物料成本相对降低，下游应用场景和需求相对明确。近几年，大部分企业均在面向车企需求开发量产产品，技术研究更倾向于产品的稳定性、可靠性和安全性等方面，功率传输和辅助功能的各项指标将有小幅度的提升。运营服务和安全机制方面随着车企的需求完善和硬性要求，相关技术将出现较大幅度提升，自动充电、远程升级、人机交互、便捷服务等方面技术将逐渐成熟，功能安全、信息安全等安全机制将逐渐完善。融合应用中的整车技术融合将大幅提升，满足量产车型中无线充电的产品便捷性及用户体验提升。互操作性的通信协议标准化和市场应用技术仍需在细分技术方面完善，但同一个车企内不同供应商之间的互操作性将在该阶段实现。

3. 中长期状态（2030年）：满足大部分车型的应用

该阶段，技术发展经历了多轮的中高端车型市场应用，设备发货量增加、产业链成熟、配套服务的智能网联行业应用渗透增加等利好条件，无线充电技术将逐渐成熟。不同价位车型对无线充电的性能、功能需求也将逐渐清晰，系统成本可根据需求配置进行细化分层，以适应不同用户群体需求。功率传输、辅助功能、运营服务、安全机制及融合应用技术将全面提升，达到市场和用户所需的技术成熟度。同时，随着车网互动、储能等技术发展，无线充电技术也将呈现多样化需求满足发展趋势，双向充放电等新型无线充电技术也将逐渐投入市场应用。

（二）应用路径发展趋势

针对不同的车辆类型，无线充电具有其对应的应用路径。根据《无线充电（电力传输）设备无线电管理暂行规定》中的功率等级划分，可分为商用车（≤120kW）、乘用车（≤22kW）两类主要车辆的应用，此外部分特种车辆及设备也存在无人化充电的需求，因此从商用车、乘用车、工业及智能化设备、特殊场景及设备共四方面对无线充电的应用场景路径进行分析（见图4）。

其中乘用车的应用场景在上节中已分析，以下为其他3类场景路径的分析。

商用车应用：2025年前我国商用车无线充电应用主要集中在30~60kW的公交车量的应用示范。该应用领域无线充电设备的定制化需求较大，降成本难度较高，因此预计2030年前均处于示范应用或小批量应用阶段。

工业及智能化设备应用：目前无线充电在部分无人化、无尘化的制造工厂中已定制应用，同时在部分户外的巡检机器人、巡检无人机也有相关的定制应用。后期随着制造升级及无人化需求场景增加，该领域将出现平台化解决方案。

特殊场景及设备应用：无线充电在新能源车辆特殊场景应用将主要集中在无人化值守场景，如AVP（自动代客泊车）、智能立体车库等方面，该应用依赖于无人化泊车场景行业的发展。其他特殊场景或设备包括港口车辆、

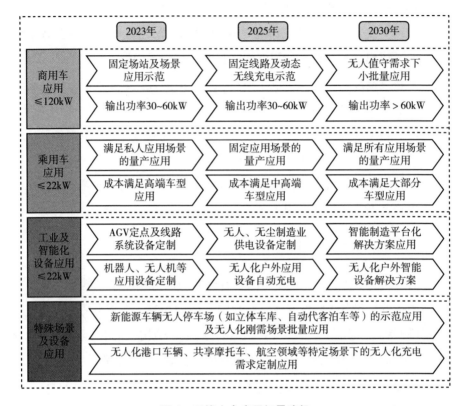

图4 无线充电应用场景路径

资料来源：中兴新能源科技有限公司。

设备、共享摩托车等，在人工成本较高区域或无人化需求刚需地区将逐渐应用。

（三）运营模式发展路径

根据当前行业状态及趋势预估，无线充电的运营模式将存在设备销售、设备运营、产品定制及知识产权运营共4类模式，图5所示为4类模式的发展路径。

设备销售：2025年之前无线充电的主要运营模式为设备销售，且为设备制造商根据车企的具体车型需求正向开发的前装设备销售，同时也可向

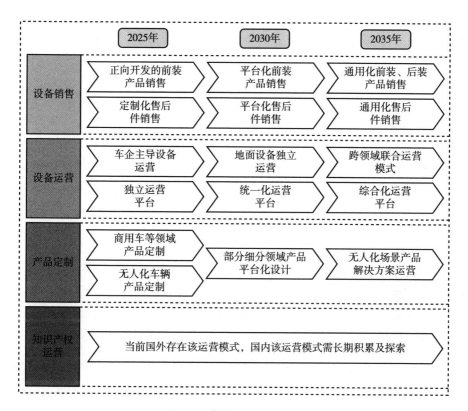

图 5 运营模式的发展路径

4S 店或维修厂销售对应产品作为售后件。随着规模增加，车企将根据规划车型进行无线充电平台化设计，在 2030 年左右，定制化前装产品逐渐向平台化前装产品演进。随着市场应用的进一步拓展，部分不同车企在车型平台间可能存在共性设备（特别针对地面设备）需求，在 2035 年左右将形成通用化设备销售模式。

设备运营：乘用车无线充电由于功率限制及成本较高，很难像传导充电一样出现大范围的专用设备运营商，因此前期一般由车企进行设备的运营及维护。随着无人化泊车场景应用发展，无线充电可与停车系统跨平台融合，即形成自动泊车结合自动充电的运营模式。

产品定制：在细分的特殊场景下无线充电产品将形成平台化解决方案的

运营模式。

知识产权：该方式在国外目前存在成熟的运营模式，但在国内目前无相关企业以该模式运营。

五　小结

在分散式充电领域，无线充电是实现自动化充电的最佳商用解决方案，可真正实现用户的无感充电极致体验，是当前中高端车型提升用户服务卖点的优选，是即将到来的 AVP、自动驾驶车辆的无人化慢充的优选，也是实现车网互动中智能、车桩联控的优选充电技术。

无线充电在技术方案、标准化程度、产业链完善性等方面已日渐成熟。2022 年红旗 E-HS9，智己 L7 配备有无线充电的车型量产，长城沙龙品牌无线充电产品量产，都标志着无线充电自身产品性能，尤其是功率充电部分已经实现了车规级产品化，整个行业已有大幅进步。然而当下电动汽车无线充电的市场，发展仍然较慢，急待破局。发展挑战主要存在两个方面：系统成本高和市场痛点不明显。根据产业发展路径，需在政策、宣传、技术等多维度加快该产业的支持及发展。

B.15
即插即充充电技术现状与发展趋势

邱　熙*

摘　要： 便捷、高效是电动汽车用户对充电服务的普遍诉求，针对用户充
电支付中面临的扫码刷卡烦琐的问题，即插即充技术的应用有效提升了用户
充电支付的便利性。本文综述了即插即充的技术原理，并阐述即插即充技术
应用案例，以及即插即充技术的发展趋势。现阶段行业内的即插即充是通过
识别车辆 VIN 码并与车企充电系统或第三方充电运营管理系统内用户录入
的 VIN 码比对，从而实现即插即充。目前，较多的车企随车桩以及第三方
运营商均已拥有了借助蓝牙通讯、本地通信协议或其他技术手段实现即插即
充的方案。未来，即插即充技术将继续向智能化、自动化、安全化发展，随
着电池技术的发展和电网对灵活调节负载需求的增加，即插即充技术也可能
广泛使用于电动汽车即插即放场景。

关键词： 即插即充　VIN 码充电　充电技术

一　即插即充技术原理介绍

即插即充是指车企或第三方充电运营商通过车、桩、云平台之间信息互
通，实现充电桩插枪即对车辆进行充电。即插即充技术解决了扫码刷卡烦琐
等问题，提高了充电便利性，极大增强了用户充电体验。其原理为插枪后通过
车辆底层与充电设施通信，获得车辆、用户信息。通过车机 API 传递给车机应

---

　　* 邱熙，南方电网电动汽车服务有限公司充换电设备事业部设备研发工程师，工程师，主要研
究方向为电动汽车充换电设备技术。

用层，由应用将信息经安全信道向运营商平台发起充电请求。应用可以是电动汽车企业自主 APP，也可以是充电设施运营商或第三方服务商的车载 APP。

现阶段充电行业使用的即插即充充电技术是通过识别车辆 VIN 码来进行，通常称为 VIN 码充电。VIN 码是英文 Vehicle Identification Number（车辆识别码）的缩写，由 17 位字符组成，俗称十七位码。它包含车辆的生产厂家、年代、车型、车身型式及代码、发动机代码及组装地点等信息，是车辆身份的唯一标识。

用户在使用 VIN 码充电之前，需要提前将用户相关信息录入车企充电系统或第三方充电运营管理系统，并且充电桩要支持 VIN 码充电。在接收到充电请求后，运营商平台会生成充电订单，并与充电桩进行交互，启动充电过程。

由于充电原理、充电接口的差异，交流桩和直流桩对车辆汽车 BMS 信息的获取深度差异巨大。直流桩是由桩获取车辆的 VIN 码给到车企/第三方充电平台来启动充电，家充桩是平台先核实车辆 VIN 码是否在白名单里面再决定是否下发启动充电命令。直流桩可以在车主不在后台登记 VIN 码的情况下，实现充电桩对 VIN 码信息的获取，而交流桩只能是车主在后台登记 VIN 码才能进行充电，充电桩自身并没有能力识别 VIN 码。上述即插即充功能涉及的车、桩、云平台见图 1。

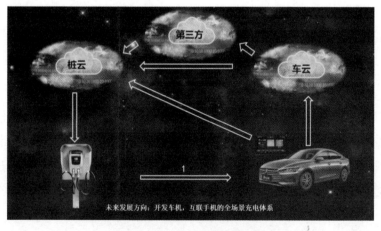

图1 车、桩、云平台示意

二 即插即充技术典型案例

（一）车企自用即插即充充电桩

新能源汽车竞争日益激烈，各车力图通过提升充电体验来吸引潜在的客户。目前较多主流车企在自建充电网络，车主在车辆 APP 上经过简单设置后，就可以在各车企自建站点的快充充电网络和家用小功率充电桩（7kW交流桩/小功率直流充电桩）实现 VIN 码即插即充。现以特斯拉、极氪为例来简单说明各车企在即插即充功能实现原理上的不同。

特斯拉作为全球电动汽车市场的领导品牌，推行"以家庭充电桩为主，超级充电桩为辅，目的地充电桩和通用移动充电器为补充"的充电解决方案，为客户提供卓越的充电体验。

特斯拉第三代家庭充电桩新增了"充电权限控制"固件功能。升级后的特斯拉家充桩不需要借助 4G、WiFi、蓝牙等其他网络通信，只通过本地通信协议辨识车架号（VIN 码），识别并实现充电权限控制。特斯拉车主通过家充桩后台进行设置，将允许充电的特斯拉车辆或符合 2015 国标交流充电协议的电动汽车加入白名单。

极氪汽车在家充桩安装完毕后，车主在极氪 APP 中按照提示绑定并激活 VIN 码之后，自动识别功能开启，车辆靠近充电桩后，蓝牙通讯启动，实现车辆的即插即充和快捷开盖功能，车主可以通过 APP 端操作将充电权益分享给其他人。

（二）第三方运营商即插即充充电桩

第三方的充电运营商为提升用户充电体验，也在大力推广即插即充充电技术。具体做法是在充电运营 APP 界面登记车主、车辆信息，在平台建立 VIN 码信息库，对插枪充电的用户，在订单启动阶段，通过对 VIN 码鉴权的方式实现车辆的即插即充。

三 即插即充技术未来发展趋势

随着新能源汽车保有量的不断增加，充电数据安全也越发变得重要，即插即充技术将会使用更多的信息加密算法来保证充电安全。随着电池技术的发展和电网对灵活调节负载需求的增加，即插即充技术也可能广泛使用于电动汽车即插即放场景。长远来看，家充桩向小功率直流充电桩方向发展，是可能的趋势之一，小功率直流桩的应用使得家充桩的功能将区别于现在的7kW 交流充电桩，充电桩可获取更多的车辆充电参数，使得家充桩 VIN 码充电也可以获得充电交互数据。

综上所述，即插即充技术已经成为现代电动汽车产业的重要组成部分，其发展趋势将随着技术的不断进步而更加智能、自动、安全。

B.16
智能化绿色高效换电技术现状与发展趋势

王水利 李继明 车晓刚 由勇 马唯杰*

摘　要： 随着新能源汽车产业快速增长，换电模式因迅速高效的能源补充优势而日益受到广泛关注。众多企业正投身于换电技术的研发之中，专注于提高换电过程的安全性、稳定性以及效率。本文着重探讨了换电技术核心路线的发展现状，概述了市场上现有的换电方式，以及乘用车和商用车换电站的布局情况。本文深入分析了站控系统、车-站互联技术、换电系统、锁止技术、电池全寿命周期管理技术、智能防爆技术等关键技术的要素，并描绘了行业的当前发展状况。进一步的，基于对智能化、绿色、高效换电技术发展的需求，对换电技术的关键点进行了未来趋势的预测。当前在实现换电功能的技术层面并无明显障碍或瓶颈，未来的发展重点应转向有效的设备成本控制与降低，以期在提高换电效率的同时实现成本的优化。

关键词： 换电技术　换电设备　快换电池管理

一　智能化绿色高效换电技术现状

随着新能源汽车的普及，换电技术作为新能源汽车重要的补能技术

---

* 王水利，蓝谷智慧（北京）能源科技有限公司党委书记、董事长、总经理，工程师、注册咨询师、情报分析师；李继明，蓝谷智慧（北京）能源科技有限公司技术研发中心主任，中级工程师；车晓刚，蓝谷智慧（北京）能源科技有限公司技术研发中心副主任，中级工程师；由勇，蓝谷智慧（北京）能源科技有限公司技术研发中心电池技术专家，高级工程师，博士，主要研究方向为新能源电池技术；马唯杰，中汽数据有限公司补能战略室研究员，研究方向为充换电市场分析与换电技术。

之一愈发受到行业关注，越来越多的企业加入换电技术研发的行列，换电各环节技术路线各异。换电基础设施需要较另一种补能方式——充电的优势进行开发。作为整合的补能设备，换电站可以更便于集成智能化设计；作为集中充电的场所，换电站可以灵活运用电力来源，可以与绿电结合，消纳绿电，降低火电负荷；换电作为快捷补能方式，可以高效服务新能源汽车车主。下面分别从"智能化""绿色""高效"三方面进行简述。

"智能化"换电技术旨在以数据驱动为依托进行技术整合，智能换电技术全程自动换电，无须人工干预；智能充电技术，涵盖智能能量调度系统，解决峰谷时段最优充电方案，解决站内电池的充电优先级，解决充电过程中对电池状态的数据监控；智能防爆技术，以电池充电数据为依据，对风险电池进行智能处置，将风险电池与整站隔离。

"绿色"换电技术旨在以换电站作为快速补能装置，对电力源需求具有一定的灵活性，风光储能均可作为动力源给换电站提供动力，在此动力提供过程中，以能量转化技术、能量调度管理技术为主。

"高效"换电技术主要体现在两方面，即补能时效高效及信息流通的高效。时效性方面，目前从车辆进站到离站，全流程用时较短，等效于燃油车的加油时间；信息流方面，从换电车辆信息识别、需更换电池的信息追溯、新上车电池的信息追溯到全流程充换电状态的信息呈现等均处于高效有序的流通状态。

（一）换电技术概述

1. 换电技术分类

换电站按换电方式，可以分为底盘换电、侧方换电、分箱换电、顶吊式换电；在锁止方式上分为卡扣式、螺栓式、旋压式、涨珠式。在用途上分为乘用车换电、轻卡换电、重卡换电、三轮车换电、两轮车换电、船舶换电等（见表1）。

表1　换电技术分类

	换电方式	底盘换电
换电站		侧方换电
		分箱换电
		顶吊式换电
	锁止方式	卡扣式
		螺栓式
		旋压式
		涨珠式
	用途	乘用车换电
		轻卡换电
		重卡换电
		三轮车换电
		两轮车换电
		船舶换电

资料来源：蓝谷智慧（北京）能源科技有限公司根据资料整理。

目前换电技术的开发，主要围绕乘用车和重卡换电两个领域。

2.换电站布局

（1）乘用车换电站布局

换电站由设备舱、电池舱、换电舱、监控室四部分组成。换电站组成如表2所示。

表2　换电站组成

		充电机
换电集装箱	设备舱	配电柜
		消防控制器
		照明
		监控

续表

换电集装箱	电池舱	电池包
		消防系统
		照明
		监控
		空调
		码垛机
	换电舱	举升平台
		RGV
		车牌识别系统
		照明
	监控室	控制电脑
		办公桌椅

资料来源：蓝谷智慧（北京）能源科技有限公司根据资料整理。

目前主流换电站企业均可实现电池舱的扩展功能，可根据需求把电池包按8、18、28、48的数量进行按需配置。

（2）商用车换电站布局

换电站分上集装箱系统、下集装箱系统、监控室、换电通道四部分组成。

（二）站控系统

站控系统是指应用信息、网络及通信技术，对充电站、电池更换站内设备运行状态和环境等进行监视、控制和管理的系统。站控系统能够将站内充电设备、电池箱更换设备、配电设备、视频与环境监控设备及站内其他智能设备状态信息、参数配置信息、充电、换电过程实时信息等进行集成，实现站内设备的监视、控制和管理，并具备与上级监控管理系统通信功能。

1. 站控系统分布式电子电气架构

在智能网联日益普及的时代，电子电气架构作为换电站智能化的基底，目前已经成为换电企业的研发重点。与电动汽车电子电气不同，当前换电站依然以分布式架构为主，通信较为发散，各家特色均不相同，但主干通信网络大多为 10M/100M 工业以太网。换电站电子电气架构通过整合换电站内各类传感器、处理器、线束连接、电力分配，实现整站的功能、计算及能量的分配。

分布式电子电气架构使换电站各功能受不同且单一的硬件控制器控制。随着换电站配置需求与功能实现方式的增加，换电站控制器的数量激增，如为了实现进站电池包外观检测，单独增加用于外观识别的边缘计算机；为了实现换电站内机械结构寿命预测，单独增加用于故障预测的控制器 IPU 等。面对这种无限制的扩张，分布式电子电气架构很难高效分配和承载控制器过多的复杂功能，且整站远程升级功能也受限于分布式架构，很难实现所有关键零部件远程升级。

2. 站控系统数字化与智能化技术

（1）换电流程全自动化控制技术

全程自动化换电的整个换电过程无须驾驶员下车。整个换电过程主要包括车辆信息识别、车辆进站、车辆泊位、安全认证、电池解锁、电池更换、换电结算等步骤。

站控系统能够自动识别电池类型和位置：利用机器视觉、传感器等技术自动识别电池的类型和位置，有助于确保电池更换的准确性和高效性；在识别到需要更换的电池后，自动进行电池包的更换；大大减少了人工更换电池的时间和成本，同时降低了操作失误的风险。站控系统精准协调站内设备，能够在无人介入的情况下高效、稳定的完成换电的全过程。

（2）站控系统数字化与网络化

远程监控和管理：通过互联网技术，站控系统将设备的运行数据传输到远程服务器，运维管理人员可以通过手机或电脑随时随地查看设备的运行状态和数据，有助于实现设备的远程监控和管理。

数据分析和决策支持：通过对换电站进行建模，生成相应的数字孪生模型，对换电站的运行状态进行实时监测和分析，将换电站实体 1∶1 映射到可视化管理平台。通过网络化的设备监控数据，管理人员可以进行数据分

析，了解设备的运行状况和性能趋势，为决策提供支持。

（3）站控系统智能调度技术

利用人工智能进行设备监控和维护：站控系统利用人工智能算法技术对设备进行实时监控，预测设备的维护需求，及时发现潜在的故障和问题，有助于减少设备的停机时间和维修成本。

智能调度和优化：通过人工智能技术，站控系统可根据车辆到达的时间、电池充电状态等信息进行智能调度，优化电池更换的顺序和时间，提高运营效率。

（4）站控系统数据存储与监控技术

站控系统内存储从设备接收到的数据，用于长期和短期的应用，使用站控系统的本地数据库，在本地对数据进行预处理，清洗异常数据，对传感器和设备的运行数据进行数据聚合。经过处理的数据上报云端，存储云端数据库内。在数据存储技术方面，目前主要使用结构化数据存储方式，例如Oracle、MySQL、SQL Server 和 PostgreSQL。

站控系统通过对设备的运行状态进行实时监测（见图1），预测设备的

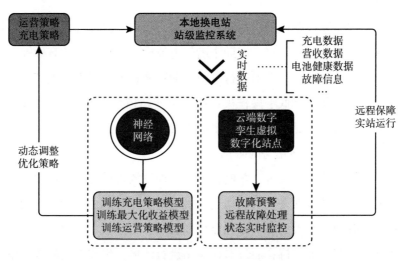

图1　站控系统数据存储与监控技术

资料来源：蓝谷智慧（北京）能源科技有限公司根据资料绘制。

故障和性能下降等问题，提前采取措施进行维护和更换。如果出现异常情况，监控系统会立即发出警报，通知运维人员及时处理。此外，系统还可自动调取故障点位附近的摄像头等监控信息，辅助运维人员进行故障判定。

3. 站控系统电池安全状态与电池充电风险评估技术

（1）站控系统电池健康状态监测

电池健康状态监测构建于对电池性能关键指标的深入洞察，这些指标反映了电池的实时工作状态和长期健康趋势，为预防性维护和寿命预测提供了科学依据。

通过传感技术、数据统合、状态估计算法等技术手段来实施。①传感技术：采用尖端传感器阵列，这些传感器能够以极高的精度和响应速度捕获电池关键参数，为健康监测提供实时数据。②数据融合：结合来自不同传感器的数据，使用先进的算法强化信息的完整性，减少单一数据源的误差，提升整体监测系统的准确性。③状态估计算法：运用复杂的算法，如卡尔曼滤波，对收集到的数据进行分析，以准确估计电池的即时健康状态，预测未来的性能变化。

（2）站控系统电池充电风险评估

电池充电风险评估是基于对电池在充电过程中的行为模式的全面理解，包括电池内部的复杂反应以及这些反应对外部条件变化的响应。

通过模型预测控制、机器学习、风险量化等技术手段来实施。①模型预测控制：利用详细的电池模型，预测充电过程中可能出现的状态变化，从而实现风险的早期识别和缓解。②机器学习：通过分析电池的历史充电数据，训练出能够识别风险模式的机器学习模型，增强对未来风险的预测能力。③风险量化：运用复杂的统计学方法和概率论，对充电过程中的风险进行定量评估，为操作决策提供切实可行的数据支持。

（3）站控系统电池充电策略优化

电池充电策略优化基于对电池在不同充电条件下的性能反应的深刻理解，旨在通过精细调控，实现电池性能与寿命的最佳平衡。

通过智能充电算法、热管理控制、容量衰减管理等技术手段来实施：①智

能充电算法：开发的算法根据电池的即时反应动态调整充电参数，以实现充电过程的智能优化，减少磨损，延长电池寿命。②热管理控制：通过高效的热管理系统，确保电池在整个充电周期内保持在理想的温度区间，防止过热或过冷影响电池性能。③容量衰减管理：实时监测电池容量的衰减趋势，调整充电策略以减缓衰减速度，优化充电周期，从而延长电池的整体使用寿命。

（4）站控系统安全预警与应急响应

安全预警与应急响应系统的建立是为了在电池出现任何异常状态时，能够立即识别并采取有效措施，以最大限度地减少潜在的安全风险。

通过实时监控系统、应急响应机制、安全隔离技术等技术手段来实施。①实时监控系统：构建的监控系统能够实时地跟踪电池状态，一旦检测到异常，系统将立即发出预警并激活安全协议。②应急响应机制：制定全面的应急响应方案，确保在电池系统出现问题时能够迅速采取断电、启动散热等紧

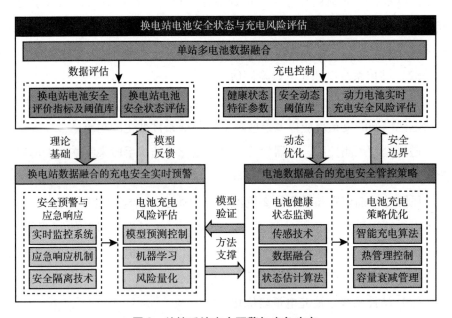

图2 站控系统安全预警与应急响应

资料来源：蓝谷智慧（北京）能源科技有限公司根据资料绘制。

急措施。③安全隔离技术：开发的隔离技术能够在电池单元出现故障时迅速隔离，防止故障扩散到整个电池组，确保系统的整体安全性（见图2）。

（三）车-站互联技术

1. 车辆身份识别

蓝谷能源目前采用抓拍机、RFID 等方式进行车辆唯一身份（车牌/VIN）识别，其中乘用车换电站多采用抓拍机方案，重卡换电站受限于外部恶劣环境等因素则更多采用 RFID 方式。

（1）抓拍机识别技术

抓拍机是一种利用计算机视频图像算法在固定区域内针对静止或运动中车牌的车牌号及颜色信息识别提取并处理的技术系统。采用红外检测、视频检测等多种方式感知车辆，并触发图像采集抓拍，对采集的图像进行处理，确定车辆车牌号，从而实现对车辆的识别。此方案对光照、车身角度等因素十分敏感，易出现不识别和误识别风险。

（2）RFID 识别技术

RFID 是一种利用无线电信号识别特定目标的技术。由读写器、定向天线和 RFID 标签组成，RFID 标签内含一个微型芯片和一个天线，用于存储和发送信息，读写器通过定向天线将无线电信号与 RFDI 标签进行通信（见图3）。当装有 RFID 标签的车辆到定向天线识别范围时，读写器发送无线电信号触发 RFID 标签，RFID 标签把带有车辆唯一身份信息（VIN）的无线电信号上报到读写器，从而实现对车辆的识别。

2. 车辆（电池）定位

在车辆定位识别及电池位置检测系统中，为有效地保证定位精度和识别准确率，我们分别采用了激光定位、双点激光检测和视觉相机校准技术。激光定位技术可以有效地帮助司机识别车辆停靠位置并在发生偏移时及时进行纠正。此项技术以其安装方便、成本低廉、识别性能稳定等优点得到诸多好评。双点激光检测及视觉相机校准技术为检测识别车辆电池位置的手段，车辆定位停靠后，进行双点激光检测可识别出车辆停靠角度和距离是否满足要

汽车蓝皮书

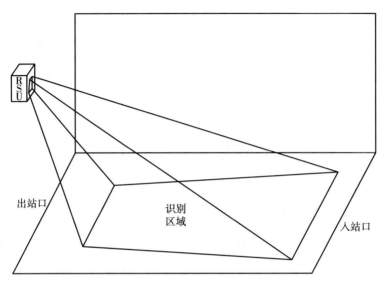

出站口

识别
区域

入站口

图3 RFID识别区域

资料来源：蓝谷智慧（北京）能源科技有限公司根据资料绘制。

求，并及时有效地提示操作人员。视觉相机校准技术采用高性能3D工业相机进行扫描拍照，通过相机控制器取照、数据分析后精确地计算出电池位置，有效地保证行车取电池的位置精度在5mm以内。

3. 车站近场实时通信技术

为了提高车辆换电的智能化、安全化、实时与高效化，通常换电站需要及时获取换电车辆在换电站内的车辆状态，当前由于换电车辆的研发通常早于换电站，或换电车辆与换电站非一家企业研发，车辆与换电无实时交互内容或交互内容较少，难以满足车站实时通信要求。

WiFi、蓝牙、射频、微波等均为车站近场实时通信方案，蓝谷能源采用射频和WiFi通信方式，但都为辐射通信，当通信辐射范围较大且换电车辆较多时易出现车站通信紊乱风险。

（四）换电系统

换电系统技术从换电设备结构（乘用车）与电控（乘用车及重卡）两

方面展开介绍换电技术。

1. 换电设备结构

换电设备结构由举升平台、RGV、码垛机、周转舱等部分组成。典型系统的组成方案介绍如下。

（1）举升平台

举升平台用于举升换电车辆，配合其他设备完成换电工作的装置。举升平台包含 V 型滚筒定位机构、对中夹紧机构、刚性链举升机构等用于定位前轮并举升车身的装置。

（2）RGV

RGV 即有轨制导穿梭小车，可用于各类高密度储存方式的仓库，小车通道可设计任意长，可提高整个仓库储存量，并且在操作时无须叉车驶入巷道，使其安全性更高。蓝谷目前已经量产的 RGV 具 X 向和 Y 向的变距，具备高兼容性，可以满足轴距 2500mm～3000mm 的车辆，电池包宽度 1000mm～2100mm 都可以进行换电。

（3）码垛机

码垛机是采用货叉作为取物装置，在货架等处取送、搬运电池的装置。

2. 换电设备电控

（1）乘用车换电设备电控

换电设备的电控系统依靠控制器集中采集和支配换电设备硬件结构上的感知传感器和执行器件，控制器作为电控系统的大脑，是换电设备实现高速、高效、高性能换电的保证，所以我们认为电控技术的支撑源于高效且稳定的控制器。目前，国内换电设备电控系统的控制器基本上分为两大类：一类是基于 Ethercat 总线的控制器，另一类是基于西门子独有、高效的 Profinet 总线的控制器。

基于 Ethercat 总线的控制器，借助高性能硬件和软件助力实现高速通信，控制器采用宽温设计，运行和存储温度基本能够满足极寒、极热天气以及各种极端环境，具有较高的开放性和兼容特性，对三方设备支持更友好，支持模块化开发，支持各种国际编程标准，同时具有多轴耦合联动和凸轮等

功能，可驱动较多运动轴。同时控制器具有高效的数据逻辑处理能力，支持与上位机的各种通信方式，能够实现与上位平台高效的数据信息交换功能，并且支持远程监控程序数据。高性能的硬件平台搭载高效的软件平台实现高速、高效的控制方式，带来高效可靠的换电体验。其具有代表性的控制器和软件平台有 CX1530 嵌入式控制器和 TwinCAT 软件平台、汇川运动控制器和软件平台。当前使用这个技术的换电厂家有蔚来、东风等。

基于西门子的 Profinet 总线的控制器，借助其强大的 Profinet 总线通信方式完成高效、稳定的换电设备信息交换和工艺控制，支持运动控制、闭环控制、高速计数与测量、PID 控制，ODK 应用程序支持 Windows 系统和实时系统；OPC UA 服务器数据访问，OPC UA 安全支持；支持 Profinet Busadapter、Profinet IO 控制器和设备接口，支持 RT/IRT、MRP、MRPD；运动控制功能支持工艺对象配置，具有高效、稳定、可靠的特性，系统相对封闭保守，安全性较高，对第三方设备支持要求较高，控制器稳定性出色。支持与上位平台的各种通信方式，可实现与上位平台可靠、安全、稳定的数据信息交换，具有强大的逻辑处理能力和运算数据处理能力，优秀的伺服系统控制能力，使换电稳定性更加安全可靠。稳定、安全、可靠的硬件平台加上高效的软件平台，助力实现可靠安全的换电体验。其具有代表性的控制器有西门子 ET 200SP 开放式控制器-CPU1515SP PC2 以及 1500、1200 系列。软件平台统一为西门子 TIA Protal 编程调试软件。当前使用这个技术的换电厂家有蓝谷能源、吉利等。

（2）重卡换电设备电控

以某品牌重卡换电设备电控系统为例，其采用模块化设计，主控制器选用西门子 1500 高性能系列 PLC，子站采用德克威尔 EX 系列卡片式总线 I/O 模块。模块化结构设计使得整套控制系统易于维护和扩展，同时具有强大的自我诊断和检测功能，提高了系统的可靠性和稳定性。高性能控制器可支持多种高级运动控制算法满足各种复杂控制要求，并且支持多种通信协议，方便与多种外部设备及站控云端进行数据通信。

运动系统由行车轴、平移轴、升降轴三轴组成，各轴分别采用西门子高惯量系列伺服电机，电机控制器采用西门子运动控制器 V90 系列。高标准的配置使整套运动体系控制精度在 1mm 以内，响应时间达到 10ms 以内，并且能够满足长时间满负荷平稳运行。

另外重卡换电设备电控系统采用了西门子最新 TIA 软件进行设备组态程序编制。在设备组态方面可采用拓扑组态方式对各伺服驱动器及网络设备进行组态，站内所有 PN 设备采用工业以太网总线形式进行通信，多个设备组态在一起，形成一个共享的传输通道，这样不同的设备不需要独立连接到主机，减少了连接线数量，简化了连接结构，节省了空间和成本。同时传输多个设备间的信息，提高了数据传输速度，实现信息流高效传递。所有设备共享同一条总线，数据传输可以并行进行，提高了系统效率和响应速度。在运动控制程序方面可采用工艺对象 TO 轴控制和报文传输相结合的方式进行控制，有效地实现了多轴同步、自我诊断、实时监控等诸多功能。

对于不同的连接设备可采用不同的通信协议方式进行数据传输。与激光定位检测系统采用模拟量变送方式，与相机识别等系统可采用 TCP/IP 方式进行数据交换，与站控及云端方面可选用主从式的 MoudbusTcp 通信方式。通过不同的通信方式，可实现站内设备的数据共享和信息统一。

（五）快换电池全寿命管理技术

电池资产是智能化绿色高效换电站的核心资产，采用基于数据对电池资产进行全生命周期管理的业务模式，驱动电池利用率和车辆运营效率的提升是智能化换电站的核心技术。在换电商业场景下，电池全寿命周期会分为几个阶段：电池入网、电池使用运营、电池维修、电池梯次利用、电池粉碎回收。

在电池入网阶段，换电模式特有的电池和车辆均属于物联网设备，实时上传数据，电池入网基于检测平台的数据，快速评价电池的状态，如果符合入网条件，可快速入网，不符合入网条件则进行电池质保、电池维修等售后服务手段，保证入网电池处于正常状态。

在电池运营管理方面，基于一套电池性能评估与安全评估的算法模型，

实现电池性能指标和安全指标的实时评价，结合智能充电的技术，提升换电站充电效率，降低充电成本，同时也提升运营的效率，降低安全事故的风险。

在电池维修管理方面，主要有故障诊断和故障维修两方面的工作。故障诊断是基于监控数据快速检测和分析故障位置并锁定故障；故障维修是通过检测到的故障，自动匹配维修手册及维修所需要的工具和物料，自动派工给相应的维修人员进行维修。

进入梯次利用阶段，在前期电池分选环节采用快速分选技术，可大大降低分选的成本和分选的时间，基于电动汽车使用历史数据对电池快速分选，根据级别不同应用到不同的场景。应用场景环节，例如将梯次利用电池做成储能电池和小电力应用，进一步通过数据采集手段，采集相关设备数据，进行使用过程中的分析。

（六）快换锁止技术

换电过程中对锁止机构的核心要求包括：高度可靠性、良好的耐用性以保证较长使用寿命、快速便捷的安装性能。快换电池包的锁止方式主要分为卡扣式、螺栓式、旋压式、涨珠式。卡扣式代表车型为北汽快换车型，电池包在上锁的时候需要在 X 和 Z 两个方向运动，完成电池包和车身的联接。

其新一代涨珠式锁体已经小批量生产，在原来的基础上，增加了预紧力，提高了整车的刚度，降低了车辆运行过程中由锁体与锁柱间隙造成的振动，安装时只需要电池包 Z 向（单向）运动，即可与车身联接成为一体。

部分乘用车企业采取螺栓式或依托螺栓的原理改良的锁止技术。蔚来通过 8 个 M18 和 2 个 M10 共 10 个螺栓将电池紧固于底盘上，同时蔚来的螺栓式还增加了反向螺纹和浮动螺母，额外增加了安全性，扩展了适配性。

上汽飞凡通过底盘 16 个加解锁复合式螺栓牢牢锁固电池，将锁体上的螺栓和螺母一体化设计。

电池锁止技术是乘用车换电的关键技术。卡扣式稳定性相对较强，耐久度高、拆装快，但难以规避专利问题且对电池的重量有要求。各类螺栓式锁止机构受限于螺栓螺母紧固解锁后的物理磨损问题，导致耐久度略低于卡扣式，且成本略高于卡扣式。这些类型的锁止技术均在行业中得到广泛应用。

（七）智能防爆技术

整站的安全性是换电站的关键性能。行业内除了在充电时通过 EMS 和 BMS 通讯实现对电池包进行实时监控，以及传统的七氟丙烷灭火之外，部分企业（如蓝谷智慧等）还增加了问题电池包一键出舱的设计，具体方案是电池包异常报警后，可以通过 EMS 下达指令，由码垛机把问题电池包交给防爆小车，由防爆小车将电池包运到舱外进行处理，整个过程可以一键完成。

二　智能化绿色高效换电技术发展趋势

换电技术随着市场运营的表现、技术的进步，将不断进行技术的更迭，换电技术会更安全、更高效。智能化技术对数据的依赖程度更高，绿色技术将趋向综合能源，对有限资源的充分配置利用，对再生能源的利用占比越来越高；高效技术将依托高效的数据算法引导换电需求客户高效决策，使充换电补能更高效、风险判定更高效，等等。具体展现如下。

（一）站控系统

1.站控系统集成式电子电气架构

为了满足智能网联化换电站高计算性能、高通讯宽带、高功能安全、高网络安全、软件持续升级等多方面的需求，换电站电子电气架构需要进行升级。未来发展主要体现在硬件架构升级、通信架构升级、软件架构升级三个方面。

（1）硬件架构升级

站控主机升级为更高性能控制器，便于功能集中，换电站各子控制器基于 SOA 理念进行功能与服务开发，核心功能上放至站控主机进行实现。

（2）通信架构升级

主干网络采用 100M/1000M 以太网，枝干网络采用高性能网关进行 CAN/CANFD、RS485、RS232 等与以太网的转换。

（3）软件架构升级

软件架构一个十分重要的目的是能够支持重要软件的远程升级，要求各子控制器支持软件/固件 OTA 升级功能，并具有高实时性和强可移植性。

2. 站控系统数字化与智能化升级趋势

（1）人工智能（AI）决策支持

AI 可以帮助换电站系统做出更复杂的运营决策，如价格优化、电池生命周期管理和客户服务。利用大数据分析，换电站将能够预测电池需求，从而动态调整库存。这不仅可以提高用户体验，还能降低运营成本。

（2）绿色与可持续

随着人们环保意识的提高，换电站无人值守技术将更加注重绿色环保，未来将更加注重可持续性。例如，采用太阳能和风能等来为换电站提供电力，减少碳排放和环境污染；对数字换电站的运营数据进行建模和分析、训练；对换电站的运营计划和调度进行优化和指导；帮助运营者根据市场需求、电池状态、设备性能等因素，制定最合理的运营计划和调度方案，提高运营效率和能源利用效率。

（3）用户体验优化

智能化的换电站可以通过互联网提供预约服务，让用户提前预约电池更换的时间和地点。车辆到站后可以通过手机与换电站实时交互，所有的操作都可以通过手机操作完成，更加便捷。智能化的换电站可以支持多种支付方式，如在线支付、刷卡支付等，方便用户进行支付和结算。

（二）车-站互联

未来车站近场实时通信采用的则是定向通信技术，DSRC、V2X 等都为定向通信方案，定向通信可以同时实现车辆唯一身份识别与近场实时通信两种功能，但目前来看实现成本较高且技术不太成熟，应用企业较少。

（三）快换电池技术趋势

1. 高倍率充电

未来快换电池可能会具备更高的能量密度、更长的寿命，能够适应更快的充电速度，从而进一步提高换电效率和用户满意度。

2. 标准电池包

适配更多车型的标准电池包将是提升换电站重大投资收益的必然趋势。

（四）电池全寿命管理技术趋势

1. 电池人工智能大模型技术

随着人工智能大模型技术的发展，以 Tranformer 为基础，来构建动力电池预训练大模型，是电池分析管理技术的未来趋势。通过人工智能大模型，利用 MAE 架构，基于数十亿级电池参数进行存储和训练，实现高效、高质量的海量电池数据分析和预测，可以支撑动力电池的设计、制造、管理、回收等全生命周期的智能化。人工智能大模型已在全国30多个城市开展试验和试用。

2. 智能电池技术

智能电池技术能实时掌握电池的运行和健康状态，实现智能感知和对电池的智能管理，其技术是在电池中植入了电位等多维传感器，基于这些传感器，融合电化学机理和人工智能，针对电池内部状态建立感知算法，来实现实时、智能、基于电芯内部状态的电池包整体性能评估及趋势预测。国内已有宜宾市电池全生命周期智能化技术创新中心、苏州清研精准汽车科技有限公司等研究机构和企业进行相关领域研究。

3. 新型金属电池技术

锂离子电池是目前市场占比最大的电池。虽然很多公司针对锂离子电池目前的工艺技术、成组技术等方面提出了改进方案，但随着能源革命的推进，由于锂的特性限制（锂离子电池的能量密度将接近极限）及资源限制，锂离子电池可能无法全面改变传统能源结构，难以同时支撑起电动汽车和电网储能两大产业的发展，所以对非锂材料新型电池的研究也是各国研究的重

点，包括钠离子电池、钒离子电池、金属-空气电池等。

新型金属电池的应用必然对电池管理与分析技术提出新的要求，需要开发新的算法，但是电池产品全生命周期的管理目标仍会持续引导智能化换电行业发展进程。

（五）整站布局趋势

1. 移动便利性

随着电动汽车的普及和城市交通压力的增加，未来的换电站可能会变得更加灵活和便捷。移动式小型换电站可能会成为一种新的趋势，可以在不同的地点快速部署，满足用户的需求。

2. 模块化

集装箱、换电系统设计成模块化结构，方便运输、安装及维修，大大减少落站时间，降低维护成本，预留升级空间。

3. 标准化（兼容性）

换电站换电舱在一定程度上需要满足多种尺寸的车型进行换电、电池包锁止机构和电连接器标准化、换电系统具备高兼容性，真正把换电站的使用效率最大化，提高投资回报率。

（六）智能防爆技术趋势

未来防爆处置也将于换电站内执行，无须出站，最大限度地减少对周边建筑物和环境的影响。

（七）站控系统电池管理技术趋势

电池（不局限于快换电池）基于云数据分析的安全管理将是技术趋势。

基于云端的海量数据，通过机器学习优化，并结合电池机理，对电池进行更精准的电池寿命和维护需求预测，优化充电周期；将云端训练好的模型，自动放置站控系统，在站控系统边缘侧进行及时的预测分析。

物联网（IoT）集成的逐步深化，通过在换电站内内置传感器和 IoT 设备更精确的监控电池数据；站控系统直接深入换电传感器、电机内部，进行远程故障排除，远程诊断和调整，减少现场维护。

（八）其他技术趋势

1. 动力源整合技术趋势

未来的换电站可能会与储能技术相结合，通过存储多余的电能来实现能源的充分利用。这可以进一步提高能源利用效率，对传统电网的依赖将越来越低。

2. 快换锁止技术趋势

加解锁方向单一、具备预紧力，连接可靠，满足快换频次，可能会区分不同领域（对公＆对私）快换车型采用不同技术路线。

3. 换电系统技术趋势

换电系统是换电站的核心系统，未来将会往智能化、集成化、模块化、高兼容性、高效化方向发展（即协同整站）。

当前换电行业的发展需要探索出稳健有效的商业模式。诸多企业已在这一领域进行了积极探索与技术创新，但确保企业坚持换电技术路径的关键要素，在于换电业务能否切实成为企业的盈利增长点。

换电技术从整体上说不存在特殊的技术难点与"堵点"，因此技术发展趋势整体上要在确保设备运行安全性和可靠性的前提下，重视设备成本的有效控制与削减，从而达成"充换同费"的目标。

专题篇

B.17
充换电基础设施监测平台

方向亮 苏 舒*

摘 要： 近年来，我国充换电基础设施行业统计分析能力尚待提高，制约了行业的健康发展。为此，国家发展改革委、国家能源局等多部门发布实施意见，明确加快建立国家、省、市三级充换电基础设施监管体系，要求国家平台和省市级平台应分别做好与各方贯通以及本地统计分析。本文阐述了充电基础设施监测平台的基本概念及主要功能，并简述了其平台的情况，在此基础上提出了发展建议。研究发现，目前部分省级平台已经完成数据对接工作，但数据完整性和平台规范性仍需提升，未来监管平台将完善更多功能，进一步推动数据融合，建议监测平台结合行业备案管理与年度考核机制，提升平台效能，并联合相关政府部门强化对于公共充换电基础设施行业监管的行政执法保障能力，持续推进充换电基础设施行业健康和可持续发展。

关键词： 充电基础设施 充电标准 光储充一体化

---

* 方向亮，国网智慧车联网技术有限公司发展部主任，高级会计师，主要研究方向为电动汽车行业发展；苏舒，国网智慧车联网技术有限公司副主任助理，高级工程师，主要研究方向为电动汽车有序充电引导、新能源与微网。

一　国家-省-市三级充电基础设施监管平台概述

随着新能源汽车市场的快速发展，公共充换电基础设施作为支撑其可持续运行的重要基础设施，其行业统计分析能力显得尤为关键。然而，目前我国在全国层面对于公共充换电基础设施的行业统计分析能力仍较为薄弱，这在一定程度上制约了行业的健康发展。目前，行业统计主要依赖于中国电动汽车充电基础设施促进联盟对于联盟成员上报数据的统计，这种方式虽然能够提供一定的数据支持，但数据的全面性和准确性仍有待提升。

2020年11月2日，《国务院办公厅关于印发新能源汽车产业发展规划（2021-2035年）的通知》（国办发〔2020〕39号）明确提出，加快建立三级监管平台体系。这对于推动新能源汽车市场健康发展和公共充电设施行业的规范化管理具有重要意义。

首先，平台的建立将显著提升行业监管的效率和精准度。平台能够实时、全面地收集和处理充换电基础设施的运行数据，帮助政府监管部门及时掌握行业动态和市场需求，为政策制定和决策提供有力支撑。同时，通过平台的数据分析，可以深入洞察充换电基础设施的运行效率和服务质量，为行业发展和优化提供科学依据。其次，三级监管平台体系将促进充换电基础设施行业的规范化发展。平台通过发布服务运营综合评价报告，引导充换电基础设施企业提升服务质量和运营效率，推动行业形成良性竞争态势。再次，平台还将加强对充换电基础设施安全性能的监测和管理，确保公众充电安全，提升行业形象和用户满意度。最后，三级监管平台体系为充电运营商提供了便捷的信息查询渠道。运营商可以通过平台获取行业政策信息查询、技术标准查询等。

具体来说，国家平台层面，应重点实现和各省市平台以及大型运营商的贯通，指导各省市平台按照全国统一标准规范建设和互联互通，对接国家级新能源汽车和公共交通等监管平台，完善全国层面的行业统计分析，支撑相关部门开展规划和行业监管，支撑国家补贴核算发放，为行业提供全国层面

的数据和信息服务。省市级平台重点应做好本地公共充换电基础设施的行业统计分析,支撑省市层面开展公共充换电基础设施规划、备案管理以及年度考核评级,实现与公共停车、新能源汽车等相关平台的互联互通,为做好省市层面的公共充换电基础设施监管提供有力数据支撑。平台功能主要包括:充换电基础设施数据统计、充换电基础设施专项统计、充换电基础设施故障统计、运营服务综合评价、行业分析报告发布、行业政策信息查询、政策成效分析评价、技术标准查询、充电常识科普、负荷预测与响应效果评估、车网互动交易监测等。

二 国家-省-市三级充电基础设施监管平台建设现状

国家平台采集省级平台和充电服务运营企业充换电基础设施数据,与新能源汽车国家监测与管理平台、电网企业等相关信息联通,省级平台负责采集本省相关充换电基础设施数据,按需接入国家平台。平台基于互联网主流架构与先进技术,成熟的云部署方式,构建高吞吐、低延迟、高可用的分层大数据平台。在基础资源层,利用先进云平台技术,管理计算、存储、网络、安全等基础资源,支持即时动态扩容,实现资源统一管控和应用服务弹性部署。

在首批八家省级平台中,山东省率先完成与国家平台的数据对接,目前已经有上海、江苏、四川等多个省份开展年报及部分月报的数据报送工作。从数据完整性来看,大部分省市在县城和乡镇的场景划分上还不够完善,无法进行相关充换电基础设施建设情况的数据报送。

在地方政府层面,目前我国已经有多个省市搭建了充换电基础设施行业监管平台,部分省市实现了公共充换电基础设施的在线实时接入,并在省级行业统计分析、行业质量监督评级、政府补贴核算发放、行业公共服务等方面发挥了重要作用。据统计,全国范围已建立29个省级充换电基础设施政府监管平台,其中国家电网和南方电网承建了23个平台,占比近80%。省级监管平台已初步具备运营商管理、设施档案管理、政策发布、充电补贴管理、站桩运行管理、设备故障监控、综合数据查询和统计分析等基本功能。初步支持了主管单位对运营商设备运行情况和服务水平的监管，为相关部门提供了有效支持，如补贴政策的实施、行业发展规划和政策制定等。但各省级监管平台在建设运维体系、技术标准、数据基础、应用成效、充电设施接入比例等方面存在较大差异，省间数据缺乏有效贯通，平台规范性和数据一致性有待提高，实现行业数据贯通存在较大障碍与挑战。

在行业平台方面，现有数据统计主要依赖于中国电动汽车充电基础设施促进联盟，联盟数据主要包括充换电基础设施数量、充换电基础设施功率、充电量等数据字段，但尚未细化到具体站点的数据。

三 充换电基础设施监管平台发展趋势及建议

（一）充换电基础设施监管平台发展趋势

首先，要实现国家平台与全部省级平台数据对接，主要为平台接口调试及验证，后续持续开展数据接入，即数据推送、校核、修正，上线充换电基础设施故障统计、运营服务综合评价、政策成效分析评价等功能，有力地支撑运营服务监管，国家、省、市三级监管平台体系初步形成。

其次，国家平台接入全国性主要充电服务运营企业和新能源汽车企业的充换电基础设施数据，上线运营服务监测及车网互动交易监测功能。国家平台力争实现全部充电服务运营企业及新能源汽车企业数据高质量接入。完善国家平台数据交换中心、运营服务监测及车网互动交易监测等功能，实现新能源汽车国家监测平台与电网企业相关信息平台数据接入。后期持续拓展数据接入范围，形成完善的运行机制和制度规范，推动能源网络和交通网络数据融合，国家、省、市三级监管平台基本构建完成。

（二）充换电基础设施监管平台发展建议

建立充换电基础设施行业监管平台，还应结合行业备案管理与年度考核

机制。一方面，各地应在充换电基础设施运营企业备案时明确企业资质能力、服务质量以及安全生产等方面的要求，并适当提高要求；另一方面，应同步建立备案企业的年度考核管理机制，形成监管闭环，对于经营不善和质量安全存在严重缺陷的充换电基础设施运营企业应采取取消备案资格等措施，以有效解决当前行业存在的僵尸桩和故障桩比例较高、用户服务体验不佳、安全生产隐患较多等问题和挑战。此外，应加强充换电基础设施运营企业备案管理与电力并网管理等相关工作的衔接，建议将充换电基础设施电力接入条件确认作为项目备案的前置条件，将项目备案通过作为电网企业具体办理并网接电或提供计量服务的前置条件。

此外，还应强化对于公共充换电基础设施行业监管的行政执法保障能力，做到"执法必严"。应同步明确和强化公共充换电基础设施行业监管的行政执法保障体系，建立交通、消防、建设、电力等行政管理部门联合执法机制，明确对于充换电基础设施场站服务质量、安全生产等相关问题的行政执法流程与处罚措施，按照"双随机、一公开"原则细化公共充换电基础设施行业的检查管理制度和流程，在强化事中事后监管的同时，最大限度地降低对于充换电基础设施运营企业经营的影响。对于检查过程中发现的实际情况与备案要求不符、场站和设施信息接入政府监管平台不及时不全面、非充电车占位管理不当等行为应开展严格执法，对妨碍执法的人员应交由公安部门依法处理。行政执法的对象除了充换电基础设施运营企业，还应进一步扩展至电动汽车用户以及公共停车场经营主体，如上海市交通委等部门印发的《上海市公共停车场（库）充电设施建设管理办法》就明确了公共停车场经营主体是场内公共充换电基础设施日常管理的重要责任人，并将充换电基础设施运维、专用充电停车位管理等事项纳入公共停车场（库）经营备案、质量信誉考核内容，进行定期检查考核。建议全国其他地区也可参考上海相关政策，对于公共充换电基础设施相关违规行为加强执法力度和创新执法手段，切实发挥监管对于促进行业高质量有序发展的作用。

B.18
新能源汽车充电兼容性和安全性
现状及测试

李 川*

摘 要： 伴随新能源汽车的高速发展，主要的技术难点由里程焦虑逐步转化成了补能焦虑，新能源汽车的充电体验开始成为影响行业进一步发展的主要因素。而充电的核心问题主要体现在充电兼容性和安全性上。本文综述了现行及未来标准体系的充电兼容性，介绍了实车实桩的充电兼容性测试方案，并对充电安全性的重要意义及影响其安全性的关键因素进行了全面分析。研究发现，充电兼容性标准分为产品开发、产品改进、完善提升、技术更新四个阶段，未来"2015+"是充电兼容性标准的重要依据；安全性方面，国外新能源汽车相关企业集中度较高，产品的一致性易于控制，国内安全性测试标准框架基本参照国外，标准体系成型较晚，制约充电安全性的主要因素有人员触电、电池起火、其他部件材料起火等。

关键词： 充电兼容性 充电安全性 充电标准 兼容性检测 2015+

一 充电兼容性

（一）现行标准体系的充电兼容性

现阶段我国正在实施的充电国家标准为 GB/T 18487.1-2015、GB/T

---

* 李川，中汽研新能源汽车检验中心（天津）有限公司主管工程师，高级工程师，主要研究方向为新能源汽车产业研究与检测。

27930 - 2015、GB/T 20234.1 - 2015、GB/T 20234.2 - 2015、GB/T 20234.3-2015（简称 2015 版国家标准），分别对充电系统、控制导引电路、通信协议和物理接口（充电接口）等进行了规范要求，在 2017 年发布了控制导引和通信协议的配套测试标准 GB/T 34657.1/2-2017 和 GB/T 34658-2017，由此从标准体系上保证了电动汽车传导充电系统的充电兼容性。

在标准发布后，随着电动汽车产业化的发展，充电兼容性技术大概分为 4 个阶段。

1. 产品开发阶段（2015年~2016年）

车桩企业普遍对标准的理解有待提高，根据中国汽车技术研究中心（简称中汽中心）组织行业开展车桩充电互操作测试的测试结果，该时车桩产品一次充电成功率不足 40%。

2. 产品改进阶段（2017年~2018年）

随着行业不断开展技术交流以及企业对充电技术的不断研究，车桩企业对标准的理解不断提升，针对 2015 版国标的车桩产品完成开发，根据中汽中心组织行业开展车桩充电互操作测试的测试结果，车桩产品一次充电成功率超过 60%，该时不同企业对标准的理解存在差异是导致兼容性问题的主要因素。

3. 完善提升阶段（2019年~2020年）

企业对 2015 版国标理解逐渐透彻，头部企业针对兼容性问题纷纷开展联调工作，根据中汽中心组织行业开展车桩充电互操作测试的测试结果，该时车桩产品一次充电成功率超过 80%，充电兼容性得到显著提升，兼容性主要问题也从对标准的理解转向部分车桩策略或性能的冲突。

4. 技术更新阶段（2021年~至今）

随着技术不断发展，企业为了进一步提升用户体验，很多新的应用需求不断释放出来，大功率充电、升降压充电、低温电池预热、预约充电、即插即充、车辆对外放电等新的应用场景也为充电兼容性带来了新的挑战。

（二）未来标准体系的充电兼容性

为应对新的充电技术的发展，我国目前形成两个技术标准路线。一种是中国汽车标准委员会牵头的"国充 2015+"标准，即基于 2015 版国标的升级，与现行标准保持良好的兼容性，能实现大功率充电、预约充电、即插即充、电池预热、敏捷控制、PE 断线检测、车辆放电等多项新功能，可满足电动汽车大功率充电发展要求，已完成版本协商、功能协商、参数配置等四十余项验证。另一种是中国电力企业联合会牵头编制的 ChaoJi 充电技术标准路线，在不借助转接头的情况下无法向前兼容 2015 版充电国标。

"国充 2015+"在标准思路上延续 2015 版控制导引电路，其基本方案为：电路中包括非车载传导式充电机控制器、电阻、开关、直流供电回路接触器、低压辅助供电回路（额定电压：12 V±1.8 V；额定电流：10 A；测量点为车辆插头触头）接触器、车辆充电回路接触器以及车辆控制器。

充电桩端控制导引电路保持 2015 版本，新控制导引的车辆 S2 为常闭开关，完全连接后桩端的检测点 1 能够正常采集到 4V 的电压，当车辆收到桩端发送 CHM 报文时，确认充电桩为 2015 版直接进入 2015 版充电流程，并按照 2015 版通信协议进行充电，当车辆直接收到桩端发送 CRM 报文时可直接进入 2011 版充电流程。

在新控制导引的车辆端，检测到检测点 2 电压为 6V 确认车辆插头连接，可进入正常充电流程。同时，新控制导引的车辆常闭开关 S2 失效或有急停需求断开时，检测点 1 和检测点 3 的电压值变为 5.714V【5.258V，6.189V】，不在 2015 版充电流程中检测点 1 为 4.00V【3.2V，4.8V】正常充电电压值范围内（见表 1）。新车中的常闭开关 S3 在车辆进入充电阶段前断开，当充电插座接口 PE 线断开时，通过 CC1 回路上的检测点 1、检测点 3 的电压变化能够有效识别。

表1　检测点1电压状态

单位：V

状态	开关S2	检测点1电压偏差值仿真		
		最小值	标称值	最大值
充电中	闭合	3.650	4.00	4.370
	断开	5.258	5.714	6.189

综上，按照新控制导引电路设计的车辆，与2011版和2015版控制导引电路的非车载充电机，能够按照2011版和2015版的导引电路设计进行正常充电，并能实现新车导引电路中硬线信号控制的功能。

新桩老车：执行2015版控制导引电路的车辆与具有新版控制导引电路的充电桩进行匹配时。新控制导引的充电桩取消充电插头内部CC1回路电阻R2（1kΩ），同时R1电阻1kΩ改为2kΩ，将联动开关S串联在CC1回路中，充电桩内部CC1回路在检测点1与电阻R1之间增加串联常闭可控开关S1，并增加S1的并联电阻R2′（3kΩ），对于2015版车辆没有配置CC1回路检测点，新桩增加的开关S1与R2′对2015版车辆充电无影响，老车保持2015版本的控制导引电路不改变。新控制导引的桩端S1为常闭开关，当检测点1的电压为4V时确认车辆插头完全连接（与2015版保持一致），老车检测到检测点2电压为6V确认车辆插头连接。

新桩老车物理连接完成后，新桩发送新版本的协商报文请求，在未得到老车的响应后，新桩等待超时进入2015版或2011版充电流程和协议进行充电。按照新控制导引电路设计的充电桩，与2011版和2015版控制导引电路的车辆，能够按照2011版和2015版的导引电路设计进行正常充电。

中汽中心为确认升级方案中控制导引电路等内容有效性，基于技术方案不同研究阶段目标开展试验验证。验证按照国充2015+直流控制导引技术方案开发的充放电功能性、可靠性和兼容性。功能性测试针对标准文本技术方案进行可行性验证，检验控制导引电路和时序的基本充放电功能，以及本技术方案新增加的PE断线检测、双车辆插座充等新功能能否按照技术方案的要求顺利进行。可靠性测试针对标准实施后的大规模应用，复杂情况下（如车辆的休眠状态和唤醒条件、报文的错误等）车桩按照本技术方案进行充放电功能的可靠性。兼容性测试采用实车实桩的充电匹配测试，以确保新老协议版本之间的功能性和兼容性。

测试中对车辆和充电机进行了分类：

A 车——符合 2015+控制导引和通信协议的车辆；

B 车——符合 2015 控制导引和通信协议的车辆；

A 桩——符合 2015+控制导引和通信协议的充电机；

B 桩——符合 2015 控制导引和通信协议的充电机。

1. 车辆台架测试

（1）测试方法

使用符合国充 2015+技术方案的样车（A 车）进行充放电测试，按照以下测试方法开展功能性测试、可靠性测试。

（2）测试项目

车辆台架测试阶段进行了下列测试项目（见表2）。

表2　车辆台架测试阶段测试项目

序号	项目类型	测试项目	项目编号
1	功能性测试	车辆唤醒及版本协商测试	a.1
2		版本协商后进入 2015 版充电流程测试	a.2
3		自动重连与重启充电测试	a.3
4		退出方式测试	a.4
5		充电连接控制时序测试(根据车辆支持的功能)	a.5
6		双直流插座的车辆的充电测试	a.6
7		PE 断线检测功能测试	a.7
8	可靠性测试	控制导引电路检测点电压边界值测试	a.8
9		控制导引电路各电阻边界值测试	a.9
10		辅助电源电压边界值测试	a.10

（3）测试样品

具备直流充电功能，符合本技术方案的电动汽车，样品来源为企业送样。参与车辆台架测试的样车共有 3 辆，编号为 A1#～A3#，3 辆样车均为 A 车，支持的可选功能（见表 3）。

表 3 车辆台架测试阶段样车支持可选功能

	A1#	A2#	A3#
预约充电	支持	支持	支持
供电模式	支持	不支持	支持
扫码刷卡鉴权	支持	支持	支持
EVIN 鉴权	支持	不支持	支持
充放电模式	支持	不支持	支持

（4）测试结果

车辆台架测试结果（见表 4）。

表 4 车辆台架测试结果

序号	项目类型	项目编号	测试结果		
			A1#	A2#	A3#
1	功能性测试	a.1	通过	通过	通过
2		a.2	通过	不支持	通过
3		a.3	通过	通过	通过
4		a.4	通过	通过	通过
5		a.5	通过	通过	通过
6		a.6	不支持	不支持	不支持
7		a.7	通过	通过	通过
8	可靠性测试	a.8	通过	通过	通过
9		a.9	通过	通过	通过
10		a.10	通过	通过	通过

2. 充电机台架测试

（1）测试方法

使用符合国充 2015+技术方案的样品（A 桩）进行充放电测试，按照以下测试方法开展功能性测试、可靠性测试。

（2）测试项目

充电机台架测试阶段进行了下列测试项目（见表5）。

表5　充电机台架测试项目

序号	项目类型	测试项目	项目编号
1	功能性测试	充电机唤醒及版本协商测试	b.1
2		版本协商后进入2015版充电流程测试	b.2
3		自动重连与重启充电测试	b.3
4		退出方式测试	b.4
5		充电连接控制时序测试（根据充电机支持的功能）	b.5
6		双车辆插头的充电机的充电测试（如支持）	b.6
7		PE断线检测功能测试	b.7
8	可靠性测试	控制导引电路检测点电压边界值测试	b.8
9		控制导引电路各电阻边界值测试	b.9

（3）测试样品

具备直流充电功能，符合本技术方案的充电机，样品来源为企业送样。参与充电机台架测试的样品共有3台，编号为B1#~B3#，3个样品均为A桩，支持的可选功能见表6。

表6　充电机台架测试阶段样机支持可选功能

	B1#	B2#	B3#
预约充电	不支持	支持	支持
供电模式	不支持	支持	支持
扫码刷卡鉴权	支持	支持	支持
EVIN鉴权	不支持	不支持	支持
充放电模式	不支持	不支持	不支持

（4）测试结果

充电机台架测试结果（见表7）。

表7 充电机台架测试结果

序号	项目类型	项目编号	测试结果		
			B1#	B2#	B3#
1	功能性测试	b.1	通过	通过	通过
2		b.2	通过	不支持	通过
3		b.3	通过	通过	通过
4		b.4	通过	通过	通过
5		b.5	通过	通过	通过
6		b.6	不支持	不支持	不支持
7		b.7	通过	通过	通过
8	可靠性测试	b.8	通过	通过	通过
9		b.9	通过	通过	通过

3. 实车实桩充电兼容性测试

（1）测试方法

使用电动汽车与充电桩进行实车实桩的充电兼容性测试充电测试：

——A 车与 A 桩；

——A 车与 B 桩；

——B 车与 A 桩。

按照以下测试方法开展兼容性测试。

（2）测试项目

实车实桩充电兼容性测试项目（见表8）。

表8 实车实桩充电兼容性测试项目

序号	项目类型	测试项目	项目编号
1	兼容性测试	扫码/刷卡启动充电	c.1
2		车辆发起正常中止充电	c.2
3		充电机发起正常中止充电	c.3
4		车辆发起预约充电	c.4
5		充电机发起预约充电	c.5
6		即插即充	c.6
7		PE 断线故障	c.7

（3）测试样品

A 车样品来源为企业送样。参与实车实桩充电兼容性测试的 A 车共有 3 辆，样品编号为 A1#~A3#；

A 桩样品来源为企业送样。参与实车实桩充电兼容性测试的 A 桩共有 3 台，样品编号为 B1#~B3#；

B 车样品为试验室自备。参与实车实桩充电兼容性测试的 B 车共有 13 辆（覆盖 11 个生产企业的 13 个型号），样品编号为 C1#~C13#；

B 桩样品为试验室自备。参与实车实桩充电兼容性测试的 B 桩共有 75 台（覆盖 57 个生产企业的 75 个型号），样品编号为 D1#~D75#。

开展实车实桩充电兼容性测试（见表 9）。

表 9　实车实桩充电兼容性测试样品

序号	检测类型	车辆样品编号	充电机样品编号
1	A 车与 A 桩 共计 6 次	A1#	B1#
2		A2#	B1#
3		A3#	B1#
4		A1#	B2#
5		A2#	B2#
6		A1#	B3#
7	A 车与 B 桩 共计 139 次	A1#	D1#~D64#
8		A3#	D1#~D75#
9	B 车与 A 桩 共计 26 次	C1#~C13#	B1#
10		C1#~C13#	B3#

注：表格中同一行的车桩均开展了实车实桩充电兼容性测试

A 车与 A 桩兼容性测试情况（见表 10）。

表 10　A 车 A 桩充电兼容性测试情况

车辆样品编号	充电机样品编号	必选功能模块测试	可选功能模块测试
A1#	B1#	完成	仅鉴权
A2#	B1#	完成	仅鉴权
A3#	B1#	完成	仅鉴权

车辆样品编号	充电机样品编号	必选功能模块测试	可选功能模块测试
A1#	B2#	完成	完成
A2#	B2#	完成	完成
A1#	B3#	完成	完成

（4）测试结果

实车实桩充电兼容性测试结果（见表11）。

表11　实车实桩充电兼容性测试结果

序号	检测类型	车辆样品编号	充电机样品编号	测试结果
1	A车与A桩 共计6次	A1#	B1#	通过
2		A2#	B1#	通过
3		A3#	B1#	通过
4		A1#	B2#	通过
5		A2#	B2#	通过
6		A1#	B3#	通过
7	A车与B桩 共计139次	A1#	D1#～D64#	通过59次 未通过5次
8		A3#	D1#～D75#	通过75次
9	B车与A桩 共计26次	C1#～C13#	B1#	通过13次
10		C1#～C13#	B3#	通过13次

其中，测试结果统计为一次充电成功率，失败的5次充电经测试数据分析，是由样车状态以及充电机质量问题导致。

（5）测试结果总结

针对"国充2015+"控制导引电路技术方案，试验室共计开展了车辆台架测试、充电机台架测试以及实车实桩充电兼容性测试，充分验证了标准方案的功能性、可靠性以及兼容性。

通过车辆和充电机台架测试，验证了符合本技术方案的车、桩产品的充放电功能性和可靠性。经验证，充放电功能以及各项新增功能能够正常开展，控制导引电路参数能够有效识别，时序逻辑能够可靠进行，各阶段时间要求设置合理，各类退出方式能够有效退出。

通过实车实桩的充电兼容性测试，验证了符合本技术方案的车、桩产品之间的充电兼容性以及对现有产品的向下兼容性。经验证，"新车新桩""新车老桩""老车新桩"之间均具备良好的充电兼容性。

综上，本方案的功能性、可靠性以及兼容性能够有效支撑当前和未来的电动汽车充放电需求。

二　充电安全性

（一）充电安全性的重要意义

随着近年来电动汽车等新能源汽车的普及，安全问题一直备受消费者关注。近年来新能源汽车起火事故不断，据不完全统计，由充电直接或间接引起的事故占比30%以上。公开资料表明，新能源汽车自燃事故主要发生在充电过程中或充电结束后的一段时间内。新能源汽车的充电安全问题不仅影响人身与财产安全，还使得消费者对安全使用新能源汽车的信心大打折扣，这对正处于成长阶段的新能源汽车产业而言，无疑是一个巨大的挑战，极大限制了新能源汽车的大规模推广和应用。

国外新能源汽车相关企业集中度较高，产品的一致性易于控制。充电设施由汽车行业主导，不存在行业间的合作与联动。此外，由于国外新能源汽车产业发展较国内市场相对平缓，暴露出来的问题较少。在测试标准方面，IEC 61851系列标准规定了充电系统的总体要求、充电机EMC要求、交直流充电机的产品标准以及直流通信协议；IEC 62196系列标准规定了插头插座的不同形式；IEC 62752主要规定了模式2充电器缆上控制和保护装置的技术要求和测试要求；IEC 62955是对交流充电桩组件剩余直流检测装置的技术要求和测试要求。这些标准中有一定的安全保护要求。ISO 17409-2020标准是针对充电系统安全要求的一套系统的技术要求。大众、宝马、奔驰、

通用等知名国外车企，在产品质量控制有较为严苛的企业测试规范，如LV124、LV213、LV214、GMW3172、VW80000等。

国内测试标准框架基本参照国外，标准体系成型较晚，从充电系统的通用要求，充电设施的安全要求，车桩连接，车上充电系统关键部件的安全要求进行了规定，另外国内首个系统规定充电安全的标准GB/T 43332-2023《电动汽车传导充放电安全要求》已经发布。

（二）制约充电安全性的主要因素

电动汽车传导充电的主要风险在于触电或起火导致的人员伤害和财产损失。在做整车、子系统以及关键零部件的充电安全性研究时，应从以下几个方面进行分析和研究。

1. 人员触电

造成人员触电风险的主要原因有以下几个方面。

（1）绝缘故障

绝缘失效、耐压击穿、雷电击穿、电气间隙和爬电距离较小、无有效遮拦/外壳、未等电位保护联结、自动断电功能异常、接地电阻较大、外壳IP防护等级较低、充电线路老化破损等。

（2）非连接状态

绝缘防护等级较低、可触及导体带电、充电状态到非连接状态转换期间内的触电风险、泄漏电流较大、漏电保护失效。

（3）连接状态（充电中）

PE断针（车辆由Ⅱ类变为Ⅰ类设备要求）、绝缘防护等级较低、泄漏电流较大、漏电保护失效等。

（4）故障模式

单点失效保护-等电位、单点失效保护-绝缘电阻、单点失效保护-电容耦合、单点失效保护-电子锁故障、漏电保护失效等。

（5）环境因素

IP防护-暴雨、IP防护-高压清洗、IP防护-涉水、污染等级影响电气间隙和爬电距离、低气压影响介电强度、耐极端环境性能差、老化后性能下降等。

2. 电池起火

现有文献普遍将引发电池热失控的主要故障形式概括为四类，即内部短路、外部短路、过充电与过放电。由于电池安全不在本章节范围内，不做详细介绍。

3. 其他部件材料起火

对于承载大电流的线束、连接器和过流保护装置，如充电连接装置、充电线缆、车载充电机和动力电池的电气接口、高压熔断器和高压接触器等，应从以下几个方面进行考虑。

1）过温：电压降过大、电压降过大、过流、过压、冷却系统失效（冷却液选择不合理、流速/流量控制不合理）、温度监控失效、故障报警失效等。

2）过流：过流保护失效、短路保护失效、故障报警失效、电压异常、电流异常、意外带载分断等。

3）材料选择不合理：耐高温性能差、耐燃性能差、阻燃性能差、机械性能差、导体防腐性能差、耐老化性能差、密封性差、耐环境性能差等。

4）控制策略失效：接触器黏连、SOC 诊断异常、过充、通信异常等、热管理系统的诊断和控制失效。

目前国内充电安全性越来越被重视，从标准体系上也规划了部件、系统、整车级别充电安全的系列标准，目前 GB/T 43332-2023《电动汽车传导充放电安全要求》已经发布，"国充 2015+"系列标准（GB/T 18487.5 与 GB/T 27930.2）更是结合了近年来产业化应用所遇到的各类安全性问题，提出了新的解决方案，在兼容原有充电系统的基础上实现了更高的安全性。

B.19
中国电动汽车充换电站碳资产的
开发与应用

彭小津　翟宇博　陈远　文爽*

摘　要： 在我国"双碳"目标和交能融合背景下，实现充换电站的清洁能源替代可助力新型电力系统实现"清洁低碳"的核心目标，"新能源车充新能源电"也将成为汽车行业碳减排的主要路径。本文系统阐述电动汽车充换电站碳减排开发方案，首先综述了电力与新能源汽车行业碳资产开发的现状，继而介绍了电动汽车充换电站碳资产开发方案，最后深入剖析了充换电站碳减排以及碳普惠平台碳减排的应用实例和应用方向。电动汽车充换电站碳资产的应用前景广阔，包括企业自愿碳中和、纳入核证自愿减排量（CCER）、纳入地方碳普惠、支撑现有充换电产业补贴政策等多个方面，结合目前已研发的各项标准和市场实践应用综合看来，充换电站碳减排的应用可以从场站端的碳减排及碳普惠平台的碳减排着手布局。

关键词： 充换电站碳资产　充换电站碳减排　碳普惠平台　碳资产开发

---

* 彭小津，中汽数据有限公司补能战略室研究员，研究方向为电动汽车充换电产业市场分析与光储充放等创新模式；翟宇博，能链碳中和事业部总经理，主要研究方向为新能源汽车碳中和与充电行为；陈远，湖北碳排放权交易中心有限公司市场研究部主任，高级工程师，主要研究方向为碳中和交易与市场；文爽，能链碳中和事业部数字化总监，主要研究方向为新能源汽车碳中和。

一　电动汽车充换电站碳资产的开发

（一）电动汽车充换电站碳资产概述

碳资产是指在强制碳排放权交易机制或者自愿碳排放权交易机制下，产生的可以直接或间接影响组织温室气体排放的碳排放权配额、减排信用额及相关活动，包括企业由政府分配的排放量配额，企业内部通过节能技改活动，减少企业的碳排放量等。碳资产具有价值属性，可以在低碳经济领域进行储存、流通或财富转化。

随着我国建成全球规模最大的充电基础设施体系，"构建高质量充电基础设施体系，助力推进交通运输绿色低碳转型与现代化基础设施体系建设"成为新阶段的新任务。电力及汽车行业分别占全社会碳排放40%和7.5%左右，两者融合低碳发展将催生出充换电产业发展新动能。通过充换电站实现交通领域的清洁能源替代，可助力新型电力系统实现"清洁低碳"的核心目标，"新能源车充新能源电"将成为汽车行业"碳减排"的主要路径。"光伏+储能+汽车充电"模式有望成为农村充电网络建设核心模式，真正推动"新能源汽车下乡"事业迈向新高度，进而更好地支撑新能源汽车产业发展。

碳排放统计核算是做好碳达峰碳中和工作的重要基础，是制定政策、推动工作、开展考核、谈判履约的重要依据。目前已有少数几家电动汽车充换电运营商进行了充换电站碳资产开发与应用的初步探索，在核算方法学层面，国家和地方对电力行业碳排放核算有着明确的标准规范，新能源汽车领域亦有CDM方法学、温室气体自愿减排方法学、团体标准等相关方法学，充换电作为一个新兴行业，当前明确的方法学仅有温室气体自愿减排方法学，行业亟须新的核算方法学来适应新的发展。

电动汽车充换电站碳资产有广阔的应用前景，包括企业自愿碳中和、纳入核证自愿减排量（CCER）、纳入地方碳普惠、支撑现有充换电产业补贴

政策等多个方面。特别是 2023 年 3 月 30 日，生态环境部发布《关于公开征集温室气体自愿减排项目方法学建议的函》，向全社会公开征集温室气体自愿减排项目方法学建议，标志着暂停 6 年的温室气体自愿减排市场终于迎来重启。碳资产开发与应用再度成为行业关注的热点。

（二）电动汽车充换电站碳资产开发现状

1.电力行业碳资产开发现状

国家标准化管理委员会在 2015 年和 2018 年相继发布了 12 个重点行业的企业温室气体排放核算和报告相关国家标准。电力行业作为我国温室气体排放量占比最高的行业，发电企业和电网企业分别位列首批的首次位。《温室气体排放核算与报告要求 第 1 部分：发电企业》GB/T 32151.1-2015① 及《温室气体排放核算与报告要求 第 2 部分：电网企业》GB/T 32151.2-2015② 分别规定了在中国境内从事电力生产企业和从事电力输配企业进行企业温室气体排放量核算方法和报告事项。

2021 年 7 月 16 日，全国碳排放权交易市场启动上线交易。发电行业成为首个纳入全国碳市场的行业，纳入重点排放单位超过 2000 家。我国碳市场将成为全球覆盖温室气体排放量规模最大的市场。两年来，全国碳市场整体运行平稳，企业减排意识不断提升，第一个履约周期的配额履约率达 99.5%。截至 2023 年底，全国碳市场碳配额的已累计成交量为 4.42 亿吨，累计成交额达 249.2 亿元，电力行业碳资产展现出较好的市场表现。

2.新能源汽车行业碳资产开发现状

CDM 方法学《通过电力或混合动力汽车实现减排小型方法学》（编号 AMS-Ⅲ.C)③ 适用于在客运和货运中通过引入电动车和/或混合动力车代替使用化石燃料的车辆从而实现减排的项目。温室气体自愿减排方法学

---

① GB/T 32151.2-2015 温室气体排放核算与报告要求 第 2 部分：电网企业。
② GB/T 32151.1-2015 温室气体排放核算与报告要求 第 1 部分：发电企业。
③ 通过电力或混合动力汽车实现减排小型方法学（AMS-Ⅲ.C）。

《通过电动和混合动力汽车实现减排》（CMS-048-V01）[①] 参考了 CDM 方法学 AMS-Ⅲ.C，减排量为使用化石燃料车辆出行产生的排放（基准线排放量）与选择电动车和/或混合动力车出行产生的排放（项目排放量）的差值。

2021 年 10 月，中汽数据有限公司牵头研究的《新能源汽车替代出行的温室气体减排量评估技术规范》（T/CAS 536-2021）《新能源汽车替代出行的温室气体减排量核查指南》（T/CAS 537-2021）两项团体标准正式发布。两项标准是国内首次涵盖个人用户的新能源汽车出行碳减排量核算和核查的标准，适用于对纯电动汽车和插电式混合动力汽车（含增程式）出行碳减排量进行评估。新能源汽车出行减排量是基准排放量与项目排放量的差值。其中，基准排放量指传统燃油车出行环节所产生的排放，由基准平均燃料消耗量、行驶里程、排放因子计算得到；项目排放量指新能源汽车出行环节所产生的排放，由实际电耗、行驶里程、排放因子计算得到，也可由充电量、排放因子计算得到。

3. 充换电站碳资产开发现状

当前充换电领域碳资产核算相关的方法学仅有一项温室气体自愿减排方法学，即《电动汽车充电站及充电桩温室气体减排方法学》（CM-098-V01）[②]，该方法学参考了"CMS-048-V01 通过电动和混合动力汽车实现减排"，属于燃料替代类型方法学，适用于充电站、充电桩充电的电动车辆替代常规燃油车辆运行带来的碳减排计算。基准线排放通过充电站/桩的充电量以及电动汽车的单位里程耗电量和燃油车辆的单位里程耗油量进行转换后计算。项目活动由项目车辆消耗的电力引起，由每种项目车辆车型所消耗电力的碳排放因子、充电站/桩该车型的项目车辆的充电量、为电动汽车充电的电力的技术传输与分配的平均损失计算得出。通过监测并收集电动汽车充电站及充电桩充电量计算项目减排量，为电动汽车充电站及充电桩业主申请

[①] 通过电动和混合动力汽车实现减排（CMS-048-V01）。
[②] 电动汽车充电站及充电桩温室气体减排方法学（CMS-098-V01）。

自愿减排交易项目提供了一种全新的、更为便捷可行的减排量计算及监测方式。

（三）电动汽车充换电站碳资产开发方案介绍

中汽数据有限公司牵头启动了电动汽车充换电站碳资产开发项目，项目前期中汽数据有限公司联合行业共同开发了《电动汽车充换电站温室气体减排量评估方法》《电动汽车充换电站温室气体减排量核查指南》两项团体标准，致力于推动充换电站通过消纳绿电、自建光伏和储能、应用创新模式和技术等手段向能源清洁化、高效化发展，并通过统一的核算方法学保障电动汽车充换电站温室气体减排量评估的公正性和准确性，为政府部门和企业提供一致的标准支撑，以便更好地理解和量化电动汽车充换电站的碳减排效果。

《电动汽车充换电站温室气体减排量评估方法》规定了为电动汽车提供充换电服务的充换电站温室气体减排量评估的术语和定义、评估内容、边界及排放源识别、温室气体种类确定、项目活动及基准线情景确定、减排量计算、监测及数据质量管理、减排量评估报告的编制等内容。适用于对电动汽车充换电站所产生的温室气体减排量进行评估（见图1）。

二　电动汽车充换电站碳资产的应用

新能源汽车充换电站碳减排的应用可以根据充换电站碳减排的开发标准进行相应的规划，具体可以体现在通过采用绿色智能换电商业模式、清洁能源"补能"以及完善充换电站等配套设施，鼓励用户积极参与新能源充电绿色出行活动等方式，实现场站建设绿色化、源头能源绿色化、用户使用绿色化，以达到显著的碳减排效果。同时通过有效地促进新能源汽车的发展，减少传统燃油车的使用，从而进一步降低碳排放量。

结合目前已研发的各项标准和市场实践应用综合看来，充换电站碳减排的应用可以从场站端的碳减排及碳普惠平台的碳减排着手布局。

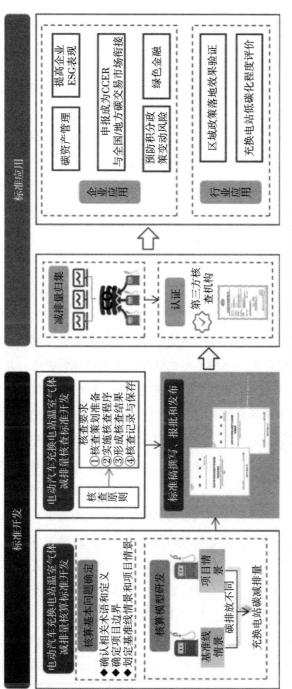

图 1 电动汽车充换电站温室气体减排量开发项目介绍

资料来源：中汽数据有限公司补能战略团队绘制。

（一）场站端的碳减排应用

目前充换电站碳减排场站端的主流应用方式是光储充一体化的充换电站。在"双碳"目标下，光储充一体化的充换电站无疑是优秀的解决方案，它融合了智慧能源管理系统、清洁能源光伏系统、电池储能系统和双向充放电系统，为打造"零碳充换电站"提供了优秀的示范。光储充充电场站碳减排项目通过利用停车棚顶部空间、引入光伏发电系统、使用先进的能源管理技术等方式，实现了新能源车的绿色应用和建筑用地的双重利用，具有显著的环保效益和经济效益。这种类型的项目已经在全球范围内得到了广泛应用，特别是在阳光充足且对电动汽车充电需求较大的地区。

光储充一体化充电站作为一种创新的充电模式，不仅提高能源的使用效率，并且能够有效地减少碳排放。在光储充一体化充电站中，光伏发电系统负责产生电力，充电桩负责为电动汽车充电，而储能电池则起到了连接二者的桥梁作用。这种设计充分利用了电池储能系统来吸收低谷电，并在高峰时期支撑快充负荷，从而为电动汽车供给绿色电能。同时，光伏发电系统也能在无阳光的情况下进行补充供电，实现了电力削峰填谷等辅助服务功能。光储充一体化充电站的另一项重要优势是它可以有效地减少快充站的负荷峰谷差，提高系统运行效率。通过这种方式，可以在保证快速充电的同时，降低对电力系统的压力，减少碳排放。此外，光储充一体化充电站还采用了智能充电桩，这种设备可以根据电动汽车的电池情况和充电需求，智能地调整充电电流和电压，从而在保证充电效果的同时，最大限度地减少能源浪费。

目前我国已有大量企业在充换电站碳减排的应用上进行开发和布局。

能链智电安吉总部园区充电场站案例：能链智电安吉总部园区充电场站是一个综合性的充电服务场站，集光伏发电、储能和充电于一体。能链智电通过智能化的能源管理系统，实现了电力资源地合理利用和能源地高效管理。例如，能链智电可以通过大数据、AI技术预测新能源车辆的充电需求，调整光伏发电系统的运行状态，以实现电力供需的平衡。此外，该场站还可以利用储能系统，储存多余的电能，并在电力需求高峰期释放，以稳定电网的运行。充电站还注重环保和可持续性。通过采购清洁能源电力实现源头能源绿色化，有效地降低了化石能源地消耗和温室气体地排放。同时，该场站还配置了智能充电机器人，可以自动化完成充电操作，提高充电效率，减少人力成本。

能链智电安吉总部园区充电站配备光伏总计功率为 148.5kW，光伏年均发电量 16.4 万度，配备储能总存储容量 215 度电，最大充/放电功率 100kW，单日放电量最大约 400 度，谷段充电，峰段放电。充电桩方面，总计 16 台 7kW 交流桩，4 把 30kW 直流桩，一台能链定制开发的可向电网反向送电的 V2G 充电桩，功率 120kW，单桩双枪。充电站自 2023 年 5 月底建成以来，平均每月充电量 13000 度以上，预计年平均充电量可达 16 万度。目前通过光伏发电可以满足整个充电场站的充电量总量，同时还可以为能链智电园区办公提供绿色电力。根据《电动汽车充换电站温室气体减排量评估方法》《电动汽车充换电站温室气体减排量核查指南》这两项团体标准建立的碳减排模型，通过计算计入期充电用电量（包含采购绿电，光伏发电、V2G 等其他外界电源）、计入期运营用电量（包含采购绿电，光伏发电、V2G 等其他外界电源）、电力损耗、华东地区碳排放因子等参数可以计算出该充电场站年碳减排可达 95 吨左右。

此外能链智电安吉总部园区充电场站依托快电 APP，通过项目情景-创新模式应用（采用线上 APP 大数据路径规划）相较于传统基准线情景（未采用线上 APP 大数据路径规划）能有效降低排队时长从而提升充换电效率，降低碳排放。

（二）碳普惠平台的碳减排应用

1.碳普惠业务概况

碳普惠是一项创新性自愿减排机制。2022 年以来，各地方政府各企业还纷纷推出个人碳账本（碳账户），让减碳正式进入了"个体时代"。"碳账本"通过搭建一个体系，把互不隶属的政府、企业、个人的有效资源、有

效生产要素以数字化的方式集合起来，使得个人碳减排量得以汇集、流动、增值。

碳普惠是绿色低碳发展的创新机制，通过建立商业激励、政策激励和核证减排量交易等公众低碳行为正向引导机制，链接消费端减排和生产端减排，将个人绿色行动的涓涓细流凝聚成低碳发展的洪流，开启了个人参与减排的一扇新窗口，是引导公众参与绿色生活的重要途径，是鼓励公众践行绿色生活方式的数字化工具，是绿色金融创新的重要领域，是落实中国"双碳"目标愿景的重要抓手。碳普惠可以调动、激发起公众积极参与碳中和行动，可视化所有群体和个体对双碳目标的贡献，是数字碳中和的典型应用，是习近平生态文明思想全民行动观的重要体现，是推动形成绿色生活方式的有效举措，对加快生态文明进程、促进经济社会高质量发展和可持续发展目标实现具有重要意义。

新能源车充换电站碳普惠是指通过新能源汽车充换电站的建设和运营，推动新能源汽车的使用，从而减少碳排放，实现碳减排。在这个过程中，可以通过一些方式来鼓励这种行为，例如通过碳账户记录和展示用户的碳减排成果，提供碳积分奖励等方式。

具体来说，用户在新能源汽车充换电站充电时，可以通过手机 APP 或者其他方式记录充电行为，然后通过碳账户计算出相应的碳减排量，碳减排量可以被记录下来，形成用户的碳账户。用户可以通过这些碳账户了解到自己的碳减排成果，也可以通过分享碳账户来鼓励他人选择新能源汽车。此外，一些新能源汽车充换电站还会提供碳积分奖励。用户每完成一次充电，就可以获得一定的碳积分。这些碳积分可以在站内购买商品或者享受服务，也可以在其他地方兑换成现金或者其他形式的奖励。

新能源车充换电站碳普惠是一种有效的碳减排手段，可以通过鼓励新能源汽车的使用，从而减少碳排放，实现碳减排。

2.碳普惠业务特点

充电站提供充电积分给用户充电，协议中受让用户转移的减排量，使得充电站可以成为电动模式减排量的聚合者，参与碳市场获取收益，其优势包括：第一，电网控股的平台企业，依托公信力和用电数据优势开展业务；第二，可以运用积分等激励措施配合电网负荷需求侧管理的需求，更好发挥电动汽车充电调峰。

3.碳普惠业务可行性

由于充电桩行业数据资源壁垒，头部运营商在参与自愿减排市场时将更具优势，先布局者获得的数据资源更丰富。充电网是用户、车辆、能源的数据入口，作为典型的分布式、数字化的工业互联应用，实现了用户、车辆和能源的实时在线、高粘性、高强度交互，形成了基于用户、车、电池的海量用户行为大数据、工业大数据和能源大数据。运营商对这些数据地采集、分析、处理和价值挖掘，可以全面提升充电网的数据价值和智能化水平，一方面可以直接通过大额减排量获取收益，另一方面可以持续改进用户体验，进一步提升用户黏性，形成有效的正反馈。通过监测和计算充电桩的使用情况、确定碳积分的数量和价值以及碳积分交易流通，运营商可以将充电桩对应减排效益与自愿减排市场相联通。碳普惠是以生活消费为场景，为公众、社区、中小微企业绿色减碳行为赋值的激励机制。碳普惠的基本逻辑就是利用移动互联网、大数据、区块链等数字技术，依据碳普惠标准或方法学，对公众、社区、中小微企业，衣、食、住、用、行、游等在内的各种绿色低碳行为进行量化、记录，核证，生成个人减排量汇总到碳账本里，并通过减排量交易、政策鼓励、市场化激励，为减排行为赋值的绿色生活回馈机制。

4.案例一：能链智电与快电碳普惠碳减排方案

能链智电开展碳普惠创新机制，通过与战略合作伙伴快电合作，鼓励用户使用碳账户功能，获取碳积分，并计入碳账本，所得碳积分可在碳商城中进行积分兑换，从而激励用户参与碳减排。碳普惠模式让越来越多的电动车主参与到绿色行动中，推动了低碳交通的发展。截至2023年底，使用碳账户用户数量达59.4万。同时，基于用户在充电平台上积累的充电量，用现在的方法学做相应的减排量。目前，平台与北京、山西、成都、泸州等地进行合作，作为新能源充换电的场景积极参与地方政府的碳

普惠平台建设,丰富各地居民提供绿色出行场景。同时通过和各地政府的合作争取让平台碳减排量在区域级碳减排市场上实现量化交易,得到相应的变现,帮助上下游企业参与到减排贡献中。而价值变现将使企业更愿意参与到碳减排的工作中。

5. 案例二、蔚来汽车-蓝点计划

2020 年 1 月,蔚来发布"Blue Point 蓝点计划",以中间人的身份,在用户授权的情况下,收集用户驾驶蔚来汽车(电动汽车零排放)所获得的减排数据,通过蔚来 APP 进行量化和认证。同时,蔚来帮助用户进行碳减排量的交易,并将所得收入以发放积分的方式回馈给用户,用户可以在蔚来商城中用这些积分选购商品(见图 2)。通过蓝点计划,蔚来打通了官方机构与用户的里程数据,并通过回馈和普惠的方式,鼓励用户践行低碳环保使命,共同推进绿色可持续发展和碳中和。在 NIO Day 2020 蓝点计划正式发布后的 10 天内,已有超过 24000 位用户参与了蓝点计划,蔚来为参与的用户发放积分总量达到 9857206 分。

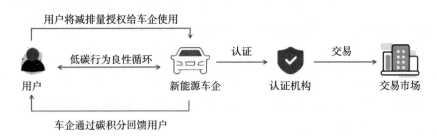

图 2　新能源汽车用户碳积分交易流程

资料来源:能链研究院研究团队。

总的来说,中国新能源汽车充换电站碳减排的开发与应用是一项重要的工作,新能源汽车充换电站的碳减排应用可以通过采用清洁能源供电、节能设备、碳汇交易和电动汽车换电技术等方式实现。这些措施不仅可以减少碳排放,还可以提高充换电站的经济效益和社会效益。也为实现中国的双碳目标做出贡献。

三 推广建议

电动汽车充换电站碳减排地实施，需要政府部门加强顶层设计，政府各部门应明确相关责任，形成工作合力，推动解决充电基础设施建设运维中存在的问题，助力电动汽车行业高质量发展。具体措施包括：制定充电基础设施建设运营专项规划，明确目标任务和时间节点；建立充电基础设施建设运营协调机制，加强部门间的信息沟通和政策衔接；加大财政支持力度，对符合条件的充电基础设施建设运营项目给予奖励补贴；加强充电基础设施建设运营的监督管理，及时解决存在的问题和困难。

建立健全标准体系：制定或完善包括充电桩的建设安装、运维管理、网络服务、质量和安全监管等方面的标准，参考已有的温室气体减排方法学，建立充电桩碳减排量的核算和监测机制。具体措施包括：制定或修订充电桩的技术标准、规范和测试方法，统一充电桩的技术要求和性能指标；制定或修订充电桩的运维管理标准，规范充电桩的运行维护和故障处理流程；制定或修订充电桩的网络服务标准，规范充电桩的数据采集、传输和共享方式；制定或修订充电桩的质量和安全监管标准，规范充电桩的质量检测、安全评估和隐患排查方法；参考《电动汽车充换电站温室气体减排量评估方法》，建立充电桩碳减排量的核算和监测方法，规范充电桩碳减排量的申报和审核流程。

完善商业条款和权属认定：明确充电桩运营商和充电车辆使用者之间的减排量转让协议，规范充电服务费和碳积分的收取和使用方式，提供充电路径规划、站桩导航、充电保障预案等功能，提升用户体验和黏性。具体措施包括：制定或修订充电桩运营商和充电车辆使用者之间的减排量转让协议，明确双方的权利和义务，保障减排量的有效转移和交易；制定或修订充电服务费和碳积分的收取和使用方式，明确充电服务费的收费标准和结算方式，明确碳积分的计算方法和兑换方式；完善充电桩的 APP 中的相关功能，提供充电路径规划、站桩导航、充电保障预案等功能，提高用户的充电便利性

和安全性。

建设数据系统：充分利用充电桩的数据资源，实现用户、车辆和能源的实时在线、高粘性、高强度交互，形成基于用户、车、电池的海量用户行为大数据、工业大数据和能源大数据，为充电桩碳减排的交易和监管提供数据支撑。具体措施包括：建立或完善充电桩的数据系统，实现充电桩的数据采集、存储、分析和应用，提升充电桩的智能化水平；建立或完善充电桩的数据共享机制，实现充电桩的数据与政府、电网、车企等相关方的数据互联互通，提升充电桩的协同效率；建立或完善充电桩的数据安全机制，实现充电桩的数据的保密性、完整性和可用性，提升充电桩的信任度。

车网互动篇

B.20

新能源汽车发展对于电网的影响

纪 海　吴洲洋　孔伟玲*

摘　要：　随着新能源汽车产业迅速壮大，其充换电需求对电力系统的影响日渐显著。从电网运营研究的视角出发，本文揭示了新能源汽车充电活动在电网负荷侧和需求侧两端所存在的两面性：一方面，无序充电行为可能导致电网负载不均衡加剧，增加电力系统运行压力；另一方面，有效利用新能源汽车作为潜在的分布式储能载体，则能够赋予电网系统更高的调度灵活性与适应性。本文强调，在政策制定、技术创新和标准规范等多维度上，亟须将新能源汽车的充电负荷特征整合到电网发展规划之中。明确指出，鉴于城市配电网络智能化改造与扩容需求随新能源汽车普及而不断提升，有必要推进电网对充电桩实施直接高效供电，妥善解决分散式充电桩报装接入难题。为此，倡导车端、充电基础设施端与电网端协同联动，共同探寻并实施兼顾各

---

* 纪海，天津市工业和信息化研究院智能制造中心高级总监，主要研究方向为新能源汽车与电网融合；吴洲洋，博士，国网能源研究院有限公司电网发展综合研究所研究员，工程师，主要研究方向为新能源汽车与电网融合及新能源市场；孔伟玲，天津市工业和信息化研究院智能制造研究中心高级咨询师，主要研究方向为新能源汽车与电网融合。

方利益的综合解决方案，以期在满足大规模新能源汽车充换电需求的同时，保障电网系统的安全稳定运行与优化资源配置。

关键词： 新能源汽车　电网　充电同时率　充电负荷

为适应新能源汽车的快速发展，政策层面积极推动提升充换电基础设施服务体系保障能力，健全智能交通、信息通信网络体系等，以期实现车网融合、高效协同。新能源汽车的发展对电网的影响是复杂多面的，需要从多维度进行剖析。

一　新能源汽车发展对电网系统影响存在两面性

随着电动汽车替代燃油车进程加速，中国电动汽车百人会预测，到2030年全国电动汽车保有量有望达到1亿辆。按电动汽车功率60千瓦、充电同时率10%预测，需要6亿千瓦电力装机容量去适应电动汽车充换电需求，电动汽车用电成为继空调负荷之后又一重要电力消费场景，这给电力发展和保障供应带来新的机遇和挑战[①]。

电动汽车充换电方式分为三种：一是无序充电，指电动汽车用户随时、随地、随机进行充电，不对充电时间、充电功率等进行引导与控制；二是单向有序充电（简称"有序充电"），指在满足电动汽车充电需求的前提下，运用峰谷电价的经济措施或者智能控制措施，优化调整电动汽车充电时序与功率；三是双向充放电（Vehicle‑to‑Grid 简称"V2G"），指在满足电动汽车充电需求的前提下，将电动汽车视作储能设施，当电网负荷或本地负荷过高时，由电动汽车向电网负荷或本地负荷馈电，当电网负荷或本地负荷过低时，可通过有序充电，调整本地负

---

① 张永伟等：《车网协同能力建设指南：2022》，中国电动汽车百人会车百智库，2022。

荷的峰谷差。下面针对新能源汽车发展对电网系统的影响按照不同充换电方式进行分析。

（一）电动汽车无序充电加重电网系统负担

在新能源汽车发展和快充普及的情境下，根据国网能源研究院预测，电动汽车无序充电将导致 2030 年和 2035 年电网峰值负荷可能增加 12% ~ 13.1%。配电变压器受到电动汽车无序充电的影响最大，在城市新能源汽车数量提速增长且快充的占比相对较高的情况下，部分地区的电源装机容量、输电线路容量可能出现缺口。电动汽车快速发展及无序充电将重塑电力负荷曲线，并对地方配电网形成冲击；电动汽车无序充电的时间集聚性导致负荷增长，特别是集中在负荷高峰期充电，将加剧电网负荷峰谷差，加重电力系统运行负担；电动汽车无序充电的地理集聚性造成地方配电网局部过载问题，尤其是居民小区和公共快充站；电动汽车作为大功率、非线性负荷，大量无序充电的电动汽车接入电网将影响配电网的电能质量。

世界资源研究所在《中国新能源汽车规模化推广对电网的影响分析》中提到，中国电动汽车发展带来的用电量与用电负荷增长，对未来发电侧、输电侧、配电侧、供电侧，以及充电桩规划布局都有着深远影响[①]（见图 1）。

1. 无序充电对发电侧电力需求增加

中国电动汽车无序充电对发电侧产生的潜在影响包括提升全社会用电量需求和加剧电网负荷的峰谷差，根据预测，电动汽车无序充电将导致 2030 年全国的峰值负荷增加 153 亿千瓦。至 2022 年底，全国新能源汽车保有量达 1310 万辆，按平均电池功率 60 千瓦计算，则电动汽车名义电池功率近 8 亿千瓦，即使充电同时率为 10%，也需要 8000 万千瓦电力装机容量。

从宏观需求看，节假日前一天出现的集中充电高峰，单日充电量可能达到全年平均水平的 2~3 倍，单日充电负荷中最大负荷是最小负荷的 2~3 倍，

[①] 薛露露、夏俊荣、禹如杰、任焕焕、刘勇、韦围、刘鹏：《中国新能源汽车规模化推广对电网的影响分析：2020》，世界资源研究所，https：//wri.org.cn/research/quantifying-grid-impacts-electric-vehicles-china，2020。

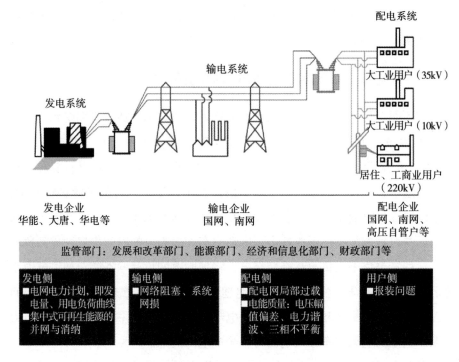

图1 电动汽车发展对发电、输电、配电和供电的影响

资料来源：世界资源研究所《中国新能源汽车规模化推广对电网的影响分析》。

大于全社会负荷的波动；从局部需求看，公共场站、居民小区私人充电桩等场景均有在晚间出现集中充电，导致出现局部负荷大幅提升的可能性，充电行为涉及用户群体用车需求，涉及天气、大型公共活动、节假日等诸多因素影响，难以准确预测。负荷的变化将导致电力系统频率的波动，造成电力系统的波动，对发电设备和电能质量都有负面影响。

2. 无序充电对输配电侧的调度能力提出更高要求

随着电动汽车快速发展，保有量不断增大，规模化充电将使电网总负荷"峰上加峰"，负荷波动、谐波、电压损失和三相不平衡等情况加剧。在配电侧层面，电动汽车无序充电时的充电负荷随机性更大，随着规模增长，充电随机性的微小变化可能造成本地负荷的剧烈变化，导致配变超容，影响其安全稳定运行。在极端情况下，无序充电也会影响输电网（即主干网），可能造成输电阻塞与区域电力送电能力不足，增加重载输电线路的输送功率。中国目前的配电网容量与管理模式无法适应电动汽车和居民用电需求的快速增长，配电网的规划对电动汽车的普及仍是"被动适应"过程，特别是建筑年代较早的居民区、老城区等，配变的开放容量一般较小，而电动车主充电行为的不确定性提升了配电网调度和管理难度，需要电网进行适应性升级。

（二）电动汽车有序充电、双向充放电增加电网调度灵活性

电动汽车大规模的无序充电将给发电、输电、配电系统带来挑战，但单纯增容配变未必能满足电动汽车无序充电的需求，反而会增加电力资产投入，降低资产利用率。电动汽车负荷具有高度的灵活性和可调节性，电动汽车能够作为储能设施进行"放电"，不仅可以降低电动汽车充电对电网的影响，也可以为电力系统调控新的调度资源，更能避免大量电网和电源相关的投资浪费，让电动汽车能够更有好地介入电网，起到"削峰填谷"的作用。在"双碳"目标下，电力系统将呈现"双高"特性——高比例新能源、高比例电力电子设备接入。发电侧新能源发电具有随机性、波动性，负荷侧电气化水平提升，用电预测难度也增加，双向不确定性将加剧电力系统功率平衡压力。电动汽车作为电网用户侧灵活性资源，高质量的参与车网协同，能更好地保障充换电需求的满足、电网稳定运行，以及可再生能源消纳。

电动汽车可以通过有序充电或双向充放电两种方式，实现与电网协同。有序充电可以改善配电网负荷，提高电能质量和运行经济性，提高配电网运行的可靠性，有效规避电动汽车大规模充电对电网造成的负面影响。从储能角度看，电动汽车电池与电网双向充放电的车网互动式储能提供了成本低、安全性高的电化学分布式储能新途径，能量和功率聚合潜力巨大。2023 年 7 月，国家发展改革委等 13 部门印发《关于促进汽车消费的若干措施》，明确引导用户广泛参与智能有序充电和车网互动，鼓励开展新能源汽车与电网互动应用试点示范工作。现阶段围绕配网局部重载问题，全国已有许多省市在小区、写字楼、工业园区等场景开展有序充电、V2G 试点，有效推动负荷峰谷差降低。

二　新能源汽车发展对充电负荷的需求应纳入电网长期规划

一是推动智能有序充电和双向充放电发展，加快智能有序充电示范小区建设，提高充电桩建设比例，将充换电需求转化为优势。同时，加速车能融合顶层规划设计，加强核心技术及标准规范研究，并开展典型场景应用示范。打造车能融合发展新生态。

二是价格主管部门应落实充换电基础设施峰谷电价政策，调整电动汽车充电电价政策，减少电力交叉补贴，出台电动汽车独立充电电价，涵盖全链条成本，建立与电力燃料价格变动相关联的市场价格机制，解决电力设施利用率低、投资回收困难等问题。通过这些综合策略，为电动汽车充电产业的可持续发展注入活力，价格主管部门不仅能促进电动汽车充电服务的普及，也能够帮助整个社会实现绿色低碳的能源转型目标。

三是在政府层面，应出台相关政策以推动车网互动的发展。建议允许安装了低压充换电基础设施的电动汽车充电站进入需求响应系统和辅助服务市场；对参与市场的企业或个人设置合理的准入门槛和条件，以便筛选出真正有能力和有意愿为电网提供有效服务的企业；争取制定一个更为宽松的考核标准，以鼓励充电站积极配合电网管理。激励充换电基础设施运营商更加积极地参与电力市场，共同推动绿色能源的发展，实现能源的高效利用和可持续发展目标。

四是强化平台互联互通，建立数据平台共享机制，打破各个企业的车联网平台之间的隔阂，实现与电力调度系统以及电力交易中心等关键平台的无缝对接。能够充分挖掘和利用电动汽车在能源管理中的主动调节潜力。促进不同平台间数据的自由流通，从而让电动汽车的充放电行为更加灵活高效，有效地配合电网需求变化，提高能源使用的效率和经济性。

五是建议将电动汽车充换电绿电交易所获得的绿证纳入碳市场交易，体现电动汽车的低碳价值，鼓励错峰消纳绿电。通过这样的方式，电动汽车的低碳价值将得以量化和货币化，进而转化为实实在在的经济效益。有助于鼓励电动汽车车主选择在电力供应较为充足的时段进行绿电的消纳，从而减小电网的调峰压力，同时也能够促进新能源的有效利用。通过这种机制，我们不仅能够提升电动汽车用户的环保意识，还能为环境保护做出积极贡献，共同构建一个低碳、高效、可持续发展的未来。

三 新能源汽车发展对充电基础设施提出更高要求

在新能源汽车配套充换电基础设施网络的不断扩张下，作为能源基建的储能设施建设和配套电网改造迫在眉睫。

（一）充换电基础设施建设需解决配建环节的问题

目前，我国配电网容量与管理模式无法适应电动汽车的快速增长，特别是建筑年代较早的居民区、老城区，配变的开放容量一般较小。随着新能源汽车的规模化发展，城市不仅要增容局部配电网，还要新建主干网。城市输配电网的增容难度在于投资成本高，进而增加全社会电价，还受用电空间约束。在理想情况下，应实现电网对私人和公共充电桩的"直供电"以及电价信号的"有效传导"。然而，由于利益机制等问题，不是所有充电桩都单独报装，部分充电桩（包括私人桩和公共桩）直接从物业场地接线，存在物业业主的"转供电"问题。

随着新能源汽车的普及，未来城市配网智能化与容量升级的需求不断增长，成为配电网主要的投资方向。如何实现电网对充电桩的直接供电、解决零散报装问题，是整合充电服务企业、电网企业、售电企业、物业服务企业、用户等各利益相关方，在建桩和售电环节急需解决的问题。

（二）充换电基础设施的建设需要充分考虑有序充电和V2G功能的实现

为满足我国持续增长的电动汽车充电需求，急需建立和完善健康有序的充换电基础设施建设和运营环境，提升建设和运营效率，从而支持电动汽车的规模化以及车网协同化发展。一是建设充电桩公共数据平台，统一管理充电资源信息。从城市主体起步，并基于此，逐步构建一个省级或全国性的数字化充电桩系统，实现所有电动汽车的信息共享和充电桩共享，使得车辆在任何地方都能找到最近的充电桩进行充电。二是在住宅小区内大力推进充电基础设施的智能化建设。提倡"一桩多用，近距离共用"的智能充电模式，就算是私人停车场，也可以采取"一桩多充""自动充电""分区计费"等模式。三是积极推进 V2G 技术应用，加快 V2G 充电桩建成落地。V2G 技术在电网低负荷时期，电动汽车可以作为负荷接入电网充电，在电网高负荷时期，电动汽车电池可以作为电源向电网馈电，从而达到削峰填谷、车网互济的目的。

从配套软硬件的角度，无论是有序充电还是 V2G 技术均需对现有电动汽车、充电桩、配电网进行软硬件升级改造，其中，一些改造可通过低成本的软件升级方式实现，如整车生产企业可通过软件更新方式调整车辆充电安全保护，以支持有序充电；而一些改造如配电网和充电桩的改造涉及硬件设备和通信线路，需要进行硬件改造[1]（见表 1）。

表 1 车网协同涉及的软硬件改造

充电方式	车辆侧	充电桩侧	配电网侧
有序充电			
交流	通过软件升级，加强对充电协议的支持，优化车辆充电安全保护措施	加装设备，接收与处理控制充电负荷的信号	配电网侧加装负荷采集器；部署负荷集成商开发"车-桩-网"智能软件、通信线路和设备，实现对有序充电的智能控制
直流	通过软件升级，加强对充电协议的支持，优化车辆的充电安全保护措施	通过加装设备或软件升级，接收与处理控制充电负荷的信号	配电网侧加装负荷采集器；部署充电运营商、负荷集成商或电网运营商开发"车-桩-网"智能软件，配套通信线路和设备，实现对有序充电的智能控制

---

[1] 薛露露、刘坚、王颖、刘小诗、熊英：《中国电动汽车与电网协同的路线图与政策建议：2020》，世界资源研究所，https://wri.org.cn/research/action-plans-policy-recommendations-vehicle-grid-integration-china。

续表

充电方式	车辆侧	充电桩侧	配电网侧
		V2G	
交流	安装车载逆变器,并测试车载逆变器是否会对配电网电能质量产生影响	加装双向计量设备;加装设备,接收与处理控制充电负荷的信号	加装配电网侧的负荷采集器;部署充电运营商、负荷集成商或电网运营商开发"车-桩-网"智能软件,配套通信线路和设备,实现对V2G的智能控制
直流	—	加装双向计量设备;加装变流器;通过加装设备或软件升级,接收与处理控制充电负荷的信号	加装配电网侧的负荷采集器;部署充电运营商、负荷集成商或电网运营商开发"车-桩-网"智能软件,配套通信线路和设备,实现对V2G的智能控制

资料来源：世界资源研究所《新能源汽车如何更好地接入电网：中国电动汽车与电网协同的路线图与政策建议》。

B.21
车网互动发展现状及未来趋势

何山 卢宇芳*

摘 要： "十四五"期间，车网互动在国家和地方政府的政策支持下取得了长足的进展，技术标准体系初步建立，示范工程持续涌现，不同场景下的商业模式依托试点持续验证。本文系统的研究了我国车网互动的发展现状，从政策环境、标准制定、技术创新、市场规模以及试点示范多个维度进行了深入梳理。本研究还梳理了国外车网互动的发展历程，给出了美国、欧盟、亚洲部分国家在车网互动方面的研究进展。在此基础上，对未来我国车网互动的发展路径进行了前瞻性的展望，本研究指出到2035年至2040年，智能有序充放电和智能站网互动将得到全面发展，使车网互动成为助力"碳中和"目标实现的关键支柱之一。预估到2060年，全国范围内将有超过3.5亿辆电动汽车具备并积极参与车网互动的能力。此外，本研究还针对性地从政策导向、标准体系建设、市场需求动态和技术进步等角度对车网互动的发展趋势进行了专业解析和趋势性研判。

关键词： 车网互动 有序充电 V2G 电力市场 分布式能源

在"双碳"目标驱动新一轮能源革命的背景下，我国电动汽车保有量持续高速增长，电动汽车配套服务问题开始浮现。一方面，老旧小区、城中村等局部地区配电网供电能力紧张问题加剧，难以满足新增充换电需求。另

---

* 何山，深圳供电局有限公司电力科学研究院研究员，高级工程师，主要研究方向为车网互动与能源研究；卢宇芳，博士，北京链宇科技有限责任公司联合创始人，主要研究方向为车网互动与智慧能源。

一方面，由于充换电基础设施运营企业初始投资成本高、盈利模式单一、竞争激烈，服务费呈整体上涨趋势。电动汽车用户对便捷充电、经济充电的诉求强烈，部分潜在电动汽车用户的购车决策受到一定影响。

与此同时，电力能源行业正面临着新能源发电装机规模迅速扩大带来的电网电力电量平衡困难问题，亟须提升电力系统调节能力，支撑新型电力系统稳定运行，保障国家能源安全。

电动汽车与电网互动，能够发挥电动汽车能源属性，创造电力电量调节价值，对我国新能源汽车产业发展和新型能源体系建设有着积极意义。"十四五"期间，车网互动在国家和地方政府的政策支持下取得了长足的进展，技术标准体系初步建立，示范工程持续涌现，一些商业模式得到验证。据清华大学欧阳明高院士团队预测，预计到2040年，我国新能源汽车保有量将达到3亿辆，届时电动汽车作为移动储能可调度的电量将与目前全国总用电量相当，将分散的电动汽车聚合起来便可构成低成本、高安全的车网互动智慧能源系统。

一　车网互动政策

"十三五"以来，国务院出台多份文件鼓励车网互动发展，力图通过车网互动降低新能源汽车用电成本，提高电网调峰调频、安全应急等响应能力，提升可再生能源应用比例（见表1）。

表1　国家层面车网互动相关政策统计（不完全统计）

文件	时间	内容
《能源发展"十三五"规划》	2016.12	以智能电网、能源微网、电动汽车和储能等技术为支撑,大力发展分布式能源网络,增强用户参与能源供应和平衡调节的灵活性和适应能力
《关于提升电力系统调节能力的指导意见》	2018.02	探索利用电动汽车储能作用,提高电动汽车充电基础设施的智能化水平和协同控制能力,加强充电基础设施与新能源、电网等技术融合

续表

文件	时间	内容
《关于创新和完善促进绿色发展价格机制的意见》	2018.07	鼓励电动汽车提供储能服务,并通过峰谷价差获得收益
《新能源汽车产业发展规划(2021-2035年)》	2020.10	加强新能源汽车与电网(V2G)能量互动……鼓励地方开展V2G示范应用……综合运用峰谷电价、新能源汽车充电优惠等政策,实现新能源汽车与电网能量高效互动,降低新能源汽车用电成本,提高电网调峰调频、安全应急等响应能力。促进新能源汽车与可再生能源高效协同……提升可再生能源应用比例
《关于进一步提升电动汽车充电基础设施服务保障能力的实施意见》	2022.01	推进车网互动技术创新与试点示范。支持电网企业联合车企等产业链上下游打造新能源汽车与智慧能源融合创新平台,开展跨行业联合创新与技术研发,加速推进车网互动试验测试与标准化体系建设。积极推进试点示范,探索新能源汽车参与电力现货市场的实施路径,研究完善新能源汽车消费和储放绿色电力的交易和调度机制……鼓励推广智能有序充电。各地发展改革委、能源部门要引导居民参与智能有序充电,加快开展智能有序充电示范小区建设,逐步提高智能有序充电桩建设比例。各地价格主管部门要抓好充电设施峰谷电价政策落实。鼓励将智能有序充电纳入充电桩和新能源汽车产品功能范围,加快形成行业统一标准
《"十四五"现代能源体系规划》	2022.01	积极支持用户侧储能多元化发展,提高用户供电可靠性,鼓励电动汽车、不间断电源等用户侧储能参与系统调峰调频……开展工业可调节负荷、楼宇空调负荷、大数据中心负荷、用户侧储能、新能源汽车与电网(V2G)能量互动等各类资源聚合的虚拟电厂示范
《关于组织开展公共领域车辆全面电动化先行区试点工作的通知》	2023.01	实现新能源汽车与电网高效互动,与交通、通信等领域融合发展。智能有序充电、大功率充电、快速换电等新技术应用有效扩大,车网融合等新技术得到充分验证
《关于进一步构建高质量充电基础设施体系的指导意见》	2023.06	提升车网双向互动能力。大力推广应用智能充电基础设施,新建充电基础设施原则上应采用智能设施,推动既有充电基础设施智能化改造。积极推动配电网智能化改造,强化对电动汽车充放电行为的调控能力。充分发挥新能源汽车在电化学储能体系中的重要作用,加强电动汽车与电网能量互动,提高电网调峰调频、安全应急等响应能力,推动车联网、车网互动、源网荷储一体化、光储充换一体站等试点示范

资料来源:深圳供电局有限公司电力科学研究院团队根据公开资料整理。

车网互动离不开电动汽车用户、新能源汽车生产企业、充换电运营商等车侧主体的支持、组织和参与，相关政策明确鼓励有关主体探索利用峰谷价差获得收益、参与电力现货市场、参与系统调峰调频、智能有序充电降低用电成本等车网互动实施路径，体现了价值驱动车网互动、多方主体互利共赢的发展思路。

目前，在全国范围内已出台了一系列能够激励车网互动发展的政策，主要集中在电价机制、电力市场机制、基础设施建设运营补贴等领域。

（一）电价机制

2021年7月，国家发展改革委印发《关于进一步完善分时电价机制的通知》（发改价格〔2021〕1093号），要求完善峰谷电价机制，各地统筹考虑当地电力系统峰谷差率、新能源装机占比、系统调节能力等因素，合理确定峰谷电价价差，上年或当年预计最大系统峰谷差率超过40%的地方，峰谷电价价差原则上不低于4∶1；其他地方原则上不低于3∶1。此后，全国各省市区积极完善分时电价机制，如山东峰平谷电价比高达1.7∶1∶0.3（深谷0.1），广东达到1.7∶1∶0.38，江西、广西、甘肃等省区为1.5∶1∶0.5[1]。

在实际执行中，由于各地峰谷时段和尖峰时段设置不同，电网企业代理购电价格根据各地现货市场运行情况等因素形成，故不同月份之间峰谷价差存在波动。如2023年1月全国峰谷电价差绝对数值最大的地区是上海，峰谷电价差最大2.12元/kWh[2]，而2023年6月价差最大的地区是广东（珠三角五市），为1.4279元/kWh[3]。

随着"双碳"战略不断推进，新能源装机占比还将大幅增长，终端电气

---

① Jacy.：《盘点2022｜全国工商业用户分时电价全景图》，北极星储能网，https：//news.bjx.com.cn/html/20230106/1281579.shtml。

② 上海峰谷电价差最大2.12元/kWh！2023年1月电网代理购电价格公布，北极星储能网，https：//news.bjx.com.cn/html/20221230/1280149.shtml。

③ 2023年6月全国峰谷电价汇总！广东价差达1.4279元/kWh，北极星储能网，https：//news.bjx.com.cn/html/20230531/1310191.shtml。

化进程也将持续推进,新型电力系统供给侧随机性和需求侧随机性加剧,预计未来峰平谷电价比还将进一步拉大,为车网互动的长期开展提供重要保障。

根据相关规定,充换电运营商向用户收取的费用包括电费和充换电服务费,电费执行国家规定的电价政策,充换电服务费用于弥补充换电基础设施运营成本。电费执行分时电价,一方面可以引导用户自觉在电价谷期多充电、在峰期少充电甚至反向放电,另一方面也可为运营商提供基于车网互动技术开展充电托管等增值服务的价值空间。

在我国尚未全面覆盖用户侧峰谷电价的背景下,广西壮族自治区、四川等地明确要求电动汽车充换电基础设施用电执行峰谷分时电价政策;江西等地针对居民小区中设置的电动汽车充换电基础设施用电,在执行居民合表用户电价的基础上,居民用户可向电网企业申请执行居民生活用电峰谷分时电价。在分时电价的引导下,一些城市的充电负荷曲线与用电负荷曲线基本实现"峰谷错开",发挥了电动汽车削峰填谷作用。

应当注意到,由于充换电服务费的存在,用户可以实际感知到的峰谷价差难以达到3∶1以上水平,充换电服务费水平越高,实际感知的峰谷价差越不明显。国家2030年前对实行两部制电价的集中式充换电基础设施用电免收需量(容量)电费的政策,帮助充换电运营商降低了运营成本,在一定程度上缓解了充换电服务费的上涨(见表2)。

表2　涉及电动汽车的地方电价政策统计（不完全统计）

地方	文件	时间	内容
广西壮族自治区	《广西新能源汽车充电基础设施规划(2021-2025年)》	2021.10	直接向电网企业报装接电的经营性集中式电动汽车充换电设施用电,具备单独计量条件的,统一执行工商业及其他用电(两部制)目录销售电价,2025年底前免收基本电费,经营性集中式充换电设施的认定可参照广州等先进城市标准执行,其他充电设施按其所在场所执行分类目录销售电价。广西壮族自治区峰谷分时电价方案实施范围内的电动汽车充电设施用电用户执行峰谷分时电价政策。进一步完善充电服务价格形成机制,结合市场发展情况,逐步放开,通过市场竞争形成充电服务费收费标准

地方	文件	时间	内容
江苏省	《关于印发进一步推进电能替代工作实施方案的通知》	2022.06	落实峰谷电价和分布式能源站用电价格政策,引导具有蓄能特性的电能替代项目参与削峰填谷,鼓励分布式能源站与储能(蓄能)设施协同运用。落实电动汽车、船舶使用岸电等电价支持政策。鼓励电动汽车充换电设施经营主体进一步优化电动汽车服务费价格体系,制定具有市场可推广性的电动汽车服务价格套餐,促进提升全社会电动汽车保有量和充电量
贵州省贵阳市	《贵阳贵安推动"电动贵阳"建设实施方案(2022－2025年)》	2022.09	充换电服务费实行市场调节价,对符合条件的充换电基础设施运营企业统一按照有关规定实行分时优惠
江西省	《江西省发展改革委关于居民电动汽车充电设施用电价格有关事项的通知》	2023.03	居民家庭住宅、居民住宅小区、执行居民电价的非居民用户中设置的电动汽车充电设施用电,在执行居民合表用户电价的基础上,居民用户可向电网企业申请执行居民生活用电峰谷分时电价。是否执行峰谷分时电价,由居民用户自行选择,选定后原则上一年内不得变更
四川省	《四川省充电基础设施建设运营管理办法》	2023.03	向电网企业直接报装接电的经营性集中式充电基础设施运营项目,用电执行"工商业及其他用电"中两部制电价,2025年底前免收基本电费;其他充电基础设施项目按其所在场所电价类别执行……电动汽车充电基础设施用电执行峰谷分时电价政策。鼓励电动汽车在夜间电网低谷时段充电,提高电力系统利用效率,降低充电成本。鼓励具备条件的充电基础设施运营企业参与电力市场交易。各市场主体按市场化原则合理收取充电服务费
天津市	《天津市进一步构建高质量充电基础设施体系的实施方案》	2023.09	落实峰谷分时电价政策,鼓励用户低谷时段充电。到2030年底,对实行两部制电价的集中式充换电设施用电免收需量(容量)电费

资料来源:深圳供电局有限公司电力科学研究院团队根据公开资料整理。

（二）电力市场机制

如果说电价机制主要影响充换电服务零售侧（即面向电动汽车用户）生态，那么电力市场机制则对相关运营商批发电能量降低运营成本、拓展盈利来源有着重要意义，并将进一步改变零售侧生态。

目前，全国范围内已建设多个交易品种的电力市场，如图1所示，分为电能量市场和电力辅助服务市场两大类，其中电能量市场包括中长期市场（绿色电力交易是在电力中长期市场机制框架内的独立交易品种）和现货市场以及绿电市场，已建设的电力辅助服务市场包括调峰、调频、备用、爬坡和黑启动市场等。多地已开展的市场化需求侧响应也属于市场化电力交易，见图1。

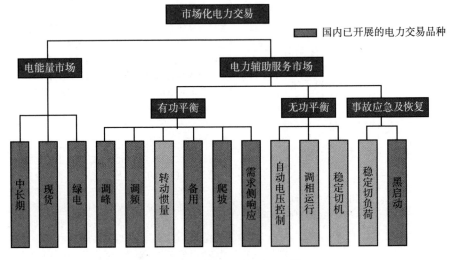

图1　国内电力交易品种开展情况

资料来源：深圳供电局有限公司电力科学研究院团队整理。

1. 电能量市场

绝大部分省区已开展电力中长期交易，充换电运营商等主体可以直接与发电厂或售电公司议价，利用电动汽车充电负荷的灵活性，尽可能多购买低价电，降低充换电成本。

346

2017年8月，南方（以广东起步）、蒙西、浙江、山西、山东、福建、四川、甘肃8个地区被国家发展改革委、国家能源局选为第一批电力现货试点，于2019年6月全部启动模拟试运行。2021年4月，上海、江苏、安徽、辽宁、河南、湖北等6省市被选为第二批电力现货试点，于2022年8月全部启动模拟试运行。截至目前全国已有14个电力现货市场试运行。

在上述现货市场中，多数允许售电公司和大用户直接参与市场交易，聚合电动汽车等资源的运营商多数仍属电力零售用户，需要经售电公司参与现货市场，相关主体可通过车网互动提升向售电公司购电时的议价能力。

2022年6月发布的《关于进一步做好2022年下半年山东省电力现货市场结算试运行工作有关事项的通知》允许虚拟电厂（可聚合电动汽车等可调节资源）作为独立市场主体参与市场交易。2023年9月，国家发展改革委、国家能源局联合印发《电力现货市场基本规则（试行）》，明确提出电力现货市场近期建设主要任务包括推动分布式发电、负荷聚合商、储能和虚拟电厂等新型经营主体参与交易。负荷聚合商参与电力现货市场已成为必然趋势，但未来各地如何设置负荷聚合商的准入门槛有待观察。

2.电力辅助服务市场

目前已有调峰、调频、备用等电力辅助服务市场面向负荷聚合商开放。

华北调峰辅助服务市场要求第三方独立主体可稳定提供不少于10MW的调节电力、30MWh的调节电量能力，报价上限为0.6元/度电，如按照参与互动的电动汽车平均20kW充电功率、30kWh待充电量进行简易计算，则具备实时聚合超1000台电动汽车充电能力，即可进入该市场，这对于大型充换电运营商来说是容易做到的，而中小型充换电运营商则需要通过聚合才能参与市场。浙江调峰辅助服务市场准入门槛相对更低，具备时长1小时以上、容量5MW以上负荷削减或调增能力即可参与，削峰报价上限达1元/度电，填谷报价上限为0.32元/度电。

需要注意的是，调峰辅助服务市场只是现货市场运行条件暂不成熟时的替代方案，在《国家发展改革委办公厅国家能源局综合司关于进一步做好电力现货市场建设试点工作的通知》（发改办体改〔2021〕339号）中已明

确要求"现货市场运行期间由现货电能量市场代替调峰市场",随着全国范围内现货市场建设不断推进,调峰辅助服务市场可能会逐步退出历史舞台。

2023年,安徽、南方区域调频辅助服务市场先后向负荷聚合商开放。安徽调频市场要求聚合商调节功率应在10MW以上、持续时间1小时以上,调频里程价格最高6元/MW。由于调频辅助服务市场按调频里程结算,负荷聚合商需要尽可能争取多被调用(见表3)。

表3 电动汽车资源可直接参与的电力辅助服务市场统计(不完全统计)

文件	时间	交易品种	市场准入	报价要求
《第三方独立主体参与华北电力调峰辅助服务市场规则(试行,2020版)》	2020.11	调峰	分布式储能、电动汽车(充电桩、充换电站)、电采暖、虚拟电厂(可控负荷)等第三方独立主体可独立参与调峰市场;也可通过聚合的方式,由聚合后第三方独立主体代理参与调峰市场。第三方独立主体具备稳定提供不少于10MW的调节电力、30MWh的调节电量的能力,可报量报价参与华北市场	第三方独立主体申报价格上限为600元/MWh
《浙江能源监管办关于浙江省第三方独立主体参与电力辅助服务有关事项的通知》	2023.01	旋转备用	参与主体应确保具备至少1小时的备用持续响应、容量5MW以上调节能力	旋转备用价格上限为50元/MWh,下限为0元/MWh
		削峰调峰	参与主体应确保具备时长1小时以上、容量5MW以上负荷削减能力	削峰调峰价格上限为1000元/MWh,下限为0元/MWh
		填谷调峰	参与主体应确保具备时长1小时以上、容量5MW以上负荷调增能力	填谷调峰价格上限为320元/MWh,下限为0元/MWh
《安徽电力调频辅助服务市场运营规则(模拟运行稿)》	2023.02	调频	负荷聚合商、虚拟电厂等调节功率应在10MW以上、持续时间1小时以上	单位调频里程价格P,单位为元/MWh,含税,最小值为0元/MWh,最大值为6元/MWh

文件	时间	交易品种	市场准入	报价要求
《山西独立储能和用户可控负荷参与电力调峰市场交易实施细则(试行)》	2020.12	调峰	聚合用户的总调节能力应不低于20MW,单日累计持续响应时间不低于2小时	执行峰谷电价用户可控负荷市场主体在参与电力调峰交易时,平段原则上申报价格上限不高于火电机组深度调峰交易第一档价格区间的下限值,即供热期,申报价格区间为0~300元/MWh,非供热期,申报价格区间为0~200元/MWh,峰谷段申报价格上限按现有峰平谷比价计算。非峰谷电价用户可控负荷市场主体在参与电力调峰交易时,申报价格上限不高于火电机组非供热期深度调峰交易第一档价格区间的下限值200元/MWh
《西北区域省间调峰辅助服务市场运营规则》	2020.01	调峰	市场初期,参与用户侧调峰的企业主要考虑具备一定规模,可调节量达10%额定负荷及以上的用户或负荷集成商,经西北分部向所在省(区)能源监管派出机构报备后参与市场	市场初期,用户侧调峰费暂采取定价模式。若用户在峰段参与市场,辅助服务费用依照所在省(区)峰-平电价差额进行补偿;若用户在平段参与市场,辅助服务费用依照所在省(区)平-谷电价差额进行补偿。各用户峰平谷时段依据其在所在省(区)内执行的峰平谷电价时段确定。市场成熟后将以上述定价价格为报价上限开展用户侧竞价调峰

资料来源:深圳供电局有限公司电力科学研究院团队根据公开资料整理。

3.电力需求响应

全国已有过半省市开展电力需求响应。相比电力辅助服务市场，需求响应的准入门槛普遍较低，如广东省市场化需求响应要求非直控虚拟电厂的调节能力不低于 0.3MW，单次响应持续时间不低于 2 小时，单个大中型充换电站很容易达到该门槛。电力需求响应的补偿相对而言也较有吸引力，如浙江实时需求响应补偿 4 元/kWh。由于需求响应市场的开启与供电形势密切相关，并非持续开展，电动汽车负荷聚合商可及时关注市场动向，利用充电负荷的灵活特性积极参与并获取补贴（见表4）。

表4　部分省份电力需求响应补贴政策统计

省份	参与方式	准入门槛	补偿标准
山东	紧急型（容量申报）经济型（电量申报）	总调节能力不低于5MW,单日持续响应时间不低于 2 小时,可在接收电网通知后 4 小时内快速响应	通过单边竞价,边际出清形成。容量价格不高于 1 元/kWh,电能量价格不高于日前价格出清价格 采取参照现货日前、实时出清价格决定补偿标准
江苏	约定需求响应实时需求响应	负荷集成商视为单个用户参与需求响应,每个负荷集成商约定的响应能力原则上不小于 1 万 kW	可中断负荷:小于等于 60 分钟,10 元/kWh;60~120 分钟,12 元/kWh;大于 120 分钟,15 元/kWh 临时填谷:谷段消纳可再生能源 5 元/kWh,平时段 8 元/kWh
浙江	日前需求响应（削峰+填谷）实时需求响应（仅削峰）	聚合总响应能力原则不小于 1000kW,响应持续时间不少于 30 分钟	削峰日前需求响应:采用单边竞价,边际出清形成,出清价格上限为 4 元/kWh 填谷日前需求响应:固定补偿 1.2 元/kWh 实时需求响应:固定补偿 4 元/kWh

资料来源：深圳供电局有限公司电力科学研究院团队根据公开资料整理。

（三）充换电基础设施建设运营补贴

部分省市对充换电基础设施的建设运营进行了补贴。如根据《常州市新能源汽车充电设施建设运营财政补贴办法》（常工信产业〔2022〕325

号），江苏、常州对居民小区内统建统营的充换电基础设施建设补贴在当年标准基础上上浮 10%，如同时具备有序充电功能上浮 15%；根据《上海市鼓励电动汽车充换电设施发展扶持办法》（沪发改规范〔2022〕12 号），上海对直流充电或充放电设施的千瓦补贴上限为 600 元。

二 技术标准体系

（一）车网互动生态

在规模化车网互动生态中，电动汽车用户和电网企业分别是电动汽车灵活调节能力的供给方和需求方，电动汽车和充换电基础设施是必不可少的物理信息基础，而车网互动由谁来主导开展，则存在多种可能（见图 2）。

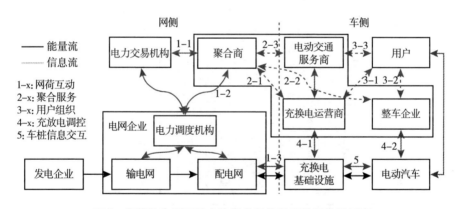

图 2 规模化车网互动主体及物理信息系统间关系示意

资料来源：深圳供电局有限公司电力科学研究院团队整理。

充换电运营商掌握着充换电基础设施的控制权，拥有用户和车辆的部分信息，通过加强自身聚合能力建设，可以独立组织开展车网互动。整车企业掌握着完整的车辆信息和较为全面的用户行为信息，在用户组织方面有着明显优势，有能力通过与充换电运营商等主体合作，或者依托自营充换电站，开展互动。负荷聚合商或虚拟电厂拥有对接电网的技术支持平台和

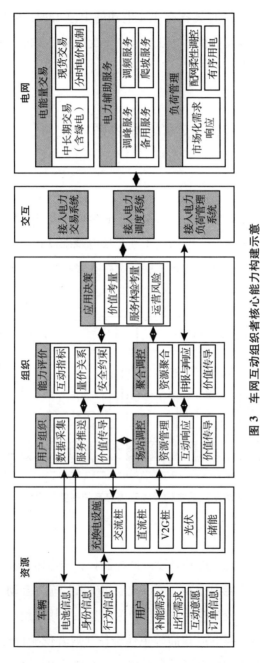

图 3　车网互动组织者核心能力构建示意

资料来源：深圳供电局有限公司电力科学研究院团队根据公开资料整理。

交易渠道，可以为充换电服务运营商、整车企业等主体提供专业聚合服务。

事实上，只要能够协调用户、车辆和充换电基础设施等关键资源，具备用户组织、聚合调控等核心组织能力，拥有与电网侧交互的必要渠道，无论哪类主体或何种形式的联合体，均可主导开展车网互动。车网互动作为一种基于多主体平等、互利、合作关系的数字经济，其行业生态是开放、共赢的（见图3）。

（二）技术标准体系建设现状

目前，车网互动技术标准体系尚处于建设初期。

在车侧，《电动汽车传导充电系统 第 1 部分：通用要求》GB/T 18487.1-2023、《电动汽车非车载传导式充电机与电池管理系统之间的通信协议》GB/T 27930 等标准正在修订，计划在原有电动汽车充电要求基础上，加入充电二次唤醒、反向放电控制等车网互动相关要求。在充换电基础设施和负荷聚合等方面，《电动汽车非车载充放电装置技术条件》、《电动汽车充放电双向互动》等一批车网互动标准正在制定。

在电网侧，已发布电力行业《可调节负荷并网运行与控制技术规范》DL/T 2473 系列标准，对负荷聚合平台接入调度系统进行了规范（对应规模化车网互动主体及物理信息系统间关系示意图中的 1~2 环节）。

2023 年 9 月，能源行业电动汽车充电设施标准化技术委员会车网互动标准工作组成立，并发布《车网互动技术标准体系（2023 版）》，拟从车网互动设备与接口、服务平台、负荷聚合、建设与运行等维度推动标准体系建设。

（三）技术标准体系建设方向

面向开放、共赢的车网互动行业生态，技术标准体系可重点围绕增强车网互动组织者核心能力、不同主体间信息交互、提升平台及设备间互操作性等目标开展建设。

在组织能力构建方面，电动汽车聚合功能、车网互动能力分析方法、参

与能量型或功率型电力市场的调控方法、车网互动运行成效评价体系、反向放电工况下动力电池安全与寿命管理要求等内容有待规范。

在信息交互方面，有必要为用户行为、动力电池、充换电服务、电力市场等方面制定统一的信息模型，以便于不同主体间交互（可能涉及数据交易）组织车网互动所必须的信息，对伴随的数据隐私、信息安全等问题也有待规范。

在互操作方面，充放电启停及功率调节离不开电动汽车与充换电基础设施的对接和配合，诸如面向配电台区层级负荷管理的车网互动依赖配电网与充电站之间的直接或间接调控，未来不同充换电基础设施运营商、整车企业等主体之间甚至可能进行跨主体的充换电基础设施及车辆功率调节。

考虑到目前我国目前正在快速推进充换电基础设施建设，车网互动技术标准体系建设刻不容缓。

三　车网互动发展现状

（一）车网互动市场发展

车网互动在电力系统用户侧市场化有丰富的商业场景和应用模式。图4展示了现行车网互动参与主体的主要商业模式。发电厂通过传统能源和新能源发电，将电能卖给电网（售电公司）；电网（售电公司）向用电负荷售电，并通过接收电力市场信息，向聚合商发出调控指令，以增大电力交易营收；电力市场制定电力交易规则，向各个参与方提供市场信息，撮合交易；V2G聚合商则根据电网调控需求指令和场站运行现状向场站运营商下发调控指令，最大化车网互动的服务收益；V2G设备商向场站运营商、新能源车主等提供设备赚取收益；场站运营商在满足车主充换电需求的同时，接收聚合商的调控指令，和车主进行售电与买电的双向能量交易服务，降低充电运营成本，同时赚取V2G服务费；新能源车主一方面通过运营商参与电网服务；另一方面车主可直接为用电负荷进行柔性扩容与用电支撑。

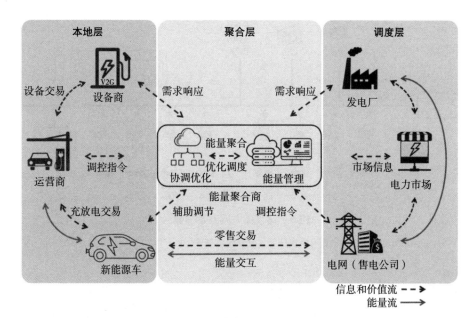

图4 车网互动参与主体的商业模式

资料来源：北京链宇科技有限责任公司研究团队整理。

目前的商业化推广和验证主要集中在工商业园区、公共场站、中心城区等。

1. 工商业园区

考虑新型能源结构下，峰谷价差持续增加，工商业园区业主面临着高额电费压力；图5展示了工商园区内的典型车网互动应用，通过"光伏发电+固定式储能"建设，再融入车网互动，通过园区微网控制平台调节V2G双向充电桩在用电低谷时向电动汽车充电，而在用电高峰时让车辆反向放电，以达到削峰填谷的作用。搭配上光储直流系统，能有效降低园区用能，节省电费；同时，车载储能还能替代部分固定式储能，储充多余光伏，提高新能源消纳，并为园区柔性扩容，提供紧急备电功能。

2. 公共场站

公共场站作为新能源汽车充换电的基础单元，正面临着越来越高的快速充换电需求。同时大量车辆无序充电对电网也会产生一定波动，因此扩大电网

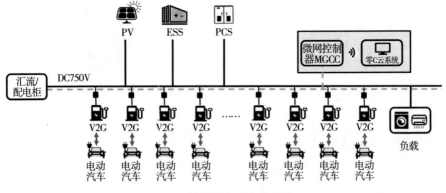

图5 储直柔车网互动方案

资料来源：北京链宇科技有限责任公司研究团队整理。

容量是最直接的解决方案。但相比于电网直接增容方案的初始投资成本，通过搭建"光伏车棚+固定储能"的方案能够大幅削减容量成本。再结合车网互动，实现场站光储充放一体化管理，不仅可以满足新能源车主充换电需求，节约电费与投资成本；还可以利用峰谷电价差，为场站运营商和车主带来额外的收益。

3. 中心城区

人口密集区域的中心城区有着巨大的电动汽车慢充需求，而居民小区配电容量紧张将成为电动汽车充换电基础设施的主要挑战，特别是老旧住宅小区，该矛盾尤为尖锐。以北京市为例，据中华人民共和国民政部数据，截至2022年底，北京市常住人口2184.3万，其中城镇人口1912.8万。据《2023北京新能源汽车市场分析报告》，截至2022年底，北京新能源汽车保有量约61.7万辆，其中纯电动汽车58万辆，插电式电动车3.4万辆，电动化率10%，在全国处于较好的水平。如图6所示，在北京市2017年前建设的小区中，配变负载率超过65%的约占49%（4607个小区），不具备增加用电设备能力。2021年，北京市电动汽车渗透率仅为8.2%，已经出现了老旧小区充电难，无法安装家用充电桩的现象。根据北京市的电动汽车发展规划，2025年电动汽车渗透率将达到30%，2030年达到50%，2035年达到70%。届时，小区配电容量紧张将严重制约充换电基础设施建设和电动汽车发展。另外，据清华大学欧阳明高院士团队测算，北京地区家庭电动乘用车多数在下班回家后立即充电，充电时间集中在 18 点至凌晨 1 点，与 20 点至 22 点的日常民生活用电负荷高峰时段重合率高达 85%，造成了充电负荷与居民生活用电负荷"峰上加峰"的情况，电动汽车无序充电进一步加剧小区用电压力。

通过对充电桩的智能有序升级是解决在小区慢充困境的刚性需求。居民小区生活用电负荷低谷发生在后半夜，通过引导电动汽车充电时间至生活用电负荷谷值时刻，可实现充电负荷与居民生活用电负荷"峰谷互补"。居民小区后半夜用电负荷仅为晚间用电高峰的 30%，具备满足电动汽车充电负荷峰值的潜力。在相同的电动汽车出行需求和充电功率下，如果北京市家用慢充采用 6 kW 有序充电，2025 年居民用电峰值负荷上升幅度仅约 2.1%，能够充分缓解居民小区的电力增容压力（见图 6）。

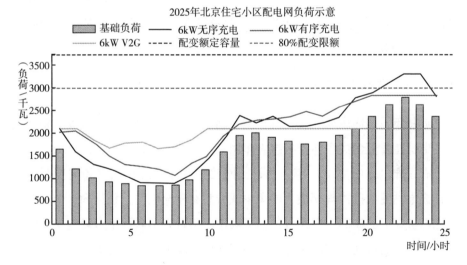

图 6　住宅小区无序充电、有序充电、车网互动负荷变化

资料来源：北京市电力经研院研究团队整理。

通过发展车网互动，可实现居民用电负荷高峰时段（20 点至 22 点）让电动汽车向建筑或居民负荷供电，降低居民用电峰值负荷；在居民用电负荷

低谷时段（1点至6点）对电动汽车进行充电，抬升居民小区向电网取电的用电低谷负荷，从而实现对城市电力负荷的削峰填谷，不仅能大幅降低城市电网的扩容压力，还能提高居民用电质量。

（二）车网互动技术发展

车网互动服务的主要技术依赖于车网互动分布式能量聚合与优化调度技术。车网互动分布式能量聚合需要实时掌握充电系统的用能情况，对所有连接的车辆交易方式进行全局整合。实现在充电系统内部，不同车辆之间实现能源交易，同时车辆可与配网系统、储能系统、风光发电系统、附属的园区楼宇负荷系统进行互相协同，实现"源网荷储"一体的多能互补与最优能量管理效果。车网互动分布式能量优化调度，基于电力现货市场信息和虚拟电厂调度平台的指令，基于终端电动汽车运行数据与运行机理构建精细化自学习大模型，生成当前时段的最优调度策略，可大幅度降低系统的整体运行成本，保障电网运营的稳定性与安全性，同时提高分布式参与主体的收益。

（三）试点建设与运行

近些年，国内多地建成一批车网互动示范工程，充换电运营商、整车企业、电网企业等多类主体积极探索车网互动商业模式，取得一定成效。

有序充电方面，2021年3月，国网北京电力公司在北京环球度假区停车楼充电站建成国内规模最大的集中式智慧有序充电站，包括861个交流有序充电桩在内的逾900个充电桩，可利用国网智慧车联网平台设定功率输出控制策略，通过功率控制引导车主错峰充电，降低车主充电成本。

V2G方面，国内的试点项目主要由国网电动汽车、充换电运营商等发起，在商业楼宇、工业园区等建立，并且与台区的综合能源系统结合，电动汽车参与峰谷套利、需求响应等服务。2020年4月，国家电网在北京人济大厦设置的V2G桩，是国内首个纳入调峰辅助服务结算的项目。2020年6月，北京中再中心V2G示范是我国第一座商业化运营的示范站，2020年参与了华北电力调峰辅助服务市场与电网实时调控和调峰辅助服务。国网电动的公务车和员工私家车可在高峰时刻反向给楼宇供电，放电价格为 0.7 元/kWh，员工在"家里充单位放"的情况下，可以赚取每度电约 0.4 元的差价。2019 年 6 月，上海开展车网互动商业模式探索，首次将电动汽车纳入需求响应体系。其在端午节开展的"填谷"需求响应首次接入电动汽车，用户削峰的补偿上限为 30 元/kW，填谷的补偿上限为 12 元/kW，产生了很好的引导效果。2023 年 8 月，国网无锡供电公司在无锡车网互动验证中心（e-Park）组织 50 辆新能源汽车开展了全国规模最大 V2G 试验。该中心占地近 1.5 万平方米，是目前国内最大的"光、储、充、放、检、换"六位一体示范工程，融合了光伏、储能电站、充电、放电四大功能系统场景，建有 60kW 直流充放电机 50 套，可实现最大放电功率 3MW，是目前规模最大 V2G 充放电系统。该场站设计了一套分时段积分模式，车主接入 V2G 充电桩向电网放电，"卖电"产生的收益累积成积分，每一个积分可在无锡国网"e 充电"平台兑换 3 度电的充电权益。

电能量交易方面，2022 年国家电网公司先后在山西、山东组织了 2300 余座充换电站以虚拟电厂的模式参与电力现货市场，为充换电运营商节约购电成本超过 270 万元。11 个省公司开展了新能源汽车参与中长期电力交易，交易电量超过 14 亿 kWh。

需求响应和调峰辅助服务方面，2022 年，国网电动、特来电、星星充电等 24 家充电运营商聚合了 5100 座充换电站，参与了迎峰度夏的需求响应 49 次，最大调峰 2.2 万 kW，影响电量 64 万 kW。南网电动近 3 年在广东、深圳参与需求响应 35 次，累计响应电量超 30 万 kWh，收益逾 60 万元。

调频辅助服务方面，2022 年，蔚来汽车与中国华能集团有限公司浙江分公司共建的浙江虚拟电厂 1 号机组正式投运，共接入 114 座换电站，实现秒级功率实时控制，是国内首个在用户侧开展二次调频规模化验证的虚拟电厂项目。2023 年，蔚来汽车联合南方电网深圳供电局在深圳虚拟电厂管理平台运用 5G 专用切片技术，在南方区域首次验证了虚拟电厂调频技术，计划参与南方区域调频辅助服务市场。

（四）车网互动国外发展现状

V2G 的概念原型最早于 1995 由美国洛杉矶研究所年提出，随后特拉华大学对其进一步发展并进行相关示范。进入 21 世纪后，V2G 技术开始在小规模的试验场景中进行实验验证，通过控制电动车辆的充放电过程，研究者们通过分析电动车辆与电网之间的能量互动数据，验证 V2G 技术的可行性和效果。由于当时电池技术水平有限以及电动汽车保有量过低，不具备大规模推广条件。直到 2010 年以后，美国率先启动 V2G 的支持政策，V2G 试点项目就此不断开展。当前，荷兰 80% 的公共充电桩具备智能有序充电功能"Smart Charging Ready"，可以随时被激活。荷兰充电桩基础设施基于 OCCP、OSCP、OCPI 等车-桩-网间公开通信标准，不仅支持电动汽车用户在不绑定任何充电运营商的前提下，在任一公共充电站实现"即插即充"，也能够广泛地支持智能有序充电，延缓配电网增容投资，并在可再生能源发电时段参与消纳。英国政府自 2019 年起的电动汽车家庭充电计划（UK Electric Vehicle Homecharge Scheme）规定，只有支持有序充电的充电桩，才有资格获得政府补贴支持。

根据 V2G-Hub（https：//www. v2g-hub. com）网站的不完全统计，截至 2023 年 9 月，由世界各地政府、充电运营商、车辆制造商、高校及科研机构等发起了 130 多个 V2G 相关的试点，涉及 27 个国家和地区。欧美国家的大多数试点中，电动汽车向电网放电提供调频、备用等服务，进行技术和商业模式上的验证；亚洲国家更多是 V2B 或 V2mG 试点，结合虚拟电厂（Virtual Power Plant，VPP）等进行示范验证，其中中国和日本的试点项目最具代表性。

早在 2007 年，美国就与特拉华大学合作，利用电动汽车电池为电网运营商 PJM 提供频率调节服务，开了 V2G 示范项目的先河。2012 年，特拉华大学启动试点 eV2gSM 项目，评估在 V2G 条件下，向 PJM 电力市场的电网提供调频服务，达到减轻可再生能源固有间断性的潜力及其经济价值，电动汽车车主可通过峰谷套利节省充电成本。2014 年，美国加州能源委员会支持南加州爱迪生电力公司以及加州独立系统运营中心（CAISO）的电力批发市场在洛杉矶空军基地开展示范项目，32 辆电动和插电混合动力汽车参与其中，涵盖日产聆风、福特皮卡和 VTRUX 货车。2017 至 2020 年的美国 INVENT 项目在加州大学圣地亚哥分校部署了 50 台 V2G 桩以及支持 V2G 的校园电动大巴，通过 Nuvve 公司的 V2G 控制平台利用向校园的微电网提供削峰填谷、调频等服务。2020 年，特斯拉在 Model 3 与 Model Y 车型上使用双向智能充电技术。

欧洲车网互动的示范工作也在各国有序开展。2016 年，欧盟启动 SEEV4-City 试点计划，支持 5 个国家 6 个项目（英国、荷兰、挪威、比利时等）共计 500 万欧元，研究 V2G 技术，实现电网容纳更多新能源与新能源汽车。2016 至 2018 年的丹麦 "Parker" 项目为电网提供频率和电压控制等辅助服务，这是世界上首个完全商业化运行的 V2G 项目，项目围绕电网辅助服务、通信协议、技术推广等维度开展研究，证明了 V2G 车辆和充换电基础设施放电桩几乎可以完成所有类型的调频的服务。2018 至 2020 年的英国 VIGIL（Vehicle to Grid Intelligent Control）项目拨款 3000 万英镑共支持 21 个 V2G 项目，测试技术研发成果，并开发了英国第一个 V2G 综合管理控制平台。2019 年，雷诺集团在欧洲组成 15 辆 ZOE 的车队，开展 V2G 试点项目。2019 年底，菲亚特克莱斯勒汽车公司（FCA）就计划分两步在意大利米拉菲奥开展全球最大 V2G 试点项目，第一阶段在米拉菲奥里完成 32 个 V2G 充电桩安装，可连接 64 台电动汽车；第二阶段从 2021 年开始，FCA 将扩展充换电基础设施，为多达 700 台电动汽车安装双向充电系统，成为"全球最大的 V2G 设施"。

亚洲国家也陆续开展车网互动探索。2012 年，日本推出 "M－tech Labo" 项目，日产公司开发的 "Leaf to Home" 系统可以将车载电池的直流电转化为家庭 110V 的交流电，可以在停电或紧急情况下作为应急电源使用，开创性地验证了 V2H 的商业模式。2014 年，韩国提出 Korean V2G 计划，希望通过电动汽车作为家庭和城市的应急电源，以解决能源短缺问题，构建智能电网。2018 年，日本丰田、中部电力公司联合美国 Nuvve 公司在

丰田公司园区通过 20 辆电动汽车聚合建立虚拟电厂，通过控制 20 辆车在停放期间的充放电，验证 V2G 控制系统和工厂综合能源管理系统。

四 车网互动未来发展趋势

（一）车网互动发展路径展望

基于以上关于车网互动政策、市场、商业模式、技术等要素及其发展现状的分析，针对未来车网互动的发展路径作出如下展望（见图 7）。

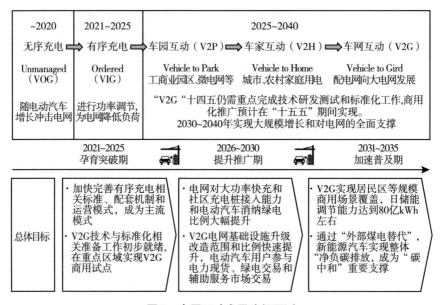

图 7 车网互动发展路径预测

资料来源：清华大学欧阳明高院士新能源动力系统科研团队根据公开资料整理。

到 2025 年，完善智能有序充电相关标准，完善配套政策机制和建设运营模式，实现重点区域应用和参与电力交易的试点；V2G 技术与标准化相关准备工作初步就绪，包括双向互动标准和充换电基础设施改造，实现 V2B、V2H 以及 V2mG 的规模化示范，并率先在重点区域实现 V2G

商用试点。

2026 年至 2030 年，管控式有序充电成为主流建设运营模式，实现园区至聚合商层级的响应，电网对大功率快充场站和社区充电桩接入能力显著提升；V2G 电网基础设施升级改造范围和比例快速提升；充电场站和新能源汽车用户全面参与电力现货、绿电交易和辅助服务市场交易。

2031 年至 2035 年，虚拟电厂聚合模式和站网互动模式实现对大功率公共快充场站、自建专用场站以及社区和单位充电桩的全面覆盖，实现高比例错峰充电与消纳绿电。通过"外部煤电替代"，电动汽车消纳绿电比例大幅提升。

2036 年至 2040 年，智能有序充放电和智能站网互动得到全面发展，电动汽车容量和设备利用率大幅提高。争取实现整体"净负碳排放"，成为"碳中和"重要支撑。

（二）车网互动发展政策展望

为促进大规模车网互动应用，发挥电动汽车储能潜力，保障新型电力系统绿色、安全运行。

2025 年前，更多的政策将鼓励加快充换电基础设施建设，尤其是依托现存场所建设具备巨大潜力。将要求加快单位停车场具有车网互动功能的慢充直流双向充电桩覆盖，并强制要求政府机构、公交场站等地完成充换电基础设施的智能化升级。部分省市率先开展电力体制改革试点工作，加快城市配网侧和用户侧微网的市场化建设，构建网级分布式系统，打造虚拟电厂资源整合平台。设计发电侧和用电侧责权对等的辅助服务市场补偿和分摊机制，还原能源价格的商品属性，建设面对多元主体的交易规则体系，探索市场化、差异化的能源价格形成模式。并在 V2G 技术方面，要求构建电池、整车、电网、能源服务、物业等多方协同的标准体系与技术标准。

2025 年至 2035 年，实现建筑直流电气化改造，促进 V2G 与 V2B 集成，加快分布式微网系统发展，以技术变革解放用户，使得能源体制加速变革。

同时激励分布式小微市场主体的辅助电网，加大车网互动向市场化推广的扶持力度，确保 V2G 市场克服"冷启动"难关。开发促进清洁能源消纳、体现电动汽车能源服务价值的交易机制，以分布式能源提升能源供给安全性。打造完善的车网互动标准体系，打通能源交互通道，建立车网互动规则，动态认定车辆供电能力，形成市场化长效机制。

2035 年以后，相关补贴政策退坡，车网互动市场完善，成为新型电力系统重要的调节模式之一。

（三）车网互动发展市场规模展望

车网互动的规模化应用离不开电动车保有量的迅速增加。近年来我国新能源汽车产业爆发式增长，据中国汽车工业协会数据，2022 年新能源汽车销量 688.7 万辆，渗透率为 25.6%。在我国鼓励新能源汽车发展的政策导向不变的情况下，新能源汽车的市场驱动力将会越来越强。保守计算预测的新能源汽车 2030 年为 1 亿辆、2040 年为 3 亿辆。按照每辆车平均电量大于 65kWh，到 2040 年，车载储能容量超过 200 亿 kWh，与中国每天消费总量相当。假设乘用车停充补电采用 15kW 双向充电桩，根据日出行概率分布，新能源汽车对电网功率支撑的能力达到 29 亿 kW~35 亿 kW，约为当年全国电网非化石能源装机总量的一半。由此可见电动汽车参与电网调度的容量和功率潜力巨大。

在参与车辆上：预计在车网互动发展初期，以园区内短途物流车、商务车、租赁车等率先进行试点，其中具备 V2G 功能的电动汽车和充换电基础设施占新增比例大于 15%，比例将在 2035 年和 2040 年突破到 50% 和 95%，预计到 2060 年，全国将约有超过 3.5 亿辆电动车可参与车网互动。此外，未来参与车网互动的车型将逐步覆盖至家庭乘用车、短途商用车，最终使得多类型电动汽车多目标、多形式，以去中心化方式参与到能源互动中。

在应用场景上：预计在发展初期，V2G 将主要以示范项目和工业园区内的应用为主。电动汽车可充分发挥其灵活负荷的优势，以有序充电方式参与用户侧的削峰填谷、分布式光伏充电、基于人工响应的需求响应、辅助服务、现货市场平衡，甚至调频等应用。2025 到 2035 年，应用场景将逐步拓展到城市与乡村住宅以及交通枢纽充换电站，主要助力建筑的能源消纳和 V2G 桩快充扩容等需求侧响应，利用局域网技术和通信协议优化进行微网内的能量管理和协同控制。2035 年后，车网互动将基于大规模聚合平台开展大范围的电力市场辅助服务，基于分层分区源荷互动和大规模调度与结算体系开展能源交易和市场服务。随着电力市场改革释放更多的红利以及动力电池成本的下降与寿命的提升，电动汽车可发挥其储能与分布式电源的作用，结合微电网、虚拟电厂等试点平台，以 V2X 方式提供调频、现货电力平衡、爬坡服务。

在交互模式上：近期的 V2G 将以工商业园区试点和城乡建筑自治为主，随后交通枢纽充换电站模式会越来越多；预计到 2025 年，园区交互模式的占比将逐渐减小，电动汽车开启辅助服务市场；2035 年后，车与大电网的跨区协同占比将增大；预计到 2060 年，V2G 参与辅助服务市场的模式将占据所有应用场景的 45% 左右，参与城乡建筑能量交互模式约占比 30%，园区 V2G 和大电网跨区协同各占比约 10%。

（四）车网互动发展市场技术展望

车网互动的实现涉及很多层次的科学问题和工程问题。在电力系统的主网侧、配网侧、用户侧和设备侧，车网互动在不同频率和尺度上都对应不同待攻关的重点技术，需围绕车网互动不同功能侧解决不同响应频次的关键问题。在主网侧，存在从低频到高频依次涉及电力市场机制、电网潮流分析和长距离输电、电力网络稳定性控制等问题；在配网侧，需要从虚拟电厂和分布式资源交易机制、配网潮流分析与能量管理、配网频率电压稳定性控制等问题；在用户侧则涉及微电网的市场、控制和稳定性等问题；在设备侧，主要需要从电动汽车的出行时空分布特征和充换电站布局、电动汽车电池参与车网互动的安全性、耐久性耦合的机理和性能优化，以及电力电子到电池的高频双向互动机理等技术进行研究。

借 鉴 篇

B.22
欧盟替代燃料法规（AFIR）及启示

衣丽君*

摘　要： 《替代燃料基础设施部署条例》（AFIR）最终协议在欧洲议会获得了通过，为欧盟和成员国部署替代燃料加注和充电基础设施制定了框架，其主要目的是重点推进欧盟各成员国充电基础设施规模的扩增，推动跨欧洲运输平台上的充电基础设施建设。本文研究了AFIR政策的主要框架，并通过研究该政策对欧盟各成员国新能源汽车、船只和飞机的清洁燃料基础设施建设布局制定的基础设施总功率目标、数量目标、替代燃料基础设施的用户信息、数据提供和支付要求的通用技术规范和要求等强制性目标，分析了该政策的出台背景与目的，并在中国充电基础设施建设总体规划、高速公路、数据要求和车网互动等方面提出政策建议。

关键词： 替代燃料基础设施部署条例　充电基础设施　基础设施建设　车网互动

---

* 衣丽君，中汽数据有限公司补能战略室研究员，工程师，主要方向为新能源汽车政策咨询与研究。

一 法规基本内容

2023 年 7 月 11 日，欧洲议会通过了替代燃料补能和充电基础设施相关的《替代燃料基础设施部署条例》（AFIR：Alternative Fuel Infrastructure，以下简称"AFIR"）的最终协议，为欧盟和成员国部署替代燃料加注和充电基础设施制定了框架。AFIR 的主要目的是重点推进欧盟各成员国充电基础设施规模的扩增，推动跨欧洲运输平台上的充电基础设施建设，AFIR 政策主要内容框架见图 1。

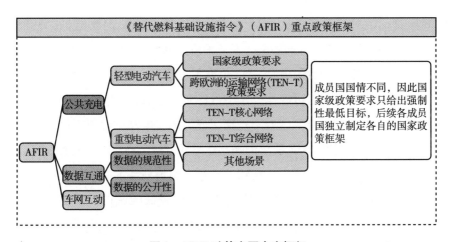

图 1 AFIR 政策主要内容框架

资料来源：中汽数据有限公司研究团队根据《替代燃料基础设施部署条例》（AFIR）绘制。

AFIR 为欧盟各成员国新能源汽车、船只和飞机的清洁燃料基础设施建设布局制定了强制性目标，主要包括基础设施总功率目标、数量目标，还规定了替代燃料基础设施的用户信息、数据提供和支付要求的通用技术规范和要求，以下内容对涉及新能源汽车基础设施的部分进行介绍。

（一）基础设施总功率目标

根据 AFIR 的要求，欧盟成员国应确保在其领土内，轻型车辆专用的公共充电站的部署与轻型电动汽车的需求相称，并为这些车辆提供足够的功率输出。成员国应逐步实现在该地注册的每一辆纯电动汽车，能够通过公共充电站获得 1kW 以上的总功率输出，在该地注册的每一辆插电式混合动力汽车，能够通过公共充电站获得 0.66kW 以上的总功率输出。目前，欧盟共有两种达成目标的方式，提升充电桩数量或提升单桩充电功率。欧洲汽车制造商协会（ACEA）基于欧盟当前汽车产业现状和 *Fit for 55* 中降碳目标值，推算出到 2030 年，电动汽车和插电式混合动力汽车的保有量将达到 4.75 亿辆，如按 AFIR 中目标值对应，将投放总功率至少为 4.75 亿 kW 的充电桩。另根据 ACEA 预测，在以需求为导向的路线下，2030 年欧盟建设的充电桩数量将达到 680 万个，那么对于单桩的功率要求，最高不超过 7kW，如果提升单桩充电桩功率，则充电桩数量要求可降低。这个目标充分考虑到在整个欧盟轻型电动汽车的公共充电基础设施部署并不均衡，成员国充电基础设施规模、数量差异巨大，成员国需根据 AFIR 提供的强制性最低目标来补充本国基础设施政策框架。我国目前对于新能源汽车基础设施建设的规划基本以车桩比和充电桩数量作为目标来设定。对于电动汽车推广程度较低的城市，可以考虑参考 AFIR 的方式，用单车获取总功率的量设定基础设施建设的目标值。

（二）基础设施建设数量要求

欧盟国家中，荷兰充电基础设施数量最多，约为德国同期的 2 倍，且充电桩建设密度也名列第一，车桩比为 4 : 1。而欧盟平均车桩比为 13 : 1 左右。为了解决基础设施分布不均匀和规划缺乏一致性的问题，AFIR 为各成员国在 TEN-T 网络上建设充电站和加氢站之间的最小功率和最大距离设定了目标。对于服务于轻型汽车的充电基础设施建设提出了单桩充电功率的要求，限定值为 150kW，并提出了安装距离要求，从执行可行性方面，AFIR 还规定了不同日平均交通量下的目标值（见表 1）。

表1　服务于轻型汽车的基础设施建设强制性数量目标

范围	指标	要求	特殊情况
TEN-T核心网络沿线	每60公里中的一个充电池的最低功率	300kW（到2025年）600kW（到2030年）	如果年平均日总交通量少于10000辆，则可将双向配备的充电池改为单项充电池
	单个充电桩最低充电功率	150 kW	如每年平均日总交通量少于4000辆，则可提高充电池之间的最高距离为100公里
TEN-T综合网络沿线	每60公里中的一个充电池的最低功率	300kW（到2030年）600kW（到2035年）	如每年平均日总交通量少于4000辆，则可提高充电池之间的最高距离为100公里
	单个充电桩最低充电功率	150kW	

资料来源：《替代燃料基础设施部署条例》（AFIR）。

AFIR对TEN-T网络沿线服务于重型汽车的充电基础设施建设提出了单桩充电功率的要求，具体如表2所示，限定值为350kW，并提出了安装距离要求。核心网络逐步提升快充桩覆盖率，并增加单位充电池内充电桩总数，综合网络逐步提升快充桩覆盖率，对输出总功率要求不变，城市节点和邻近地区，输出总功率逐步提高，单桩功率要求略低于沿线目标。

表2　服务于重型汽车的基础设施TEN-T网络建设目标

范围	2025年	2027年	2030年
TEN-T核心网络	在至少15%的路段上，每个行驶方向都建设充电池，每个充电池的输出功率至少为1400kW，并包括至少一个单个输出功率不低于350kW的充电桩	在至少40%的路段上，每个行驶方向都建设充电池，每个充电池的输出功率至少为2800kW，并包括至少一个单个输出功率不低于350kW的充电桩	在每个行驶方向上，最大距离为60公里，每个充电池的输出功率至少为3500kW，并包括至少两个单独输出功率不低于350kW的充电桩
TEN-T综合网络	在至少15%的路段上，每个行驶方向都建设充电池，每个充电池的输出功率至少为1400kW，并包括至少一个单个输出功率不低于350kW的充电桩	在至少45%的路段上，每个行驶方向都建设充电池，每个充电池的输出功率至少为1400kW，并包括至少一个单个输出功率不低于350kW的充电桩	在每个行驶方向上，最大距离为100公里，每个充电池的输出功率至少为1400kW，并包括至少两个单独输出功率不低于350kW的充电桩

续表

范围	2025 年	2027 年	2030 年
城市节点和邻近地区	在每个城市节点或其邻近地区,设置总输出功率不少于 600kW 的充电站,单桩功率不低于 150kW	—	在每个城市节点或其邻近地区,设置总输出功率不少于 1200kW 的充电站,单桩功率不低于 150kW
停车区	—	—	安装至少一个可供公众使用的、输出功率不低于 100kW 的重型车辆专用充电站

资料来源:《替代燃料基础设施部署条例》(AFIR)。

其中,TEN-T 是指跨欧洲网(Trans-European Transport Networks)。TEN-T 由一个聚集最重要道路的核心网络和一个更大的综合道路网络组成,其中还包括 88 个连接各个线路的城市节点。TEN-T 核心网络着重打通 9 条贯穿全欧洲的"核心通道",每条走廊必须包括三种运输方式、穿越三个会员国和两个跨国边境。运输网络全长约 71000km,其中有 42%(29820km)为核心交通网络,而作为核心网络的主干道九大运输走廊全长共计 24506km,其中高速公路 22115km。TEN-T 综合网络包括跨欧洲运输网络的所有现有和规划的运输基础设施,以及促进高效、社会和环境可持续利用这些基础设施的措施。

(三)AFIR 对数据的规范性和公开性作出了明确的要求

AFIR 从静态数据和动态数据两个方面明确了充电基础设施的数据要求,数据信息需格式统一且具有公开性。其中,针对静态信息的要求主要包括充电站地理位置信息、充电站内充电桩数目、供残疾人士使用的停车位数目、充电站所有人和经营者的联系信息、开放时间、充电桩的识别(ID)代码、直流/交流、输出功率(kW)等。动态信息要求运行状态(运行/故障)、可用性(使用中/未使用中)、价格信息等。

对比我国充电基础设施数据建设政策，国家层面暂无具体字段要求，仅对安全预警方面的数据信息有交换共享的倡议。在中电联的团体标准中有对充电基础设施的数据要求，包括额定电压、电流等 27 项静态数据信息与起始充电式车辆 SOC、结束充电时车辆 SOC 等 9 项信息，与 AFIR 相比更为复杂和精确。

（四）AFIR 中对车网互动层面的建设要求

AFIR 中明确新建或修建的充电站，均应支持双向充放电。随着电动汽车数量的不断增加，充电操作需要得到优化和管理，应充分利用电力系统中可再生电力和存在的峰谷电价差异。智能充电可以促进电动汽车进一步融入电力系统，可以基于价格，通过聚合的方式实现需求响应。通过反向放电（车辆到电网），电网系统的集成可以进一步得到促进。根据电力系统运营商和配电系统运营商的投入，成员国需每四年定期评估双向充放电对可再生电力渗透到电力系统的潜在贡献。

（五）统一基础设施建设的标准

为了解决基础设施兼容性问题，让消费者在整个欧洲驾驶过程中都能充分且自由地为汽车补能，AFIR 从支付手段、识别标志、身份代码、充电技术标准四个方面对基础设施的建设进行了规范。

1. 支付手段

基础设施运营商必须为基础设施配套读卡设备以便公众进行支付。除此之外，价格信息必须明确区分燃料费用、基础设施运营商收取部分和移动服务提供商收取部分。费用应是合理的、透明的、非歧视性的，且跨境不得收取额外费用。

2. 识别标志

统一全欧车辆与基础设施兼容性的识别标志。这些信息应当在机动车辆手册、充电站、加氢站和机动车辆经销商等多处提供，以便用户及时了解。

3. 身份代码

成员方应协商指定一个身份识别登记机构（IDRO）。IDRO 应在 AFIR 实施后最迟一年内，发布和管理唯一识别代码（ID 代码），以便用户识别基础设施运营商和移动服务提供商。

4. 技术标准

AFIR 列出了基础设施建设需要遵循的技术标准，包含连接装置标准、氢纯度规范和充电技术规范等。

（六）各成员方政策框架

AFIR 要求各个成员方到 2024 年 1 月 1 日前向欧盟委员会提交一份政策框架文件，框架的内容除了各成员方落实以上强制性目标制定的措施以外，还包含以下需要各成员方自行制定的内容。

①鼓励私人在非公共区域建设基础设施的政策。

②促进为公共交通工具补能的基础设施部署的政策。

③双向充放电有助于提高能源系统的灵活性、能够使可再生电力进入电力系统，因此各成员国方应当确保充电站尤其是双向充电站的部署和运作。

④确保老年人、行动不便者和残疾人能够使用公共充电基础设施的政策。

二 法规出台背景及目的分析

欧洲是世界第三大汽车市场，拥有巨大的汽车工业市场，是世界贸易的重要引擎，在全球碳减排中发挥着不可或缺且日益重要的作用。欧盟在新能源汽车基础设施领域也走在世界前列。2014 年，欧盟出台了《2030 气候与能源政策框架》，提出 2030 年温室气体排放目标与 1990 年相比减少 40% 的要求。同年出台了《替代燃料基础设施指令》（AFID），欧盟充电基础设施建设迎来极大发展。2019 年至 2020 年，欧盟陆续提交了《欧洲绿色协议通讯文件 II 》《欧洲气候法》草案，提升了减排标准，并将实现气候中和目标变成了法律义务。交通运输环节的温室气体排放约占欧盟温室气体排放总量的 25%，其中公路运输在其中占比达到 71%；同时交通运输领域碳排放情况到 2020 年同比依然上升。截至 2021 年，欧盟插电式混合动力和纯电动汽车市场占有率进一步提升，并且预计到 2050 年，欧盟所有使用替代燃料的汽车比例将提升至 50%。

欧盟插电混合动力、纯电动汽车市场占有率进一步提升，充电基础设施建设在现行政策框架下却暴露了诸多问题。2021 年 7 月，欧盟提出了 *Fit for 55* 一揽子立法与政策提案，其中包括《替代燃料基础设施部署条例》（AFIR）的提案，旨在确保 2030 年欧盟温室气体排放量比 1990 年至少减少 55%。*Fit for 55* 共有 12 个立法与政策提案，《替代燃料基础设施部署条例》（AFIR）为其中之一。AFIR 是根据 2014 年出台的《替代燃料基础设施指令》（Alternative Fuels Infrastructure Directive，AFID）进行修订的。AFID 制定了在欧盟建设加氢站、液化天然气等清洁燃料基础设施的共同措施框架，旨在实现欧洲的清洁出行的发展目标。但各成员国在目标制定和政策支持方面的力度差别很大，且基础设施规划缺乏一致性，导致目前基础设施分布不均匀、设施兼容性差和数据互通困难，不能满足欧洲新的环保要求。此外，由"指令"升级为"条例"，AFIR 将具有更高的法律效力，其内容直接约束成员国，有利于制定全欧盟统一的要求。AFIR 对欧盟充电站、加氢站等清洁燃料基础设施的建设数量和技术标准设定了统一的要求，以确保车辆在整个欧洲驾驶过程中都能充分且自由地补能。

AFIR 提议的出台，旨在解决欧盟充电基础设施的主要问题。具体包括：欧盟各成员方充电基础设施规模差异大；充电基础设施标准不统一，兼容性差；充电基础设施数据互通困难；充电基础设施支付便捷性差。

对消费者而言，刺激了用户对新能源汽车的购买行为；对投资者而言，为低碳燃料技术的投资提供了保障；对企业而言，获得了新能源汽车市场发出的积极信号，有助于新能源汽车和低碳燃料技术的发展进步。因此，AFIR 的出台具有重要的意义和价值。

三 对中国新能源汽车充换电产业启示

在充电基础设施建设总体规划方面，AFIR 中车桩比和充电基础设施建设的数量指标灵活度较高。采取单车获取总功率的目标值，既可通过提高充电桩数量达到，也可通过提升充电桩功率达到，并可以和当地电动汽车推广应用情况结合更为紧密。对于电动汽车推广程度较低的城市，可以参考 AFIR 的方式，用单车获取总功率的量设定基础设施建设的目标值。

在高速公路方面，欧盟 TEN-T 网络沿线的充电基础设施建设的目标值在单桩功率上要求更高，我国设定较为保守。在后续有高速公路电网升级可行方案后，高速公路快充桩功率可在政策层面设定最低值，促进高速公路充电基础设施更高水平的发展。随着电动重型汽车补能模式长短板在实践中验证，以及快速充电技术进一步发展，对重型汽车专用充电设施或可在政策层面进行规定。

在数据要求方面，当前无国家级充电基础设施运营数据的要求。后续为规范充电基础设施的管理与运营，建设统一的充电基础设施管理平台，在充电基础设施数据建设层面，预计我国政策会明确国家级政策要求。

在车网互动方面，欧盟在车网互动方面较为激进。当前我国政策制定角度采取较为稳妥的方案，从有序充电的推广应用，逐步过渡到车网双向互动的示范。

B.23
中国与欧美公用充电基础设施建设情况
对比及政策建议

崔洪阳　禹如杰　马瑞晨　彭小津　张珺　刘依妮*

摘　要： 中国是全球汽车电动化转型的引领者。截至 2022 年底，中国的电动汽车累计销量已经达到 1560 万辆，占全球总量的 54%。尽管中国在电动汽车推广方面已经取得以上的骄人成绩，但要实现"2030 年前碳达峰、2060 年前碳中和"这一雄心勃勃的气候目标，中国还需要进一步加速汽车电动化转型。而要进一步加速汽车电动化转型，完善的充电基础设施服务网络至关重要。中国政府正在积极地扩大和提升中国的充电基础设施服务网络，为进一步的汽车电动化转型铺平道路。在此背景下，本文基于当前最佳可用的数据对中国公用充电桩的数量、覆盖范围、功率和利用率进行了分析，在数据可得的情况下与欧洲和美国的进展进行了比较，并相应地为中国公用充电基础设施服务网络的进一步提升提出了政策建议。

关键词： 汽车电动化转型　充电基础设施服务网络　公用充电桩　充电桩保有量

---

* 崔洪阳，国际清洁交通委员会（ICCT）高级研究员，主要研究方向为交通零排放转型技术与政策；禹如杰，博士，中汽数据有限公司资源建设室主任，高级工程师，主要研究方向为新能源汽车；马瑞晨，国际清洁交通委员会（ICCT）实习生，主要研究方向为电动汽车充电基础设施建设进展评估；彭小津，中汽数据有限公司补能战略室研究员，研究方向为电动汽车充换电产业市场分析与光储充放等创新模式；张珺，中汽数据有限公司清洁能源研究部补能战略室研究员，研究方向为电动汽车充电产业研究与充电基础设施市场预测；刘依妮，国际清洁交通委员会（ICCT）实习生，主要研究方向为电动汽车充电基础设施需求预测。

一 研究背景

中国是全球汽车电动化转型的引领者①。如图 1 所示，中国在 2022 年共销售了 630 万辆新能源汽车（纯电动汽车和插电式混合动力汽车），占当年中国汽车总销量的 26% 和当年全球新能源汽车总销量的 59%。其中包括 590 万辆电动乘用车、25.6 万辆电动轻型货车、6.2 万辆电动公交和电动客车，以及 3.3 万辆电动中重型货车。截至 2022 年底，中国的新能源汽车累计销量已经达到 1560 万辆，占全球新能源汽车总保有量的 54%②。中国在新能源汽车推广方面已经取得了全球瞩目的巨大进展，但要实现"2030 年前碳达峰、2060 年前碳中和"这一雄心勃勃的气候目标，中国还需要进一步加速汽车电动化转型③。

要进一步加速汽车电动化转型，完善的充电基础设施服务网络至关重要。中国政府正在积极地扩大中国的充电基础设施服务网络覆盖范围，为进一步的汽车电动化转型铺平道路④⑤。在此背景下，本文基于最佳可用的数据深入探究了中国公用充电基础设施的建设现状，在数据可得的情况下将其与欧洲和美国的进展进行了比较。本文中的公用充电桩指对公众开放的不可移动的有线充电桩。家用充电桩和场站专用充电桩等仅对特定用户开放的充电桩未计入在内。换电、无线充电、悬链线充电、可移动式充电等新兴的替

---

① 褚一丹、崔洪阳：《全球汽车电动化转型年度总览：2022》，国际清洁交通委员会，https：//theicct. org/publication/global-transition-electric-vehicles-update-jun23/。
② EV Volumes，（2023），EV Data Center. http：//www. ev-volumes. com/datacenter/.
③ 金伶芝、邵臻颖、冒晓立、Miller, J.、何卉、Isenstadt, A.：《"十四五"及中长期中国交通部门低碳化的机遇和路径》，国际清洁交通委员会，https：//theicct. org/wp-content/uploads/2021/12/China-14th-FYP-Report-CN-v4-nov21. pdf。
④ 国家发展与改革委员会：《关于进一步提升电动汽车充电基础设施服务保障能力的实施意见》，https：//zfxxgk. ndrc. gov. cn/web/iteminfo. jsp? id=19614。
⑤ 国务院办公厅：《关于进一步构建高质量充电基础设施体系的指导意见》，https：//www. gov. cn/zhengce/content/202306/content_ 6887167. htm。

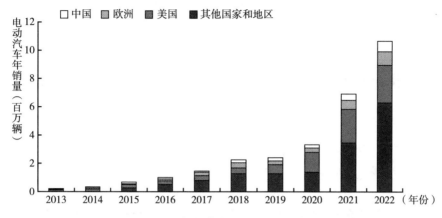

图 1　2013~2022 年全球分市场的新能源汽车年销量

资料来源：国际清洁交通委员会（ICCT）研究团队整理。

代性技术尚处于早期示范阶段①，未纳入考量。本报告分别从公用充电桩的数量、覆盖范围、功率和利用率四个角度对公用充电基础设施的建设现状进行了量化分析，并基于量化分析的结果为中国公用充电基础设施服务网络的进一步完善提出了政策建议。本研究量化分析使用的公用充电桩数据来自中汽数据有限公司（中国数据）、Eco-movement（欧洲数据）、以及美国能源部替代燃料数据中心（美国数据）②③④。

如图 2 所示，本研究在进行充电桩数量的统计时，统计的是充电站内能够在同一时间为新能源汽车提供服务的充电枪的数量。对于中国来说，本研究中所统计的充电桩数量为充电枪的数量；而对于欧美来说，情况并非如此。欧洲和美国并非像中国一样采用统一的充电接口标准，而是多种充电接口标准同时存在，如 CCS1 标准、CCS2 标准、CHAdeMO 标准、特斯拉标准等。如

①　Rajon Bernard、M.，Tankou、A.、崔洪阳 & Ragon、P. L：《Charging solutions for battery-electric trucks［纯电动卡车的充电解决方案］》，国际清洁交通委员会，https：//theicct. org/ publication/charging-infrastructure-trucks-zeva-dec22/。

②　中汽数据有限公司，（2023），https：//www. catarc. info/。

③　Eco-movement，（2023），https：//www. eco-movement. com/.

④　美国能源部替代燃料数据中心，（2023），https：//afdc. energy. gov/。

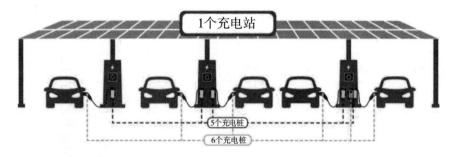

图2　本文所定义的充电站、充电桩和充电枪的概念设计

资料来源：国际清洁交通委员会（ICCT）研究团队整理。

图2中最右侧的充电设备所示，欧洲和美国均存在一台充电设备的一侧有两把或多把充电枪，且这几把充电枪分属不同的充电接口标准，但在同一时间这几把充电枪只能为一辆新能源汽车充电的情况。当其中的一把充电枪正在为一辆新能源汽车进行充电时，同侧其他的充电枪就没有功率分配，无法同时为更多的新能源汽车进行充电。需要指出的是，该充电设备另一侧的充电枪此时仍然可以有功率分配并为另一辆新能源汽车进行充电。因此，当欧洲和美国市场上出现如图2最右侧充电设备所示的这一类情况时，本文按3把充电枪、2根充电桩对这台充电设备进行统计，因为这3把充电枪在同一时间最多只能服务两辆新能源汽车。本文对充电桩的这一定义方式与国际上对新能源汽车供应设备（Electric Vehicle Supply Equipment；EVSE）的定义一致。

二　公用充电桩数量

中国所建成的公用充电桩数量比世界上任何一个国家都多。截至2022年底，中国的公用充电桩保有量已经达到100万根，较2021年增长了25%，是欧洲①公用充电桩保有量的近2倍，是美国公用充电桩保有量的8倍，占全球公用充电桩总保有量的51%（见图3）。公用充电桩可以分为交流桩和直流

---

①　本研究中的欧洲包括27个欧盟成员国、英国、以及欧洲自由贸易联盟（EFTA）的4个成员国即冰岛、列支敦士登、挪威、瑞士。

桩,直流桩通常装机功率(为新能源汽车充电时可以输出的最大功率)更大,因此可以以更快的速度为新能源汽车补充电能。截至 2022 年底,中国的公用充电桩中有 47% 是直流桩,有 53% 是交流桩。中国公用充电桩保有量中直流桩的占比显著高于欧洲(13%)和美国(21%)。截至 2022 年底,全球建成的所有直流公用充电桩中有 76% 是建设在中国。在下文公用充电桩功率中,将详细地介绍中国交流和直流公用充电桩的功率分布特征并与欧洲进行比较。

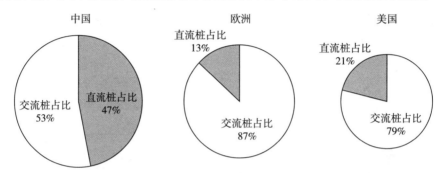

图 3 截至 2022 年底中国、欧洲和美国分直流交流的公用充电桩保有量
(图中圆形的面积代表公用充电桩保有量的大小)

资料来源:国际清洁交通委员会(ICCT)研究团队整理。

在城市层面,中国城市的公用充电桩保有量也引领全球。截至 2022 年底,全球范围内公用充电桩保有量最大的五个城市全部来自中国,深圳以 14.6 万个的公用充电桩保有量排名世界第一,排名二到五位分别是上海(7.3 万个)、广州(5.7 万个)、武汉(4.1 万个)和北京(3.5 万个),这五个中国城市的公用充电桩保有量共占全球公用充电桩总量的 17%。图 4 对比了截至 2022 年底中国、欧洲、美国公用充电桩保有量排名前十的城市①的公用充电桩保有量及其交直流构成特征。可以看到,中国城市的公用

---

① 中国的城市通常比欧洲和美国的城市大很多,其在定义上与欧洲和美国的大都市区的定义更为接近,因此本文在进行城市层面的公用充电桩保有量分析时将中国城市与欧洲和美国的大都市区进行对比。在未特别说明的情况下,本文中的欧洲城市和美国城市指的都是大都市区,虽然城市名称用的是每个大都市区的核心城市的名字。例如图 4 和图 8 中的旧金山指的是旧金山-奥克兰-伯克利大都会区。

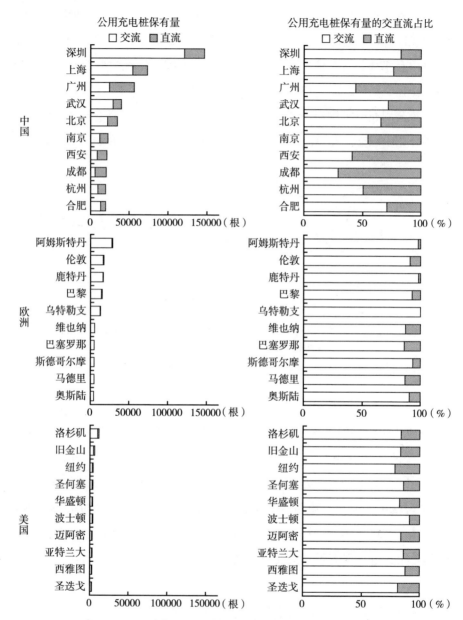

**图 4 截至 2022 年底中国、欧洲、美国公用充电桩保有量排名前十的城市的
公用充电桩保有量(左图)和交直流占比特征(右图)**

资料来源:国际清洁交通委员会(ICCT)研究团队整理。

充电桩保有量显著高于欧洲和美国城市（实际是大都市区）的水平。阿姆斯特丹和洛杉矶分别以截至 2022 年底 2.9 万根和 1.2 万根的公用充电桩保有量排名欧洲第一和美国第一。欧洲排名前五的城市有 3 个来自荷兰，而美国排名前五的城市有 3 个来自加州。

从交直流构成特征看，中国排名前十城市的公用充电桩保有量中直流桩的占比在 18%（深圳）~72%（成都）区间。相较而言，欧洲和美国排名前十城市的公用充电桩保有量中直流桩的占比要低得多，欧洲在 2%（阿姆斯特丹）~14%（巴塞罗那）区间，而美国则在 9%（波士顿）~22%（纽约）区间。

从中国、欧洲、美国的公用充电桩保有量在城市层面的分布特征来看，中国东部和南部城市的公用充电桩保有量比西部和北部城市更多，这与中国新能源汽车销量主要集中在东部和南部城市的特征①类似。欧洲和美国也是如此，欧洲新能源汽车推广量和公用充电桩保有量最大的城市都主要集中在北欧和西欧②，而美国新能源汽车推广量和公用充电桩保有量最大的城市都主要集中在东西海岸③。

图 5 进一步探究了公用充电桩保有量在城市层面的差异。可以看到，无论是在中国、欧洲还是美国，公用充电桩保有量都集中在少数最发达的城市，中国的集中程度在 3 个市场中最高。具体来说，排名前十五的城市的公用充电桩保有量之和占到了全国总量的 57%，欧洲和美国排名前十五的城市的公用充电桩保有量占比分别为 23% 和 47%。

高速公路沿途的充电便利性一直是中国车主驾驶新能源汽车进行长途旅

---

① 褚一丹、何卉、金伶芝、汪锡媛、张永伟、张健、郝凤甫：《中国新能源汽车发展领先城市评估及优秀案例》，国际清洁交通委员会，https://theicct.org/wp-content/uploads/2022/11/China-EV-city-markets-report-A4-CN-v7.pdf。

② Rajon Bernard, M.、Hall、D.、& Lutsey、N.：《Update on electric vehicle uptake in European cities［欧洲城市电动汽车推广进展更新］》，国际清洁交通委员会，https://theicct.org/publication/update-on-electric-vehicle-uptake-in-european-cities/。

③ Bui A.、Slowik P.、and Lutsey N.：《Evaluating electric vehicle market growth across U.S. cities［评估美国城市的电动汽车市场增长］》，国际清洁交通委员会，https://theicct.org/publication/evaluating-electric-vehicle-market-growth-across-u-s-cities/。

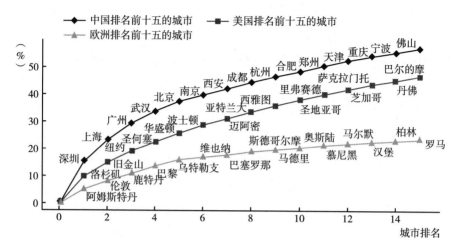

图5　截至2022年底中国、欧洲、美国公用充电桩保有量排名前十五的城市的公用充电桩保有量累计占比

资料来源：国际清洁交通委员会（ICCT）研究团队整理。

行时的最大担忧之一①。图6对高速公路沿线的公用充电桩密度（高速公路沿线的公用充电桩保有量除以高速公路总长度）进行了分析。挪威是全球范围内新能源汽车市场渗透率最高的国家，可以看到，截至2022年，中国高速公路沿线的公用充电桩密度为1050根/万公里，而挪威是6540根/万公里。中国交通运输部发布的数据显示，截至2023年6月，中国高速公路沿途的公用充电桩数量为18590根，仅占全国公用充电桩总保有量的2%②。

　　在地方层面，对比中国的海南省和美国的加州新能源汽车市场，海南省和加州分别是中国新能源汽车市场渗透率最高的省份和美国新能源汽车市场渗透率最高的州。如图6所示，截至2022年底，海南省高速公路沿线的公用充电桩密度为1150根/万公里，而加州是1350根/万公里。

---

① 姚美娇、林水静：《假日出行充电焦虑如何破解》，人民网，http://paper.people.com.cn/zgnyb/html/2023-10/16/content_26022902.htm。

② 新华社：《全国近九成高速公路服务区已建设电动汽车充电设施》，https://www.gov.cn/govweb/zhengce/jiedu/tujie/202307/content_6895730.htm。

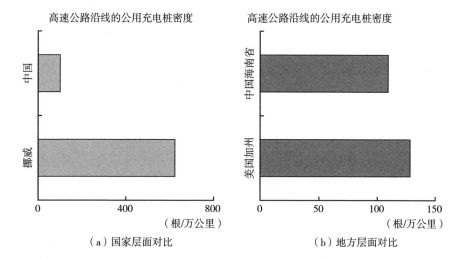

图 6　截至 2022 年底中国和挪威（左图）以及中国海南省和美国加州（右图）高速公路沿线的公用充电桩密度

资料来源：国际清洁交通委员会（ICCT）研究团队整理。

三　公用充电桩覆盖范围

　　衡量一个区域的公用充电桩可得性，不能只看这个区域内公用充电桩的数量，还要看这些公用充电桩的覆盖范围，即这些公用充电桩在地域上是如何分布的。近年来中国城市越来越重视公用充电桩的覆盖范围，一些城市已经开始采用"充电基础设施服务半径"这一指标来对当地的公用充电桩覆盖范围进行量化评估。"充电基础设施服务半径"这一指标有其先进性，但也存在一定的局限性，因为半径体现的是直线距离，而新能源汽车车主从起始位置把车开到最近的公用充电站需要行驶的实际距离通常并非起始位置和这个充电站之间的直线距离。

　　本文在"充电基础设施服务半径"的基础之上提出"找桩时长"这一新指标用于对一个城市的公用充电桩覆盖范围进行量化评估。"找桩时长"

的定义是新能源汽车车主从一个位置出发开车找到一个公用充电站所需的最短时间。与"充电基础设施服务半径"相比,"找桩时长"这一新指标有两个突出优势。一是它体现了新能源汽车车主从起始位置出发开车找到一个公用充电桩的实际行驶路线,而非这两点之间在现实中可能并不存在的一条直线路线;二是对于消费者来说,时间概念比距离概念更为直接、更易体会。

可以看到,截至 2022 年底,上海有 42% 的区域已经可以在 5 分钟之内找到公用充电桩,有 82% 的区域已经可以在 20 分钟内找到公用充电桩。北京和成都在这一指标上的表现相当,分别有 20% 和 15% 的区域已经实现 5 分钟找桩时长,53% 和 53% 的区域已经实现 20 分钟找桩时长,需要说明的是,北京和成都的面积都是上海的两倍以上。如果只看中心城区,那么上海、北京和成都①几乎 100% 的区域都已经实现了 20 分钟找桩时长,三座城市实现 5 分钟找桩时长的区域占比也分别高达 93%、70% 和 81%。

四 公用充电桩功率

除了数量和覆盖范围,公用充电桩的功率也至关重要。截至 2022 年底,中国公用充电桩的总装机功率已经达到 5.6 万兆瓦,是欧洲的三倍。

如图 8 所示,中国的公用充电桩以最大输出功率为 7 千瓦的交流桩和最大输出功率为 120 千瓦、60 千瓦、150 千瓦的直流桩为主。截至 2022 年底,这四类充电桩在中国公用充电桩保有量中的占比分别为 51%、19%、7% 和 5%。中国的交流公用充电桩中,最大输出功率为 7 千瓦和 3.5 千瓦的桩是主流,分别占中国交流公用充电桩保有量的 90% 和 4%。中国的直流公用充

---

① 上海的中心城区是指外环线以内的区域,北京的中心城区是指城六区,成都的中心城区是指绕城高速以内的区域。

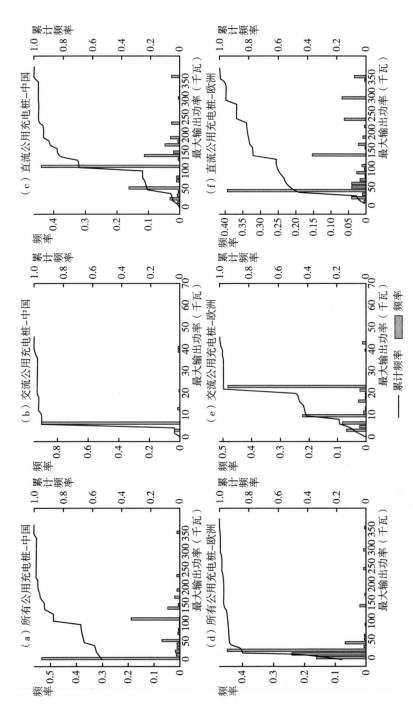

图7 截至2022年底中国和欧洲分交直流的公用充电桩最大输出功率的分布特征

资料来源：国际清洁交通委员会（ICCT）研究团队整理。

电桩中，最大输出功率为 120 千瓦、60 千瓦和 150 千瓦的桩是主流，分别占中国直流公用充电桩保有量的 43%、16%和 11%。

欧洲公用充电桩的功率分布特征与中国有明显差异。欧洲的公用充电桩以最大输出功率为 22 千瓦和 11 千瓦的交流桩与最大输出功率为 50 千瓦的直流桩为主。截至 2022 年底，这三类充电桩在欧洲公用充电桩保有量中的占比分别为 37%、20%和 8%。欧洲的交流公用充电桩中，最大输出功率为 22 千瓦和 11 千瓦的桩是主流，分别占欧洲交流公用充电桩保有量的 46%和 25%。欧洲的直流公用充电桩中，最大输出功率为 50 千瓦、150 千瓦和 300 千瓦的桩是主流，分别占欧洲直流公用充电桩保有量的 40%、13%和 8%。

图 8 展示了截至 2022 年底中国和欧洲公用充电桩保有量排名前十的城市分交直流的公用充电桩最大输出功率分布特征。图中三角代表单个城市的平均值，虚线代表中国和欧洲整体的平均值。可以看到，截至 2022 年底，中国交流公用充电桩和直流公用充电桩最大输出功率的平均值分别为 9 千瓦和 129 千瓦。欧洲交流桩的平均功率（16 千瓦）比中国（9 千瓦）更高，而直流桩的平均功率（121 千瓦）则比中国（129 千瓦）略低。总体来看，在公用充电桩最大输出功率的分布特征方面，欧洲城市之间的差异比中国城市更大。此外，无论是在中国还是在欧洲，城市与城市之间在直流桩功率分布特征方面的差异比在交流桩功率分布特征方面的差异更大。

无论是在中国还是在欧洲，新能源汽车保有量与公用充电桩保有量之比（车桩比）都曾经是政策制定者评估和规划充电基础设施时强调的一个关键指标[1][2]，但是这一指标未能将充电桩之间的功率差异考虑在内。2023 年，欧盟通过了《替代燃料充电基础设施法规》（AFIR），用公用充电桩总装机功率与新能源汽车保有量之比（车功率比的倒数）这一新指标代替了原有

---

[1] 国家发展与改革委员会：《电动汽车充电基础设施发展指南（2015—2020 年）》，https://www.gov.cn/zhengce/2015-10/09/content_ 5076250.htm。

[2] 欧洲议会：Directive 2014/94/EU of the European Parliament and the Council of 22 October 2014 on the deployment of alternative fuels infrastructure［2014 年 10 月 22 日欧洲议会和理事会关于替代燃料基础设施部署的 2014/94/EU 号法令］，https://eur-lex.europa.eu/legal-content/EN/TXT/？uri=celex%3A32014L0094。

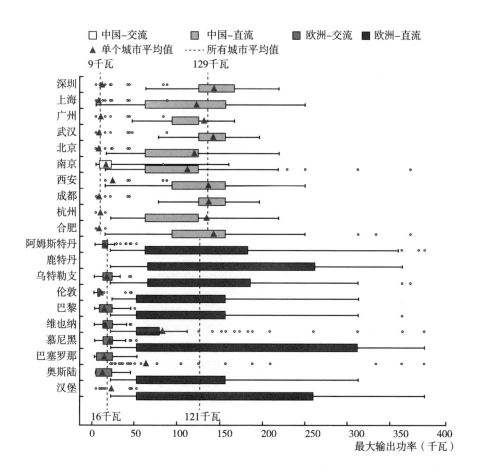

**图8　截至2022年底中国和欧洲公用充电桩保有量排名前十的城市
分交直流的公用充电桩最大输出功率分布特征**

资料来源：国际清洁交通委员会（ICCT）研究团队整理。

的车桩比的倒数[①]。与车桩比相比，车功率比可以更好地描画一个地区公用
充电基础设施服务网络的服务能力与这个地区新能源汽车充电需求的匹配
程度。

---

① Rajon Bernard、M.：《European Union Alternative Fuel Infrastructure Regulation（AFIR）[欧盟替
代燃料基础设施法案]》，国际清洁交通委员会，https：//theicct. org/publication/afir-eu-
april2023/。

图 9 给出了截至 2022 年底在车功率比这个指标方面表现最佳的 10 个中国城市，只有截至 2022 年底新能源汽车保有量在 5 万辆以上的城市被纳入考量。可以看到，昆明以 11.6 千瓦/车在这个指标排名第一，是全国平均水平（4.3 千瓦/车）的 2.7 倍。昆明之后排名第 2~10 位的城市分别是泉州（10.7 千瓦/车）、福州（9.8 千瓦/车）、西安（9.1 千瓦/车）、武汉（8.8 千瓦/车）、南京（8.2 千瓦/车）、广州（8 千瓦/车）、厦门（7.8 千瓦/车）、太原（7.5 千瓦/车）、青岛（7.4 千瓦/车）。面向未来，中国城市可以考虑借鉴欧洲最新通过的 AFIR 法规的经验，在评估和规划充电基础设施建设方面从强调车桩比转为关注更能体现车桩匹配程度的车功率比。

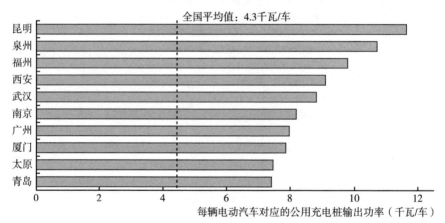

图 9 截至 2022 年底公用充电桩总装机功率与新能源汽车保有量之比最大的十个中国城市（只考虑截至 2022 年底新能源汽车保有量超过 5 万辆的城市）

资料来源：国际清洁交通委员会（ICCT）研究团队整理。

五 公用充电桩利用率

利用率也是一个值得关注的重要指标，因为充电基础设施服务网络的盈利能力和可持续性都与利用率密切相关。本文中的利用率指的是平均时间利用率，即分析周期内充电桩与新能源汽车保持连接的时长与这个分析周期的总时长的比值。

图 10 将 32 个中国主要城市的公用充电桩平均时间利用率与阿姆斯特丹进行了对比，阿姆斯特丹是公用充电桩时间利用率较高的欧洲城市之一。32个中国城市的利用率数据来自中国城市规划设计研究院最新发布的《2022年中国主要城市充电基础设施监测报告》①，而阿姆斯特丹的利用率数据则是基于 CHARGING RADAR 提供的 2023 年 4 月阿姆斯特丹 10316 个公用充电桩的运行数据计算得到的②。

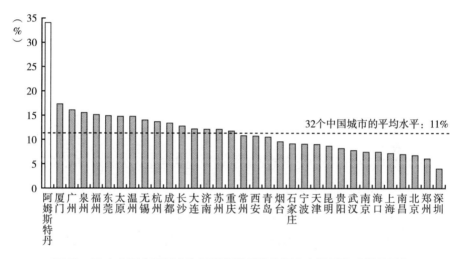

图 10　32 个中国主要城市和阿姆斯特丹的公用充电桩平均时间利用率

资料来源：国际清洁交通委员会（ICCT）研究团队整理。

如图 10 所示，32 个中国主要城市的公用充电桩平均时间利用率在4.1%（深圳）~17.4%（厦门）区间，32 个城市的平均值为 11%，这显著低于阿姆斯特丹公用充电桩的平均时间利用率（34%）。尽管如此，部分中国城市市中心的公用充电桩已经实现了较高的平均时间利用率。基于对2023 年 6 月深圳、上海、广州、北京、成都五座城市公用充电桩的运行数

---

① 中国城市规划设计研究院：《中国主要城市充电基础设施监测报告》，https：//www.sohu.com/a/717727290_468661。

② CHARGING RADAR，（2023），https：//chargingradar.com/.

据①的分析，这些城市市中心的公用充电桩的平均时间利用率已经与阿姆斯特丹的水平相当。在这五个中国城市中，成都以市中心公用充电桩35%的平均时间利用率排名第一，深圳、上海、广州、北京四座城市市中心公用充电桩的平均时间利用率分别为30%、29%、28%和21%。展望未来，除了领先城市的市中心外，中国城市在公用充电桩利用率方面还有很大的提升空间，数据驱动的科学规划和布局对于提升公用充电桩利用率大有助益。

六　结论和政策建议

（一）结论

基于以上对中国公用充电基础设施建设现状的量化分析及与欧洲和美国的比较，本文总结以下五条结论。

1. 中国已经建立了全球最大的公用充电基础设施服务网络

截至2022年底，中国的公用充电桩保有量已经达到100万根，占全球公用充电桩总保有量的51%，是欧洲公用充电桩保有量的近2倍，是美国公用充电桩保有量的8倍。中国公用充电桩的总装机功率已经达到5.6万兆瓦，是欧洲的3倍。

2. 中国的公用充电桩地域分布不均，聚集在少数最发达的城市

总体来看，中国东部和南部城市的公用充电桩保有量比西部和北部的城市多。中国公用充电桩保有量排名前十五位城市的公用充电桩保有量之和占到了全国总量的57%，相较而言，欧洲和美国排名前十五位城市的公用充电桩保有量占比分别为23%和47%。面向未来，中国在少数最发达的城市之外的其他地区，公用充电桩的建设还有很大潜力。

---

① 五个城市市中心公用充电桩的平均时间利用率是基于深圳1968根、上海1538根、广州1432根、北京1552根、成都1564根位于市中心的公用充电桩的运行数据计算得到的。

3. 高速公路是当前中国公用充电基础设施服务网络的一个薄弱环节

高速公路沿途的充电便利性一直是中国车主驾驶新能源汽车进行长途旅行时最为担忧的问题。截至 2022 年底，中国平均每万公里高速公路沿途的公用充电桩数量为 1050 根，而挪威是 6540 根。在地方层面，海南省平均每万公里高速公路沿途的公用充电桩数量为 1150 根，而美国加州是 1350 根。截至 2023 年 6 月，中国高速公路沿途的公用充电桩数量为 18590 根，仅占全国公用充电桩总保有量的 2%。面向未来，中国在进一步提升高速公路沿途的公用充电便利性方面拥有巨大潜力。

4. 中国领先城市已经在中心城区基本建成了覆盖广泛的公用充电基础设施服务网络，但郊区和农村地区的覆盖率尚有提升空间

截至 2022 年底，上海、北京、深圳的新能源汽车车主在中心城区的几乎任何一个地方都可以开车 20 分钟之内找到一个公用充电桩，开车 5 分钟之内找到一个公用充电桩的比例也已经很高。尽管如此，这些城市郊区和农村地区的公用充电桩覆盖率仍然较低。未来在规划和布局公用充电桩时，需要将郊区和农村地区更充分地纳入考量。

5. 中国领先城市市中心的公用充电桩已经实现了较高的利用率，但从全市整体水平来看，中国城市公用充电桩的利用率仍然较低

例如，成都市中心公用充电桩的平均时间利用率已经高达 35%，与阿姆斯特丹的水平相当，而阿姆斯特丹是欧洲公用充电桩平均时间利用率较高的城市之一。但是，如果不仅仅看市中心而看整个城市的话，包括以上五座城市在内的中国 32 座主要城市的公用充电桩平均时间利用率在 4.1% ~ 17.4%。这表明除了领先城市的市中心外，中国城市还需要进一步提升公用充电桩的利用率。

（二）建议

为进一步提升中国公用充电基础设施服务网络质量，推进中国公用充电基础设施发展，结合中国公用充电基础设施实际需求和基础，参考欧洲与美国相关信息，本文提出以下四条政策建议。

1.在省市层面采用数据驱动的需求预测方法并结合当地的实际情况对当地的充电基础设施需求进行科学的量化评估，基于量化评估的结果制定出台近中长期的充电基础设施规划

现阶段中国公用充电基础设施服务网络所存在的一些短板，如充电桩利用率较低等问题，很大程度上都是因为缺乏对充电基础设施需求的准确理解。在评估一个省份或者一个城市的充电基础设施需求时，需要采用数据驱动的需求预测方法，并将影响充电基础设施需求的关键本地化因素纳入考量，例如分车辆类型的新能源汽车保有量、新能源汽车的技术构成、住房类型、通勤方式、行驶工况、新能源汽车的实际道路能耗、充电桩利用率、充电速率要求等。

2.基于一整套覆盖多角度的综合指标体系对充电基础设施服务网络的建设水平进行更加准确、全面的评估

传统上，中国省市在进行充电基础设施建设水平评估时通常重点强调充电桩的保有量或者车桩比。展望未来，要建成一套用户友好的、便捷的、可持续的充电基础设施服务网络，需要将充电桩的覆盖范围、功率和利用率等角度都考虑在内。找桩时长、车功率比、充电桩平均时间利用率等都是各省市在评估充电基础设施建设水平时可以纳入考量的重要指标。

3.通过针对性的政策助推后发城市、郊区、农村地区以及高速公路的充电基础设施服务网络建设

尽管中国已经建成了全球范围内最大的公用充电基础设施服务网络，但中国超过半数的公用充电桩都聚集在 15 个城市。通过为领先城市中心城区以外的区域以及高速公路这个重点应用场景的公用充电桩建设提供政策和资金支持，可以显著提升中国公用充电基础设施服务网络的质量，进一步释放中国加速汽车电动化转型的潜力。

4.建立一套充电基础设施国家数据库，以赋能更加深入的量化分析，为相关政策的科学制定提供有力的技术支撑

过去几年，中国通过建立官方的新能源汽车国家数据库有效提升了中国新能源汽车统计数据的质量和全面性，这一成功经验可以在充电基础设施领域进行复制。此外，在当前重型车电动化转型加速演进的背景下，需要对电

动重型车的充电基础设施建设现状进行深入探究，重型车对碳排放和空气污染物排放的贡献都很大，且电动重型车对充电基础设施的需求与轻型车并不一致，如重型车充电需要更大的功率，此外还需要配套更大的停车位。现有非官方的充电基础设施数据库尚无法将电动重型车可以使用的充电基础设施区分开来。面向未来，在官方的充电基础设施国家数据库中将电动重型车可以使用的充电基础设施单独统计，将赋能更加深入的量化分析，从而为相关政策的科学制定提供更有力的技术支持。

Abstract

Under the leadership of the "double carbon" goal, new energy vehicles have become an important engine for leading green, low-carbon and sustainable development, and a core force for promoting the transformation and upgrading of the traditional automotive industry. As a key link in the new energy vehicle industry chain, the construction and development of charging and battery-swapping facilities is related not only to the healthy and rapid development of the new energy vehicle industry, but also an important link to connect the global energy change and green transformation, carrying a major mission to promote the transformation of the energy structure and the development of low-carbon transport, which is of great significance in promoting the development of the global energy and transport system in the direction of being cleaner, more efficient and smarter. It is of great significance to promote the development of global energy and transport system in a cleaner, more efficient and smarter direction.

This annual report includes nine parts: General Report, Policy and Standards, Industry, Business Models, Market Demand, Technology and Application, Special Topics, Vehicle-Grid Interaction, and Foreign Reference, covering the development environment of the charging and battery-swapping infrastructure industry, the upstream and downstream links of the industry chain, and hot topics of industry concern. The study found that under the design of the "dual-carbon 1 + N" top-level policy system, China has formulated a series of policies to support the development of charging and battery-swapping infrastructure. A number of electric vehicle charging and battery-swapping infrastructure standard systems have been established at home and abroad. China's new eneSrgy vehicle ownership has climbed rapidly, the energy supply network continues to improve, the business model is becoming more and more diversified, high-power charging, automatic charging, wireless charging, efficient battery-swapping and other cutting-edge technologies continue to make breakthroughs, the integration of photovoltaic, storage, charging and battery-swapping inspection, the separation of vehicle-battery and other innovative modes of the industry's development has injected a new impetus, and many cities in China have set up demonstration projects for vehicle-grid interaction, helping the deep integration and synergy of new energy vehicles and the power grid. At the same time, China's charging and battery-swapping industry faces many challenges that require active guidance from national and local policies, battery modules, interfaces and battery-swapping technology standards are in need of unification, and the development of charging and battery-swapping industry is facing the problem of optimisation of security, economy, operational efficiency, choice of technology routes, and consumer satisfaction with charging. It is recommended that the government take a series of policy measures to promote the planning and construction of new energy vehicle charging and battery-swapping infrastructure, technology and business model innovation and exploration, take compatibility and interchangeability as the core and focus of the charging and battery-swapping standard system construction, respectively, and promote upstream and downstream integration of the charging and battery-swapping industry, reduce the cost of investment, construction, operation and maintenance, solve the user's charging pain point problems. The government, operators and OEMs will work together to jointly build the industry. Promote the high-quality development of the industry.

Based on the actual development of China's charging infrastructure, the 2023 "Blue Book of Charging and battery-swapping" provides a comprehensive and systematic introduction and analysis of the industry, which is both practical and professional, not only allows readers to understand the current development status of the charging and battery-swapping industry, operating trends, making the charging and battery-swapping industry more familiar to the public, but also professionally and objectively evaluates the charging and battery-swapping industry policies, standards, industry chain, business model, technology, challenges faced and puts forward development proposals. This book will provide a reference basis

for relevant government departments to formulate charging and battery-swapping industry policies, as well as a clear development guideline and strategic support for equipment manufacturers, OEMs, operators and other participants in the whole industry chain to formulate development strategies and optimise resource allocation.

Keywords: Charging and Battery-swapping Infrastructure; Charging and Battery-swapping Policy; Charging and Battery-swapping Technology; Charging and Battery-swapping Standard; Consumer Charging Characteristics

Contents

I General Report

Abstract: With the rapid development of new energy vehicles under the goal of "carbon peaking and carbon neutrality goals", it is crucial to build a high-quality charging infrastructure system. 2023, China has successively introduced a number of charging and battery-battery-swapping policies, actively constructed a standard system, and the industrial development environment continues to be favourable; China's new energy vehicle ownership has achieved a rapid rise, and the replenishment network continues to be perfected, with business models becoming more and more diversified. The business model is gradually diversified, the pace of technological innovation such as supercharging, automatic charging, wireless charging, efficient battery-battery-swapping is accelerated, and innovative modes such as photovoltaic, storage, charging, battery-battery-swapping and inspection integration, and vehicle-battery separation have injected new impetus into the industry development. In addition, many cities in China have set up demonstration projects for vehicle-grid interaction, which helps the power grid to enhance the power capacity regulation capability. As a general report, this chapter systematically researches and summarises the current development status, trends and

汽车蓝皮书

challenges of China's EV charging and battery-battery-swapping industry, and puts forward suggestions such as "strengthening the construction of macro policy framework, enhancing the compatibility of charging standards, interoperability of battery-battery-swapping, and setting up a national unified charging and battery-battery-swapping industry regulatory platform", with a view to providing industry enterprises, consumers and relevant departments with a comprehensive insight into the development of the charging and battery-battery-swapping industry, as well as a comprehensive understanding of the charging and battery-battery-swapping industry in China, We hope to provide industry enterprises, consumers and relevant departments with a comprehensive insight into the current situation and development direction of the charging and battery-battery-swapping industry, promote the high-quality construction of charging and battery-battery-swapping infrastructure, and help the healthy and sustainable development of the new energy vehicle industry.

Keywords: Charging and Battery-Battery-Swapping Infrastructure; New Energy Vehicle Ownership; Charging and Battery-Swapping Technology; Charging and Battery-Swapping Standards; Vehicle-Grid Interaction

II Policies and Standards

B.2 China's New Energy Vehicle Charging and Battery-swapping of Central and Local Policy Dynamics and Suggestions

Meng Zihou / 011

Abstract: The policy has played an important leading and supporting role in promoting the development of China's new energy vehicle charging and battery-swapping industry, promoting related technologies and business model innovation, and helping to achieve the national strategic goal of low carbon environmental protection. This paper systematically sorts out and studies China's national and local new energy vehicle charging and battery-swapping policies in 2023, focusing on the national level of infrastructure construction related support policies, local planning policies, local subsidy policies and local price policies for systematic analysis and research. The analysis found that China's charging and battery-swapping infrastructure planning policy system framework has been basically formed, the planning system has been relatively sound, the national – provincial – city – district and county levels of planning positioning, key content and "upper and lower" planning coordination has been more in-depth research. Finally, this paper combined with the current policy situation and development trend, the paper puts forward policy suggestions for the development goals and implementation paths of charging infrastructure in line with the actual national conditions.

Keywords: New Energy Vehicle; Charging Infrastructure; Charging and Battery-swapping Policy

B.3 Dynamics and Prospects of China's New Energy Vehicle Charging and Swapping Standards

Xu Xiao, Cao Dongdong / 035

Abstract: In recent years, China's new energy vehicle industry has made breakthrough progress under the strong driving force of the national strategy, especially in response to the national "dual carbon" goal. The standardization process of new energy vehicle charging and swapping facilities is accelerating at an unprecedented speed. The close collaboration between the central government and local governments has formed a joint force to promote the construction and updating of the standard system for charging and swapping facilities, ensuring the coordinated development and efficient operation of the entire industrial chain. China has developed a comprehensive and detailed set of standards for charging and swapping facilities, covering various aspects such as the design, manufacturing, installation, and operation of charging stations. This includes strict regulations on charging station interfaces, communication protocols, safety

requirements, as well as unified coordination of complex systems such as station design, battery pack specifications, and swapping processes. Intended to standardize market behavior and effectively guide major automobile manufacturing enterprises to follow high standards during the product development stage, this not only enhances the safety performance and compatibility of swapping electric vehicles, but also lays a solid foundation for the overall quality improvement of new energy vehicle products. This chapter focuses on the charging and swapping of new energy vehicles, analyzing the current development status of standards, the construction of standard systems, and future development trends.

Keywords: New Energy Vehicle; Charging Infrastructure; Charging and Swapping Standard

Ⅲ   Industry

B.4   Development Status, Trends and Challenges of China's New Energy Vehicle Charging Industry

Dai Zhen, Wang Yang, Zang Zhongtang, Fang Yanan,

Zhai Yubo and Cao Zengguang / 053

Abstract: The China's new energy vehicle charging industry has been developing rapidly under the impetus of the national policy, and the scale of the charging infrastructure has been growing rapidly, which has provided strong support for the popularity of new energy vehicles. This study analyses the current situation and challenges faced by China's new energy vehicle charging industry, examines future trends, and puts forward countermeasures and recommendations: China's charging network continues to be sound and rich, but the vehicle public charging pile ratio is on an upward trend. In the future, the charging industry will develop in the direction of intelligence, network connectivity, and high-voltage, high-power fast charging, etc., and the integration of photovoltaic, storage, and charging will also become an important trend. However, the charging industry is still facing the charging facilities construction and operation is still to be optimised, diversified charging technology routes are still being explored, charging standards and interoperability need to be further clarified, the user experience and demand to meet the need to break through the interoperability barriers and other issues, the industry needs to speed up the pace of technological innovation, and continue to improve the quality of charging infrastructure construction and operation. At the same time, we should actively promote the unification of charging standards, strengthen the interconnection of charging infrastructure, and bring better charging experience for users.

Keywords: Charging Infrastructure; Charging Standard; Vehicle Public Charging Pile Ratio

B.5 Development Status, Trends and Challenges of China's New Energy Vehicle Battery-swapping Industry

Wang Feng, Cao Dongdong, Gao Weifeng and Zhang Jun / 069

Abstract: Currently, China's new energy vehicle battery-swapping industry is booming. The battery-swapping mode has the significant advantage of rapidly completing energy replenishment in a short period of time, which greatly improves the efficiency and convenience of energy replenishment. Looking ahead, with the standardisation of battery-swapping technology and the development of industrial scale, the battery-swapping mode will be more widely expanded to the field of private vehicles, and the operation of battery-swapping stations will gradually be unmanned and shared. At present, the battery-swapping industry is facing challenges such as multiple choices of technology routes, inconsistent standardisation, high construction and operation costs, etc. In addition, fluctuations in battery prices, adjustments in peak and valley electricity price as well as changes in cargo efficiency have brought challenges to commercial battery-swapping vehicles that should not be ignored. In the future, the industry should gradually promote the standardisation of the battery-swapping system, improve the battery-swapping industry management

mechanism, realize the real separation of vehicle and battery, the industry chain should be coordinated and linked, win-win and share the burden, build a small distributed heavy truck battery-swapping station, improve the density of heavy trucks to make up for the energy, and at the same time, promote the application of aluminium alloy lightweight trailer, comprehensively improve the quality of battery-swapping.

Keywords: Battery-swapping Mode; Battery-swapping Station; Battery-swapping Heavy Truck; Bottom Battery-swapping; Vehicle-Battery Separation

B.6 Overview of the Development of China's New Energy Vehicle Charging Equipment Industry, Trends and Challenges

Zhu Baolong / 090

Abstract: Accompany with the rise of new energy vehicles, the charging equipment industry has experienced three phases: preliminary exploration period, rough development period, and adjustment and transformation period, and has now stepped into the flourishing boom period. This study provides an in-depth analysis of the charging equipment industry overview, technology trends, challenges and development proposals. Charging pile as the core link of the new energy vehicle industry chain, its technology development path is gradually clear, the future will present a small power DC charging instead of AC charging, charging power efficiency improvement, charging module high power trend and standardisation, integration of photovoltaic, storage, and charging and other trends. However, the current charging equipment is facing challenges such as insufficient quantity, uneven distribution, high cost of construction, operation and maintenance, non-uniform standards and uneven quality. In the future, the government and enterprises should increase the investment, unified planning, strengthen the standard development and implementation, improve the quality and safety level of charging equipment, enhance the high-power charging technology, the implementation of orderly charging strategy, the promotion of integration of photovoltaic, storage, and charging and discharging system, rapid installation of equipment and intelligent operation and maintenance technology, and to promote the charging equipment industry to develop in a healthy and orderly manner.

Keywords: Charging Module; DC Charging Pile; AC Charging Pile; Charging Industry Chain

B . 7 Overview of the Development, Trends and Challenges of China's New Energy Vehicle Battery-swapping Equipment Industry *Gao Weifeng, Wang Feng* / 106

Abstract: With the rapid development of the new energy vehicle market, battery-swapping equipment, as an important infrastructure to support its sustainable development, is gradually receiving more and more attention. This study analyses the current situation, development trend and challenges faced by battery-swapping equipment from the dimensions of passenger vehicles and commercial vehicles, and puts forward corresponding suggestions. The study finds that China's new energy passenger vehicle battery-swapping infrastructure is growing rapidly and the industrial chain is basically complete. New energy commercial vehicle battery-swapping equipment belongs to the stage of blossoming, and various technical routes such as bottom battery-swapping type, lateral battery-swapping type and top lifting battery-swapping station coexist. However, China's battery-swapping equipment industry is still facing challenges such as high construction and operation costs of battery-swapping stations and incompatibility of battery-swapping technology. In the future, the multi-faceted integration of photovoltaic, storage, charging and battery-swapping, and the participation of battery-swapping distributed storage in power trading have become an important trend in the development of the industry, and it is recommended to accelerate the standardisation of battery-swapping, subsidise high-quality battery-swapping

operators, reduce the construction and operation costs, improve the efficiency and service level of battery-swapping, and promote the healthy and rapid development of China's new energy automobile industry.

Keywords: Battery-swapping Equipment; Integration of Photovoltaic, Storage, Charging and Battery-swapping; Battery-swapping Industry Chain; Battery-swapping Services

IV   Business Models

B.8   Analysis of Charging Business Models for New Energy

Vehicle in China

Wang Linxian, Jin Wangying, Jiang Linru,
Wei Wenshen, Yang Shiwang, Gao Yangyang and Peng Xiaojin / 118

Abstract: Driven by innovative business models, charging network achieves high-speed expansion and high-quality development. The construction of a high-quality charging network with a layout of "urban planar, highway linear, and rural dotted" requires the formation of business models that match scenarios. This paper comprehensively analyses the development status and business models of urban, highway and rural charging scenarios, focusing on urban public charging scenarios, highway service areas and rural chargers' construction. The research finds that urban, highway and rural charging scenarios exhibit a hierarchical development pattern. Urban charging scenarios started early, with diverse market participants and abundant business models. Highway service areas Highway service areas, constrained by their enclosed nature, have a singular nature of market players, and are currently exploring unique operational models. Rural charging scenarios, on the other hand, are more lagging in development, with business models have not yet taken shape. So it is necessary to cooperate with the process of "New Energy Vehicles Going to the Countryside" and "Rural Power Grid Renovation" to cultivate the development environment, and to explore the formation of a new model and a new mode of charging in rural areas.

Keywords: High-quality Charging Network; Business Models; Urban Charging; High-speed Charging; Rural charging

B.9 Analysis of Battery Swapping Business Models for New Energy Vehicle in China

Han He, Liu Zijia, Wang Feng and Gao Weifeng / 139

Abstract: The battery swapping model for new energy vehicles is typically characterized by the separation of vehicle and battery. This paper systematically studies the value chain, business flow, application scenarios, and cost-effectiveness of the battery swapping model. Starting from the battery swapping models for passenger vehicle and commercial vehicles, it delves into the characteristics of the battery swapping model, the performance of market players, and future development trends. The paper finds that compared to charging mode, the battery swapping model has the advantages of better user experience, greater user value, and easier to play the value of the system. Currently, the market concentration is high, and it can be divided into four types of operation models based on the background of market players: OEM-led operators, battery enterprise-led operators, asset-led operators, and platform operators, which are suitable for a variety of application scenarios. However, the battery swapping model still faces challenges such as high construction costs, non-uniform battery standards, and the need for improvement in the safety of operation and maintenance management, etc. In the future, the battery swapping model will fully leverage the advantages of vehicle-battery separation and develop in the direction of integrated charging and swapping, battery sharing, green energy, product safety, and intelligent operation.

Keywords: Battery Swapping; Vehicle-Battery Separation; Integrated Charging and Swapping; Battery Sharing

V　Market Demand

B . 10　Charging Characterisation of New Energy Vehicle
Consumers in China

Xian Bijuan, Fang Yanan, Zhai Yubo and Cao Zengguang / 164

Abstract: Under the background of the rapid development of new energy vehicle market, charging problem has gradually become an important issue of concern to consumers, and whether the charging facilities are perfect or not is directly related to the consumer's experience of using the vehicle, therefore, in-depth understanding of the charging habits, needs, preferences and satisfaction of consumers is of great significance to promote the healthy development of the new energy vehicle market, this study collects and analyses data on charging behaviour of a large number of consumers. This study collects and analyses a large amount of consumer charging behaviour data, and finds that EV users have specific preferences and behavioural patterns in terms of charging time, charging volume, charging cost, and satisfaction with charging. At the same time, this study also investigates the five core issues in the use of public charging facilities, and finds that there are significant differences in the satisfaction of users of different ages and geographical regions with charging platforms and the reasonableness of charging costs, and based on this, puts forward a proposal for tripartite collaboration between the government, operators and OEMs, with a view to providing decision-making support for the planning, construction and operation of charging infrastructures.

Keywords: Charging Characteristics; Charging Facilities; Charging Satisfaction; Charging Cost Reasonableness; Charging Platforms

B.11 Demand Forecast and Outlook for China's New

Energy Charging Infrastructure Market

Liu Chunhui , Zhang Jun and Liu Xiaoya / 217

Abstract: Under the general support of "dual-carbon strategy", the policy side, supply and demand side are competing to provide strong support for the development of China's new energy vehicles and charging infrastructure market. Based on the current development of new energy vehicles and charging infrastructure, this study forecasts the market scale from 2024 to 2030. After in-depth analysis and fine calculation, it is expected that by 2030, China's new energy vehicle sales will reach 20. 05 million units, with a penetration rate of 65. 4% , and the sales of new energy passenger vehicles will reach 18. 99 million units, with a penetration rate of 70. 3%. Among them, PHEV market growth in the next five years will be higher than BEV market, continue to be in the window of development. Charging infrastructure, it is expected that the future of the domestic charging facilities market will continue to show an expansion trend, the total ownership of charging infrastructure in 2025 is about 16 million units, the total ownership of charging infrastructure in 2030 is about 46 million units, and the total ownership of charging infrastructure in 2035 is about 92 million units; the future of the domestic vehicle-pile ratio is expected to show a downward trend as a whole, and it is expected that the vehicle-pile ratio in 2035 will Reach 2. 2, vehicle public pile ratio level is expected to decline in the short term with the public pile construction scale.

Keywords: New Energy Vehicle Ownership; New Energy Vehicle Market Sales Forecast; Charging Infrastructure Forecast

汽车蓝皮书

VI Technology and Applications

B . 12   Status and Development Trend of High-power

Charging Technology   *Wang Lei* , *Bie Rui* / 234

Abstract: New energy vehicles' energy supply anxiety continues to be a problem for new energy vehicle users, users now pay more attention to charging efficiency, high-power charging is an important technology to solve this problem. This paper summarizes the standard and policy, development status and industrial application status of high-power charging, and analyzes the application trend of high-power charging technology in the future. At present, the state and local governments have issued policies to support the development of high-power charging. The corresponding standards have also been published. Many OEMs have carried out high-voltage platform models and self-operated or co-operated high-power charging station. In terms of the technical route, most OEMs choose high-voltage route to realize high-power charging. Liquid cooling technology, power pool technology and safety technology are the core technologies of high-power charging infrastructure, which ensure the heat dissipation capacity, avoid heavy charging gun, avoid waste of electric capacity resources and ensure the safety of use. In the future, high-power charging will continue to develop in the direction of high-voltage, high-power, intelligent and standardized.

Keywords: High-power Charging; High-voltage 800V; Liquid Cooling Super Fast Charging

B . 13   Status and Development Trend of Automatic

Charging Technology   *Fang Yanan* , *Cao Zengguang* / 250

Abstract: With the explosive growth of electric vehicles, and vehicle safety and manufacturing technology tending to standardization, electric vehicles are optimized in the direction of intelligence. This development trend is also reflected in the entire vehicle using process, automatic charging technology is an important representative of intelligent charging. This paper reviews the development conditions, classification, domestic and foreign product cases, and briefly analyzes the future development prospects. At present, with the commercial application of AVP technology and the development of autonomous driving commercialization such as Robotaxi demonstration operation, the demand for automatic charging has become increasingly prominent, and the objective conditions for automatic charging development are in place. Domestic and foreign enterprises have released a variety of automatic charging robot products, but at present, mainly affected by cost, there is no large-scale application. In the future, the automatic charging technology will be applied to the unmanned charging scene after parking in two forms, fixed and mobile. It is expected that the fixed automatic charging robot will be mainly used in the public parking lot and home, and the mobile automatic charging robot will be mainly used in the public parking lot.

Keywords: Automatic Charging Technology; Automatic Charging Robot; Mobile Automatic Charging Robot

B . 14   Status and Development Trend of Wireless
Charging Technology   *Hu Chao, Fan Chunpeng* / 256

Abstract: With the development of charging technology, new charging methods have emerged. Wireless charging technology is different from traditional conductive charging, and its application improves the charging experience of users. At present, it is mainly used in high-end models. This paper reviews the standard and policy, key technology, cost composition and domestic and foreign industrialization progress of wireless charging and analyzes the future development trend of wireless charging technology, application path and operation model. At present, wireless charging has become more mature in terms of technical solutions,

standardization and industrial chain, and there are some mass-produced models with wireless charging function. However, due to high system cost and not obvious market pain points, the current wireless charging market is still relatively small, wireless charging technology is mainly used in high-end models. In the future, with the maturity of technology and the reduction of costs, its application scope will also penetrate to most models, and with the maturity of autonomous driving technology, a new business model of unmanned slow charging will also be formed in AVP and autonomous driving scenarios.

Keywords: Wireless Charging Technology; Non-conductive Charging; Unmanned Slow Charging

B. 15 Status and Development Trend of Plug and Charge Technology *Qiu Xi* / 277

Abstract: Convenience and efficiency are the common demands of electric vehicle users for charging services. In view of the cumbersome problem of scanning code or paying by card faced by users in charging payment, the application of plug and charge technology effectively improves the convenience of users´ charging payment. This paper summarizes the technical principle of plug and charge, and states the application cases and the development trend of plug and charge technology. At present, the plug and charge is realized by identifying the vehicle VIN code and comparing it with the VIN code entered by the user in the charging system of the OEMs' or the third-party charging pile operators' management system. Many OEMs and third-party charging pile operators have adopted Bluetooth communication, local communication protocols or other technical methods to achieve plug and charge. In future, plug and charge technology will continue to develop towards intelligence, automation and safety. With the development of battery technology and the increase of the demand for flexible electric load regulation of the power grid, plug and charge technology may also be widely used in the plug and discharge scenario of electric vehicles.

Keywords: Plug and Charge; Charging by VIN; Charging Technology

B.16   Intelligent, Green and Efficient Battery-Battery-swapping

Technology Status and Development Trends

Wang Shuili, Li Jiming, Che Xiaogang,

You Yong and Ma Weijie / 281

Abstract: With the rapid growth of the new energy vehicle industry, the battery-battery-swapping mode is gaining widespread attention for its rapid and efficient energy supplementation advantages. Numerous companies are engaged in the research and development of battery-battery-swapping technology, focusing on improving the safety, stability, and efficiency of the battery-battery-swapping process. This study focuses on the current status of the development of the core routes of battery-battery-swapping technology, summarizing the existing battery-battery-swapping methods in the market, as well as the layout of battery-battery-swapping stations serving passenger vehicle and commercial vehicle. It provides an in-depth analysis of the elements of key technologies such as station control system, vehicle-station interconnection technology, battery-battery-swapping system, locking technology, total battery life cycle management technology, and intelligent explosion-proof technology, and depicts the current development of the industry. urther, based on the demand for the development of intelligent, green, and efficient battery-battery-swapping technology, the key points of battery-battery-swapping technology are forecasted for future trends. There are currently no obvious obstacles or bottlenecks at the technical level in realizing the battery-battery-swapping function, and the focus of future development should shift to effective equipment cost control and reduction, so as to achieve cost optimization while improving the efficiency of battery-battery-swapping.

Keywords: Battery-battery-swapping Technology; Battery-battery-swapping Equipment; Battery-battery-swapping Battery Management

Ⅶ   Special Topics

B.17   Charging Infrastructure Monitoring Platform

Fang Xiangliang, Su Shu / 300

Abstract: In recent years, the statistical analysis capacity of China's charging facilities industry is still needs to be improved, which restricts the healthy development of the industry. For this reason, the National Development and Reform Commission (NDRC), the National Energy Administration (NEA), and other multi-departmental departments have issued implementation opinions, clearly accelerating the establishment of national, provincial, and municipal three-level charging facility regulatory systems, and requesting that national platforms and provincial and municipal platforms should be good at coherence with all parties as well as local statistical analyses, respectively. This study describes the basic concept and main functions of the charging infrastructure monitoring platform, and briefly describes the situation of its platforms, on the basis of which it puts forward development proposals. The study finds that some provincial platforms have already completed data docking, but data integrity and platform standardisation still need to be improved. In the future, the monitoring platform will improve more functions and further promote data fusion, and it is recommended that the monitoring platform combines the industry's filing and management with the annual assessment mechanism to improve the platform's effectiveness, and join hands with the relevant government departments to strengthen the administrative law enforcement capacity for the regulation of the public charging industry and to and continue to promote the healthy and sustainable development of the charging and battery-swapping industry.

Keywords: Charging Infrastructure; Charging Standard; Integration of Photovoltaic, Storage, and Charging

Contents

Abstract: Along with the rapid development of new energy vehicles, the main technical difficulty has been gradually transformed from mileage anxiety to replenishment anxiety, and the charging experience of new energy vehicles has begun to become a major factor affecting the further development of the industry. The core problem of charging is mainly reflected in charging compatibility and safety. This paper reviews the charging compatibility of the current and future standard systems, introduces the charging compatibility test scheme of real vehicles and real piles, and comprehensively analyses the significance of charging safety and the key factors affecting its safety. It is found that charging compatibility standards are divided into four stages: Product improvement, refinement and technology updating, and the future "2015+" is an important basis for charging compatibility standards; in terms of safety, foreign new energy vehicle-related enterprises have a high degree of concentration, and the consistency of the products is easy to be controlled; the domestic safety test standard framework basically refers to foreign countries, and the standard system takes shape later, and the main factors restricting charging safety are personnel electrocution, battery safety, and the safety of charging.

Keywords: Charging Compatibility; Charging Safety; Charging Standards; Compatibility Testing; 2015+

Abstract: Under the background of China's "dual-carbon strategy" goal and energy integration, realising the clean energy substitution of charging and battery-

swapping stations can help the new electric power system to achieve the core goal of "clean and low-carbon", and "charging new energy vehicles with new energy electricity" will also become a key target for the automotive industry. New energy vehicle charging use new energy electricity" will also become the main path of carbon emission reduction in the automotive industry. This paper systematically describes the development of carbon emission reduction solutions for electric vehicle charging and battery-swapping stations. Firstly, it gives an overview of the current situation of carbon asset development in the electric power and new energy vehicle industry, then introduces the carbon asset development solutions for electric vehicle charging and battery-swapping stations, and finally analyses the carbon emission reduction of charging and battery-swapping stations, as well as the carbon emission reduction application examples and direction of the Carbon Inclusion Platform. The application prospect of carbon assets of EV charging and battery-swapping stations is broad, including enterprise voluntary carbon neutralisation, incorporation into CERs, inclusion into local carbon benefits, and support of the existing subsidy policy for the charging and battery-swapping industry, etc. Combined with the standards that have been developed so far and the practical application in the market, it seems that carbon emission reduction of charging and battery-swapping stations can be applied from the carbon emission reduction of the station side and the carbon emission reduction of the Carbon Inclusion Platform.

Keywords: Charging and Battery-Swapping Station Carbon Assets; Charging and Battery-Swapping Station Carbon Emission Reduction; Carbon Inclusive Platform; Carbon Asset Development

Ⅷ   Vehicle-Grid Interaction

B.20   Impact of new energy vehicle development on the

power grid   *Ji hai, Wu Zhuoyang and Kong Weiling* / 331

Abstract: With the rapid growth of the new energy vehicle industry, the impact of its charging demand on the power system is becoming more and more significant. From the perspective of grid operation research, this paper reveals the two sides of new energy vehicle charging activities on the load side and demand side of the grid: on the one hand, uncontrolled EV charging behavior may lead to the intensification of load imbalance of the grid and increase the pressure of the power system; on the other hand, the effective use of EVs as a potential carrier of distributed energy storage can give the grid system higher scheduling flexibility and adaptability. This study emphasizes the urgent need to integrate the charging load characteristics of new energy vehicles into the grid development planning in terms of policy formulation, technological innovation and standardization. It is clearly pointed out that, given that the demand for intelligent transformation and capacity expansion of urban distribution networks is increasing with the popularization of new energy vehicles, it is necessary to promote the implementation of direct and efficient power supply from the grid to charging piles, and to properly solve the problems of accessing the construction of decentralized charging piles. To this end, it is advocated that the vehicle side, the charging infrastructure side and the grid side work together to jointly explore and implement comprehensive solutions that take into account the interests of all parties, with a view to meeting the demand for large-scale electric vehicle charging while guaranteeing the safe and stable operation of the grid system and optimizing the allocation of resources.

Keywords: New Energy Vehicles; Power Grid; Charging Simultaneous Rate; Charging Load

B.21　The Current Situation and Future Trend of the Development of Vehicle-Grid Interaction　*He Shan, Lu Yufang* / 340

Abstract: During the "14th Five-Year Plan" period, Vehicle- Grid Interaction has made great progress under the policy support of national and local governments, with the initial establishment of the technical standard system, the emergence of demonstration projects, and the verification of business models under

different scenarios relying on pilots. This paper systematically researches the development status quo of China's Vehicle-Grid Interaction, and conducts in-depth combing from policy environment, standardization, technological innovation, market scale and pilot demonstration in multiple dimensions. This study also combs through the development history of Vehicle-Grid Interaction in foreign countries, and gives the research progress in Vehicle-Grid Interaction in the United States, the European Union, and some Asian countries. On this basis, a prospective outlook on the future development path of Vehicle-Grid Interaction in China is made, and it is pointed out in this study that by 2035 to 2040, intelligent orderly charging and discharging and intelligent Station-to-Grid interaction will be comprehensively developed, and Vehicle-Grid Interaction will become one of the key pillars to help realize the goal of "carbon neutrality". It is predicted that by 2060, more than 350 million electric vehicles nationwide will be equipped with Vehicle-Grid interaction capabilities and actively participate in Vehicle-Grid Interaction. In addition, this study also analyzes the development trend of Vehicle-Grid Interaction from the perspectives of policy orientation, standard system construction, market demand dynamics and technological advancement.

Key words: Vehicle-Grid Interaction; Smart Charging; V2G; Electricity Markets; Distributed Energy Sources

IX   Foreign Reference

Abstract: The final agreement on the Alternative Fuel Infrastructure Regulation (AFIR) was passed in the European Parliament, setting out a framework for the deployment of alternative fuel refueling and charging infrastructure in the EU and member States, with the main purpose of focusing on the expansion of charging infrastructure in EU member States and promoting the construction of charging infrastructure on trans-European transport platforms. This report examines the main policy framework of AFIR and establishes mandatory targets such as total infrastructure power targets, quantitative targets, common technical specifications and requirements for user information, data provision and payment requirements for alternative fuel infrastructure in EU member States by studying the policy's layout for the construction of clean fuel infrastructure for new energy vehicles, ships and aircraft. The background and purpose of the policy are analyzed, and put forward policy recommendations in the overall planning of China's charging infrastructure construction, highways, data requirements and vehicle network interaction.

Keywords: Alternative Fuels Infrastructure Regulation; Charging Infrastructure; Infrastructure Construction; Vehicle Network Interaction

B.23 Comparison of Public Charging Infrastructure Construction in China, Europe and the United States and Policy

Suggestions *Cui Hongyang, Yu Rujie, Ma Ruichen,*

Peng Xiaojin, Zhang Jun and Liu Yini / 375

Abstract: China is the global leader in electric vehicle transformation. By the end of 2022, China's cumulative sales of electric vehicles have reached 15.6 million, accounting for 54% of the global total. Despite China's impressive achievements in the promotion of electric vehicles, to achieve the ambitious climate goal of "carbon peak by 2030 and carbon neutrality by 2060", China needs to further accelerate the transition to electric vehicles. To further accelerate the electric transformation of vehicles, a sound charging infrastructure service network is crucial. Chinese government is actively expanding and upgrading China's charging infrastructure service network, paving the way for further automotive electrification. In this context, this report analyzes the quantity, coverage, power, and utilization of public charging piles in China based on the best available data,

compares the progress in Europe and the United States where the data are available, and accordingly makes policy recommendations for the further enhancement of China's public charging infrastructure service network.

Keywords: Vehicle Electrification Transformation; Charging Infrastructure Service Network; Public Charging Pile; Quantity of Charging Piles

社会科学文献出版社

皮 书

智库成果出版与传播平台

✤ 皮书定义 ✤

皮书是对中国与世界发展状况和热点问题进行年度监测，以专业的角度、专家的视野和实证研究方法，针对某一领域或区域现状与发展态势展开分析和预测，具备前沿性、原创性、实证性、连续性、时效性等特点的公开出版物，由一系列权威研究报告组成。

✤ 皮书作者 ✤

皮书系列报告作者以国内外一流研究机构、知名高校等重点智库的研究人员为主，多为相关领域一流专家学者，他们的观点代表了当下学界对中国与世界的现实和未来最高水平的解读与分析。

✤ 皮书荣誉 ✤

皮书作为中国社会科学院基础理论研究与应用对策研究融合发展的代表性成果，不仅是哲学社会科学工作者服务中国特色社会主义现代化建设的重要成果，更是助力中国特色新型智库建设、构建中国特色哲学社会科学"三大体系"的重要平台。皮书系列先后被列入"十二五""十三五""十四五"时期国家重点出版物出版专项规划项目；自2013年起，重点皮书被列入中国社会科学院国家哲学社会科学创新工程项目。

皮书网

（网址：www.pishu.cn）

发布皮书研创资讯，传播皮书精彩内容
引领皮书出版潮流，打造皮书服务平台

栏目设置

◆ 关于皮书

何谓皮书、皮书分类、皮书大事记、
皮书荣誉、皮书出版第一人、皮书编辑部

◆ 最新资讯

通知公告、新闻动态、媒体聚焦、
网站专题、视频直播、下载专区

◆ 皮书研创

皮书规范、皮书出版、
皮书研究、研创团队

◆ 皮书评奖评价

指标体系、皮书评价、皮书评奖

所获荣誉

◆ 2008 年、2011 年、2014 年，皮书网均
在全国新闻出版业网站荣誉评选中获得
"最具商业价值网站"称号；

◆ 2012 年，获得"出版业网站百强"称号。

网库合一

2014年，皮书网与皮书数据库端口合
一，实现资源共享，搭建智库成果融合创
新平台。

皮书网

"皮书说"
微信公众号

权威报告·连续出版·独家资源

皮书数据库
ANNUAL REPORT(YEARBOOK)
DATABASE

分析解读当下中国发展变迁的高端智库平台

所获荣誉

- 2022年，入选技术赋能"新闻+"推荐案例
- 2020年，入选全国新闻出版深度融合发展创新案例
- 2019年，入选国家新闻出版署数字出版精品遴选推荐计划
- 2016年，入选"十三五"国家重点电子出版物出版规划骨干工程
- 2013年，荣获"中国出版政府奖·网络出版物奖"提名奖

皮书数据库

"社科数托邦"
微信公众号

成为用户

　　登录网址www.pishu.com.cn访问皮书数据库网站或下载皮书数据库APP，通过手机号码验证或邮箱验证即可成为皮书数据库用户。

用户福利

- 已注册用户购书后可免费获赠100元皮书数据库充值卡。刮开充值卡涂层获取充值密码，登录并进入"会员中心"—"在线充值"—"充值卡充值"，充值成功即可购买和查看数据库内容。
- 用户福利最终解释权归社会科学文献出版社所有。

数据库服务热线：010-59367265
数据库服务QQ：2475522410
数据库服务邮箱：database@ssap.cn
图书销售热线：010-59367070/7028
图书服务QQ：1265056568
图书服务邮箱：duzhe@ssap.cn

社会科学文献出版社 皮书系列
SOCIAL SCIENCES ACADEMIC PRESS (CHINA)

卡号：347753718829
密码：

中国社会发展数据库（下设 12 个专题子库）

紧扣人口、政治、外交、法律、教育、医疗卫生、资源环境等 12 个社会发展领域的前沿和热点，全面整合专业著作、智库报告、学术资讯、调研数据等类型资源，帮助用户追踪中国社会发展动态、研究社会发展战略与政策、了解社会热点问题、分析社会发展趋势。

中国经济发展数据库（下设 12 专题子库）

内容涵盖宏观经济、产业经济、工业经济、农业经济、财政金融、房地产经济、城市经济、商业贸易等 12 个重点经济领域，为把握经济运行态势、洞察经济发展规律、研判经济发展趋势、进行经济调控决策提供参考和依据。

中国行业发展数据库（下设 17 个专题子库）

以中国国民经济行业分类为依据，覆盖金融业、旅游业、交通运输业、能源矿产业、制造业等 100 多个行业，跟踪分析国民经济相关行业市场运行状况和政策导向，汇集行业发展前沿资讯，为投资、从业及各种经济决策提供理论支撑和实践指导。

中国区域发展数据库（下设 4 个专题子库）

对中国特定区域内的经济、社会、文化等领域现状与发展情况进行深度分析和预测，涉及省级行政区、城市群、城市、农村等不同维度，研究层级至县及县以下行政区，为学者研究地方经济社会宏观态势、经验模式、发展案例提供支撑，为地方政府决策提供参考。

中国文化传媒数据库（下设 18 个专题子库）

内容覆盖文化产业、新闻传播、电影娱乐、文学艺术、群众文化、图书情报等 18 个重点研究领域，聚焦文化传媒领域发展前沿、热点话题、行业实践，服务用户的教学科研、文化投资、企业规划等需要。

世界经济与国际关系数据库（下设 6 个专题子库）

整合世界经济、国际政治、世界文化与科技、全球性问题、国际组织与国际法、区域研究 6 大领域研究成果，对世界经济形势、国际形势进行连续性深度分析，对年度热点问题进行专题解读，为研判全球发展趋势提供事实和数据支持。

法律声明

"皮书系列"（含蓝皮书、绿皮书、黄皮书）之品牌由社会科学文献出版社最早使用并持续至今，现已被中国图书行业所熟知。"皮书系列"的相关商标已在国家商标管理部门商标局注册，包括但不限于LOGO（▨）、皮书、Pishu、经济蓝皮书、社会蓝皮书等。"皮书系列"图书的注册商标专用权及封面设计、版式设计的著作权均为社会科学文献出版社所有。未经社会科学文献出版社书面授权许可，任何使用与"皮书系列"图书注册商标、封面设计、版式设计相同或者近似的文字、图形或其组合的行为均系侵权行为。

经作者授权，本书的专有出版权及信息网络传播权等为社会科学文献出版社享有。未经社会科学文献出版社书面授权许可，任何就本书内容的复制、发行或以数字形式进行网络传播的行为均系侵权行为。

社会科学文献出版社将通过法律途径追究上述侵权行为的法律责任，维护自身合法权益。

欢迎社会各界人士对侵犯社会科学文献出版社上述权利的侵权行为进行举报。电话：010-59367121，电子邮箱：fawubu@ssap.cn。

社会科学文献出版社